KB101953

진순신 이야기 중국사 2

제2권

진순신 이야기 중국사

전국 시대 ~ 진 · 한 ▶ 대통일 시대

• 진순신 지음 | 박현석 옮김 •

살림

차례

1부 _ 대통일 시대

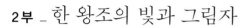

2부 _ 한 왕조의 빛과 그림자

대 통일 시 대

태산 풍물

봉선을 올릴 수 있는 천자의 자격

비가 내리는 가운데 태산(泰山)에 올랐다. 옷은 물론 몸속까지 젖은 느낌으로. 그랬기 때문에 내게는 잊을 수 없는 추억이 되었다. 이 산은 길이 산을 휘감으며 정상으로 이어져 있지 않다. 산기슭에서부터 산 꼭대기까지 돌계단으로 연결되어 있다. 어떤 기특한 사람이 정성껏 세어서 7천 개 이상이라는 보고를 했다.

이곳은 성산이다.

고대에 이곳은 전망을 즐기기 위해서가 아니라 하늘에 보다 가까이 다가가기 위해서 오르던 산이었다. 하늘과 가장 가까운 곳에서 하늘에 제사를 지낸다는 발상은 현대인인 우리도 이해할 수 있는 부분이다.

중국의 사서에는 천자가 봉선(封禪) 의식을 행했다는 기록이 때때로 등장한다. 천자는 천지에 제사를 지내야만 한다. 흙을 쌓는 것이 '봉(封)', 땅을 깨끗이 쓰는 것이 '선(禪)'이다. 하늘에 제사를 지내는 '봉'은 높은 곳에서, 땅에 제사를 지내는 '선'은 낮은 곳에서 거행하는데, 이것을 합쳐서 '봉선'이라고 한다.

태산의 정상에서 '봉'을 거행하고, 기슭에 위치한 양보(梁父)라는 곳에서 '선'을 거행하는 것이 관습이었다.

비에 젖은 몸으로 태산을 오르며 나는 이곳이 왜 성산이 되었는지, 그 이유에 대해서 생각해보았다. 지도 중에는 태산의 높이를 1524미터로 표기한 것이 많다. 태산 관리국이 발행한 팸플릿에는 1545미터라고 되어 있다. 그렇게 높은 산은 아니지만 주위에 그것보다 높은 산은 없다. 산기슭의 태안(泰安)이라는 도시에서 바라본 산새도 굉장히 멋있다. 다만 이곳이 중원(中原)에서 약간 떨어진 곳이라는 점만이 마음에 걸린다.

태산은 산동성 제남시(濟南市)에서 남쪽으로 약 60킬로미터 떨어진 곳에 위치해 있다. 문명의 중심이라 일컬어지는 중원은 주로 황하 중류 유역이었던 것으로 알려져 있으니, 오히려 하류에 더 가까운 태산은 거기에 포함되지 않는다. 국가의 주인으로서 치르는 가장 중요한 행사를 중심에서 떨어진 지방에서 거행하는 것은 이상하다. 중원에는 해발 1440미터인 숭산(嵩山)이라는 명산이 있다. 왜 태산에서 거행했을까?

『사기』의 「봉선서(封禪書)」는 『상서(尚書)』를 인용하여, 고대의 성왕 순(舜)이 전국을 순찰할 때, 우선 동쪽의 대종(岱宗, 태산)으로 가서 제사를 지냈다고 설명하고 있다. 그 후에 남악(南嶽, 형산(衡山)), 서악(西嶽, 화산(華山)), 북악(北嶽, 항산(恒山))을 찾아서 똑같이 제사를 지냈다고 한다. 순찰을 할 때 마침 태산을 가장 먼저 찾았기 때문에 그곳이 중히 여겨져 봉선은 태산에서만 거행하게 되었다는 것이다. 과연 그랬을까?

내 추측으로는 동쪽에서 일어나 중원을 제패한 왕조가 출신지를 중히 생각했기 때문에 동쪽에 있는 태산이 특별히 신성한 산으로 여겨진 것이 아닐까 생각된다. 일본의 경우 메이지 시대가 들어서고 난 뒤 도쿄로 천도를 했지만, 다이쇼(大正) 일왕의 즉위대전은 교토에서 행해졌다는 사실이 참고가 될 것이다.

정치적인 이유로 본거지를 옮기게 되었지만, 흔히 치르지 않는 중요한 행사를 예전의 본거지에서 거행함으로 해서 옛 땅을 잊지 않았다는 사실을 드러낸 것이라 할 수 있다. 봉선도 즉위(卽位)도 그리 흔히 있는 일은 아니다.

중원의 성스러운 숭산은 전설 속의 성인인 우(禹)가 살던 곳이기도 했다. 우는 은(殷) 왕조 전에 있었던 하(夏) 왕조의 시조로 알려져 있다. 그리고 티베트 계열이라고 알려진 강족(姜族, 羌族)은, 『춘추좌씨전(春秋左氏傳)』에 따르면, 태악(太嶽, 숭산)의 후예였다. 숭산에는 이것을 제사하는 집단이 이미 있었기 때문에 동쪽에서 진출하여 중원을 장악한 왕조도 주요한 제사는 옛 본거지인 태산에서 치렀을 것이다.

중국의 고대사는 중원을 주요 무대로 펼쳐졌는데, 거기에 등장하는 집단은 반드시 중원 토착민들만이 아니었다. 비중원(非中原) 집단이라 여겨지는 티베트 계열 사람들도 사실은 중원의 민족이었다. 성스러운 태산은 그 중국 고대의 비밀을 우리에게 들려주고 있는 듯하다.

비에 젖은 태산은 더욱 많은 것을 내게 들려주었다.

봉선이란 과연 어떤 행사였을까, 사마천(司馬遷)조차도 구체적인 내용을 알지 못해,

그 상세한 내용은 도저히 들을 수도 기록할 수도 없다고 한다.

라고 기록했다.

다만 봉선을 거행할 수 있는 자격을 갖춘 제왕에 대해서는 사마천도 기술을 했다. 제왕이라고 해서 누구나 봉선을 행할 수 있는 것은 아니다. 천자란 천명을 받은 사람을 말하는데, 천자라 할지라도 공(功)이 충분하지 못한 천자는 봉선을 거행할 수가 없었다고 한다. 공이란 공업(功業), 즉 업적을 말한다. 천하를 통치하여 태평을 가져다준 천자에게만 자격이 있었다.

공이 있어도 덕을 널리 펼치지 못한 천자는 자격을 인정받지 못했다. 따라서 자격이 있는 천자는 더욱 한정되어 있었다. 그리고 자격은 갖추고 있었지만 정무에 바빠서 봉선 의식을 거행할 여유가 없었던 천자도 있었다. 이런 이유들 때문에 봉선은 거의 거행되지 않았다.

제(齊)나라의 환공(桓公)이 태산에서 봉선을 하려고 하다가 관중(管仲)의 간언으로 그만두었다는 사실이 『사기』에 기록되어 있다. 제나라의 환공은 규구(葵丘) 등 아홉 번에 걸친 회맹(會盟)의 맹주가 되었지만, 어디까지나 제후(諸侯) 가운데 한 사람의 패자(霸者)에 지나지 않았다. 천자가 된 것은 아니었다. 천자라 할지라도 그렇게 간단하게 봉선을 거행할 수 없었다. 관중이 한사코 간언한 것도 어찌 보면 당연했다.

패자들의 보살핌을 받던 동주(東周) 시대의 천자 중에서 봉선을 거행할 만한 자격을 갖춘 자는 하나도 없었다. 5백수십 년 동안 계속된 춘추전국 시대에 태산에서의 봉선은 한 번도 거행되지 않았던 셈이다.

진(秦)이 천하를 통일하고 시황제가 봉선을 행하려 했지만, 적어도 5백수십 년 동안 그것이 없었기 때문에 의식의 자세한 내용은 이미 알 수가 없었다.

군자가 3년 동안 예를 행하지 않으면 예는 반드시 깨진다. 3년 동안 악(樂)을 행하지 않으면 악은 반드시 무너진다.

라는 말이 『논어』 「양화편(陽貨篇)」에 있다.

3년이 문제가 아니었다. 5백수십 년 동안이었으니 봉선의 예전 의식 절차는 완전히 잊혀지고 말았다. 진의 시황제는 태산 부근으로 가서 이름만 들어본 적이 있는 봉선의 상세한 모습을 유학자들에게 물어보았다. 그에 대한 유학자들의 대답은 각양각색이었다. 성산의 흙과 돌, 초목을 다치지 않게 하기 위해서 수레의 바퀴를 부들로 감싸야 한다고 말하는 사람도 있었다. 유학자들의 의견에 일일이 귀를 기울였다가는 봉선을 거행할 수 있을 것 같지 않았다.

시황제는 원래부터 유학자들을 마땅치 않게 생각하고 있었는데, 봉선에 관한 일이 있고부터 불신감이 더욱 커졌다.

도교가 대신한 태산 신앙

태산 기슭에 대묘(岱廟)라는 곳이 있다. 동악묘(東嶽廟)라고도 불리고, 태산묘라고도 한다. 태산을 받들기도 하고, 성왕 순을 기리기도 한다. 일본 나라현의 미와(三輪) 산(고대부터 원시신앙지로 추앙받는 명산-옮긴이)처럼 산 자체를 신격화하여 섬겼던 시절도 있었고, 성왕을 기리던 시절도 있었다. 이 부근에는 지난 역사의 여러 가지 단층이 동시에 우리 눈앞에 펼쳐져 있다.

태산의 정상을 옥황정(玉皇頂)이라고 하는데, 그곳에 옥황사(玉皇祠)가 있다. 옥황이란 도교(道敎) 최고의 신이라 일컬어지는 원시천존(元始天尊)의 별칭이다. 그런데 옥황이라는 이름이 중국의 문헌에 나타나기는 그보다 훨씬 뒤인 8세기 전반, 당 나라 시인들의 작품에 언뜻언뜻 등장하기 시작하는 정도이다. 따라서 옥황정이라는 명칭은 새로 지어진 것이 틀림없다. 애초에 태산의 정상은 하늘을 제사하던 곳이지, 옥황상제를 제사하던 곳은 아니었다.

제왕이 하늘에 제사를 지내던 산꼭대기를 도교의 옥황상제에게 빼앗겨 버린 셈이다.

그러나 태산이 처음부터 하늘을 제사하던 곳이었는지도 의문이다. 하늘이 추상적인 개념으로 자리를 잡은 것은 주(周) 나라에 들어서라고 앞에서도 이야기했다.

은허(殷墟)의 갑골문자에는 자연신으로서의 '악(岳)'이 자주 등장한다. 악에 비를 비는 말도 볼 수 있다.

산 자체가 신이었다가 하늘을 제사하는 곳이 되었고, 이후 옥황상제의 사당이 된 것처럼 태산의 성격은 시대에 따라서 변화해 왔다.

은은 동쪽에서 중원으로 진출했다는 설이 유력하다. 그렇다면 은나라 때의 태산은 악 중에서도 특히 성스러운 산으로 생각되었을지도 모른다. 서쪽에서 시작한 주나라는 은을 멸망시킨 뒤에도 태산을 신성시하는 습관을 그대로 이어받았고, 거기에 산 정상에서 하늘에 제사를 지내는 주 특유의 행사를 더한 것이 아닐까 추측된다.

전한, 혹은 후한에 들어서야 도교가 불완전하게나마 체계화되었고, 교단이라 불릴 만한 것이 생겨났다고 한다. 도교의 체계 속에 옥황상제라는 이름이 출현한 것은 그보다도 10세기나 더 뒤의 일이다.

대묘가 동악묘의 별칭이라는 사실에서도 알 수 있듯이 그 지방 사람들은 동악대제(東嶽大帝)를 섬기고 있었다. 동악대제가 동악(태산)인지, 혹은 옥황상제인지는 빗속의 태산처럼 모호하기만 하다. 더욱 놀라운 것은 그 지방 사람들은 태산의 주신을 벽하원군(碧霞元君)이라 믿고 있다는 사실이다.

벽하원군은 여신이다. 동악대제의 딸이라는 설도 있다. 옥황사 약간 아래쪽에 벽하원군을 모신 벽하사(碧霞祠)가 있는데, 일반적으로 그곳은 낭랑사(娘娘祠)라고 불린다. 언제부터인가 여성이라면 일생에 한 번은 태산에 올라 낭랑사를 참배해야 한다는 말이 생겨났다.

빗속에서도 등산객들의 행렬은 끊이지 않았다. 게다가 셋 중 둘은 여성으로 나이 든 사람들이 많았다. 개중에는 전족(纏足)을 한 노파의 모습도 보였다. 여성 신이지만 젊은 여성들은 신앙심이 별로 깊지 않은 것인지 나이 든 여성들의 모습이 눈에 띄었다. 우리는 돌계단뿐인 길을 하루 걸려서 올라가 산 정상에서 하룻밤 묵고 이튿날 산에서 내려왔다. 그런데 그 지방 사람들은 아침 일찍부터 올라서 그날 안으로 돌아오는 것이 보통이다.

태산에 오르고 난 뒤, 며칠 동안은 허벅지가 아파서 다리를 들 때마다 얼굴을 찡그려야 했다. 그런데도 예순이나 일흔이 된 할머니가 지팡이를 짚고 비교적 가벼운 걸음걸이로 오르고 내렸다.

이제는 옥황상제도 여신인 벽하원군에게 자리를 빼앗긴 것 같았다.

천자가 봉선하던 성스러운 산을 여자에게 빼앗겼다는 사실은 사대부에게는 원통하기 짝이 없는 일이었을 것이다. 당시로서는 합리주의적인 사고를 가지고 있던 명(明)나라 작가 사조제(謝肇淛, 1567~1624)도 자신의

저서 『오잡조(五雜俎)』에서,

그 도치(倒置, 위치가 뒤바뀜), 참으로 심하다.

라고 한탄했다.

우리를 안내해 준 젊은 사람은 태산의 신은 '할머니 신'이라고 믿어 의심치 않았던 모양이다. 어느 시대인지는 모르겠지만 머리 좋은 어떤 사람이 외출할 기회가 적었던 여성들에게 다리와 허리를 단련할 기회를 마련해 주기 위해서 벽하원군을 산 정상에 모셔 놓았는지도 모른다.

대묘에서 북쪽으로 향해 태산을 오르려면 우선 홍문(紅門)이라는 문을 지나야 한다. 거기서 산길로 들어서면 만선루(萬仙樓), 두모궁(斗母宮), 호천각(壺天閣)을 지나 중천문(中天門)에 이르게 되는데, 거기가 태산의 한가운데. 도중의 건물들은 전부 도교색이 농후한 것으로, 지금의 태산은 그야말로 도교의 산이라고 할 수 있다.

만선루 누문(樓門)에는 산을 오르는 쪽에 '만선루'라고 적힌 현판이 걸려 있다. 이 산에는 도교에서 말하는 온갖 신선이 살고 있다고 알려 주는 것이리라. 산에서 내려오는 쪽에는 '사은루(謝恩樓)'라고 적힌 현판이 걸려 있다. 두 개의 현판은 모두 명나라의 만력(萬曆) 시절에 만들어진 것이다.

어째서 사은루일까? 안내를 맡았던 사람이 재미있는 이야기를 들려주었다.

태산에 오르면 커다란 복을 받게 된다고 한다. 그런데 이 산에 사는 수많은 신선 가운데는 그다지 좋지 않은 신선도 있어서 참배한 사람이 소중히 가지고 내려가는 '복'을 도중에 가로채 간다고 한다. 참배객도 복을 약간씩 나눠주지 않으면 그곳을 무사히 통과할 수 없다. 여기저기서 뜯기며 간신히 출구인 만선루에 도착하게 되는데, 거기서 마지막 사은을 표해야 한다. 모처럼 만에 얻은 복을 거기서 다시 얼마간 뱉어내야 하는 것이다. 그렇기 때문에 하산한 사람은 그곳을 '사은루'라 부른다.

태산에서 열 가지 복을 받았다 할지라도 산을 내려오면 겨우 두어 가지밖에 남지 않게 된다. 선계도 타락하여 뇌물 천국의 양상을 띠고 있는 것 같다.

이 우스운 이야기는 도교의 성격을 어느 정도 보여 주고 있다. 무엇보다도 현세의 이익을 첫째로 꼽는다.

도교란 어떤 것인가 하는 문제를 설명하기란 매우 어렵다. 불교가 인도에서 온 것인데 반해서 유교와 도교는 중국 고유의 2대 종교다. 게다가 유교에는 종교적인 색채가 희박해서, 이것은 윤리체계지 종교는 아니라고 보는 견해가 오히려 타당하다는 느낌이 든다. 그렇다면 도교야말로 중국 고유의 유일한 종교가 되는 셈이다.

그럼에도 불구하고 도교에 대해서 설명하기 어려운 이유를 나는 두 가지로 들고 싶다.

첫 번째는, 도교에 대한 연구가 깊이 이뤄지지 않고 있다는 점이다. 중국 사상의 주류는 표면적으로는 유교이며, 종교 면에서도 불교가 우세하기 때문에 도교는 그다지 각광받는 자리를 차지할 수 없었다.

유학에 대한 연구는 방대한 주석과 논고가 쌓이고 그것이 더욱 정밀해져서 훌륭한 체계를 만들어내고 있다. 불교에 대한 연구도 그에 뒤지지 않으며, 여기에는 국제적인 유대관계도 맺고 있다.

그에 비해서 도교에 대한 연구는 사대부가 손을 댈 일이 아니라고 여겨져 왔으며, 불교로부터도 미신사설(迷信邪說) 취급을 받아왔다. 유교나 불교에 대한 연구에 비하면 현격한 차이가 있기 때문에 아직 해명되지 않은 부분이 매우 많다.

두 번째로, 도교는 여러 가지 요소를 포함하고 있다는 점이다. 민간신앙을 기간으로 하고 있지만 거기에 음양오행설, 역(易), 복서(卜筮), 기도, 참위(讖緯), 노장(老莊)사상, 신선설, 양주설(楊朱說)까지 포함하고 있다. 뿐만 아니라 유학과 불교의 일부까지도 받아들였다.

유교는 공맹(孔孟)의 가르침이며 도교는 노장의 사상이라고 단순하게 생각하는 사람들도 있지만, 그것은 올바른 인식이 아니다. 유교는 공맹의 가르침 그 자체라고 할 수 있지만, 도교는 노장사상 그 자체라고는 할 수 없다. 노장사상도 도교의 중요한 요소로 포함되어 있기는 하지만, 그것이 전부인 것은 아니다. 다른 요소도 가득 들어 있다.

다만 '도가(道家)'라고 말하는 경우에는 범위가 축소되어 노장에 매우 가까워지며, 때로는 노장 그 자체라고 해석되는 경우도 있다. 도가란 신앙이나 종교 집단이 아니라 사상적인 학파를 의미한다. 이 파에 속한 사람들은 노자(老子)를 시조로 보고 장자(莊子)를 그 계승자로 보기 때문에 '노장'이라 부르는 경우가 있다. 또 때로는 전설 속의 제왕인 황제(黃帝)를 시조로 삼아 자신들의 파에 권위를 부여하여 '황로(黃老)'라고 불렀던 적도 있었다.

폭풍우를 만난 진시황

유가(儒家)는 인간지상주의다. 인간은 노력을 통해서 자신의 몸을 수

양하고 가정을 바로잡고 나라를 다스리고 그것을 천하에 미치게 하여 세계를 평화롭게 해야 한다는 이상을 내걸고 있다.

이에 비해서 도가는 자연지상주의다.

무위(無爲)함으로 민(民)은 저절로 화(化)한다.

는 말이 노자에 있다.

쓸데없는 짓을 하지 않으면 백성도 저절로 교화된다는 뜻이다.

유가는 노력을 요구하지만, 도가의 입장에서 보자면 그런 것들이야말로 세상을 나쁘게 하는 것으로 무슨 일이든 자연에 맡겨야 한다는 생각이었다.

진의 시황제가 이 태산에서 봉선을 거행했을 때, 도가도 이미 존재하고 있었지만 도교는 아직 성립되지 않았다. 봉선 의식에 대해서 이런저런 의견을 이야기한 것은 유가 사람들이었다. 태산으로 갔던 시황제 일행 가운데 아마도 도가 사람은 없었을 것이다.

봉선은 의례다.

유가는 예를 가장 존중했지만, 도가는 그것을 가장 경멸했다. 타기(唾棄)했다고 해도 좋을 것이다. 예라는 것은 가장 인공적인 것으로 도가에서 이상으로 여기고 있는 자연에서 벗어나 있다.

무릇 예는 충신(忠信)이 엷으며, 난(亂)의 시작이다.

이것도 노자의 말이다. 예는 인간의 충신(忠信), 즉 순수한 진심이 엷어

진 것이며, 세상이 어지러워지기 시작하는 것이라고 보았다.

인위적인 것을 몹시 싫어하는 도가 사람들이 봉선 의식 따위에 참가했을 리가 없다. 도가 사람들은 애초부터 대국의 황제를 섬기려고도 하지 않았다.

태산은 제(齊)나라의 판도 속에 있었지만, 남쪽의 노(魯)나라와도 그렇게 떨어져 있지 않았다. 태산 정상의 한 봉우리를 '첨로대(瞻魯臺)'라고 부르고 있다. 노나라가 바라다보이는 장소라는 뜻이다. 『시경(詩經)』의 「노송(魯頌)」에도,

태산은 험하고,
노방(魯邦)이 보이는 곳이다.

라는 구절이 있다. 우뚝 솟아 있는 태산은 노나라에서도 올려다볼 수 있을 정도로 가까웠다.

노나라는 말할 나위도 없이 공자(孔子)가 태어난 나라다. 공자는 노나라에서 자신의 사상을 주장했으며 교단을 만들었다. 그 지역에는 틀림없이 유가 사람들이 많이 살고 있었다. 시황제는 태산에 와서 예악(禮樂)의 전문가들인 유가 사람들을 불러다 봉선에 대해서 물었다. 불려 나온 유생, 박사는 70명이었는데, 그들의 말이 제각각 달랐기 때문에 시황제는 그들을 물리치고 곧바로 수렛길을 만들어 산의 정상에 올랐다. 참으로 시황제다운 행동이었다.

진의 시황제가 태산에서 봉선을 거행한 것은 왕위에 오른 지 28년, 천하를 통일하고 제위에 오른 지 3년, 기원전 219년의 일이었다. 산 정상에

돌을 세우고 거기에 자신의 덕을 칭송하는 글을 새겼다.

유생, 박사들에게 물어도 잘 몰랐던 봉선 의식을 시황제는 어떻게 치렀을까? 그로부터 100년 정도밖에 지나지 않은 시대에 살았던 사마천조차도 그것을 알 수 없었다. 시황제는 틀림없이 진나라의 제사 방법에 따라서 자기 나름대로 봉선 의식을 거행했을 것이다. 이때의 기록은 봉장(封藏)하여 비밀로 했다고 한다.

자기 나름대로의 방법이었기에 알려지기를 원치 않았다. 만약 봉선의 정식 방법이 판명되면, 시황제의 봉선은 무효였다는 말을 듣게 될지도 모를 일이었다. 현대인의 감각으로 보자면 그리 대단할 것도 없는 문제처럼 느껴지지만, 당시 사람들의 입장에서 보자면 그것은 사활이 걸린 문제라고 할 수 있을 정도로 중요한 일이었다.

태산 중천문에서 위쪽으로 벽하사에 이르기까지 사묘(祠廟)와 같은 것은 없다. 중천문에서 조금 올라가면 운보교(雲步橋)가 있고, 그곳을 건너면 '오대부송(五大夫松)'이 보인다.

시황제는 태산에서 폭풍우를 만났다. 『사기』 「봉선서」에 다음과 같은 내용이 있다.

> 시황(始皇)이 태(太, 泰)산에 오를 때, 중턱에서 폭풍우를 만나 커다란 나무 밑에서 쉬었다. 모든 유생들은 이미 물리친 뒤였기에 봉사(封事)의 예에 참석하여 쓰이질 못했다. 시황제가 풍우를 만났다는 소리를 듣고 곧 그를 비난했다.

같은 『사기』의 「진시황본기(秦始皇本紀)」에 폭풍우를 만난 것은 산 정상에서 봉(封)의 의식을 마치고 내려오던 도중이었다고 기록되어 있다. 유생들은 봉선에 대해서 서로 다른 답을 했기 때문에 의식에 참석할 수가 없었다. 시황제였으니 커다란 소리로 질책을 했을지도 모른다. "봉선에서는 너희들을 완전히 배제하겠다"고 선언했다. 그런 유생들이었으니, 산중에서 시황제가 폭풍우를 만났다는 소리를 듣고 '꼴좋다'는 생각이 들었을 것이다.

길옆에 커다란 소나무가 있었기에 그 밑에서 폭풍우를 피할 수 있었다. 시황제는 자신에게 도움을 준 그 나무에게 오대부(五大夫)라는 작위를 내렸다.

진나라의 작위제도는 상앙(商鞅)이 정했는데 20등(等)으로 나뉘어 있었다. 이는 진나라에서 한(漢)나라로 그대로 이어졌는데, 그중 오대부라는 작위는 구작(九爵)에 해당한다. 무도(武道)나 바둑처럼 진한(秦漢)의 작위제도는 숫자가 높을수록 높은 지위였다. 20작인 철후(徹侯)가 가장 높았으며, 19작인 관내후(關內侯)가 그 다음이었다. 오대부는 위에서부터 12번째 작으로 한대에는 봉록(俸祿) 600석이었다.

별로 높은 작위는 아니었지만 그렇게 하급도 아니었다. 그런 작위를 소나무에게 주었다. 사람들은 그 소나무를 '오대부송'이라고 부르게 되었다. 2천 200년 전의 일이니 그 소나무가 남아 있을 리 없다. 지금 남아 있는 오대부송은 몇 번인가 새로 심은 것이다.

진나라는 시황제가 봉선을 거행한 지 12년 뒤에 멸망했다. 유가 사람들은 시황제로부터 엄격한 탄압을 받았었기에,

시황은 태산에 오를 때 폭풍우를 만나, 봉선을 거행하지 못했다.

고 퍼뜨린 듯하다. 그러나 산 정상의 진비(秦碑)가 상당히 오래도록 남아 있었으니, 형식은 알 수 없지만 봉선다운 의식은 틀림없이 치렀다. 그러나 유가 사람들의 입장에서 보자면 시황제에게는 성천자(聖天子)로서의 자격이 없었기 때문에 하늘이 폭풍우를 일으켜 봉선을 방해했다고 생각하고 싶었을 것이다.

장터로 변한 제삿날

비가 상당히 세차게 내렸는데 등산객, 그것도 나이 든 부인들이 왜 그렇게 많았을까? 태산의 산길은 결코 좁지 않은데 등산객들의 행렬은 거의 끊이질 않았다. 일요일이기는 했지만 그랬기 때문에 등산객이 많았던 것만은 아니었다. 내가 태산에 올랐던 1980년 5월 11일은 음력 3월 28일이었는데, 그날이 바로 태산의 신이 태어난 날이기 때문이었다. 태산의 정상에 모신 옥황상제의 탄생일은 1월 9일이다. 봉선의 장소를 빼앗았던 옥황도 언제부터인가 태산의 주신의 자리를 물려주게 된 것 같다.

3월 28일은 동악대제가 태어난 날이라 여겨지고 있다. 동악은 태산을 말하는 것이며, 동악묘는 태안에 본사(本社)를 두고 각지에 말사(末社)를 가지고 있다. 북경(北京)에도 동악묘가 있는데, 세시기(歲時記)에 따르면 그 제삿날이 3월 28일이라고 한다. 북경뿐만 아니라 각지의 모든 동악묘에서 그날에 제사를 지내 왔다.

그런데 이 지방에서는 이날을 '낭랑생(娘娘生)'이라고 부른다. 여신인 벽하원군이 태어난 날이라는 것이다. 이왕 참배를 할 거면 신이 태어난 날에 하는 편이 더 영험할 것이라 생각했기 때문에 노파들이 그날을 골라서 산에 오른다고 한다.

　현대에 와서 도교의 미신적인 부분은 떨어져 나갔다. 그러나 그 지방의 연중행사로 민간 생활 속에 절기로 정착한 것은 아직도 계승되고 있다. 태산에서 제사를 지내는 날인 3월 28일은 예전부터 길일이라 하여 사람들로 북적거렸다. 내가 태산에 올랐던 날, 기슭에 위치한 태안 거리는 근교에서 10만 명이나 되는 사람들이 찾아와 굉장히 붐볐다. 역 앞에는,

　　태성춘계물자교류대회(泰城春季物資交流大會)

라고 적힌 현수막이 걸려 있었다. 물자교류대회라는 이름을 붙였지만 그날은 축제일이나 다름없었다.

　태안 거리 일대를 수많은 노점상들이 메웠으며 용담(龍潭)이라 불리는 강의 강변에는 공연을 위한 텐트가 줄줄이 늘어서 있었다. 약장수들은 그 특유의 말투로 ‘전치관절염(專治關節炎)’이라고 적어 놓은 깃발 아래서 손님들을 불러 모으고 있었다. 점쟁이인 듯한 사람들까지 자리를 잡고 앉았는데 그 간판에는,

　　위인민복무, 해결통고(爲人民服務 解決痛苦, 인민을 위해 복무하여 고
　통을 해결한다.)

라고 적혀 있었다. 그 물자대회는 15일간 열린다고 하는데 내가 간 날이 그 첫날이었다. 눈깔사탕에서부터 텔레비전까지 팔고 있으니 그저 즐겁

기만 했다. 이런저런 노점상들을 기웃거리며 물건 파는 사람들의 말투를 듣고 있자니 제1권에서 이야기했던 '모순'이라는 말이 생겨나게 된 장면이 문득 떠올랐다.

전국 시대에도 이와 같은 축제일이 되면 노점상들이 능란한 말솜씨로 물건을 팔려고 했을 것이다. 그 가운데 창과 방패를 파는 요란스러운 무기상인도 있었다.

방패는 가죽이나 등나무로 만들어진 것이 많았던 듯한데, 『한비자(韓非子)』에 있는 '중순(重盾)'이라는 말은 틀림없이 철로 만들어진 것을 가리킨다고 생각된다.

창은 동으로 만들어진 것도 있고, 철로 만들어진 것도 있었다. 동에 비해서 철은 땅 속에서 쉽게 부식되기 때문에 출토되는 경우가 매우 드물다. 출토품이 적다고 해서 그것이 사용되지 않았다고는 말할 수 없다.

축제일에 창과 방패를 판 것은 초(楚)나라의 상인이었다고 한다. 초나라는 철의 명산지로 유명했으니, 그가 팔았던 것은 철로 만들어진 물건이었을지도 모른다.

『사기』「범저전(范雎傳)」에 진(秦)나라의 소왕(昭王)이,

> 내가 듣기에, 초의 철검은 날카롭고, 창우(倡優)는 서투르다고 한다.

라고 말한 대목이 있다.

소왕은 시황제의 증조부에 해당하는 사람이다. 진(秦)나라는 이미 초대국(超大國)이 되어 있었다. 그럼에도 초나라의 철제 검은 예리해서 진나라의 무기보다 뛰어나다고 걱정을 하고 있다. 그에 이어서 초나라의 창우

(배우)가 서툴다는 점도 걱정을 하고 있다. 배우의 실력이 뛰어나지 못한 것은 그 나라가 질실강건(質實剛健)하기 때문이라고 생각했다.

진나라 소왕은 어머니가 초나라 사람이었기 때문에 초나라에 대해서 잘 알고 있었다. 두려워해야 할 것은 초나라의 제철기술이라는 점을 아주 잘 알고 있었다.

각국에 무기를 팔러 다녔던 초나라의 상인은 틀림없이 철제 물건을 가지고 다녔을 것이다. 각국의 물건을 사는 사람들도 상대방이 초나라 상인이라는 사실을 알면, 철제 물건을 요구했을 것이다. 그 정도로 초나라의 철은 천하에서 이름을 얻고 있었다. 관중(管仲)이 춘추 시대의 첫 번째 패자였던 제나라의 환공(桓公)에게 했던 말을 여기서 떠올려 보기로 하자. 음왕(陰王, 제후이지만 실질적으로는 왕과 다름없는 사람)의 나라가 될 수 있는 나라가 셋 있는데, 그것은 제나라와 연(燕)나라와 초나라라고 했다. 그 이유로 제나라와 연나라에서는 소금이 나며, 초나라에는 황금이 있기 때문이라고 지적했다.

초나라의 판도였던 여한(汝漢, 여수(汝水)와 한수(漢水)) 일대가 사금의 산지였다. 사금을 녹여 황금을 만드는 과정에서 그 속에 포함되어 있는 사철(砂鐵)이 순도가 높은 양질의 강철이 된다.

그때까지 '금(金)'이라고 하면 동을 일컬었고, 철은 '악금(惡金)'이라고 불렀다. 그 정도로 철은 질이 좋지 못했다. 관중이 살았던 시대에는 제나라에서도 철은 도저히 무기로 쓸 수 없었으며, 농기구로 쓰는 정도에 지나지 않았다.

열악한 금속이었던 철이 춘추 말기부터 질적으로 향상되었다. 거기다가 대량으로 생산할 수 있게 되었다. 초나라에서 황금 생산의 부산물로 제철기술이 개발되었다. 철은 원래 '이(銕)'이라는 글자를 썼는데, 여기서도 알 수 있듯이 동방의 이족(夷族)이 제철을 시작했다고 추측된다. 춘추 말기에 갑자기 대두하기 시작한 오(吳)나라와 월(越)나라가 아마도 금속 공업의 선구자였을 것이다.

오월(吳越)의 명검에 대한 이야기는 앞에서도 이야기했다. 초나라는 위치적으로도 오월과 접촉이 많았으며, 결국에는 월나라를 합병하기에 이르렀다. 그와 동시에 동방의 뛰어난 금속공업기술도 흡수했다.

춘추와 전국의 시대 구분은 초대국이었던 진(晉)나라가 조(趙), 위(魏), 한(韓) 삼국으로 분열한 때를 경계로 보는 것이 일반적이다. 그러나 '철의 등장'이 시대를 구분 지었다고 보는 견해도 있다. 나라의 분열처럼 그것은 분명한 연대로 표시할 수가 없다. 시대 구분으로는 분명하지 않은 부분도 있지만, 철이 시대의 양상을 바꿔 놓은 것만은 확실하다.

철의 등장은 전쟁의 양식뿐만 아니라 생산의 양식까지도 크게 바꾸어 놓았다. 석기나 나무로 만든 농기구로는 갈 수 없었던 토지도 철제 농기구로는 갈 수가 있었다. 토지의 생산력이 비약적으로 높아졌다.

명검 장인 간장의 복수

노신(魯迅, 1881~1936)의 다섯 번째 작품집인 『고사신편(故事新編)』에 〈주검(鑄劍)〉이라는 소설이 있다. 원제(原題)는 〈미간척(眉間尺)〉으로 1926년에 쓰인 작품이다.

미간척이란 사람의 이름으로 오나라의 이름난 도장(刀匠)이었던 간장(干將)과 그의 아내인 막야(莫耶) 사이에서 태어난 아들이다.

명검에 얽힌 전설에는 여러 가지가 있다. 노신의 소설은 『오월춘추(吳越春秋)』, 『수신기(搜神記)』, 『유양잡조(酉陽雜俎)』, 아니면 『열이전(列異傳)』 등과 같은 일문(逸文)을 참고로 하여 그것을 합성한 이야기다.

오나라 왕 부차(夫差)의 아버지인 합려(闔閭) 시절에 월나라에서 세 자루의 보검을 보내왔다. 왕은 자기 나라의 도공에게 그에 뒤지지 않는 명검을 만들라고 명령했다. 오나라와 월나라는 라이벌 관계에 있었기 때문에 서로 선물을 교환하기도 했지만 전쟁도 자주 했다. 어느 분야에서나 상대방에게는 지고 싶지 않았다. 검에 있어서는 아무래도 월나라가 우세했던 듯하며 오나라 왕 합려는 그것이 분했던 모양이다. "이것보다 뛰어난 검을 만들라"는 명령은 도장에게는 틀림없이 굉장히 무거운 짐이었다.

간장과 막야는 오산(五山)의 철정(鐵精)과 육합(六合, 천지와 사방)의 금영(金英)을 캐고, 하늘과 땅을 살피고, 음양의 조화를 기다려 여러 신들이 강림한다는 최고의 조건을 갖춰 놓고, 노(爐)를 열어 검 만드는 작업에 착수했다. 그런데 온도가 갑자기 낮아져서 노 안의 금철(金鐵)이 응결하여 철물이 흘러나오지 않았다.

부부는 서로 상의했다. 예전에 그들의 스승은 같은 사고가 일어났을 때, 부부가 함께 노 안으로 몸을 던져 간신히 금철을 녹인 적이 있었다. 막야가 자신의 머리카락을 자르고 손톱을 잘라서 노 안에 던져 넣고 동녀동남(童女童男) 300명으로 하여 풀무질을 하게 하자, 응결되었던 금철이 드디어 녹기 시작했다.

자신의 몸을 불태우는 대신 자신의 분신인 머리카락과 손톱을 불 속에 던져 넣은 것이다. 이렇게 해서 두 자루의 명검이 만들어졌다. 부부의 이름을 따서 '간장'과 '막야'라고 이름 붙였는데, 자신이 보기에도 너무나

잘 만들어졌기에, '막야'라 이름 붙인 것을 헌상하고 '간장'이라 이름 붙인 것은 자신의 것으로 삼았다고 한다.

양(陽)인 '간장'의 도신(刀身)에는 귀문(龜文, 거북이 등껍질 무늬)이, 음(陰)인 '막야'의 도신에는 만리(漫理, 물결 무늬)가 나타났다. 이와 같은 무늬가 나타난 것은 역시 재질이 강철이었기 때문이다.

이상이 『오월춘추』「합려내전(闔閭內傳)」에 실려 있는 기사인데, 음인 막야검을 헌상하자,

합려가 매우 중히 여겼다.

고 마무리 지었다.

후일담도 같은 책에 실려 있어서 『태평어람(太平御覽)』에서도 일부를 인용했지만, 현존하는 『오월춘추』에는 그 부분이 없다. 4세기 초반에 간보(干寶)가 지은 『수신기』에 상당히 자세한 내용이 기록되어 있다.

막야검을 헌상했지만 그 기간이 3년이나 걸린 데다 검상(劍相)을 잘 보는 사람에 의해 자웅(雌雄, 암수)의 두 검 가운데 자검(雌劍)이라는 사실이 밝혀지자, 화가 난 왕이 간장을 죽여 버렸다.

『오월춘추』에 왕은 오나라 왕 합려라고 되어 있지만, 『수신기』에는 초나라 왕으로 되어 있다. 간장은 검을 헌상하러 갈 때 자신의 운명을 예지하고 있었다. 아내인 막야는 임신을 한 상태였다.

사내아이가 태어나면 자라서 내 원수를 갚게 하라. 문을 나서서 남산을 바라보면, 돌 위에 자란 소나무가 있는데, 검은 그 뒤에 있다

고 전해 주기 바란다.

집을 나설 때 이런 말을 했다고 한다.

이것은 초보적인 암호다. 애초부터 남산 따위는 보이지도 않았다. 집의 초석에 기둥이 서 있었는데, 그것이 소나무로 만든 것이었다. 성장한 간장의 아들 미간척이 도끼로 기둥의 뒤, 즉 뒷부분을 쪼개 보니 명검 간장이 거기에 숨겨져 있는 것이 발견되었다.

한편, 초나라의 왕도 미간척이 복수하려 한다는 사실을 꿈에서 알고 그의 목에 천금이라는 현상금을 걸었다. 도망을 칠 수밖에 없었던 미간척이 산속으로 들어가 울면서 노래를 부르고 있을 때 한 명의 객(客, 여행자)을 만났다. 객은 젊은이가 울고 있는 이유를 묻고 자신이 대신 복수를 해 주겠다고 했다. 그를 위해서는 미간척의 머리와 명검이 필요했다.

"고맙습니다"라며 미간척은 자신의 목을 잘라 두 손으로 머리와 검을 주었다. 객이 "너를 배신하지 않겠다"고 말하자, 그대로 서 있던 시체가 드디어 쓰러졌다.

객은 그 머리를 가지고 초나라 왕에게로 갔다. 초나라 왕은 매우 기뻐했는데, 객은 "이것은 용사의 머리이기 때문에 확(鑊, 정보다 크고 다리가 없는 용기)에 넣어 삶아야 합니다"라고 말했다.

격정적인 사람은 죽은 뒤의 원한도 격정적이라고 여겨지고 있었다. 용사의 머리도 열탕으로 풀어 버리지 않으면 무시무시한 재앙을 내릴 염려가 있었다.

미간척의 머리를 삶아 보았지만 사흘을 계속해서 삶아도 풀어지지 않았다. 열탕 속에서 머리가 뛰어오르고 눈을 부릅뜨며 화를 냈다. 객은

"이 사람의 머리는 아무래도 삶아지지 않습니다. 이럴 때는 왕이 친히 보아야 풀어지는 법입니다"라고 말했다. 이에 왕은 그의 말대로 확 옆까지 갔는데, 이때 객이 재빨리 검으로 왕의 목을 잘랐다. 왕의 머리는 열탕 안으로 굴러 떨어졌다. 객은 그 칼로 자신의 목도 베었다. 객의 머리도 열탕 안으로 떨어졌다. 확 안에 머리 세 개가 들어 있었다. 그리고 세 개의 목 전부가 삶아 풀어져 식별을 할 수 없게 되었으므로 하는 수 없이 함께 묻었다. 사람들은 그것을 '삼왕묘(三王墓)'라고 불렀는데, 지금도 하남성 여남(汝南)에 그것이 남아 있다고 한다.

노신의 소설은 이보다 더 길고 내용도 풍부한 작품이다. 노신은 틀림없이 이 소설에서 복수의 미학을 그려 내고 싶었던 것 같다.

용광로 속으로 몸을 던지는 대신 머리카락과 손톱을 사용하고, 자기 아버지의 복수를 정체를 알 수 없는 '객'에게 대신하게 하는 등, 전설에 대리자가 자주 등장했다. 인간의 삶이 복잡해지고 작업의 분업과 대리가 흔하게 되자, 그것이 반영되어 분신설화가 탄생했는지도 모른다.

전국 시대에는 이 외에도 명검 전설이 있다. 이름난 도장으로는 구야자(歐冶子)가 가장 유명했다. 간장의 스승이었다고도 하고 동문이었다고도 한다. 구야자가 만든 '순균(純鈞)'이라는 명검은 천하의 지극한 보물이었다. 검상을 잘 보기로 유명했던 설촉(薛燭)은 순균의 가치를 묻자, 구야자가 죽었으니 이 검은 성을 기울여 금을 헤아리고 주옥으로 강을 메운다 할지라도 두 번 다시는 얻을 수 없다고 대답했다. 당시 매겨진 순균의 값은 시장을 가진 향(鄕) 두 개, 준마 1천 필, 1천 호(戶)가 사는 도(都) 두 개였다고 『월절서(越絶書)』에 기록되어 있다.

구야자는 월나라 사람이었으며, 초나라 왕에게 철검을 만들라는 명령을 받았던 풍호자(風胡子)도 명장이었다고 전해진다.

명검 이름도 간장, 막야, 순균 외에 '용연(龍淵)', '태아(太阿)', '담로(湛盧)', '어장(魚腸)', '거궐(巨闕)', '공포(工布)', '승사(勝邪)' 등이 알려져 있다.

명검 설화의 무대나 등장인물이 대부분 오, 초, 월에 한정되어 있는 것은 철의 고향이 이 지방이었다는 사실을 이야기해 준다고 할 수 있다.

철의 등장이 시대를 구분 지었다고 한다면, 장강(長江) 유역은 전국(戰國)의 고향이라고 할 수 있을지도 모르겠다.

전쟁이 바꾼 봉건제도

청동에 비해서 철은 훨씬 더 값이 싸며 대량으로 기구를 만들 수 있다. 청동기시대에서 철기시대로 들어선 것이다. 일찍부터 철기시대에 접어들었던 유라시아대륙 초원지방의 기마민족이 아직 청동기시대 단계에 있던 주변 지역을 정복했다는 내용을 역사 해설서에서 흔히 볼 수 있다.

스키타이 등과 같은 기마민족이 '철의 문화'를 각지에 전파한 사실은 부정할 수 없다. 그러나 중국의 철에 기마민족의 그림자가 그렇게 짙게 드리워지지는 않은 듯하다. 만약 기마민족이 철을 전파했다면 중국의 철의 고향은 북방이 될 터였지만, 실제로는 오, 월, 초 등 남방이 철의 선진 지역이었다.

세계에서 철의 고향이 오리엔트라는 점은 틀림없는 사실이다. 그러나 그 제조방법은 단철법(鍛鐵法)이었다. 두드려서 불리는 방법이었다. 그런데 중국의 철은 처음부터 주철법(鑄鐵法)으로 만들어졌다. 유럽에서 주철법이 시작된 것은 중세(14세기 무렵)부터였다고 한다.

주철법은 거푸집에 흘려 넣는 것인데, 단철법에 비해서 높은 열을 필요로 한다. 풀무와 같은 송풍장치를 유효하게 사용했기 때문에 그것이 가능했을 것이다. 유럽보다 2천 년이나 빨리 이 기술이 개발되었는데, 주철법에 의한 철은 단단하지만 잘 부러진다. 농기구로는 사용할 수 있지만 무기로는 적합하지 않다. 그랬기 때문에 간장이나 구야자와 같은 명인들의 손이 필요했다.

중국에서 철이 처음 등장했을 때는 전쟁보다 농업에 커다란 영향을 주었다. 그에 따라서 생활양식도 변했을 테지만, 말할 나위도 없이 인간의 의식에도 변혁이 일었다.

춘추 시대의 제후는 주나라로부터 토지를 받은 봉건영주들이었다. 농업기술의 진보로 새로이 토지를 개간할 수 있게 되었는데, 이것은 주나라로부터 받은 것이 아니었다. 자신들이 직접 만들어 내었다.

새로이 개간된 땅은 영지의 변경이었을 테니, 영주 스스로가 가는 경우는 별로 없었을 것이다. 그것은 신하들의 일이었다. 명령을 받아 하는 경우도 있었지만 자발적으로 하는 경우도 있었다. 어쨌든 이익을 가져다 줄 새로운 토지가 생기는 일은 담당한 가신의 공적이니 그들이 권리를 주장하는 것도 당연했다.

제후를 섬기는 유력한 신하들이 더욱 유력해져서 드디어는 군주를 능가하게까지 되었다. 이것이 전국 시대의 양상이었다.

제후 일족 사이에서 후계자 자리를 놓고 벌이는 다툼, 또는 세력다툼은 춘추 시대에도 흔히 있었다. 그런데 전국 시대에는 단순한 집안 다툼이 아니라 명백한 찬탈이 여기저기서 일어났다.

주 왕실과 같은 희(姬) 성을 쓰는 나라 가운데 초대국이었던 진(晉)나라가 조, 위, 한 세 대부(大夫)에게 나라를 빼앗겨 영지가 분열된 것이 가장 대표적인 예이다.

진(晉)나라의 문공(文公, 중이)이 유랑하던 시절에 그의 종자(從者)로 19년 동안이나 동행했던 조쇠(趙衰)의 후예가 조 씨였다. 이들이 진양(晉陽, 태원(太原))을 중심으로 한 옛 진(晉)나라 영토 북방의 주인이 되었다.

위도 문공이 유랑하던 시절에 동행했던 위무자(魏武子)의 후예였다. 예전에 충신이었던 집안도 시대가 변하면 찬탈자가 되는 법이다. 위는 지금의 산서성 남부와 하남성의 일부를 자신의 땅으로 삼았다.

황하 남쪽 기슭에 위치해 주나라의 낙양(洛陽)을 감싸 안고 있던 진나라의 옛 영지를 계승한 것은 한이었다.

조적(趙籍), 위사(魏斯), 한건(韓虔) 등 세 찬탈자가 주나라 왕(당시는 위열왕(威烈王))으로부터 정식 제후로 인정을 받은 것은 기원전 403년의 일이었다.

그 무렵 이 태산을 영유하고 있던 제나라도 절반은 찬탈 상태에 있었다.

태공망 여상의 후예인 이 제나라를 빼앗은 전(田) 씨는 망명자의 자손이었다. 그 조상은 사실 중원의 소국이었던 진(陳)나라 여공(厲公)의 공자(公子) 진완(陳完)이었다. 여공이 죽은 뒤, 동생인 선공(宣公)이 위에 올랐는데, 선공 11년에 태자가 주살당하고 말았다. 진완은 그 태자와 친하게 지냈기 때문에 화가 자신에게 미칠까 두려워 제나라로 망명하고 성을 전으로 바꾸었다.

진완, 곧 전완(田完)이 제나라로 망명한 것은 제나라 환공 14년(기원전 672)의 일이었다. 전완의 자손인 전화(田和)가 제나라를 탈취, 주나라로부터 제후로 인정받은 것은 기원전 386년의 일이었다. 전완이 망명한 지 286년 뒤의 일이었다.

수백 년의 전통을 가진 제후의 나라가 유력한 신하에게 찬탈당한 것은 힘 때문만은 아니었다. 사람들의 마음이 제후에게서 떠나 버렸기 때문이기도 했다.

인심을 잃게 되는 원인은 반드시 군주가 포학하고 나쁜 정치를 했기 때문만은 아니었다. 군주와 일반 사람들 사이의 거리가 너무나도 벌어져 접촉다운 접촉이 없었기에 친밀함을 느끼지 못하게 된 경우도 있었을 것이다.

철제 기구의 발달로 관개공사, 우물파기 공사가 활발하게 진행되어 경작 가능한 땅, 주거 가능한 땅이 더욱 넓어졌다. 제후가 살고 있는 도성에서 그것은 더욱 멀어져 갔다.

영주의 얼굴은 본 적도 없는 사람들이 더욱 늘어났다. 그들이 자주 접촉한 것은 대부, 혹은 그 밑에 있는 사(士)라 불리는 계급의 사람들이었다. 새로운 토지를 개발하면 그곳 주민의 노력이 자신의 이익과 직결되는 유력한 신하들은 주민들과 적극적으로 접촉을 한 듯하다.

전쟁의 형태는 전차에 의한 전쟁에서 보병전으로 바뀌기 시작했다. 춘추 시대, 전쟁의 주역은 몇 마리의 말이 끄는 3인승 전차였다. 중앙에 귀족이 타고 좌우로 사수와 마부가 탔다. 비처럼 쏟아지는 화살 속으로 달려 나가던 이 전차의 수는 '승(乘)'이라는 단위로 헤아렸다. 천자를 '만승(萬乘)의 군(君)'이라고 말한 것은 1만 대의 전차를 가진 군주라는 뜻이다. 창을 짊어진 보병도 있었지만 그것은 어디까지나 부속부대였다. 승패는 전차전에서 거의 결정이 났기 때문에 귀족과 그의 개인적인 신하였던 사수와 마부가 주역이었다.

전차가 주역의 자리에서 물러나게 된 것은 어쩌면 관개공사가 발달했기 때문일지도 모른다. 전차의 진행을 방해하는 수로가 여기저기에 있으면 바퀴를 가진 전차를 자유롭게 쓸 수가 없다. 장강 하류의 오나라, 월나라 등은 소택(沼澤)과 자연 수로가 많았기 때문에 처음부터 보병전이 주류였다. 이런 의미에서도 오월이 전국 시대의 막을 열었다고도 할 수 있다. 보병전의 선진국이었다. 명검이 이 지방에서 만들어진 것도 백병전이 많았다는 점이 자극제로 작용한 면도 있다.

춘추 시대에는 귀족과 그 주변이 전쟁의 담당자였다. 전국 시대에는 보병전이 펼쳐졌기 때문에 일반 서민들이 주역이 되었다. 평소에는 밭을 갈던 농민이, 전쟁이 일어나면 징집되어 병사가 되는 것이다. 귀족이 나설 자리가 적어졌기 때문에 그들도 몰락하게 되었다.

편의상 귀족이라고 말했지만 후세의 귀족들처럼 소수의 사람들이 아니었다. 그 나라의 제사와 관계가 있는 사람들이라고 해석해야 할 것이다. 예를 들어서 제나라에서는 태공망 여상 일족의 자손, 여상이 속했던 강(姜) 성 제족(諸族)의 자손들까지도 포함한다. 500년이 지났으니 굉장히 많은 숫자였을 것이다. 그들은 특권을 가지고 있었는데, 특권이 타락을 낳는다는 것은 예나 지금이나 다를 것이 없다.

진(陳)나라의 태자였던 전완이 제나라로 망명하고, 진(晉)나라의 문공이 19년 동안이나 유랑한 것처럼 춘추 시대의 인적 왕래는 상당히 활발했다고 할 수 있다. 정(鄭)나라의 문공(文公)이 유랑 중에 있던 진나라의 문공을 냉대했을 때 "망명 공자는 숫자가 많다. 일일이 관여할 수는 없다"고 했던 말이 떠오른다.

도회나 마을은 더욱 팽창했다. 철의 탄생으로 농업이 활발해져서 인구의 증가를 초래한 것이다. 초나라의 상인이 각국을 돌아다니며 무기를 팔았던 것처럼 상업도 활발해졌다. 제후의 도성 등은 매우 커다란 규모가 되었으며 다른 나라에서 온 이주자들도 적지 않았다. 원래 '도회(都會)'란 사람들이 여러 곳에서 모여드는 곳을 의미한다.

예전에는 마을 주민들 대부분이 같은 조상신을 섬기는 동족이었다. 타지에서의 이주자가 많아지면 상대적으로 동족의 숫자가 줄어들게 된다. 이는 제사의 권위가 저하되었다는 사실을 말한다. 예전에는 온 마을을 들어서 제사를 거행했지만, 이제는 반수의 사람들이 거기에 관여하지 않게 되었다.

앞에서도 이야기했듯이 '귀족'은 제사의 자격을 가지고 있다는 사실이 그들 권위의 원천이었다. 그들의 몰락도 제사 자체가 가지고 있다고 믿어졌던 힘을 약화시켰다.

춘추 시대에도 전쟁은 상당히 많았지만 완전 망국(亡國)은 의외로 적었다. 나라를 완전히 멸망시키면 제사를 받지 못하게 된 조상신이 재앙을 내린다고 두려워했다. 그랬기 때문에 주나라는 은나라를 멸망시킨 뒤에도 은나라의 후예를 송(宋)에 봉해서 제사를 계속하게 했다. 춘추 시대에 괵(虢)이라는 나라가 진(晉)나라에 의해서 멸망되었지만, 그것도 완전 망국은 아니었으며, 소괵(小虢)이라 불리는 소국의 존재가 허용되었다. 그 소괵도 전국 시대에 진(秦)에 의해서 멸망하고 말았다. 완전한 망국이었다.

전국 시대의 승패는 완전 망국으로 이어질 수도 있었다. 먹느냐, 먹히느냐였다. 재앙 같은 것에 신경을 쓰고 있을 때가 아니었다. 같은 난세라고는 하지만 아직은 목가적인 정서를 가지고 있던 춘추 시대와는 커다란 차이가 있었다.

큰 되와 작은 되

망명자 전완의 자손들은 점차로 힘을 키웠다. 전완에서부터 헤아려서 6대손인 전걸(田乞)은 제나라의 경공(景公) 밑에서 대부가 되었다. 전걸은, 연공을 거두어들일 때는 조그만 되를 썼으며, 백성들에게 곡물을 나눠 줄 때는 커다란 되를 썼다고 알려진 인물이다.

인기를 얻기 위해서였다. 이 시대에 이미 농민들은 전쟁이 일어나면 보병이 되어야 했으니, 전걸은 군대를 장악하려 했다. 전걸은 결국 제나라의 후계자 문제에 간섭하게 되었다. 경공이 죽은 뒤에 위에 오른 안유자(晏孺子)를 폐하고 자신과 친하게 지내던 양생(陽生, 도공(悼公))을 세웠다. 그렇게 할 수 있었던 것은 틀림없이 전걸에게 무력이 있었기 때문이다.

전걸의 아들인 전상(田常)도 아버지가 쓰던 방법대로 농민들에게 꾸어 줄 때는 커다란 되를 사용했으며, 그것을 받을 때는 조그만 되를 썼다. 그 무렵 제나라 사람들은 다음과 같은 노래를 불렀다고 한다.

> 노파는 상추를 따서,
> 전성자(田成子)에게 바치네.

농민들은 수확물을 우선 전상에게 가지고 갔다. 전성자란 전상을 말한다. 전상은 제나라의 간공(簡公)을 죽이고 그의 동생을 세웠다. 그가 바로 평공(平公)이다. 거의 찬탈이나 다를 게 없었다. 전상의 영지가 주군인 평공의 그것보다 넓었다고 하니 실질적으로는 이미 제나라를 제압하고 있었다고 봐도 좋을 것이다.

> 인민들은 덕이 베풀어지면 기뻐하며, 형벌을 싫어하는 법입니다. 군주께서는 사람들에게 기쁨을 주는 덕을 베풀도록 하십시오. 저는 사람들이 싫어하는 형벌을 주재하는 역을 맡도록 하겠습니다.

전상은 평공에게 이렇게 말했다. '덕시(德施)'라는 좋은 역을 평공에게 맡기고 자신은 미움을 받는 역을 맡겠다는 것이니, 참으로 훌륭한 생각이라고 말하지 않을 수 없다.

그러나 전 씨 집안에서는 이미 큰 되와 작은 되를 구분해서 사용해 '덕시'를 행하고 있었다. 거기에 사법권을 손에 넣어 그 권위를 내보임으로 해서 제나라의 실질적인 지배자가 되었다고 해야 할 것이다.

주나라의 왕으로부터 정식 제후(齊侯)로 인정을 받은 전화는 전상의 증손자로 초대인 전완에서부터 헤아리면 10대째다. 태공망의 후예를 주인으로 하는 제나라에 대해서, 찬탈 후의 제나라를 '전제(田齊)'라고 불러 서로를 구분하는 것이 일반적이다.

이와 같은 정치체제의 변혁은 말할 나위도 없이 의식의 변혁과 표리일체가 되어 진행되었다. 전상 때까지는 군주를 폐립해도 그 조령(祖靈)의 재앙을 두려워하는 마음이 있었다. 전화 시대에는 태공망의 재앙 따위는 조금도 두려워하지 않았다. 태공망의 후예인 강공(康公)은 즉위 19년 만에 나라를 빼앗겨 해변으로 옮겨졌으며, 그로부터 7년 뒤에 세상을 떠났다. 이로써 종묘(宗廟)의 제사는 끊겨 버리고 말았다. 진(晋)나라의 경우도 마지막 군주였던 정공(靜公)은 서민이 되어 지방으로 옮겨졌으며 제사도 거행하지 않았다. 나라를 빼앗긴 두 대국 모두 마지막 군주가 살해되지는 않았으니 그나마 행복했다고 생각해야 할지도 모른다.

태산은 하계의 이와 같은 흥망을 내려다보고 있었다. 하계의 사람들도 태산을 올려다보고 있었지만, 이 산을 올려다보는 사람들의 마음에도 변화가 일어났다. 인간은 죽으면 그 영혼이 태산으로 돌아간다는 생각이 생겨났다. 그렇게 되자 태산의 신인 태산부군(泰山府君), 즉 동악대제는 인간의 생명을 관장하는 신이 되었다.

도교가 체계화되어 신들의 관료조직이 만들어진 후한(後漢) 무렵에 태산의 신은 인간이 비밀로 간직하고 있는 나쁜 일을 꿰뚫어 보는 검찰관적인 신이라 여겨졌다. 염마대왕(閻魔大王)의 태자라고 억지로 갖다 붙이기까지 한 모양이다.

지금 태산의 산속에 세워져 있는 여러 가지 건물은 전부 도교 이후의 것으로 우리는 거기서 시황제 시대의 모습을 엿볼 수가 없다. 예전에 산속의 남천문에 금빛으로 번쩍이는 정자가 있었는데, 명나라 말기에 일어났던 반란군의 우두머리 이자성(李自成)이 틀림없이 황금으로 만든 것이라고 생각하고 부하 병사들에게 명령하여 산 밑으로 옮기게 했다는 이야기가 있다. 기슭에 있는 대묘로 옮겨 살펴보니 동에 금박을 입혔다는 사실이 판명되어 그대로 둔 채 다른 곳으로 떠나갔다고 한다. 그것이 지금도 남아 있다. 이 동으로 만들어진 정자는 명나라의 만력제(萬曆帝)가 어머니의 공양을 위해서 세운 것이다.

대묘의 경내에는 진나라 시황제 시대의 것이라 전해지는 석탑이 아직도 남아 있다. 그러나 그 형식으로 봐서 불교 이후의 것임에 틀림없으니 적어도 4, 5세기 정도는 시대를 뒤로 끌어내려야 할 것이다.

천하를 통일한 시황제는 봉선을 위해서 수레가 지날 수 있는 길을 태산의 정상까지 뚫었다. 그것은 틀림없이 대공사였을 것이다. 시황제의 위광(威光)이 있었기에 비로소 만들 수 있었다. 그것은 또한 철의 힘이었다는 견해도 있다.

진의 시황제가 태산의 정상에 세운 석비는 물론 남아 있지 않지만, 『사기』에 그 전문이 실려 있다. 춘추전국이라는 난세를 평정하고 천하를 통일하여 새로운 시대를 열었다는 자부심과 위세가 거기에서 배어 나오는 듯하다.

> 황제가 즉위에 즈음하여 제도를 만들고 법률을 밝히니, 신하들은 몸을 닦고 언행을 삼갔다. 26년 비로소 천하를 아우르니, 빈복(賓服, 복종)하지 않는 자가 없었다. 친히 먼 곳의 여민(黎民)을 둘러보고 이 태산에 올라 동극(東極, 동쪽의 끝)을 샅샅이 보았다. 종신(從臣)이 흔적(迹, 사적)을 생각하고, 사업을 본원(本源, 근본을 더듬음)하여 삼가 공덕을 칭송했다. 치도(治道, 정치의 길)가 운행(運行)하고 제산(諸産, 온갖 산업)이 잘 이루어져, 모두 법식(法式, 질서)이 있다. 대의(大義)는 휴명(休明, 아름답고 밝음)하니, 후세에 이르러 순승(順承, 이어받음)하고 바꾸지 말라. 황제의 몸은 거룩하여, 이미 천하를 평정하여 다스림에 태만하지 않다. 이른 아침에 일어나고, 심야에 누우며, 장리(長利, 장기적인 이익)를 건설하고, 오로지 교회(敎誨, 교육훈회)에 힘쓴다. 훈경(訓經, 변하지 않는 교훈의 길)은 선달(宣達, 사방에 통함)하니, 원근 모두 다스려지고 모두 성지(聖志)를 받들었다. 귀천의 구분이 분명하고

남녀의 예에 따르고 삼가 일에 따랐다. 밝게 내외를 융(融, 융화)하여 청정하지 않은 것이 없고, 화(化, 교화)는 무궁(無窮)에 이르렀으니, 유조(遺詔)를 존봉(尊奉)하고 오래 전하여 엄중히 훈계하라.

이 태산 각석(泰山刻石)의 명(銘)은 세 구마다 운〔韻, 칙(飭)·복(服)·극(極), ……〕을 넣은 매우 정성을 들여 쓴 글이다. 시황제는 같은 내용이 담긴 비석을 지부(之罘), 갈석(碣石), 회계(會稽)에도 세웠다.

당(唐)나라 사마정(司馬貞)이 저술한 『사기색은(史記索隱)』에는 각 산의 각석이 전부 남아 있다고 기록되어 있다. 시황제의 아들인 호해(胡亥)가 아버지 사후에 추가로 문장을 새겨 넣었기 때문에 글자 수가 400자 정도로 늘어났다고 한다(시황제의 원문은 147자). 송나라 때 유실되었다가 명나라 때에 29자가 새겨져 있는 돌이 발견되어 이십구자비(二十九字碑)라고 불렸지만, 그것도 청나라 때 화재를 만나고 말았다.

백가쟁명

9년 동안 기회를 엿본 위왕

제나라의 국도였던 임치(臨淄)는 태산에서 동쪽으로 약 150킬로미터 정도 떨어진 곳에 있었다. 전국 시대에 그곳은 손에 꼽히는 대도회지였다. 전국 시대뿐만 아니었다. 천하가 진(秦)나라에 의해 통일되고 이어서 한나라가 천하를 물려받아 장안(長安)을 수도로 정했는데, 그 시대에도 임치의 번화함은 수도 장안의 그것에 뒤지지 않았다고 한다.

임치성의 유적에 대해서는 일본의 고고학자 세키노 다케시(関野雄, 1915~2003)의 보고가 있어서 상당히 자세한 부분까지 알려져 있다. 현존하는 성벽은 7킬로미터 정도지만, 그것은 전체의 3분의 1 정도에 지나지 않는다. 전체 길이는 약 20킬로미터였다. 그리고 서남쪽 한편에 한 변의 길이가 1킬로미터가 조금 넘는 작은 성이 있는데, 그것이 궁전이었다고 추정된다.

『전국책(戰國策)』에 유세가인 소진(蘇秦)이 조(趙)나라와의 합종(合從)을

제나라의 선왕(宣王)에게 권한 말 중에,

> 임치 안에 7만 호가 있는데, 신이 가만히 그것을 헤아려 보니, 하호
> (下戶)에만도 남자가 세 명이고, 삼칠이 21만 명이므로, 먼 현에서 오
> 기를 기다리지 않아도 임치의 병사만으로 이미 21만 명입니다.

라는 내용이 있다. 당시는 대가족제였기 때문에 한 호의 사람만 해도 지
금보다 훨씬 더 많았다. 호에는 상호(上戶)와 하호가 있었는데, 하호가 더
작았을 것이다. 그 하호에만도 병사가 될 만한 장정이 세 명은 있을 테니
7만 호라면, 국도에서만도 21만 명의 병졸을 소집할 수 있다는 것이다.

젊은 남자만 20만 명 정도나 있었으니 여성과 노약자를 합치면, 임치
는 인구 6, 70만의 대도회였던 셈이다. 이어 소진은 임치의 번화한 모습
을 다음과 같이 말하고 있다.

> 임치는 매우 부유하고 넘쳐 난다. 그 백성은 우[竽, 36관(管)의 피리]
> 를 불고, 슬(瑟, 25현의 악기)을 뜯고, 축(筑, 5현의 악기)을 두드리고, 금
> (琴)을 타고, 닭을 싸우게 하고, 개를 달리게 하고, 육박(六博, 주사위
> 놀이), 답국(蹹鞠, 공차기)을 하지 않는 자가 없다. 임치의 길은 수레바
> 퀴가 부딪치고, 사람들의 어깨가 스치고, 옷깃이 이어져 장(帳)을 이
> 루고, 소매를 들어 막(幕)을 이루고, 땀을 뿌려 비를 이루고, 집은 돈
> 독하고 부유하며 뜻은 높다.

거리에서는 수레들이 서로 부딪치고 지나는 사람들의 어깨가 서로 닿

을 정도로 복잡했다. 군중이 땀을 털면 비가 된다는 표현은 유세가인 소진다운 과장으로 약간은 감안해서 들어야 할 부분일지 모르겠지만, 임치가 매우 번화한 거리였던 것만은 틀림없다. 투계(鬪鷄), 개 경주까지 있었다고 하니 오락도 적지 않았다.

임치성에는 성문이 열세 개 있었다고 한다. 그 가운데서도 서문(西門) 중 하나인 '직문(稷門)'이 유명하다. 제나라는 이 직문 근처에 커다란 저택들을 줄줄이 지어 놓고 천하의 학자들을 초빙했다. 그들은 제나라 정부의 어떤 관직에 오른 것이 아니었다. 단지 학문이나 사상에 대해서 각자 연구하고 토론할 뿐이었다. 게다가 그들은 상대부(上大夫)의 대우를 받았다. 그것은 경(卿)에 버금가는 자리로 말하자면 차관급이었다. 그 숫자는 수백이었다고도 하고 또는 1천 명에 달했다고도 한다.

실무에 종사하지 않았기 때문에 그들의 언론은 무책임한 면이 있었을지도 모른다. 그러나 실무에 관여하지 않았기 때문에 자유로운 발상이 가능한 면도 있었다.

사람들은 이곳에 모인 학자와 사상가들을 그들이 사는 지역의 이름을 따서,

직하(稷下)의 학사

라고 불렀다.

제나라에서 직하의 학사들에게 바랐던 것은, 그들의 자유로운 토론 속에서 부국강병책에 응용할 수 있는 무엇인가를 끌어내는 것이었다. 또한 좋은 대우를 받고 있는 그들에게 자극이 되어 제나라에 학문을 숭상하는 기풍이 생겨나고, 그에 따라 인재가 배출되는 것도 기대했다. 좋지 않은 쪽으로 생각한다면, 천하의 학자, 사상가들을 제나라가 독점하여

다른 나라로 흘러가지 않도록 했을지도 모른다.

전국 시대의 싸움은 가차 없는 것이었다. 국가의 존망이 걸려 있었기에 어느 나라나 부국강병책을 강구하기에 최선을 다했다. 부국강병을 위해서는 무엇보다도 인재를 모아야 한다는 사실이 인식되기에 이르렀다.

춘추 시대에도 수많은 예가 있었다. 제나라의 환공은 관중을 등용하여 패자가 되었으며, 진(晉)나라의 문공은 19년 동안의 유랑에 동행했던 명신들의 보좌를 받아 패자의 자리에 올랐다. 오나라는 오자서(伍子胥) 덕분에 강성해졌으며, 월나라 왕 구천은 명신 범려(范蠡)의 보좌를 받아 오나라를 멸망시키고 천하에 그 이름을 날렸다. 정나라의 자산(子産), 제나라의 안영(晏嬰)에 대해서도 앞에서 이야기했다.

멀리 춘추 시대뿐만 아니라 전국 시대에 들어서도 그 예는 있다. 위(魏)나라의 문후(文侯)가 천하에 널리 인재를 구하여 나라의 기운이 번성했다는 사실은 강한 자극이 되었을 것이다.

제나라가 직하에 학사들을 모은 것은 위나라의 전례를 거울로 삼았으리라 추측된다.

시기적으로 위나라 문후의 예가 먼저이므로 위나라의 인재등용에 대해서 이야기해 보기로 하겠다.

앞에서 이야기했듯이 위나라가 제후로 공인을 받은 것은 기원전 403년이었는데, 그해는 문후가 위나라의 주인이 된 지 이미 22년째가 되는 때였다.

그 무렵 고령이었지만 여전히 건재했던 자하(子夏, 공자의 제자)에게서 위나라의 문후는 경학육예(經學六藝)를 배웠다고 한다. 그런 관계도 있었기에 위나라 문후의 주변에 모여든 인재들 중에는 자하와 인연이 있는 사람들이 많았다.

우선 이극(李克)이 그렇다. 이 사람은 자하의 제자인데,『한서(漢書)』「식화지(食貨志)」에는 이회(李悝)라는 이름으로 등장한다.『사기』에는 이 사람이 문후의 고문이었는데, 재상의 지명에 대해서 상의를 해 올 정도로 신임을 얻었다는 일화가 소개되어 있으며,『한서』에는 곡식의 가격을 조정함으로 해서 농민의 생산의욕을 고취시켰다는 이야기가 적혀 있다. 또 그가 성문법을 정했다고 기술한 문헌(『진서(晋書)』)도 있는 것을 보면, 그의 업적은 상당히 후대에까지 기억되었다.

고문이라고 하면 단간목(段干木)이 떠오른다. 그도 자하의 제자로 문후와 동문이었는데, 벼슬길에 오르지는 않았지만 이런저런 조언을 했다.

병법서인『오자(吳子)』의 저자로 알려진 오기(吳起)도 위나라의 문후와 그의 아들인 무후(武侯)를 섬긴 인물이었다. 오기는 원래 위(衛)나라 사람이었는데, '대신이 될 때까지 고향으로 돌아오지 않겠다'며 나와서 증자(曾子, 공자의 제자) 밑에서 배웠다. 맹세한 대로 어머니가 돌아가셨는데도 돌아가지 않았기에 증자는 그를 파문했다고 한다.

오기에 관해서는 아내를 죽였다는 일화가 있다. 그는 처음에 노나라의 관직에 있었는데, 제나라가 침공해 왔을 때 장군에 임명될 참이었다. 그러나 오기의 아내가 제나라 여성이었기 때문에 신용을 얻지 못했다. 이에 오기는 아내를 죽였다. 철저한 출세주의자였다. 너무나도 잔혹한 처사에 유가(儒家)가 많았던 노나라에서는 미움을 받아, 인재를 구한다는 평판이 있는 위(魏)나라의 문후를 섬기게 된 것이다. 용병의 귀재였던 오기는 과연 장병들의 인망을 얻어 진(秦)나라를 쳐서 다섯 성을 함락시키고 황하 서쪽의 수(守, 지사)가 되었다.

오기가 벼슬을 희망했을 때, 위나라의 문후로부터 그의 인품에 대한 질문을 받은 이극이,

오기는 탐욕스럽고 색을 밝히지만, 교묘한 용병술에서는 사마양저

(司馬穰苴)도 그에 미치지 못합니다.

라고 대답했다.

오기는 인격적으로 문제가 많은 인물이었지만, 군사적인 재능은 남들보다 훨씬 더 뛰어난 사람이었다. 위나라의 문후는 한 가지 방면에 발군의 기량을 가지고 있으면, 그 인물의 결점에는 눈을 감아 준다는 방침을 가지고 있었다. 이렇게 해서 오기는 채용되었다.

삼국 시대에 조조(曹操)가 재능만 있으면 형수와 정을 통했든 뇌물을 받은 인물이든 추천하라고 명령을 내렸다는 사실이 떠오른다. 존망을 건 처참한 싸움이 벌어지던 엄격한 시대였으니 재능지상주의가 될 수밖에 없었다.

서문표(西門豹)는 업(鄴, 하남성)의 지사가 되어 업적을 올렸다. 이 사람은 관개공사를 활발하게 벌인 것으로 유명하다. 그 덕분에 농업은 신장되었다. 그는 미신 타파에도 노력했다. 하백(河伯, 황하의 신)이 아내를 구한다며 젊은 아가씨를 물에 던지는 악습이 있었는데, 그것을 고친 것도 바로 그였다. 그는 그와 같은 미신을 사람들에게 심어 준 무당과 그 일당들을 오히려 강에 던져 버렸다. 당시 이와 같은 행동은 상당한 용기를 필요로 했다. 서문표도 역시 자하의 문하생이었다.

전자방(田子方)이라는 인물은 자하와 단간목과 마찬가지로 문후의 스승과 같은 사람이었지만 벼슬길에는 오르지 않았다.

이렇게 보면 위나라의 문후 밑에 모인 사람들은 자하를 비롯하여 유

가 출신의 사람들이 많다는 사실을 알 수 있다. 그리고 스승 격인 세 사람을 제외하면, 유가 출신이기는 하지만 유가 출신자답지 않은 사람들이 많았던 듯하다. 예를 들어서 오기는 증자의 문하생이었지만, 그의 품행을 살펴보면 유가적인 면은 전혀 찾아볼 수가 없다. 유가에서 파문을 당했다. 누가 분류를 하더라도 오기는 병가(兵家)라고 할 수밖에 없다.

법률, 경제, 산업에 열성적인 것은 법가(法家)라 불리던 사람들이었다.

이극과 서문표는 유가인 자하의 문하생이었지만, 그 업적을 보면 법가라고 분류할 수밖에 없을 것이다. 유가의 입장에서 보자면 이들은 전향한 사람들이었다.

위나라의 문후가 구한 것은 부국강병에 당장 도움을 줄 수 있는 실무가였다. 먼저 몸을 닦아야 한다고 주장하는 유가는 눈앞의 필요를 충족시켜 줄 수가 없다. 문후의 기대에 보답하기 위해서 그들은 전향을 할 수밖에 없었다. 또 전향을 한 사람이 아니면 역사에 이름을 남길 수 없었을 것이다.

그런 의미에서 제나라 직하의 학사들은 위나라 문후 밑에 모였던 무리들과는 다른 양상을 보였다. 무엇보다도 그들은 실무가가 아니었다. 원칙적으로 그들은 실무에 종사하지 않았다는 점은 앞에서 이야기했다.

전제(田齊)의 초대 군주인 전화는 태공(太公)이라 불렸으며, 그의 아들인 전오(田午)는 환공(桓公)이라 불렸다. 환공의 아들이 전인(田因) 시절부터 제나라는 왕호를 칭했다. 그때까지 왕호를 칭했던 것은 초, 오, 월 등 남방의 제후들뿐이었지, 중원의 제후 가운데는 한 사람도 없었다. 전인이 남보다 앞서 왕호를 칭했는데 그가 제나라의 위왕(威王)이라 불렸다. 36년 동안 왕위에 머물렀던 위왕의 뒤를 이은 것은 그의 아들인 선왕(宣王)

이었다.

> 선왕은 문학을 유세하는 사(士)를 좋아했다. 추연(騶衍), 순우곤(淳
> 于髡), 전병(田騈), 접여(接子), 신도(愼到), 환연(環淵) 등의 무리에서 76
> 인 모두에게 저택을 하사하고, 상대부(上大夫)로 삼았다. 정치는 하지
> 않고 의논했다. 이에 제나라 직하의 학사가 다시 성해서 그 수가 수백
> 천에 이르려 했다.

이것은 『사기』의 한 구절이다. 이 문장을 음미해 보면 선왕 시대에 직
하의 학사가 다시 많아졌다고 하니 그 시작은 더욱 전부터였다는 사실
을 알 수 있다. 위왕 시절에 이미 직하로 학자들이 모여들고 있었다.

『사기』의 「육국연표(六國年表)」에 따르면, 제나라 위왕 원년은 기원전
378년이다. 그러나 『죽서기년(竹書紀年)』과는 상당한 차이가 있어서 위왕
의 즉위는 기원전 357년 무렵이 정확한 듯하다.

이상한 일이 있다. 『사기』의 연표는 오래전인 춘추 시대의 내용은 정
확한데 그보다 후인 전국 시대의 내용에는 혼란이 있다. 이는 진(秦)나라
가 6국을 멸망시키고 통일한 뒤 각국의 기록을 태워 버렸기 때문이다.
왜냐하면 각국의 기록은 진나라를 당연히 '적(敵)'으로 간주하여 좋지 않
게 기록했기 때문이다.

시황제는 자기 나라의 기록만을 남겼는데, 진나라의 기록은 사마천이,

> 일월(日月)을 싣지 않았고, 그 문(文)은 간략해서 갖춰지지 않았다.

라고 말한 것처럼 출처가 확실하지 않고, 오류가 많았던 듯하다. 그것을 바탕으로 했으니, 노나라의 『춘추(春秋)』와 같은 훌륭한 기록이 있는 춘추 시대에 비해서 분명하지 않은 것도 당연할 것이다.

『시경』이나 『상서』 혹은 유가의 책들 역시 불에 탔지만, 후에 그것이 발견되어 다시 나온 것은 민간에 숨겨져 있었기 때문이다. 벽에 발라 넣는 등의 방법으로 몰래 보존되어 있었다. 그러나 국가의 기록은 민간에 없다. 일단 태워 버리면 더 이상 어디에서도 사본은 나오지 않는다. 다만 진의 시황제가 천하를 통일하기 전에 무덤에 넣어진 『죽서기년』만은 불에 타는 화를 면했고, 후에 발굴되어 『사기』의 연표 중 잘못된 부분을 바로잡는 데 도움이 되었다.

이야기를 다시 위왕이 즉위했던 해로 되돌리겠는데, 기원전 357년이라고 한다면 위(魏)나라의 문후가 죽은 지 꼭 30년이 지난 무렵이다. 위나라는 진(晉)나라에서 분열되어 나온 신흥국가였지만 이미 강국이 되어 있었다. 중산국(中山國)을 치고, 정나라를 공격했으며, 오기는 진(秦)나라의 다섯 성을 빼앗았다. 위나라가 어째서 강한지 그 원천을 연구해 보면, 그것이 과감한 인재 등용에 있다는 사실을 알 수 있다.

오기는 위(衛)나라에서 노나라로 그리고 다시 위(魏)나라로 전전한 인물로 후에는 초나라로 달아났다. 탐욕스럽고 색을 밝히며 아내를 죽인 그다지 좋지 않은 인물이었다. 군주의 스승으로 존경을 받던 단간목은 상인이었다. 문벌 따위를 무시한 등용이었다. 위나라 자체가 주군인 진(晉)을 동료들과 함께 빼앗은 참주(僭主)였기 때문에 문벌 같은 것을 따질 형편이 아니었다.

상층부를 타도하기 위해서 하층부에게 은혜를 베풀었다. 큰 되로 빌려주고 작은 되로 돌려받은 인기 끌기 작전도 그 일환 중 하나였다. 참주들에게 있어서는 하층민들이 자신들의 편이었으니 그 계층에서 인재를 등용한다는 것은 극히 자연스러운 일이었다.

제나라가 직문 부근에 호사스러운 저택을 줄줄이 지어 놓고 인재를 모은 것은 위나라의 성공사례에서 배운 것이다. 능력만 있으면 출신은 묻지 않았다.

직하의 학자 중 초기의 간부였던 순우곤은 제나라의 췌서(贅壻)였다고 『사기』「골계열전(滑稽列傳)」에 기록되어 있다.

췌서란 아내를 맞아들일 돈이 없어서 여자의 집에서 기식하는 남자를 말한다. 데릴사위란 원래 아들이 없어서 사위를 맞아들이는 것이지만 췌서는 그와 다르다. 췌(贅)란 췌육(贅肉, 궂은살) 등의 용례에서도 알 수 있듯이 군더더기를 의미한다. 그 집안에 엄연히 적자가 있음에도 불구하고 노비를 사들이는 것처럼 사위를 사는 형식으로 받아들이는 데릴사위였기에 노예와 같은 수준으로 간주되었다. 같은 수준이 아니라 노예 그 자체였을지도 모른다. 순우가 성이고 곤이 이름인데, 이 이름은 까까머리를 뜻한다. 당시 노예들은 머리를 전부 빡빡 밀었다. 이름이라기보다는 별명이었을 것이다. 이처럼 최하층 출신의 인물이 아카데미의 총장 격이 되었다. 이 사실을 통해서 직하의 학풍이 파격적이었다는 사실을 알 수 있다.

제나라의 위왕은 즉위했을 무렵 어리석은 군주의 전형이었다.

은(隱)을 좋아하고, 즐겨 음락(淫樂)하며, 밤새 마셨다. 침면(沈湎, 술에 빠짐)하여 다스리지 않고, 정(政)을 경대부에게 맡겨 백관이 어지러이 날뛰고, 제후가 차례로 침범하여, 나라의 위망(危亡)함이 매우 절박했다. 좌우 감히 간하지 못했다.

이제는 나라가 오늘내일 안으로 망할 것 같은 상황에 빠져 있었다. 여기에 인용한 『사기』 「골계열전」의 문장 첫머리에 있는 '은(隱)'이란 단어는 은어를 뜻한다. 위왕은 제대로 된 말을 사용하지 않고 멋을 부리느라 수수께끼 같은 말을 즐겨 썼다. 측근들은 위왕의 수수께끼 같은 말을 풀기 위해 안간힘을 썼다. 그러나 너무 쉽게 풀어 버리면 위왕은 좋아하지 않았다. 어떻게 상대해야 좋을지 알 수 없는 젊은 군주였다. 과격한 성격 때문에 화나게 만들면 목이 날아갈지도 몰랐으므로 어느 누구도 간언하지 않았다. 바로 그럴 때 등장한 것이 순우곤이었다. 그는 왕이 좋아하는 수수께끼를 이용했다.

우리 나라에 커다란 새가 있습니다. 왕궁의 정원에 앉아서 3년 동안이나 날지도 않고, 울지도 않습니다. 임금님, 이것이 어떤 새인지 알고 계십니까?

이에 대해서 위왕은 다음과 같이 대답했다.

이 새는 날지 않음을 곧 그만둘 것이다. 한번 날면 하늘 가운데로 오를 것이다. 울지 않음을 곧 그만둘 것이다. 한번 울면 사람을 놀라게 할 것이다.

이후부터 위왕은 전혀 다른 사람이 된 것처럼 천하의 명군으로 변신했다는 것이다. 이 이야기는 머리를 위로 올려서 지푸라기로 묶고, 짧은 허리칼을 새끼줄로 매단 이상한 모습 때문에 멍청이라 불렸던 젊은 시절의 오다 노부나가(小田信長, 1534~1582)를 떠오르게 한다. 그의 가로(家老) 였던 히라데 마사히데(平手政秀, 1492~1553)가 간사(諫死, 바른말로써 간하다가 죽음)한 후, 노부나가가 자기 잘못을 뉘우치고 하루아침에 변신했다는 것과 비슷하다.

제나라의 위왕이나 오다 노부나가는 결코 돌연변이처럼 사람이 갑자기 변한 것이 아니었다. 기행으로 자신의 진심을 숨긴 채 시기를 엿보며, 동시에 사람들을 살펴보고 있었던 것이다.

3년 동안 울지 않고 날지 않았다고 했지만, 위왕은 9년 동안이나 자신을 드러내지 않았다. 즉위한 지 얼마 지나지 않아서 삼진(三晉, 한·조·위)이 제나라의 영구(靈丘)를 공격했다. 이는 분열되기 전의 진(晉)이었는데, 3년 뒤 이 지역은 분할되었다. 6년에 노나라가 양관(陽關)을 침범했으며, 위(魏)나라가 박릉(博陵)까지 침입했고, 7년에는 위(衛)나라가 설릉(薛陵)을 점령했으며, 9년에는 조(趙)나라가 견(甄)을 취했다. 제나라는 침공해 들어오는 각국의 적을 도저히 막을 수 없을 것처럼 보였다.

밤새 벌인 잔치는 연막에 불과했으며 위왕은 그 사이에도 남몰래 준비를 하고 있었다. 신뢰할 수 있는 사람을 각지에 파견하여 지방관의 치적 등을 살펴보게 했다. 순우곤이 그것을 몰랐을 리 없다.

이제 슬슬 때가 왔습니다.

그의 수수께끼와도 같았던 말의 참뜻은 이와 같은 것이었으리라. 틀림없이 위왕도 준비가 다 됐다고 느끼고 있었을 것이다. 순우곤이 그 시기를 정확히 파악하고 있었기에 위왕은 그를 높이 평가했었다고 생각된다.

위왕은 즉묵(卽墨)의 장관과 아(阿)의 장관을 불러들였다. 그리고 즉묵의 장관은 1만 호의 제후로 임명하고, 아의 장관은 삶아 죽였다.

그때까지 위왕의 귀에 즉묵의 장관을 비방하는 소리가 자주 들렸으며, 아의 장관을 칭찬하는 소리가 매일처럼 들려왔다. 그러나 실지 조사해 보니, 즉묵은 정치를 잘 펼쳐서 전야(田野)는 훌륭하게 개간되었고 정무도 잘 이루어지고 있었다. 그에 비해서 아의 지방에서는 개간이 되지 않아 백성들은 가난에 시달렸으며, 조나라의 침입 때도 구원을 하지 못했고, 위(衛)나라가 설릉을 공격할 때는 그 정보조차 파악하지 못했다.

수도 임치에 있는 것은 어리석은 군주이니 그 좌우에 있는 사람들에게 선물을 해서, 자신을 칭찬하는 소리를 임금의 귀에 흘려 넣기만 하면 된다. 아의 장관은 이렇게 생각했다. 즉묵의 장관은 궁정 따위에는 신경도 쓰지 않고 오로지 맡겨진 지방의 정치에만 노력했다.

추상열일(秋霜烈日)과도 같은 처분이었다. 아의 장관에게 뇌물을 받고 위왕의 귀에 칭찬의 소리를 흘려 넣었던 무리들도 삶아 죽였다. 『사기』의 「골계열전」에 따르면, 불러들인 것은 두 사람뿐만이 아니라 각지의 장관 72명이었다고 한다. 전국의 모든 지방장관들 앞에서 승진과 처형이 시행되었다. 그들은 두려움에 떨면서도 또 한편으로는 분발을 다짐했다.

제나라를 침략했던 각국들은 저항도 하지 못한 위왕을 '역시 멍청이'라고 얕잡아 보고 있었다.

이에 위왕은 질풍신뢰(疾風迅雷)와도 같은 군대 동원으로 잃었던 땅을 전부 되찾았다. 위왕 재위 중에 제후들은 두 번 다시 제나라의 영지를 침범하지 않았다.

그리고 지방 장관들이 분발하여 정무에 힘썼기 때문에 제나라의 내정은 발전하고 국정도 안정되었다.

백가쟁명은 사상의 황금시대

이 일화를 놓고 보자면 제나라의 위왕은 상당히 독특한 인물이었던 듯하다. 바로 그랬기 때문에 직문에 호사스러운 학자 구역을 만들어 놓고 대신이나 차관급의 급여를 주며 자유롭게 토론할 수 있도록 하는 독특한 일을 생각해 냈을 것이다. 그 학자 마을의 초대 촌장이 순우곤이었다고 한다. 어쩌면 학자 마을이란 것은 순우곤의 착상이었을지도 모른다. 위왕이 어리석은 자인 척했던 것도 어쩌면 순우곤이 쓴 각본에 따랐을 가능성도 있다.

강적에 둘러싸여 있으며 게다가 즉위하자마자 연달아 침략을 받은 나라의 군주로서 위왕도 발빠른 부국강병책을 원했을 것이다. 그런 그를 설득하여 기본이 중요하다는 사실을 납득시킨 인물이 있었을 것이다. 그것은 여러 사람들이었을 수도 있다. 그런 설득에 귀를 기울인 위왕도 뛰어난 인물이었다.

『사기』가 열거한 직하의 학사 여섯 명 가운데 전병, 접여, 신도, 환연 네 사람이 도가(道家)였다고 한다. 나머지 두 사람은 정체불명인 순우곤과 음양가인 추연이다.

이렇게 보면 유가나 묵가는 없었던 것처럼 보이지만, 이는 『사기』에서 이름을 들지 않았을 뿐이며 맹자(孟子)나 순자(荀子)와 같은 뛰어난 유가들이 있었다. 그리고 송견(宋鈃)이나 윤문(尹文) 등처럼 묵가에 가까운 사람들도 있었다. 그러나 직하의 학계는 도가가 주류였다고 할 수 있다.

도가의 제일인자인 전병이 제나라의 왕에게 도술(道術)을 설명한 이야기가 『여씨춘추(呂氏春秋)』에 실려 있다. 전병의 사상은 만물 평등론으로,

어떤 선입관에도 사로잡히지 않는 자유무애(自由無礙)를 주장했다. 제나라 왕은 그 추상론을 듣고는 짜증스러웠던지,

> 과인이 소유하고 있는 것은 제나라다. 바라건대, 제나라의 정치에
> 대해 듣고 싶다.

라고 말했다. 어떤 심원한 원리를 이야기했지만, 제나라 왕은 자신이 지배하고 있는 것은 현실의 제나라이며, 자신의 관심은 이 제나라를 어떻게 하면 좋을 것인가에 집중되어 있으니, 그에 관한 이야기를 듣고 싶다고 주문한 것이다. 이에 대해서 전병은,

> 신의 말에 정치는 없지만, 거기서 정치를 얻을 수 있습니다. 이를 비
> 유하자면 임목(林木)과 같습니다. 재(材)는 없지만 거기서 재(材)를 얻
> 을 수 있습니다. 바라건대, 왕 스스로 제나라의 정치를 잡으십시오.

라고 대답했다. 재목을 바라는 사람에게 숲 속의 나무에 대한 이야기를 하는 것과 다를 바 없다는 말이다. 숲 속의 나무가 재목 자체는 아니지만 거기서 재목을 얻을 수 있다. 자신의 말은 정치 그 자체는 아니지만, 거기에는 정치에 도입할 만한 것이 많다는 뜻이다.

제나라 왕은 전병의 말을 이해했다. 여기서 말한 제나라의 왕이란 틀림없이 위왕이었을 것이다. 이해했기 때문에 직하에 학자 마을을 만들 생각을 했을 것이다. 그곳의 학풍에 실무적인 것보다 원리를 중히 여기는 경향이 있었던 것도 틀림없이 위왕의 뜻에 따랐을 것이다.

여러 가지 생각을 가진 학자들이 각국에서 직하로 몰려들었다. 같은 유가라 할지라도 맹자와 순자는 성선설과 성악설이라는 양극의 설을 주장했다. 이 두 사람은 서로 살았던 시대가 다르기 때문에 직하에서 얼굴을 마주할 일은 없었다. 그러나 같은 시대를 살았던 각 파의 학자들은 직하에서 매일 논쟁을 벌였다. 사람들은 그것을,

백가쟁명(百家爭鳴)

이라고 표현했다. 제자백가라 불리는 여러 가지 경향을 가진 학자들이 다투어 자신의 학문과 사상을 주장했으며, 상대방의 그것을 논평했다. 백가쟁명은 자유로운 기운이 없으면 실현할 수 없다. 위왕과 선왕(宣王)은 직하에 그와 같은 분위기를 허락하고 적극적으로 백가쟁명을 장려했다.

직하의 백가쟁명 시대는 중국의 학문, 사상의 황금시대였다고 할 수 있을 것이다. 논쟁으로 인해서 학문과 사상은 한층 더 깊어졌으며, 또 새로운 것도 태어났다. 지금 생각해 보면 제나라 위왕과 선왕의 공적은 침략 당했던 땅을 되찾고 제나라의 위광을 천하에 알린 것보다 직하에 학자를 모아 놓고 백가쟁명을 시켰다는 점에서 더욱 높이 평가되어야 할 것이다.

유능한 인물을 얻고 싶은 마음은 어느 제후나 마찬가지이다. 머릿속에 있던 것은 오로지 부국강병책뿐이었다. 앞에서도 이야기한 것처럼 위(魏)나라에서는 문후 시절에 실무에 재능이 있는 인물들을 끌어 모았다. 문후의 손자인 혜왕(惠王)도 당연히 재능을 가진 인물을 천하에서 구했다. 위나라의 혜왕은 제나라의 위왕과 앞뒤를 다투며 왕호를 칭했지만 아무래도 실력이 따라 주질 못했다. 제나라에 대패하여 태자를 포로

로 보냈으며 상장군(上將軍)인 방연(龐涓)을 잃었다. 국도인 안읍(安邑)이 진(秦)나라와 가까워서 위험했으므로, 좀 더 동쪽에 있는 대량〔大梁, 지금의 개봉(開封)〕으로 옮겨야 했을 정도였다. 대량으로 천도했기 때문에 위(魏)나라의 혜공을 양(梁)의 혜공이라고 부르기도 한다. 『맹자』의 첫 편을 「양혜공편(梁惠公篇)」이라고 하는데, 맹자와 혜왕의 문답을 싣고 있다.

수(叟)여, 천리를 멀다 하지 않고 오셨습니다. 역시 장차 우리 나라를 이롭게 할 만한 것이 있는 것이겠지요?

라고 혜왕이 물었다. '수'란 장로(長老)를 부르는 말이니, 이때 맹자는 적어도 쉰 살은 이미 넘었을 것이다. 멀고 먼 길을 찾아오셨으니 우리 나라를 이롭게 할 충고를 해 주시겠지요? 이런 질문에 대해서 맹자는 다음과 같이 대답했다.

왕이여, 어찌 반드시 이(利)를 말하겠습니까. 오직 인의(仁義)만이 있을 뿐입니다.

이는 제나라 왕과 전병이 주고받은 말과 비슷하다. 전병은 도가에서 말하는 '도(道)'를 이야기했지만, 맹자는 '인의(仁義)'만이 있을 뿐이라고 단언했다. 제나라 왕이나 위나라 왕 모두, 현인이나 학자에게 기대한 것은 국익에 도움이 될 만한 것이었다.

제나라 왕은 전병의 말을 이해하고 직하에 학자 마을을 만들었다. 위나라 왕은 맹자의 말을 이해했을까? 위나라의 혜왕은 맹자와 만난 뒤 곧 세상을 떠났다. 혜왕의 아들인 양왕(襄王)은 맹자가 "이 사람을 보아하니 인군(人君)에 어울리지 않았다"라고 평했듯이 그다지 신통치 않은 인물이었다. 실망한 맹자는 위나라에서 떠나 제나라로 들어갔다. 제나라도 위왕이 죽고 선왕이 즉위한 직후였다. 그러나 직하의 학사에 대한 이야기는 이미 천하에 널리 알려져 제나라가 현인들에게 문호를 크게 열고 있다는 것은 틀림없는 사실이었다. 맹자가 제나라로 향한 것도 당연했다. 기원전 328년의 일이었다.

백성은 귀하고 군주는 가볍다

맹자. 본명은 맹가(孟軻). 생몰 연대에 대해서는 여러 가지 설이 있지만, 기원전 372년에 태어나 기원전 285년에 죽었다는 설이 가장 유력하다. 84세라는, 당시로서는 장수를 누린 사람이었다. 위나라에서 제나라로 갔을 때 55세 무렵이었던 셈이다.

맹자를 직하의 학사 중 하나로 헤아리는 것은 타당하지 않을지도 모른다. 본인도 그렇게 분류되는 것을 좋아하지 않을 것이다. 『맹자』「만장편(萬章篇)」 속에 다음과 같은 말이 있다.

> 포관(抱關, 문지기)과 격탁[擊柝, 야경(夜警)]은 모두 상직(常職)에 있어서 위(군주)로부터 녹을 받는다. 상직에 있지 않으면서 위로부터 받는 것은 불공(不恭)이라 할 수 있다.

문지기와 야경에 이르기까지도 정해진 직무가 있기에 급여를 받고 있다. 정해진 직무도 없으면서 군주에게 무엇인가를 받는 것은 불공(不恭), 즉 인생에 대한 진지한 태도가 아니라는 것이다.

이와 같은 신념을 가진 사람이 정직도 없이 어슬렁거리고 토론하는 것만으로 왕으로부터 높은 급여를 받고 있는 직하의 학사들을 좋게 생각했을 리 없다. 자신이 그런 밥벌레 같은 학자 취급을 받기는 죽기보다 싫었을 것이다.

맹자는 자신을 직하의 학사가 아니라 왕의 스승이자 나라의 빈객(賓客)이라고 생각했다. 그는 자부심 강한 인물이었다. 자부심이 지나치게 강했다고도 할 수 있다. 맹자는 유력(遊歷)을 할 때 수십 대의 수레와 수백 명의 종자들을 데리고 다녔다. 제후와 대등하다는 자부심이 있었다.

그는 왕도주의라는 정치철학을 주장했다. 위(魏)나라의 혜왕이 진(秦)나라와 제나라에게 빼앗긴 땅을 회복하기 위해 그 방법을 묻자 맹자는,

인자무적(仁者無敵)

이라고 대답했다. 국토는 비록 사방 100리에 불과한 소국이라 할지라도 인정(仁政)을 베풀면 누구에게도 지지 않는다고 말한 것이다. 인정이란 형벌을 간단히 하고 세금을 가볍게 하고 정성껏 경작하고 젊은 사람들에게 효제충신(孝悌忠信)의 도덕 교육을 베푸는 것이다. 인정을 입은 백성들은 전쟁에 임해서도 용감하며 인정이 없는 나라의 백성들은 주군에게 협력하지 않고 배신하기도 한다. 따라서 '인자무적'이며, 오로지 인의만이 있을 뿐이라고 단언했다.

맹자는 공자의 정통 계승자라고 자부하고 있었다. 공자는 인을 주장했으며 맹자는 인의를 주장했다. 『논어』에,

효제(孝弟)야말로 인의 근본이다.

라는 말이 있는데, 이는 유자(有子, 공자의 제자인 유약(有若))의 말이라고 하지만 공자의 사상 자체라고 생각해도 좋다. 효는 부모에 대한 애정이며, 제(弟, 悌)는 형을 존경하는 마음이다. 이 두 가지를 인의 근본이라고 생각했다.

　　참된 인은 부모를 섬기는 것이다. 참된 의(義)는 형을 따르는 것이다.

라는 말이 『맹자』「이루편(離婁篇)」에 나오는데, 공자의 '인'을 부연한 것이 '인의'라는 점을 알 수 있다. 그리고 지(智)와 예(禮)와 악(樂) 모두 인의에서 시작한다고 주장했다.

맹자의 사상 중에서 눈에 띄는 것이 두 가지 있다. 그 첫 번째가 민본사상(民本思想)이다.

　　민을 귀히 여기고, 사직(社稷)을 그 다음으로 여기며, 군(君)을 가볍
　　게 본다.

이것은 『맹자』「진심편(盡心篇)」에 있는 유명한 구절이다. 사(社)란 토지신, 직(稷)이란 곡물신으로 사직은 국가의 제사, 또는 국가 그 자체라 여겨졌다. 군주보다도 국가가 귀하며, 국가보다 백성이 소중하다는 것이다.

백성을 소중히 생각하지 않는 군주는 멸망해도 하는 수 없다, 아니 멸망시켜야 한다는 혁명사상이 맹자 속에 있다.

은나라의 신하였던 주나라의 무왕이 주군인 은나라의 주왕을 친 일에 대해서 제나라의 선왕으로부터 질문을 받았을 때,

　　인(仁)을 해친 자를 적(賊)이라 하고, 의(義)를 해친 자를 잔(殘)이라

고 하며, 잔적(殘賊)한 사람을 일부(一夫)라고 한다. 일부인 주(紂)를
주(誅)했다는 말은 들었어도 아직 군(君)을 시(弑)했다는 말은 듣지
못했다.

라고 대답했다(「양혜왕편」). 인의를 잃은 자에게는 더 이상 군주로서의 자
격이 없다. 그저 일부(一夫, 한 명의 남자)에 지나지 않는다. 주나라의 무왕
이 죽인 것은 일부인 주(紂)이지 군주가 아니라는 말이다. 여기에 군주의
가벼움이 있다.

　같은 제나라의 선왕이 경(卿, 대부)의 태도에 대해서 물었을 때, 맹자는
경을 두 종류로 나눠서 대답했다. 왕실과 인척관계에 있는 귀척(貴戚)인
경과 왕실과 관계가 없이 다른 성을 쓰는 경은 왕에 대한 자세가 다르다
고 이야기했다. 우선 귀척인 경은,

　　군(君)에 대과(大過)가 있으면 곧 간하고, 이를 반복해도 듣지 않으
　면 곧 위(位)를 바꾼다.

라고 이야기했다. 간언을 거듭해도 도저히 들을 마음이 없는 군주라면
그를 추방하고 다른 군주를 세워야 한다는 것이다. 이 말을 듣고 선왕의
안색이 변했음은 말할 나위도 없다.

　귀척인 경은 왕실과 혈연관계에 있기 때문에 왕족 중에서 인의를 갖
춘 인물을 뽑아서 군주를 바꿀 의무를 가지고 있다는 사고방식이다. 한
편, 다른 성을 쓰는 경은,

군에게 과(過)가 있으면 곧 간하고, 이를 반복해도 듣지 않으면 곧 떠난다.

이렇게 해도 좋다는 것이다. 왕실과는 피가 통하지 않기 때문에 군주의 폐립 따위는 생각하지 않아도 된다. 그 나라에서 떠나기만 하면 그뿐이다. '그럼, 안녕'이라는 식으로 매우 간결하다. 신하는 대대로 같은 왕통 군주를 섬겨야 한다는 사고방식은 없다.

전국 시대의 군신관계는 극히 자유로웠다. 딱딱한 교조주의적인 부분은 없었다. 맹자도 산동성에 있던 추(鄒)라는 소국에서 태어났다. 그러나 추나라의 군주를 섬기지 않고 위(魏)나라로 갔다가 다시 제나라로 갔다. 제나라에서는 경(卿)이 되었다. 다른 성을 쓰는 경이었기 때문에 자신의 뜻이 받아들여지지 않으면 그 나라를 떠나면 그만이었다. 맹자는 제나라에 7, 8년 동안 머물다 그곳을 떠났다.

민본 사상에 이은 맹자의 두 번째 특징 역시 민본 사상에서 나온 것이지만, 경제를 중시하는 사상이다.

항산(恒産)이 없으면 항심(恒心)도 없다.

라는 말은 『맹자』「등문공편(滕文公篇)」 속에서 두 번이나 되풀이하며 나온다. 분명하게 정해진 산업을 가지고 있지 못한 자는 그 마음도 안정되지 않다는 뜻이다. 백성들에게 항심을 품게 하는 것이 정치의 커다란 주안점이라고 생각했다.

군주는 바꿀 수 있으며, 그다지 중요하게 생각할 필요는 없다. 백성이야말로 존중되어야 한다는 말이다.

　만세일계(萬世一系), 즉 하나의 왕족만 존재했던 일본에서 이 맹자의 사상은 체질적으로 맞지 않았다. 그랬기 때문에 『맹자』를 실은 배는 일본에 도착하기도 전에 전복한다는 속설이 생겼다. 17세기 초, 중국에서 간행된 명나라 시절의 수필집 『오잡조(五雜俎)』 안에 다음과 같은 글이 있다.

　　왜노(倭奴, 일본)도 역시 유서(儒書)를 중히 여기고, 불법(佛法)을 믿어, 무릇 중국의 경서(經書)는 전부 높은 가격으로 그것을 산다. 오로지 『맹자』만이 없다. 듣기에는 그 책을 가지고 가는 자가 있으면, 배가 곧 뒤집어져 가라앉는다고 한다. 이 역시 하나의 기이한 일이다.

　이것은 누가 만들어 낸 이야기일까? 1776년에 간행된 『5월 이야기(雨月物語)』 속에도 『맹자』를 실은 배가 뒤집어진다는 이야기가 있다. 이 괴이소설집을 펴낸 일본의 문인 우에다 아키나리(上田秋成, 1734~1809)가 작가 활동을 하고 있을 무렵, 『오잡조』의 일본판본도 이미 나와 있었으니, 역시 이 수필집이 장본인인 듯하다.

　물론 이야기는 속설에 지나지 않으며, 『맹자』는 일본에도 전해져 지식인들의 필독서가 되었다. 에도(江戶) 시대에는 이토 진사이(伊藤仁齋, 1627~1705)의 『맹자고의(孟子古義)』라는 명저가 나왔다. 『논어』, 『중용(中庸)』, 『대학(大學)』과 함께 사서(四書)라 불리며, 특히 존중되고 있다는 점은 널리 알려진 사실이다.

부름을 받지 않는 신하의 자존심

맹자는 중국에서도 보기 드문 '대장부'였다. 언제나 당당했다. 그의 언설에 왕이 어떤 반응을 보여도 그는 태연했다. 자신의 사상에 한 점의 의심도 품고 있지 않았다. 그의 선사(先師)이자 지성(至聖)으로 알려진 공자조차도 꿈에 주공(周公)이 나타나지 않게 되자 "쇠했구나……"라며 자신의 늙음을 한탄했다.

맹자도 공자와 마찬가지로 현실 세계에서는 그의 이상이 위정자들에게 받아들여지지 않았기에 실의 속에서 정계를 떠나 고향인 추에서 후진의 교육에 전력을 기울이다 세상을 떠났다. 여든을 넘는 장수를 누렸지만, 단 한마디도 나약한 소리를 하지 않았다.

맹자의 대장부다운 모습을 가장 잘 엿볼 수 있는 것은 제나라를 떠날 때의 장면이다. 그것은 극히 인간적이다. 늙음을 한탄한 공자에게서도 인간적인 면을 느낄 수 있지만, 강철과도 같았던 맹자에게서도 인간의 냄새가 짙게 풍긴다.

맹자가 제나라를 떠난 것은 선왕이 자신의 이상을 받아들이지 않을 것이라 판단했기 때문이다. 언젠가는 떠날 날이 오리라고 맹자도 예상하고 있었다. 그런데 기묘한 계기로 그날이 찾아오고 말았다.

제나라에서 맹자는 결코 제나라 왕의 평범한 신하가 아니라고 자부해왔었다. 직하의 학사 따위들과 같은 취급을 받고 싶지는 않았다. 그는 왕의 스승이라고 자신을 규정했다. 왕의 스승인 이상 왕에게 불려 나갈 일은 없었다.

부름을 받지 않는 신하(所不召之臣)

맹자는 이와 같은 말을 썼다. 제멋대로 부릴 수 없는 신하다. 은나라 탕왕의 신하였던 이윤, 그리고 제나라 환공의 신하였던 관중이 여기에 해당된다.

상의하고 싶은 일이 있으면 왕이 그들을 찾아갔다. 결코 불러낼 수 없는 존재였다.

자기 스스로가 왕의 궁전을 찾아가는 경우는 있지만, 그것은 조언해야 할 것이 떠올랐기 때문이다. 자주적으로 가는 것이지 부름을 받고 나아가는 것이 아니었다.

> 관중조차 또한 부르지 못했다. 그런데 하물며 관중이 되지 않으려는 자이겠는가.

라고 맹자는 말했다. 관중은 제나라의 환공을 보좌하여 천하의 패자로 만든 명신이다. 환공은 결코 관중을 불러내거나 하지 않았다. 그런데 맹자는 자신을 관중 이상의 인물이라고 믿고 있었다. 관중은 그 주군을 패자로 만들었지만, 맹자는 주군을 왕자(王者)로 만들려 했다. 패도(覇道)를 추구한 관중조차 주군이 불러내지 못했으니, 왕도를 추구하는 자신은 더더욱 불러낼 수 없지 않겠느냐고 자부하고 있었다.

어느 날, 맹자는 왕의 궁전으로 나아가려고 했다. 아마도 왕에게 진언하고 싶은 것이 있었던 모양이다. 그런데 그때 왕의 사자가 찾아왔다. 사자의 전갈은,

> 제가 당신을 찾아가려 했지만, 감기에 걸려서 외출을 할 수가 없습니다. 만약 당신이 와 주실 수 있다면 궁전에서 만납시다. 어떻습니

까, 만나 주시겠습니까?

이에 대해서 맹자는,

불행히 (저도) 병에 걸렸습니다. 조(朝, 궁전)에 갈 수 없습니다.

라고 대답했다. 지금 막 궁전으로 가려던 참이었다. 병에 걸린 것도 아무것도 아니었다. 그런데도 맹자는 찾아가기를 거부했다.

선왕은 감기라는 이유를 댔지만 결국에는 불러들이려 했던 것이다. '부름을 받지 않는 신하'인 맹자로서는 자신이 갈 수가 없었다. 진언하고 싶은 일이 있었지만 이 원칙을 깰 수는 없었다.

이튿날 동곽(東郭) 씨가 세상을 떠났기에 맹자는 조문을 가려 했다. 제자인 공손추(公孫丑)가,

어제 병을 구실로 궁전에 들어가지 않았는데, 오늘 조문을 가시려 하다니 어찌 된 일입니까? 그만두시기 바랍니다.

라고 말렸지만 맹자는,

어제는 병에 걸렸지만, 오늘은 벌써 나았다. 조문을 가야겠다.

라며 신경 쓰지 않고 외출을 했다. 그런데 그 뒤에 왕의 사자가 찾아왔다. 병이라고 했기에 문안을 위한 사자가 의사까지 데리고 찾아온 것이다. 집을 지키고 있던 제자 맹중자(孟仲子)는 당황했다.

어제 사소한 병으로 궁전에 들어가지 못했지만 오늘은 약간 좋아져서 서둘러 궁전으로 갔습니다. 지금쯤 도착하셨을 텐데. ……

우선은 이렇게 말을 해 놓은 다음 맹자가 지날 만한 길로 몇몇 하인을 급히 보냈다. 순력을 할 때 수백 명의 제자들과 종들을 데리고 돌아

다녔으니 맹자의 집에 사람은 얼마든지 있었다.

　　부디 집으로 돌아오지 마시고 그대로 궁전으로 가십시오.

라고 보낸 사람에게 말하게 했다.

　맹자는 궁전으로 가지도 않고, 그렇다고 집으로 돌아가지도 않고 친구인 경추(景丑)의 집에 가서 묵었다. 경추는 왕명에 따르지 않는다고 꼬집으며 맹자를 비난했다. 맹자는 그런 친구에게 '부름을 받지 않는 신하'의 자부심에 대해서 설명했다. 앞에서 인용한 '관중조차 또한 ……'은 경추에 대한 맹자의 대답 일부분이다.

　이렇게 해서 맹자와 선왕의 관계가 서먹해지기 시작했다. 맹자가 제나라를 떠나기로 결심하게 된 것은 이 사건이 계기가 된 듯하다.

　여기서 깨끗하게 제나라에 등을 돌리고 성큼성큼 떠났다면 맹자는 틀림없이 '강철과 같은 사람'으로 경외는 할 수 있지만, 친밀함은 느낄 수 없는 사람이 되어 버렸을 것이다. 너무나도 훌륭하기 때문이다.

　제나라의 선왕은 맹자의 과격한 이상주의에는 넌더리가 났지만, 그의 인품과 특이한 재능만은 아꼈다. 맹자가 떠날 때, 선왕은 친히 그의 저택까지 찾아가서 "다시 만날 수 있을까요?"라고 물었다. 이에 대해 맹자는,

　　굳이 청하지 않을 뿐입니다. 원래부터 바라던 바입니다.

라는 복잡한 대답을 했다. 다시 만나고 싶은 것은 내가 간청하지는 않지만, 왕과의 만남은 저도 싫지는 않습니다, 라는 뜻이다. 이 말로 선왕은 아직은 희망이 있다고 생각했을 것이다.

　많은 녹을 주고 아무것도 하지 않는 직하의 학사들 수백 명을 끌어안

고 있는 선왕이었다. 현실의 정치에 대해서는 맹자에게 기대할 것이 없다고는 하지만, 이 뛰어난 인물을 다른 나라에 빼앗기기도 아깝다고 생각했다. 이에 맹자의 제자인 진자(陳子)를 통해서,

> 도심에 커다란 저택을 지어 주고, 문제(門弟) 양성을 위해 일만 종(鍾)의 봉록을 지급하고, 대신을 비롯한 정신(廷臣)들이 맹자를 존경하도록 하겠다.

라는 만류 조건을 제시했다. 종(鍾)이란 곡물을 측량하는 단위로 약 50리터라고 한다. 사실 종의 내용에 대해서는 자세히 알 수 없지만, 이 설에 근거해서 에도 시대의 봉록으로 환산하자면 1천 500석도 되지 않는 양에 불과하다. 물론 가치는 그대로 환산할 수 없다. 그런데 맹자의 입장에서 보자면, 선왕이 제시한 조건은 아무래도 적다는 생각이 들었던 모양이다.

전통적인 해석에 따르면 맹자는 여기서 선왕이 재부(財富)로 사람을 낚으려 했다는 사실에 반발했다고 한다. 그러나 그 미끼가 너무 작았는지도 모른다.

> 만약 나를 부자로 만들어 주고 싶었다면, 내 설마 객경의 봉록 10만 종을 삼가고, 만 종을 받아 부자가 되려고 하겠느냐?

라고 맹자는 말했다(「공손추편(公孫丑篇)」). 아마도 예전에 10만 종을 제시했는데 거절한 적이 있었던 듯하다. 그렇다면 이때 선왕이 제시한 조건은 그다지 성의가 없었다고도 생각할 수 있다. 10만을 거절하고 1만을 받는다면 부귀를 바라는 사람이라고 할 수 있겠는가? 그럴 수 없을 것이다.

인간은 누구나 부귀를 바라지만 그것은 공정한 방법에 의하지 않으면 안 된다.

> 천한 장부가 있었다. 반드시 농단(壟斷)을 찾아 거기에 올라가 좌우를 살펴보고 시장의 이익을 망(罔)했다. 사람들 모두 이를 천하게 여겼다. 이에 따라서 그것을 정(征)했다.

라고 맹자는 말했다(「공손추편」). 옛날에 시장은 물물교환에 의해서 유무상통(有無相通)하는 기능을 담당했을 뿐이다. 그런데 천한 욕심쟁이가 있어서 농단에 올라 좌우를 둘러본 것이다. 농단이란 깎아지른 듯이 높은 장소를 의미한다. 보통은 평지에 자신의 물건을 늘어놓고 교환하고 싶은 물건을 가진 사람이 나타나기를 기다리는 법이다. 그런데 높은 곳에 있으면 좋은 물건을 가진 사람을 빨리 발견할 수가 있다. 그런 사람들은 생활에 필요한 물건을 교환하기 위해서 온 것이 아니다. 영리행위를 위해서 온 것이다. '시장의 이익을 망(罔)한다'는 것은 그물로 건져 올리듯 이익을 전부 독점한다는 뜻이다.

이 무슨 천박한 짓이냐며 사람들이 그의 행위를 비난했고 정부에서도 거기에 정(征, 세금을 매김)했다는 것이다. 맹자가 하고 싶었던 말은, 자신은 그런 천박한 상인이 아니라는 것이다.

'이익을 농단하다'라는 말이 있는데, 이는 『맹자』의 이 구절에서 유래한다. 어쨌든 자신은 그런 농단에 오르는 사람이 아니라며 선왕의 제안을 거절했다.

이야기는 여기서 끝이 아니다.

제나라를 떠나기에 앞서 맹자는 주(畫)라는 곳에서 사흘이나 머물렀다. 이는 제나라에 미련이 있었음을 보여 주는 대목이 아닐까 생각된다. 선왕의 사자가 와서 다시 잡아 주기를 기다리고 있는 듯이 처신했다.

제나라의 윤사(尹士)라는 인물은 자신을 대장부라고 자부하고 있었다. 틀림없이 맹자를 사숙(私淑)하고 있었으리라. 맹자를 동경하는 마음이 매우 컸던 만큼 사흘을 묵은 뒤 주를 떠났다는 그 '유체(濡滯, 망설임)'에서 커다란 실망을 맛보았다. 나는 불쾌하다. 맹자를 잘못 봤다……

제자인 고자(高子)에게서 그 이야기를 들은 맹자는 윤사라는 사람이 자신을 이해하지 못했다고 감상을 말했다.

멀리 천리 길도 마다하지 않고 찾아온 것은 애초부터 자신이 원해서 한 일이었다. 자신의 생각이 받아들여지지 않은 것은 물론 자신이 바라던 일은 아니었다. 어쩔 수 없는 일이었다.

> 내가 사흘을 묵은 뒤 주 읍을 떠난 것도 내 마음에는 너무 빠른 것 같았다. 나는 선왕이 생각을 바꾸길 고대했다. 왕이 생각을 바꾸었다면, 반드시 나의 발길을 돌렸을 것이다. 그런데 주 읍을 벗어났는데도 왕이 나를 쫓아오지 않았다. 그 뒤에야 나는 물 흐르듯 자연히 고향으로 돌아갈 뜻을 굳혔다. 설령 그렇지만 내 어찌 선왕을 버리겠느냐……

사흘을 묵고 떠나는 것은 너무 빠르다고 느껴질 정도라고 맹자는 말했다(「공손추편」).

왕이 만약 자신의 설을 채용한다면, 오로지 제나라의 백성만이 편안해지는 것이 아니었다. 천하의 백성들이 평화를 구가할 수 있을 것이다. 왕이 마음을 바꾼다면 그것이 실현될 수 있다. 그것을 생각하면 이제나 저제나 설레는 가슴으로 왕의 사자를 기다리지 않을 수 없다. 간언을 했으나 주군이 받아들이지 않았다고 해서 화를 내며 휙 돌아선다면 '소장부(小丈夫)'나 할 일이 아니겠는가…….

사람을 통해서 맹자의 이런 말을 들은 윤사는,

> 사(士, 자신을 일컬음)는 참으로 소인(小人)이다.

라고 한탄했다.

사흘 동안 기다리다 그곳을 떠나지만 맹자는 그래도 선왕을 버리지 않겠다고 말했다. 이는 천하의 백성을 위해서였다. 백성이 가장 귀하니 그런 백성을 위해서라면 어떤 일이라도 감수해야만 했다.

> 무릇 하늘은 아직 천하를 평치(平治)하기를 바라지 않는다. 만약 천하를 평치하기를 바란다면 지금 세상에서 나 말고 또 누가 있겠는가?

맹자의 이 말(「공손추편」)에는 얼마나 커다란 자신감이 담겨 있는가? 하늘이 아직 태평을 바라지 않는 것이다, 만약 하늘이 바란다면 천하에 태평을 가져다주는 데, 자신 이외에 그것을 실현시킬 사람이 또 있겠는가, 라고 거침없이 단언한 것이다.

말할 나위도 없이 맹자는 유학자였다. 그러나 그의 언동에는 협객(俠客)다운 부분이 있었다. 난세에 뜻을 품은 자는 아무래도 협객다운 자세를 취할 수밖에 없었을 것이다.

현인정치를 주장한 순자

맹자와 교대를 하듯 이 세상에 나타난 것이 바로 순자(荀子)였다. 순자는 조나라 사람으로 본명은 순황(荀況), 그의 저서는 『순자(荀子)』라고 불린다. 제나라 직하에 있던 아카데미의 첫 번째 총장은 순우곤이었으며, 마지막 총장이 바로 이 순자라고 할 수 있다.

순자라고 하면 누구나가 '성악설(性惡說)'을 떠올린다. 그리고 중국의 일반적인 풍조로 성선설을 주장한 맹자를 좋은 사람이라 여기고, 성악설을 주장한 순자를 나쁜 사람이라 여기는 경향이 있다. 그러나 이 두 사람은 서로 양극에 있는 것처럼 보이면서도 실제로는 같은 내용을 주장했다는 생각이 든다. 맹자는 인간의 성(性)은 원래 선한 것이며, 악해지는 것은 후천적인 환경이나 습관에 의한 것이기 때문에 그것을 배제하면 인의(仁義)가 나타나 사람은 모두 성인이 될 수 있다고 주장했다. 순자는 후천적인 것이야말로 선이며, 그것으로 인해서 원래 악인 인간을 개조하면 사람은 모두 성인이 될 수 있다고 주장했다.

순자가 후천적인 것이라고 말했을 때, 그의 머릿속에는 유가의 근본이라고 할 수 있는 '예(禮)'가 있었다. 성선설에 따르자면, 자연 그대로 두는 것이 가장 좋은 것이다. 그런데도 성인은 어째서 '예'를 정한 것일까? 예는 인위적인 것이다. 성인은 틀림없이 인간을 자연 그대로 방치하는 것은 좋지 않다고 생각했기에 예를 정한 것이다. 그렇다면 인간의 성은 원래 악한 것이 되는 셈이다. 이것이 성악설의 기본 사상으로 순자가 얼마나 예를 중시했는지를 알 수 있다.

지금 '위(僞)'라는 글자는 이미지가 그다지 좋지 않다. 가짜를 뜻한다. 그러나 『순자』에서 이 글자는 가짜가 아니라 만들어진 것, 즉 '인위(人爲)'를 의미한다. 거기서 파생하여 이 글자는 '교정(矯正)'을 뜻하게 되었다.

> 사람의 성은 악이다. 그것이 선한 자는 위(僞)다.

이는 『순자』 속에 있는 내용이다. 노력해서 만든 것, 바로 그것이 선이라고 단정했다.

순자의 사상 중에서 주목해야 할 점은 현인정치(賢人政治)를 창도했다는 점일 것이다. 현능(賢能)한 사람이라면 그 사람이 서민이라 할지라도 사대부로 등용해야 한다고 주장했다. 이는 세습제와 혈통주의를 배척하는 생각으로 당시 사회체제에 커다란 변혁을 가져다줄지도 모르는 사상이었다. 유가가 가지고 있는 합리주의적인 면을 더욱 발전시킨 주장이라고 할 수 있다.

현능한 사람을 등용하면 문벌을 타도하여 관료제로 가는 길을 열게도 된다. 순자의 제자 가운데서 한비자(韓非子)나 이사(李斯) 등 진(秦)나라의 관료제 확립에 공헌한 사람이 나왔다는 것도 이상한 일은 아니다. 한비자는 격렬하게 유가를 공격한 인물로 그가 유가인 순자의 문하 출신이라는 사실이 기이하게 여겨질 정도다. 곽말약(郭沫若, 1892~1978)은 한비자가 적의 정황을 정찰하기 위해서 순자의 문하에 들어간 것이 아닐까 추측했을 정도였다.

현존하는 『순자』를 통해서 보는 한 순자의 학풍은 상당히 폭이 넓다. 순자는 유학을 집대성했다는 말을 흔히 듣는데, 유학뿐만 아니라 그는 제자백가의 학(學)을 전부 흡수했다. 백과사전파(百科事典派)라고 형용해도 좋다. 따라서 어떤 종류의 학문에 뜻을 품었든 그의 문하에 들어가기만 하면 틀림이 없었을 것이다. 다만, 폭은 넓지만 깊이에는 문제가 있는 듯하다.

제자백가의 학문 중에서 단절되어 전해지지 않는 것이 상당히 많은데, 단편적이기는 하지만 그것이 『순자』 속에 설명되어 있다. 그런 의미에서도 순자는 후세 연구가들의 커다란 은인이라고 하지 않을 수 없다. 그가 어째서 자신의 학설에 다른 학파의 설을 기술했는가 하면, 그것은 비판을 하기 위해서였다.

순자는 세 번이나 좨주(祭酒)에 임명되었다고 한다. 좨주란 대학총장을 말한다. 직하의 학사는 실무에 종사하지 않는 것이 원칙이었지만 물론 예외도 있었다. 순우곤은 종종 사절로 임명되어 다른 나라로 파견되기도 했다.

요직에 앉으면 아무래도 정쟁에 휩싸이기 쉬운 법이다. 순자도 참언(讒言) 때문에 제나라를 떠날 수밖에 없었기에 초나라로 망명했다.

천하보다 내가 더 소중하다

직하의 학문의 주류가 도가였을 것이라는 사실은 앞에서도 이야기했다. 이 파의 학자들은 직하에 기라성같이 많았지만, 장자라는 빛나는 별 때문에 아무래도 존재감이 희미해진 듯하다.

'노장(老莊)'이라고 부르는 것처럼 노자와 함께 불렸던 장자는 맹자와 거의 같은 시대의 인물이었지만 직하와는 관계가 없다. 무위자연(無爲自然)을 존중하는 도가의 이상에 충실하려면 장자처럼 고향의 옻나무 밭이나 관리하며 유유자적하고 검소한 생활을 보내는 것이 올바른 자세일 것이다. 권세의 냄새에 가까운 직하로 간다는 것은 도가답지 못한 모습이다.

적극적인 것을 싫어하는 도가가 어떻게 제나라에서 번성할 수 있었는지 의문이 아닐 수 없다. 도가는 자기들 파의 학문이 융성하는 것조차 그다지 원하지 않았다. 여기에는 아무래도 제나라가 국책으로써 도가를 보호, 아니면 그 부식(扶植)을 고려했다는 사정이 있었을 것이다. 곽말약은 제나라는 나라를 빼앗은 자의 정권이었기 때문에 자신도 빼앗기지 않도록 소극주의자인 도가의 학문을 나라의 주된 학문으로 삼았던 것이라고 말했다.

노력해도 소용없다. 이런 사고는 언뜻 허무한 것처럼 보인다. 그러나 한걸음 더 나아가서 그렇다면 어떻게 해야 하는 것일까 하는 문제에 대한 대답을 준비해 둔 도가도 있었다.

직하의 학사 중 한 사람이었던 신도(愼到)는 인간의 힘에는 한계가 있으니 법률이나 제도에 의존해야 한다고 생각했다.

맹자와 순자는 사람들 모두가 성인이 되어야 한다고 주장했지만 신도는 성인에 대해서 회의적이었다. 어떤 성인이든 자신의 지식만으로 천하의 일에 통효(通曉)할 수는 없다. 좀처럼 나타나지 않는 성천자(聖天子)의 통치에 의존하기보다는 규칙을 만들고 거기에 따르는 편이 안전할 것이다. 신도는 이 설 때문에 법가(法家)로 분류되기도 한다.

맹자는 도가의 대표로 양주(楊朱)를 꼽고 묵적(墨翟)과 함께 공경했다.

성왕이 더 이상 나타나지 않아 제후는 방자하고 처사(處士, 관료 내지 지식인)는 횡의(橫議, 함부로 논쟁함)를 일삼는데, 양주와 묵적의 말이 천하에 가득하다. 천하의 말이 양주에 귀결하지 않는다면 묵자에 귀결할 것이다.

이는 『맹자』 「등문공편」에 있는 내용이다. 후세 중국의 사상계가 유가의 천하가 되었기에 유가가 처음부터 우세했을 것이라는 착각에 사로잡혀 있다. 그러나 이 글을 통해서 보자면 백가쟁명 시대에는 양주를 포함한 도가와 묵가의 천하였던 듯하다. 맹자는,

양과 묵의 도가 끊기지 않으면, 공자의 도는 나타나지 않을 것이다.

라고 한탄했다.

지금 우리들은 도가라고 하면 노자와 장자의 이름을 떠올리지만, 맹자 시절에는 양주가 대표자였다. 하지만 이 사람의 저서도 전기도 남아 있지 않다. 『맹자』나 『한비자』, 또는 『열자(列子)』 등에 흩어져 있는 글을 통해서 그 윤곽을 희미하게나마 알아볼 수 있을 정도다. 노자의 제자였다고도 하며 실재하지 않았던 인물이라는 설도 있다. 양주에 대한 것으로는 『맹자』 「진심편」의 다음과 같은 구절이 유명하다.

양자(양주)는 자신을 위해서 행동을 취한다. 터럭 하나를 뽑아 천하를 이롭게 한다 할지라도 하지 않는다.

천하의 이익이 되는 경우라 할지라도 그것이 자신에게 조금이라도 손실(터럭 하나를 뽑는 것과 같은)이 되면 하지 않는 철저한 이기주의 철학이었다. 묵자가 철저한 박애주의였던 것과는 정반대가 되는 입장에 있었다.

이 시대에는 아무래도 격렬한 언설이 유행한 듯하다. 중용을 중히 여기는 유가의 형세가 좋지 않았던 것도 당연했을지도 모르겠다. 『열자』에는 「양주편(楊朱篇)」이 있어, 양자에 대한 일화가 가장 많이 수록되어 있다. 그러나 이것은 진인 위작설(晋人僞作說)도 있는 문제의 책이기 때문에 신빙성이 약하다고 봐야 할 것이다. 『열자』 속의 양주는 향락주의자로 묘사되어 있다. 이기주의는 향락주의와 통하는 법이다.

여러 가지 학파가 논쟁을 벌였으니 제나라의 직문 부근은 틀림없이 떠들썩했을 것이다. 논쟁을 하는 이상 상대방에게 이겨야만 했다. 각파 모두 변론술을 연마했으며 논리학을 활발하게 연구했다. 한나라에 들어서 논리학을 연구한 무리를 '명가(名家)'라고 불렀지만, 전국 시대에는 변자(辯者), 또는 찰자(察者)라고 불렀다.

명가 중에는 '백마비마설(白馬非馬說)'을 주장한 공손룡(公孫龍)이 가장 유명할 것이다. 백(白)은 색에 이름을 붙인 개념이며, 마(馬)는 형태에 이름을 붙인 개념이다. 백마라는 말은 두 개의 개념이 합쳐진 것이기 때문에 하나의 개념인 마와는 같지 않다. 그런데 '백마비마설'은 공손룡보다 조금 앞선 시기에 예열(兒說)이 주창했다. 곽말약은 공손룡을 예열의 제자일 것이라고 추리했다.

명가는 논리학도(論理學徒)였기에 유가 속에도 묵가 속에도 그리고 도가 속에도 있었다. 공손룡은 조(趙)나라의 혜왕에게 겸애(兼愛, 박애주의)를 이야기했다고 『여씨춘추』에 기록되어 있으니 묵가에 속해 있었는지도 모른다. 공손룡은 조나라 사람인데 그에 대한 사적은 거의 알 수 없다.

전국칠웅

손자 병법

온갖 분야의 학자, 사상가들이 제나라의 직하에 모였들었는데, 그들의 출신은 각양각색이었다. 맹자는 추라는 조그만 나라 사람이었으며, 순자와 진도는 조나라 사람, '백마비마설'을 처음으로 주장한 명가의 예열과 종견(宗鈃)은 송나라 사람, 도가의 환연은 초나라 사람이었다.

물론 제나라 출신자들도 적지 않았다. 순우곤이 제나라의 췌서 출신이라는 사실은 앞에서도 이야기했다. 여담인데, 일본에 전계(傳戒)의 스승으로 건너왔던 도쇼다이지(唐招提寺, 나라 시에 있는 율종 총본산-옮긴이)의 감진(鑑眞, 688~763) 화상의 성이 '순우'였다. 감진 화상의 집안은 순우곤의 후예라고 일컬어져 왔다. 순우곤은 『사기』의 「골계열전」에 등장한다.

골계라는 말은 현재 우리들이 사용하고 있는 의미와는 전혀 달랐다. 오로지 말이 교묘하고 말솜씨가 뛰어나다는 것만을 의미했다. 당(唐) 시절에 지어진 『사기색은』에 골계에 대해서,

술을 따르는 그릇이다. [최호(崔浩)의 설]

배해(俳諧)다. [요찰(姚察)의 설]

라는 등의 설이 소개되어 있다. 그릇에서 술이 흐르듯 거침없이 이야기한다는 것이 앞의 설이다. 배해란 해어(諧語, 재미있는 말)가 거침없고 지계(智計, 위트)가 빨리 나온다는 것이다. 뒤의 설은 지금 우리들이 쓰고 있는 의미와 약간 비슷하다고 할 수 있다.

순우곤은 분류 불가능한 인물이었던 듯하다. 틀림없이 수비 범위가 넓어서 무엇이든 할 수 있었던 인물이었다고 생각된다.

어쨌든 제나라에 뛰어난 무엇인가가 있었다면, 그것은 병법이 아니었을까 짐작된다.

오나라 왕 합려의 장군이 되어 뛰어난 재능을 발휘해, 오나라가 초나라를 격파하고 그 국도인 영(郢)을 함락시킨 전쟁에서 커다란 공적을 세운 손무(孫武)는 제나라 출신이었다. 손무는 병법서인 『손자(孫子)』의 저자로 널리 알려져 있다. 그런데 『손자』와 함께 『사마법(司馬法)』이라는 병법서도 유명했다.

제나라의 경공 무렵이라고 하니 손무와 거의 같은 시대에 제나라에 사마양저라는 명장이 있었다. 그는 첩의 아들이기는 하지만 전완의 후예로 원래 성은 전(田)이었다. 제나라의 재상인 안영의 추천으로 장군이 되어 진(晉)나라와 연나라의 침략군을 격퇴해, 대사마(大司馬, 국방부 장관)라는 요직에 앉았다. 이는 전 씨가 태공망 계열의 제나라를 아직 빼앗기 전의 이야기다.

전 씨가 제나라를 차지한 뒤, 위왕 시절에 왕실과 혈연관계가 있는 사마양저를 현창(顯彰)하여 그 언행을 기록한 것이 『사마법』이라고 한다. 전부 150편이 있었다고 하는데, 현존하는 것은 겨우 5편에 불과하다.

> 적의 노유(老幼, 늙은이와 어린이)를 보면 봉귀(奉歸)하여 다치게 하지 말라. 장자(壯者)를 만났다 할지라도 교(校, 항(抗))하지 않으면, 적으로 보지 말라. 적이 만약 다쳤으면, 의약(醫藥)으로 그를 돌려보내라.

『사마법』 중에서도 나는 이 말을 좋아한다. 적의 노유는 봉귀, 다시 말해 도와서 집으로 돌려보내라고 가르치고 있다. 노유뿐만 아니라 젊은 이라도 저항하지 않는 자를 공격해서는 안 된다고 타이르고 있다. 그리고 부상을 당한 적은 치료를 해 주어야 한다고 말했다.

> 대첩(大捷, 커다란 승리)에는 상을 주지 말라.
> 대패에는 주(誅)를 하지 말라.

는 말도 깊은 맛을 가졌다.

청나라 건륭(乾隆) 시절에 편찬된 『사고전서(四庫全書)』의 목록 중 사마법 항목에,

> 삼대(三代)의 유규(遺規)를 종종 이 책에서 볼 수 있다.

라고 기록되어 있다. 삼대란 성천자(聖天子) 시절인 하, 은, 주를 말한다. 그 시절의 아름다운 유규(남겨진 풍습)를 『사마법』에서 종종 볼 수 있다고

평했다.

옛날에는 달아나는 적(奔)은 쫓기를 100보를 넘지 않았다. 퇴각하는 적(綏)은 쫓기를 3사(舍)를 넘지 않았다. 이로써 그 예를 밝히고 있다.

'보(步)'와 '사(舍)'는 길이의 단위이다. 전국 시대의 1보는 1.35미터이고 1사는 12킬로미터였다고 알려져 있다. 싸움에서 진 적을 너무 멀리까지 쫓아서는 안 된다는 것이다.

손무, 사마양저보다 100년 뒤에 오기(吳起), 손빈(孫臏) 등과 같은 병법가들이 나타났다. 앞에서 이야기했듯이 오기는 위(衛)나라 사람이지만 제나라에 매우 가까웠으며, 그의 아내는 제나라 사람이었다. 오기가 아내를 죽인 이야기도 앞에서 소개했다.

『사기』에 따르면, 손빈은 아(阿)와 견(鄄) 근방 출신이라고 되어 있는데, 두 땅 모두 제나라의 영지였다. 제나라의 위왕이 아의 장관을 처형했다는 사실은 앞에서도 이야기했다. 빈은 본명이 아니라 '발을 자르는 형벌'이라는 의미로 그의 별명이었다. 정강이뼈를 잘리는 형벌을 받았기에 그렇게 불렸다.

『사기』에 따르면, 손빈은 손무의 손자라고 한다. 그는 방연(龐涓)과 동문이었다. 스승의 이름은 알 수 없지만 병법을 배웠다. 후에 방연은 위(魏)나라에서 벼슬을 했으며 혜왕 때에 장군에 등용되었다. 출세를 해서 자신만만해 있었지만 그에게도 한 가지 불안요소가 있었다. 그것은 동문 중에서도 무슨 일에나 자신보다 뛰어났던 손빈의 존재였다. 그가 위나라로 오게 되면 언제 자신의 지위를 빼앗기게 될지 알 수 없었다. 이에 은밀하게 사자를 보내서 위로 불러들인 다음 구실을 만들어서 죄를 씌워 발을 자르는 형에 처하고 얼굴에 문신을 새겼다. 이로써 두려운 라이벌 도 다시는 세상에 나올 수 없게 되었다고 생각했다.

제나라의 사자가 위나라로 왔을 때, 제나라 출신인 손빈은 그와 만나 이야기를 나눌 기회가 있었다. 제나라의 사자는 그의 재능에 놀라 몰래 제나라로 데리고 갔다. 제나라에서 손빈은 장군인 전기(田忌)의 손님이 되었다. 머지않아 전기는 손빈을 위왕에게 추천했다. 틀림없이 손빈은 직 하에 저택을 받았을 것이다. 직하의 학사로서 왕의 병법 고문이 되었다.

직하의 학사는 관직에 오르지 않는 것이 원칙이었지만, 위(魏)나라의 공격을 받은 조나라가 제나라에 구원을 요청했을 때, 위왕은 거기에 응 해 손빈을 장군으로 삼으려 했다. 그러나 손빈은 '형을 받은 사람'이라며 사퇴했고, 결국은 전기가 장군이 되었으며, 그는 군사로서 치차(輜車, 덮개 가 있는 수레)에 올라 참모 역을 수행했다.

조나라로부터 구원 요청을 받았지만, 손빈은 조나라가 아닌 위나라로 군대를 나아가게 했다. 조나라로 원정을 나가 있던 위나라의 군대는 본 국이 제나라 군대의 습격을 받았다는 사실을 알고 서둘러 퇴각해, 계릉 (桂陵)에서 제나라 군대와 싸움을 벌였지만 크게 지고 말았다.

10년 뒤(『사기』에는 13년 뒤로 되어 있지만, 『죽서기년』에는 10년), 이번에는 위 (魏)나라가 조나라와 연합하여 한(韓)나라를 공격했다. 진(晉)에서 갈라져 나와 삼진(三晉, 한, 위(魏), 조)이라 불리던 형제 국가 사이에서 싸움이 벌어 졌다. 한나라는 제나라에 구원을 요청했다.

이때에도 손빈은 구원해야 할 한나라로 향하지 않고 위나라로 군대를 나아가게 했다. 위나라의 장군은 방연이었다. 서둘러 군대를 돌렸다. 그러나 마릉(馬陵)에서 참패하고 말았다. 손빈이 이 작전에서 사용한 것은 '증병감조계(增兵減竈計, 아궁이 수를 차츰 줄이는 계책)'였다.

첫날에는 10만 명분의 아궁이를 만들게 했고, 이튿날에는 5만으로 줄였으며, 셋째 날에는 3만으로 했다. 아궁이의 연기로 적의 병력을 판단한 방연은 제나라 군대에 탈주병이 많다고 판단하고, 움직임이 둔한 주력 보병을 버리고 가벼운 무장을 한 정예군을 이끌고 추격했다.

마릉은 양쪽으로 산이 있어서 길이 좁은 곳이다. 손빈은 제나라 군대를 그 부근에 매복시키고 길 양쪽에 수많은 노(弩, 석궁)를 배치했다. 그리고 길 한편에 있던 커다란 나무의 줄기를 널찍하게 깎아서 거기에,

> 방연은 이 나무 밑에서 죽는다.

라고 크게 써 두었다. 그런 다음 저격부대에게 불빛이 보이면 발사하라고 명령했다. 손빈은 위나라 군대가 추격해 오는 속도를 가늠하여 저녁 무렵에 그곳에 도착할 것이라 예상했고 그대로 되었다. 방연은 길 옆 커다란 나무의 일부가 깎여 허옇게 되어 있고 거기에 뭔가 글씨가 적혀 있다는 사실을 알고 그것을 읽기 위해 불을 켰다. 그 불을 신호로 제나라 군대의 일제 공격이 시작되고, 위나라 군대는 커다란 혼란에 빠졌다.

방연은 이 작전을 지휘한 것이 동문인 천재아(天才兒) 손빈이라는 사실을 깨닫고,

> 마침내 수자(竪子)의 이름을 이루게 했구나(그 애송이에게 공을 세우게 했구나).

라고 분해하며 스스로 목을 베고 죽었다. 이 싸움에서 위나라의 태자 신(申)은 포로가 되었다.

『죽서기년』에 따르면, 이 싸움은 위(魏)나라의 혜왕 27년(기원전 344),

『사기』에는 그보다 3년 뒤의 일이라고 기술하고 있다.

이 패전으로 위나라의 혜왕은 인재에 의해서 승패가 결정된다는 사실을 통감하고 부지런히 현자를 초빙했다. 맹자가 부름을 받은 것도 이 싸움 뒤였다.

세상에 널리 알려진 병법서 『손자』는 오나라를 섬겼던 손무의 저작인지 제나라의 손빈의 저작인지 분명하게 알려지지 않고 있었다. 삼국 시대에 조조가 『손자』에 주석을 달았는데, 주석뿐만 아니라 본문도 위작했다는 설까지 있었다. 그런데 1972년 4월, 산동성 임기현(臨沂縣)의 은작산(銀雀山)에 있는 전한시대 옛 무덤에서 『손빈병법(孫臏兵法)』의 죽간이 발견되었다. 이로써 세상에 알려진 『손자』는 손무의 저작이며, 손빈의 『손자』는 오랫동안 유실되었다가 아마도 1천수백 년 만에 세상의 빛을 보게 되었다는 사실을 알게 되었다. 출토된 새로운 『손자』는 판독 불가능한 부분도 적지 않지만, 그 윤곽은 거의 알 수 있었다. 새로이 출토된 『손자』의 죽간은 하나하나 유리 시험관 같은 용기에 담겨 소중하게 보존되고 있으며, 학자가 예의 연구 중에 있다고 한다.

법으로 일어나 법으로 죽은 상앙

마릉의 싸움은 위나라와 조나라가 한나라를 공격하자, 한나라가 제나라에 구원을 요청하여 벌어졌다. 네 나라가 전투에 관여했다. 이처럼 전국 시대의 싸움은 더욱 국제적이 되었다.

약소국은 뒤처지고 전국칠웅(戰國七雄)이라 불리는 일곱 개의 강국이 이 시대의 주역으로 등장했다. 주공의 후예라는 정통성을 자랑하고 공자를 배출했다는 사실로도 널리 알려진 노나라, 은(殷)나라의 자손으로 구국(舊國)인 송나라, 한때는 희성(姬姓)의 대국이었던 위(衛)나라 등도 완전히 이류 국가로 떨어져 버리고 말았다.

부국강병 경쟁으로 각국은 앞다투어 유능한 인물을 등용했으며 정치개혁을 꾀했다. 그러나 가장 유효한 정치개혁을 단행한 것은 서쪽의 진(秦)나라였다.

진나라는 동주(東周)가 된 뒤에 비로소 제후에 봉해진 새로운 국가였다. 삼진(三晉)과 전제(田齊)는 찬탈 정권이기는 했지만, 나라 자체는 오래되었으며 예전의 제도나 관습을 그대로 계승했다. 여러 가지 저항이 있었기 때문에 과감한 개혁도 마음대로 행할 수가 없었다. 그런 점에서 진나라는 고려해야 할 오래된 관습도 없었고, 개혁에 대한 반발도 다른 나라에 비해서 비교적 적었다.

손빈이 제나라를 섬겼을 무렵, 진(秦)나라에서는 공손앙(公孫鞅)이 등용되었다. 공손앙은 원래 위(衛)나라 왕의 서자였다고 한다. 진나라를 섬겼고 그 공적을 인정받아 상(商)이라는 땅에 봉해졌기 때문에 상앙(商鞅), 또는 상군(商君)이라 불렸다. 그는 젊은 시절에 형명학(刑名學)을 연구했다. 이는 법가(法家)라고도 불리는데, 법치주의로 직하의 학사 중 한 사람인 신도의 사상에서 나왔다는 사실은 앞에서도 이야기했다.

처음 그는 위(衛)나라의 재상인 공숙좌(公叔座)의 가신이었다. 배신(陪臣)이었기 때문에 좀처럼 등용되지 못했다. 『사기』에는 병에 걸린 공숙좌가 위나라의 혜왕에게, 자신에게 무슨 일이 생기면 공손앙을 등용하라고 진언하고, 거기에 덧붙여 등용하지 않을 거면 차라리 그를 죽여야 한다고 말했다는 이야기가 실려 있다. 그러나 위나라의 혜왕은 공숙좌의 진언에 따르지 않았다.

공숙좌가 죽은 뒤, 공손앙은 진(秦)나라로 갔다. 진나라의 효공(孝公)이 인재를 구하고 있었기 때문이다. 진나라는 목공(穆公) 시절에 춘추오패 중 하나로 꼽힐 만큼 국가의 세력이 흥했지만, 그 후 삼진의 공격을 받아 상당 부분의 영토를 잃었다. 효공은 옛 목공 시절의 전성기를 재현하겠다는 대망을 품고 있었다.

공손앙은 경감(景監)이라는 효공의 총신에 의지하여 효공에게 접근했으며, 이윽고 좌서장(左庶長)으로 승진하여 진(秦)나라 정치개혁에 착수했다. 한마디로 말해서 그의 정치 방침은 진나라를 전체주의국가(全體主義國家)로 개조하는 데 있었다. 그 대강을 열거해 보겠다.

1. 십오법(什伍法). 열 집을 '십(什)', 다섯 집을 '오(伍)'라는 인보(隣保)로 조직한 것이다. 그 밖에도 다섯 집을 1보(保)로 삼고 10보가 연대책임을 지게 했다는 설도 있다. 어쨌든 철저한 밀고정치(密告政治)였다. 인보 안에 간(姦)한 사람이 있으면 그것을 고발하지 않은 것만으로도 요참형(腰斬刑)에 처했다. 그리고 고발하면 고발한 자에게는 전장에서 목 하나를 취한 것에 상당하는 상을 주었다. 간한 자를 숨겨 주면 전쟁에서 적에게 항복한 것에 상당하는 벌을 내렸다.

2. 분가의 의무. 한 집에 두 사람 이상의 남자가 있을 경우, 분가하지 않으면 세금을 배로 매겼다. 한 집에서 일정한 밭을 경작할 경우, 가족이 아무리 늘어도 생산은 증가하지 않을 것이라 판단했기 때문이다. 그 시절, 개간을 활발하게 진행하기 위해서는 옛 가족제도가 걸림돌이 되고 있었다.

3. 군공(軍功)은 전장에서 취한 목의 숫자로 결정되었다. 등급을 나타내는 '급(級)'이라는 글자는 수급(首級)이라는 말도 있듯이 목의 숫자를 세는 단위이기도 했다.

4. 사투(私鬪, 사사로운 싸움) 금지. 사투는 그 경중에 따라서 형량의 크기가 결정되었다.

5. 산업 장려. 남자는 경(耕), 여자는 직(織)인데, 곡물이나 포백(布帛)을 많이 내는 자는 부역을 면제해 주었다. 말리(末利, 상업)에 종사하는 자, 게을러서 가난한 자는 관의 노예로 삼았다.

6. 종실(宗室, 왕족 관계자)이라 할지라도 군공이 없으면 그 적(籍)에 속할 수 없었다.

7. 계급의 명확화. 20작 제도(二十爵制度)를 정하고 그에 따라서 토지, 건물의 크기, 신첩(臣妾)의 숫자, 의복의 정도가 결정되었다. 공이 있는 자는 화려한 생활을 할 수 있었지만, 공이 없는 자는 부자라 할지라도 화려한 생활을 할 수 없었다.

하나에서부터 열까지 세세하게 규정되어 있었다. 당시 사람들도 이러한 시책에는 답답함을 느꼈을 것이다. 새로운 법이 시행된 뒤로 수천 명의 사람들이 법의 불편함을 호소했다고 한다.

그런 가운데 태자가 법을 어기고 말았다. 아무리 그래도 나라를 이어받을 태자에게 형벌을 가할 수는 없었다. 이에 부(傅, 후견인)인 공자 건(虔)을 처벌하고, 사(師, 교육담당자)인 공손가(公孫賈)를 몸에 문신을 새기는 묵형에 처했다.

이 끔찍한 법의 시행에 사람들은 치를 떨었다. 모든 사람들이 전전긍

긍하며 법에 저촉될까 두려워했다. 나쁜 짓을 하는 사람이 없어져 그런 의미에서는 살기 좋은 상태가 되었다. 전에는 불편을 호소하던 사람들 가운데서 이번에는 새로운 법이 편리하고 좋다고 칭송하러 온 사람이 있었다.

　　이는 모두 화(化, 교화)를 어지럽히는 백성이다.

　공손앙은 그렇게 말한 사람들을 변경 지방으로 강제 이주시켰다.

　그에게 있어서 법은 절대적인 것이었다. 법을 비난하는 것은 말할 것도 없고 칭찬하는 것도 용납할 수 없었다. 잔말 말고 따라오라는 것이 전체주의의 방법이었다. 백성들은 갑갑증을 느끼게 되었지만, 국가는 통합되어 통치하기 쉽게 되었다. 하루가 다르게 치적(治積)이 더해졌다.

　진나라 내정은 정비되었고, 개간은 급속도로 진행되었으며, 산업은 진흥되었다. 국력이 강해지면 말할 나위도 없이 군대가 강해지는 법이다.

　제나라 손빈의 작전으로 위(魏)나라가 마릉에서 대패하자, 앙(鞅)은 위를 공격하라고 진언했다. 마릉의 싸움이 있은 그 이듬해, 앙은 장군이 되어 동쪽에 있는 위(魏)로 출병하여 위나라의 장군인 공자 공(卬)을 속임수로 쏘아 맞혔다. 장군을 잃고 대패한 위나라는 황하 이서 지방을 진나라에게 할양(割讓)하고 화친을 청했다.

　진나라에게 이는 오랫동안 바라던 잃어버린 땅의 회복이었다. 이 공적으로 앙은 상에 봉해져 상군이라 불리게 되었다. 위나라는 국도인 안읍(安邑)이 서쪽에 치우쳐 있었기에 위험하다고 판단하고, 그 후 수도를 동쪽인 대량(大梁, 개봉)으로 옮겼다.

　상앙은 강인했다. 전체주의란 원래가 강한 법이다. 그러나 그를 원망하고 탄식하는 소리는 왕족 등 상층부에서도 이미 강하게 일고 있었다. 엄벌주의의 통제국가였기 때문에 그런 목소리들은 은밀하게 오가 표면으로는 좀처럼 드러나지 않았다.

태자 대신에 처벌을 받았던 공자 건은 다시 법에 저촉하는 행동을 해서 의형(劓刑, 코를 잘라내는 벌)에 처해졌으므로 집에서 한 걸음도 나오지 않게 되었다.

전체주의가 원래 그런 것이기는 하겠지만, 상앙이 목표로 삼았던 것은 군주 독재권의 강화였다. 그러기 위해서 유력한 귀족의 힘을 약화하는 방법을 강구하는 것은 당연했다. 상앙의 압박을 가장 싫어했던 것은 바로 이러한 계층의 사람들이었다.

서민도 역시 가혹한 형벌에 처해지는 경우가 많아서 불평은 나라 전체에 깔려 있었다.

상앙의 개혁은 두 차례에 걸쳐서 시행되었다. 앞에서 소개한 항목의 개혁이 제1차로 효공 3년(기원전 359)에 실시되었으며, 제2차 개혁은 효공 12년(350)에 실시되었다고 한다.

제2차 개혁은 부자형제의 동실(同室)을 금한다는 인간성에 도전하는 것과 같은 내용이었다. 취락이란 자연발생적인 것인데 억지로 구획정리를 하고 31개 현을 만들어 중앙에서 영(令, 장관)과 승(丞, 부관)을 파견했다. 말할 나위도 없이 전체주의국가는 관료통제국가다. 제2차 개혁 때 도량형의 통일도 시행되었는데, 이것은 선정(善政)이라고 할 수 있었다.

수많은 사람들로부터 원한을 사고 있으면서도 10년(일설에는 18년) 동안이나 재상의 자리를 지킬 수 있었다. 이는 효공의 신임이 두터웠기 때문이다. 사실은 잃어버린 영토의 회복이라는 커다란 소망을 품고 있던 효공이 거대한 독재자였으며, 상앙은 그 수족이 되어 움직인 것에 불과하다는 견해도 있다.

효공이 세상을 떠난 뒤, 상앙이 실각하리라는 사실은 불을 보듯 뻔했다. 태자 혜문군(惠文君)이 새로운 법을 어겨 그 대신 자신의 후견인과 선생님이 상앙에 의해 처벌을 받은 적이 있었다. 즉위하면 반드시 보복하려 할 것이다. 조량(趙良)과 같은 인물이 상앙에게 봉해진 상을 반환하고 시골로 돌아가는 것이 유일한 살길이라고 권했다.

> 진왕(秦王, 효공)이 일단 빈객(賓客)을 버리고(사망한다는 뜻), 조(朝, 조정)에 서지 못하게 되면, 진나라(의 후계자)의 군(君)을 수(收, 수용하여 벌을 물음)한 자가 어찌 적다 할 것인가. 망할 것을 가히 발을 들고 기다리는 것과 같다.

조량의 권고는 이렇게 끝맺었다. 발을 들고 기다린다는 것은 짧은 순간이라는 뜻이다. 상앙이 순식간에 실각하리라는 것은 누구나 알고 있었다. 그 자신만이 모르고 있었던 듯하다.

오랫동안 권력의 좌에 앉아서 마음껏 독재를 휘두르다 보면 보통 사람들의 눈에 보이는 것까지도 보이지 않게 되는 모양이다. 어쩌면 그는 법가로서 법의 절대성을 맹신하고 있었는지도 모른다. 법은 누구에게나ㅡ그것을 제정한 사람까지도 포함해서ㅡ맹위를 발휘하는 법이다.

조량의 충고가 있은 지 5개월 뒤에 효공은 세상을 떠났다. 상앙에 대한 원한이 골수에 사무쳤던 혜문군이 즉위했으니, 예상했던 대로 상앙은 실각하고 말았다. 혜문군은 17세에 즉위했으니, 그가 법을 어겨 측근들이 대신 처벌을 받았던 것은 아직 어렸을 때의 일이었다. 나이 어린 태자의 죄를 물으려 했던 상앙은 틀림없이 매정한 인물이었다. 그러나 그렇게까지 하지 않았다면 새로운 법은 철저하게 지켜지지 않았을지도 모른다.

코를 베어 내는 형벌에 처해져 8년 동안 문밖에 나서지 않았던 공자 건의 일당이 '상앙이 모반하려 한다'며 관리에게 명하여 그를 체포하려 했다. 상앙은 국도에서 탈출하여 국경지방으로 가서 객사(客舍, 여관)에 묵으려 했지만,

　　상군(商君)의 법에 의해서, 험(驗, 신분증명서)이 없는 자를 묵게 하

　면 연좌되어 벌을 받게 된다.

며 거절했다.

상군의 법은 상군에게도 가차 없이 적용되었다.

진(秦)나라는 상앙이 재상으로 있을 때 국도를 옹(雍)에서 함양(咸陽)으로 옮겼다. 나라에 여유가 없었다면 천도 같은 것은 불가능했을 것이다. 그 여유는 상앙이 만들어 낸 것이었다. 진나라의 공로자인 상앙이 이제 진나라에 쫓기는 신세가 되었다. 함양에서 국외로 탈출하려면 위수(渭水)를 따라서 동쪽에 있는 위(魏)나라로 갈 수밖에 없었다.

남쪽에 있는 초나라로 달아나려면 산 넘어 산으로, 진령(秦嶺)을 넘고 대파(大巴)를 넘어야 하는 험로였다. 상앙이 봉해진 상(商)은 함양 동남쪽에 있었는데, 그곳은 전혀 의지할 만한 곳이 아니었다. 왜냐하면 그 역시도 상앙이 만든 원칙으로 봉지에서 거두어들인 연공을 자신의 것으로 할 수 있었을 뿐, 그곳을 통치할 수는 없었기 때문이었다. 봉후(封侯)가 지방에 할거하지 못하도록 상앙이 그 법가적 두뇌로 생각해 낸 제도였다. 그 자신이 상에 봉해지기는 했지만, 상으로 징세인을 파견하는 외에 실제적인 관련은 거의 없었다.

상앙은 하는 수 없이 위나라로 도망을 갔지만, 그는 예전에 위나라의 배신이었으면서 진나라 장군이 되어 그 나라를 공격한 적이 있었다. 위나라 입장에서 보자면 상앙은 배은망덕한 자였다. 상앙은 위나라를 경유하여 다른 나라로 망명하려 했다. 그런데 이번에는 위나라가 허락을 하지 않았다.

상앙은 진나라의 국적(國賊)이다. 강국인 진나라의 범죄자가 우리 위나라로 왔으니 반환할 수밖에 없다.

위나라 당국은 이렇게 해서 상앙을 진나라로 돌려보냈다. 상앙은 그다지 연고가 없는 봉지 상으로 가서 자포자기 상태로 군사를 일으켰다가 면지(黽池)에서 살해되었다. 혜문군은 상앙의 시체를 수레에 묶어 찢고 그의 일족 모두를 죽였다.

그리고 남은 것은 상앙의 강인한 정책에 의해서 강성해진 진나라였다. 혜문군은 즉위 13년에 왕을 칭했다. 기원전 325년의 일로 『사기』「진본기(秦本紀)」에는 한(韓)나라도 동시에 왕을 칭했다고 한다. 그러나 연표에는 한나라가 왕을 칭한 것은 2년 뒤이다. 참고로 제나라의 위왕과 위(魏)나라의 혜왕이 왕을 칭한 것은 진(秦)나라 혜왕(혜문공)의 그것보다 9년 앞선 해의 일이었다.

진(秦)나라에서는 개혁에 대한 저항이 적었다고 말했지만, 그것은 다른 나라에 비해서 그랬다는 것이지, 진나라의 국정 개혁에도 적지 않은 갈등이 있었다. 상앙은 그 희생자에 지나지 않았다.

수레에 묶여 찢긴 상앙이 쌓아 올린 기초 위에서 진나라는 천하를 통일할 힘을 길렀다. 시황제에 의한 진나라의 천하 평정은 상앙의 죽음보다 170년 뒤의 일이었다.

신불해의 제왕학

진에 이어서 왕호를 칭하기 시작한 한(韓)나라는 칠웅 중에서도 가장 약한 나라였다. 인구도 적었으며 이렇다 할 산업도 없었다. 산이 많고 평지는 적으며 위(魏)나라와 진(秦)나라 같은 강국과 국경을 접하고 있었기 때문에 전쟁이 끊이지 않아 국도도 평양(平陽), 신정(新鄭), 양적(陽翟)으로 거듭 옮겨야 했다.

한나라는 신불해(申不害)가 재상으로 있던 15년 동안 가장 강성했다. 신불해는 상앙과 거의 같은 시기의 사람인데, '신상(申商)'이라고 함께 불릴 정도의 인물이었다. 두 사람 모두가 형명학(刑名學)을 공부한 법가였지만, 사마천은 신불해의 학문을 황제(黃帝)와 노자에게서 온 것이라 보고 그를 노자, 장자, 한비자와 같은 항에 기록했다.

신불해는 『신자(申子)』 2편의 저서가 있었다고 『사기』에 기록되어 있지만 일찍 유실되어 버린 듯하다. 그렇기 때문에 『전국책』이나 『한비자』 등의 기술을 통해서 신불해의 윤곽을 더듬어 볼 수밖에 없다.

'신상'이라고 나란히 불리고 있지만, 상앙은 법치주의자로 법률을 특히 중시한 데 비해서, 신불해의 학문은 제왕학(帝王學)이라 부를 수 있을 만했다. 제왕학이란 군주 한 사람만의 학문이어야 할 터인데, 그것을 신하가 배웠다는 점에 문제가 있었다. 법률지상주의자였던 상앙은 법률을 강하게 밀어붙이며 엄연한 자세를 취했다는 느낌이 든다. 신불해는 군주를 지나치게 의식해서 언제나 군주의 눈치를 살피고 있었다는 느낌이 든다. 신불해가 언제나 임기응변에 능했던 것은 군주의 의향에 따라서 자신을 바꿔야 했기 때문이다. 사마천은 그를 '비비(卑卑)'라고 형용했다. 학문이 알기 쉽고 비근(卑近)했다는 말일 것이다. 곽말약은 신불해의 성격이 비열했다고 해석했다.

자신의 원칙을 세우지 않고 군주의 의향에 따를 뿐이었다고는 하지만, 재임 중에 한나라 소후(昭侯)의 재상으로 그 임무를 다했다. 내정, 외교 모든 면에서 실수가 없었으며 전국 시대의 한나라는 신불해를 제외하면 아무런 인상도 남지 않는 나라가 되어 버리니, 이 사람은 역시 평범한 인물이 아니었다. 신불해는 상앙보다 1년 뒤에 숨을 거두었다.

한나라가 인상적이지 못한 나라였던 데 비해서, 같은 삼진 중 하나였던 조(趙)나라는 매우 개성적인 나라였다고 할 수 있다. 삼진 가운데서도 북쪽에 위치해 있었기에 북방 각 민족들과의 교섭이 적지 않았던 것이 조나라를 특이한 풍격을 가진 나라로 만들었다고 생각된다. 국도는 진양〔晉陽, 산서성 태원(太原)〕에서 한단(邯鄲, 하북성 남부)으로 옮겨졌다. 조나라는 남쪽에 위(魏)나라와 제(齊)나라라는 강국이 있었기에 북방지향적인 나라가 된 듯하다. 중산국(中山國)이라는 적(狄)의 나라가 국도에서 그다지 멀지 않은 곳에 있었으며, 북쪽에 흉노, 누번(樓煩), 임호(林胡) 등과 같은 사나운 부족이 있었다. 조나라는 개척과 이민에 의한 북진정책을 취하려 했다.

소공석(召公奭)을 원조(遠祖)로 하는 연(燕)나라는 계(薊, 지금의 북경)에 국도를 두었다. 중원에서 멀리 떨어져 있었기에 중원 제국의 전란에 휩쓸리지는 않았지만, 산융(山戎) 등과 같은 새외부족(塞外部族)의 침공이라는 다른 고민거리가 있었다.

춘추전국을 통틀어서 연나라는 중앙 무대에 그다지 등장하지 않는다. 『사기』의 연표를 보면 기원전 536년에,

제나라가 우리를 쳤다.

라고 기록되어 있으며 이듬해에,

　　혜공(惠公)이 돌아와 죽었다.

는 기록이 있을 뿐, 즉위 연도와 숫자만이 160여 년 동안 계속되고 있
을 뿐이다. 세상은 춘추에서 전국으로 넘어갔는데도 연나라에서는 1세
기 반이라는 기간 동안 연표에 기록될 만한 일이 아무것도 일어나지 않
았을까? 어떤 사건이 일어나도 산융 등의 비중원 부족이 연과 중원과의
교통을 가로막고 있었기 때문에 그것이 전해지지 않았을 뿐이라는 설이
있다.

　　『사기』의 연표 중 기원전 373년에 해당하는 항목에,

　　제나라를 임고(林孤)에서 격파했다.

는 기사가 162년 만에 등장한다.

　　남방의 초(楚)나라는 대국이었다. 춘추 시대에는 북쪽의 진(晉)나라에
대해서 남쪽의 초나라의 존재가 컸기 때문에 중원 제국은 초의 북진을
우려하여 연합작전을 펼치곤 했다.

　　춘추 시대의 강자였던 초나라는 전국 시대에 들어서면서 판도를 더
욱 넓혔다. 월(越)나라를 멸망시켜 예전에 오월의 땅이었던 곳을 전부 합
병했다. 그리고 운남(雲南)으로도 군대를 보내서 세력권으로 삼았다. 국토

의 넓이만을 놓고 보자면 나머지 여섯 대국을 합친 면적에 상당할지도 모를 정도였다.

그럼에도 불구하고 전국 시대의 초나라는 어딘가 기운이 떨어진 것 같다는 느낌이 든다.

영토가 급속하게 넓어져서 국내 정비에 힘을 기울일 수밖에 없었기 때문에 국제무대에서의 활약에 할애할 여력이 없었는지도 모른다.

어쩌면 국내적으로 통합을 이루지 못했다는 것도 원인 중 하나였을 가능성이 있다. 이는 앞에서 말한 영토의 급속한 확장도 있었겠지만, 초나라 사람들이 가지고 있는 과격한 성격도 그 원인 중 하나였다고 생각할 수 있다. 격한 성격이 반드시 마이너스가 되는 것만은 아니다. 정열적이라는 뜻이니 그 에너지를 잘만 활용하면 훌륭하고 건설적인 사업을 이룰 수 있을 것이다. 그러나 그 정열을 내분에 쏟아 붓게 된다면 타협을 싫어하는 만큼 헤어나기 어려운 상황에 빠지게 된다.

다음으로 초나라에게 있어서 중요한 시기에 암군이 등장했다는 불행도 있었다.

초나라에 대해서는 후에 굴원(屈原)을 이야기하면서 자세히 살펴보기로 하자.

제나라와 위(魏)나라에 대해서는 앞에서 이야기했으니, 이로써 전국칠웅에 대해서 대략 살펴본 셈이 된다. 이류 국가로 전락한 노, 송, 위(衛)나라에 대해서는 특별히 거론할 만한 것이 없다. 여기서 중산국이라는 특이한 나라에 대해서 약간 언급하도록 하겠다.

중산이라는 국호부터가 특이하다. 전국칠웅만 해도 진, 초, 위, 조, 한, 제, 연처럼 국호는 모두가 한 글자였다. 중원 사람들의 머리에 두 글자

국호는 비중원이라는 의식이 있었다. 당시의 북방 새외민족은 흉노, 누번, 임호, 월지(月氏) 등 대부분 두 글자였다. 단음절 한어계(漢語系) 언어를 사용하지 않는 민족의 이름을 음역하면 대부분 두 글자가 된다. 조선(朝鮮), 몽고(蒙古), 선비(鮮卑), 철륵(鐵勒) 등도 그렇다. 후한에서부터 위진남북조(魏晋南北朝)기에 걸쳐서 일본이 '왜(倭)'라는 국호로 사절을 보냈을 때, 중국 쪽에서는 약간 기이하게 느꼈을지도 모른다. 아스카 시대의 쇼도쿠 태자(聖德太子, 574~622)가 국서에 '일본'이라는 국호를 사용하기 시작하면서부터 비로소 납득하지 않았을까?

중산은 그 국호에서도 알 수 있는 것처럼 비중원 부족 국가였다. 비중원이라고 하면 국경 밖인 새외에 있을 것이라는 선입관이 있지만, 중산국은 조나라와 연나라 사이에 있었는데 지금의 하북성의 보정(保定)과 석가장(石家莊) 일대를 영토로 삼고 있었다. 중원국가의 바깥이 아니라 그 안에 끼어 있는 나라였다.

『사기』에 가끔 국명이 등장하지만 자세한 내용은 알 수 없다. 「조세가(趙世家)」 가운데 헌후(獻侯) 10년(기원전 414)에 있는 '중산 무공(武公)이 처음으로 즉위했다'라는 기술이 처음으로 나온다. 이를 주석한 당나라 시대의 『사기색은』에는,

생각건대, 중산은 예전의 선우국(鮮虞國)으로 희성(姬姓)이다. 『계본(系本)』에서 말하기를, "중산 무공은 고(顧, 지명)에 있었으며, 환공(桓公)은 영수(靈壽)에 있었는데, 조(趙)나라의 무령왕(武靈王)이 멸망시켰다. 누구의 자손인지 말하지 않았다"라고 했다. 서공(徐公, 서광(徐廣))은 서주(西周) 환공(桓公)의 아들이라고 말했지만, 역시 근거가

될 만한 것이 없다. 아직도 그 사실을 잘 알 수가 없을 뿐이다.

라고 기록되어 있다. 주와 같은 희성을 쓰는 나라라고는 하지만, '누구의 자손인지를 말하지 않았다'고 하니 출신은 분명치가 않다. 나라를 세웠을 때 주권자의 권위를 높이기 위해서 가능한 한 훌륭한 조상을 들이댄 것이리라.

중산국은 건국 5년 만에 위(魏)나라에 의해 멸망되었으며, 위는 황족을 중산군(中山君)에 봉했다. 그런데 환공(桓公)이라는 인물이 중산국을 부흥시켰다.

1974년 11월, 하북성 평산현(平山縣)에서 중산국의 왕릉이 발굴되었다. 출토된 동원호(銅圓壺), 철족대동정(鐵足大銅鼎), 동방호(銅方壺) 등에 긴 명문이 있어서, 그것으로 피장자가 중산국을 부흥시킨 환공의 손자 석(響)이라는 사실을 알게 되었다. 출토문물에 중원문화의 풍격이 있기는 하지만, 북방민족의 특색도 분명히 찾아볼 수 있다고 보고되었다.

앞으로 연구를 통해 많은 사실들이 판명되겠지만, 비중원 민족도 문화적으로 상당히 중원화했음을 보여 주는 일례라 할 수 있다. 틀림없이 이것은 일례에 지나지 않으며, 규모의 크고 작음이야 어찌 됐든 중국 각지에 비슷한 경우가 많았을 것이다.

맹요를 총애한 무령왕의 비극

중국문화의 형성을 이야기할 때면 이처럼 주변 민족의 중원화라는 면만을 들어서 이야기하는 경향이 있다. 그러나 그 반대의 경우도 적지 않았다. 중원 사람들도 주변 민족들의 뛰어난 점을 흡수했다.

자신들도 모르는 사이에 서민들의 생활 속에서 문화교류가 이루어져 그것이 뿌리를 내린 경우가 많았는데 커다란 저항 없이 이루어졌을 것이다. 그러나 3대에 걸친 성천자 시절을 거쳐서 유가의 화이사상(華夷思想, 화적을 멸시하는 중화사상)이 강화되면서 이적의 문화를 정식으로 받아들이는 것에 적지 않은 저항이 있었다는 점은 상상해 볼 수 있다. 유명한 조나라 무령왕의 '호복기사(胡服騎射)'가 그 좋은 예일 것이다.

앞에서 이야기했듯이 조나라는 북방지향의 나라였다. 북방민족과의 접촉이 많았기 때문에 그들의 장점도 잘 알고 있었다. 조나라의 세력을 신장시키기 위해 북방민족의 뛰어난 점을 도입하려 했다는 것은 당연한 일이다. 특히 영명한 군주가 나타나면 그것을 적극적으로 추진하려 했을 것이다.

조나라의 무령왕은 숙후(肅侯)의 아들로 기원전 326년에 즉위했다. 진(秦)나라의 혜문왕(惠文王) 말년으로 한(韓)나라와 연나라가 진(秦)나라에 이어서 각각 왕을 칭하기 시작했을 무렵이다. 그러나 무령왕은 그와 같은 유행에 따르지 않았다.

그 실(實)은 없다. 굳이 그 이름에 있지 않다.

라고 말했다고 전해지고 있다. 왕이라 칭해도 그 이름에 '실(實)'이 수반되어 있지 않으면 무의미하다. 그처럼 헛된 이름뿐인 것은 필요 없다고 큰소리를 친 것인데, 하나의 식견(識見)이라고 할 수 있다. 그리고 국인(國人)들에게는 그저 '군(君)'이라 부르도록 했다. 그를 무령왕이라고 부르는 것은 이른바 추칭(追稱)이다.

이 일화에서도 알 수 있듯이 그는 실질을 중히 여기고 이름에 연연하지 않는 인물이었다. 그는 북방민족의 전법이 뛰어나다는 점을 높이 평가했다. 틀림없이 스키타이족에게서 전해진 것일 테지만 그들은 말을 탔다. 중원의 전투에서도 말은 중요한 역할을 했는데, 그것은 전차를 끄는 힘으로 이용되었다. 전사를 태운 수레를 끌기는 했지만 전사를 직접 등에 태우지는 않았다. 그런데 북방민족은 말에 올라앉았다. 말할 나위도 없이 그러는 편이 기동력에서 훨씬 더 앞섰다. 북방민족과의 접촉 가운데는 당연히 군사적인 접촉도 있었다. 전투 경험을 통해 그 강함을 알게 된 무령왕은 상대방의 뛰어난 점, 즉 '기마술'을 도입하려 했다. 초원을 질주하는 그들 기마민족은 말에 탄 채로 활을 쏘았다. 아마도 조나라 군대는 전장에서 수없이 쓴맛을 보아야 했을 것이다.

기마만을 채용할 수는 없는 일이었다. 기술은 생활을 배경으로 하고 있다. 중원 사람인 조나라의 군인이 그렇게 간단히 말을 탈 수 있을 리 없다. 첫 번째로 복장을 개량하지 않으면 안 된다. 중원 사람의 전통적인 복장은 긴 두루마기처럼 생긴 옷을 입은 다음 끈으로 묶고 속옷은 입지 않은 듯했다. 아랫도리를 입지 않은 상태에서 말에 타기는 어렵다. 북방의 기마민족은 바지를 입고 있었으므로 말을 타기에 편리했다. 그러나 자부심 강한 중원 사람들은 그들의 복장을 '호복(胡服)'이라 부르며 야만시했다.

이름보다는 실질을 택한 무령왕은 강국이 되기 위해서 기마전법을 채용할 수밖에 없었으며, 그를 위해서는 호복으로 개량하지 않을 수 없다고 생각했다. 여기에는 특히 귀족들의 거센 반발이 있었다. 무령왕은 끈질기게 그들을 설득했다. 그 과정은 『사기』에 자세히 기록되어 있다. 오늘날 우리들의 입장에서 보자면 겨우 복장을 바꾸는 정도의 문제 가지고 그렇게 소란을 피울 필요가 있을까 이상하게 여겨질 정도였다.

진(秦)나라에서 이런 일이 있었다면 문제는 간단했을 것이다. 그들의 전체주의적인 방법으로 '법'을 만들어서 위에서부터 강제하면 그것으로 끝이었을 테니. 그러나 조나라는 삼진 중 한 나라로 오래된 나라였다. 옛 제도를 그렇게 간단하게 바꿀 수는 없었다.

옛날에 순(舜)은 유묘(有苗)에서 춤췄고, 우(禹)는 나국(裸國)에서 웃통을 벗었다.

무령왕은 이런 고사까지 인용을 했다. 고대의 성왕인 순은 묘족(苗族, 유묘)을 정복할 때 묘(苗) 사람들과 함께 춤을 춰서 인심을 얻었다고 한다. 성왕인 우는 벌거벗는 풍습이 있는 지방으로 갔을 때 자신도 윗도리를 벗었다고 한다. 무령왕은 중산을 정복하여 북방의 기마민족을 지배하기 바라고 있기 때문에 고대 성왕들처럼 상대방의 풍습을 도입하려는 것이라는 논법을 썼다. 이렇게 해서 간신히 호복의 풍습을 국인들 사이에 퍼지게 하여 무적의 기사(騎射) 부대를 만드는 데 성공했다.

무령왕은 북방을 침략하여 다스린 뒤 진(秦)나라로 공격해 들어가겠다는 원대한 계획을 품고 있었다. 그것의 실현을 위해서 자유롭게 행동할 수 있는 입장에 서야겠다고 생각하고, 왕위를 아들인 하(何)에게 물려주었다. 그가 바로 혜문왕이었고, 퇴위한 무령왕은 주부(主父, 주군의 아버지)라 불렸다.

이와 같은 경력에서도 알 수 있듯이 무령왕은 파격적인 인물이었다. 중산을 합병하고 북방을 공격한 조나라의 약진은 눈부셨다. 무령왕이 조금 더 오래 살았다면 진나라의 시황제 이전에 그가 천하를 통일했을지도 모른다.

그러나 무령왕은 불행한 최후를 맞이했다. 그 경위는 다음과 같다.

무령왕은 어느 날 처녀가 거문고를 타며 노래하는 꿈을 꿨다.

미인은 형형(熒熒, 빛나는 모습)하고,

얼굴은 능소화가 핀 것 같네.

명(命)이로구나, 명이로구나.

일찍이 나를 아름답다고 한 이 없네.

나는 꽃처럼 아름다운데 아름답다고 칭찬해 준 사람이 아무도 없으니, 이것도 운명으로 받아들일 수밖에 없다…….

무령왕은 기회가 있을 때마다 이 꿈에 대해서 이야기했다. 어쩌면 이는 가신들에게 내린 '숨어 있는 미인이 없을까? 찾아 데려오기 바란다'는 은밀한 명령이었을지도 모른다. 이 이야기를 들은 오광(吳廣)이라는 사람이 자신의 딸인 맹요(孟姚)를 왕의 후궁으로 들였다. 절세미인으로 그녀가 바로 혜문왕(하(何))의 어머니였다.

조나라의 태자는 공자 장(章)이었는데, 하가 태어나자 무령왕이 그를 폐하고 하를 태자로 세웠다. 무령왕이 퇴위하고 그 뒤를 이어 즉위한 혜문왕 하는 아직 어린아이였다. 그 후에 총애하던 맹요가 죽자, 무령왕은 일단 폐했던 공자 장을 가엾이 여기게 되었다. 언젠가는 나라를 둘로 나누어 공자 장을 북방인 대(代)의 왕으로 삼을 생각이었다. 그러나 공자 장은 그런 사정을 모르고 있었다. 참을 수 없었으므로 군대를 일으켰는데, 이를 공자 성(成)이 진압하는 사건이 일어났다. 공자 성은 무령왕의 숙부로 '호복기사'에 가장 반대한 인물이다.

패해 달아난 공자 장은 아마도 부상을 입었던 듯하다. 아버지의 궁전으로 도망쳐 들어갔다. 아버지 무령왕은 이미 퇴위하여 주부라 불리고 있었는데, 아들을 위해서 문을 열어 받아들였다. 토벌군이 주부의 궁전을 포위하는 사태가 벌어지고 말았다.

공자 장은 주부의 궁전에서 죽었다. 이에 토벌군의 입장이 복잡해지고 말았다. 공자 장은 이복동생인 혜문왕에 대해서 반란을 일으켰으니, 공자 성이 그를 토벌하는 것은 당연한 행동이었다. 그러나 주부가 있는 궁전을 포위했다. 공자 성은 왕족의 장로이기 때문에 주부가 공자 장에 대한 애정을 계속 품고 있었다는 사실을 알고 있었다. 사랑했기 때문에 패해 도망친 공자 장을 받아들였다. 공자 장이 죽었다고 해서 포위를 풀면 어떻게 되겠는가? 자신을 포위하고 공격했다는 점을 들어 무령왕이 공자 성과 그 일당을 주살할 것이 틀림없었다.

공자 성은 그대로 계속해서 포위를 풀지 않았다. 식량이 떨어져 참새의 새끼까지 먹다가 3개월 뒤에 주부는 사구궁(沙丘宮)에서 굶어 죽었다.

호복기사 결성을 다짐했다는 데서도 알 수 있듯이, 조나라의 무령왕은 과감한 행동을 하는 인물이었다. 강한 결단력을 가진 독재자였다. 공자 성이 계속 포위할 수밖에 없었던 마음을 알 수 있다. 국정에 대해서는 훌륭한 결단력을 보여 줬지만, 가정의 일에서는 그렇게 하지 못했다. 사마천은,

원래의 태자(공자 장)를 불쌍히 여겨 둘 모두(태자 하와 공자 장)를

왕으로 삼으려 미루며 아직 결정을 내리지 못했다. 이에 난이 일어나 부자가 함께 죽어 천하의 웃음거리가 되었다. 어찌 가슴 아픈 일이 아니겠는가.

라고 평했다.

무령왕은 감정의 기복이 격한 사람이었던 듯하다. 미인 맹요를 얻자 그녀와 함께 틀어박혀 몇 년 동안이나 조정에 나오지 않았다고 한다. 그만큼 정열적인 사람으로, 말을 타고 활을 쏘는 이른바 '호복기사'를 도입해 조나라 군제의 체질 개선에 성공한 것은 그것의 좋은 면이 나타난 것이다. 그러나 가정에서 애정의 균형을 유지하지 못했다는 데 정열적인 사람의 비극이 있었다. 그의 격렬한 감정의 기복은 왕족과 중신들의 두려움의 대상이었으며, 그것이 그의 목숨을 빼앗는 결과를 낳고 말았다.

그 후 조나라는 염파(廉頗), 인상여(藺相如) 등과 같은 현명하고 재능 있는 사(士)를 배출했기에 무령왕의 죽음이 더욱 안타깝게 여겨진다.

맹상군이 그러모은 변변찮은 식객들

역시 사람의 재능이 중요한 시대였다. 중앙 무대에 나선 적이 없었던 연나라에서도 현명하고 재능 있는 사를 모을 필요가 있다는 사실을 통감하게 되었다. 완충 역할을 해 주던 중산국이 조나라의 무령왕에게 멸망당하자 연나라는 중원에 가까워지게 되었다. 조나라와 진(秦)나라의 세력다툼이 격렬해지자 그 여파가 연나라에까지 그대로 전달되었다.

연나라의 왕 쾌(噲)가 정치를 재상인 자지(子之)에게 일임했기 때문에 국내는 재상파와 태자파로 갈려 항쟁이 거듭되어 수만 명의 사망자가 나오는 소동이 벌어진 적이 있었다. 이때 맹자는 제나라의 빈객이 되어 있었는데, 『사기』나 『전국책』에 따르면, 지금 연을 친다면 주나라의 문왕이나 무왕이 은나라를 치는 것과 마찬가지로 인의(仁義)의 싸움이라며 출병을 권했다고 한다. 『맹자』 「공손추편」에는 여기에 약간은 변명처럼 느껴지는 내용을 덧붙여 놓았다.

　　　　천리(天吏)라면 곧 이를 쳐도 된다.

　맹자는 이러한 조건을 붙여서 말했다. 천리, 즉 하늘의 대리자라면, 이라는 조건이었다. 그러나 제나라는 연나라의 내분을 틈타 연나라를 공격하여 영토를 합병했다. 결과를 놓고 보자면 맹자는 변명을 할 수밖에 없었다.

　제나라의 점령군은 2년 만에 연나라에서 퇴각했다.

　연나라의 왕 쾌는 죽고 재상 자지는 망명하고, 태자인 평(平)이 연나라의 왕이 되었다. 태자파가 승리를 거둔 셈이었다. 태자 평은 곧 연나라의 소왕(昭王)인데 제나라의 침공을,

　　　　선왕의 치욕.

이라 생각했다. 선왕의 치욕을 씻기 위해서는 무엇보다도 먼저 현명하고 능력 있는 사를 불러들여야만 했다. 이에 연나라의 소왕은 자신의 교육을 담당하던 곽외(郭隗)에게,

　　　　선왕의 치욕을 씻기 위해 현능(賢能)한 사(士)를 불러 국사를 함께
　　　하고 싶다. 그와 같은 인물을 만난다면 최고의 대우를 해 주겠다.

고 말하자 곽외는,

> 우선 외(隗, 자신)부터 시작해 주십시오.

라고 대답했다. 우선 자신에게 최고의 대우를 해 주면, 자신보다 뛰어난 인물이 천리 길도 마다 않고 찾아온다는 뜻이었다.

소왕은 그 말대로 곽외를 위해서 커다란 저택을 짓고 최고의 대우를 해 주었다. 곽외 정도의 인물에게 그런 우대를 하다니, 나는 더욱 위다, 라는 자신감을 가진 사람들이 속속 연나라로 모여들었다. 위(魏)나라의 악의(樂毅), 제나라의 추연(鄒衍), 조나라의 극신(劇辛) 등과 같은 인물들이었다.

인재를 얻은 연나라는 과연 황금시대를 맞이하게 되었고 소왕 28년(기원전 284)에 진(秦)나라, 삼진과 연합하여 제나라를 공격해, 임치를 유린하고 선왕의 치욕을 씻었다. 이때 연나라의 상장군(上將軍)은 악의였다.

소왕이 죽자 그의 아들인 혜왕(惠王)은 상장군을 경질했다. 혜왕은 태자 시절부터 악의와 사이가 좋지 않았다. 새로운 상장군은 기겁(騎劫)이었으며, 악의는 조나라로 망명했다. 제나라의 장군 전단(田單)은 곧 병사를 이끌고 가서 연나라 군대를 공격하여, 기겁을 죽이고 연나라에게 빼앗겼던 땅을 전부 되찾았다.

대부분의 나라가 황금시대를 맞이했는가 싶으면 굴러 떨어지고, 굴러 떨어졌는가 싶으면 다시 상승하기를 거듭했다. 시황제가 이끄는 진(秦)나라가 대두하기까지 초대국(超大國)이라 부를 수 있을 만한 강국이 출현하지 않았던 것은 당연했다.

연나라의 경우를 봐도 인재가 얼마나 중요한지를 알 수 있다. 각국의 왕들만이 인재를 모은 것은 아니었다. 귀족들도 자신들의 힘에 따라서 인재를 모으려 했다. 유력한 귀족은 수천 명의 식객을 거느리고 있었다.

'전국사군(戰國四君)'이라 불리는 사람들이 그 대표라고 할 수 있다.

'전국사군' 가운데서도 제나라의 맹상군(孟嘗君)이 가장 유명하다. 제나라 선왕(宣王)의 막내 동생인 전영(田嬰)의 아들로 본명은 전문(田文)이다. 위왕의 손자에 해당하는 셈이다. 식객이 3천 명이라 알려져 그의 명성은 제후들 사이에도 널리 퍼져 있었다.

진(秦)나라의 소왕이 맹상군이 현명하다는 소리를 듣고 재상으로 삼고 싶다며 부른 것은 기원전 299년의 일이었다고 한다. 조나라의 무령왕이 퇴위하고 주부가 되었을 무렵이다. 맹상군은 진(秦)나라로 갔지만, 진나라 소왕의 측근이 '맹상군은 제나라의 왕족이니 진나라의 재상이 되어도 제나라의 국익을 가장 먼저 생각할 것입니다'라고 그의 등용을 말렸다. 현명하고 능력 있는 사(士)는, 등용하지 않을 거면 죽여서 다른 나라에서 쓰지 못하도록 하는 것이 전국 시대의 이기주의였다. 진나라에서는 맹상군을 죽이려 했다.

위기일발이었다. 맹상군은 소왕의 애첩에게 뇌물을 보내 석방 운동을 부탁했다. 그녀가 보수로 요구한 것은 '호백구(狐白裘)'였다. 그것은 여우의 겨드랑이 털 중에서도 하얀 부분만을 모아서 만든 가죽옷으로 한 벌을 만드는 데 여우 천 마리가 필요하다고 해서 천금과 맞먹을 정도로 천하에 비할 데 없는 보물이었다. 맹상군은 그것을 가지고 가기는 했었지만, 이미 진나라의 왕에게 헌상을 하고 난 뒤였다. 일이 난처하게 되었지만, 맹상군의 식객 중에는 구도(狗盜, 개 흉내를 내서 물건을 훔치는 것)의 천재가 있었다. 그가 진나라 궁의 보물창고에서 그것을 훔쳐 냈기 때문에 석방 공작이 성공을 거두었다.

맹상군은 석방되자마자 바로 귀국길에 올랐다. 진나라 소왕의 마음이 언제 변할지 알 수 없었기 때문이었다. 아니나 다를까, 소왕은 맹상군을 석방한 것을 후회하고 서둘러 추적을 명령했다. 맹상군 일행은 한밤중에 함곡관(函谷關)의 국경에 접어들려던 참이었다. 그 무렵에는 추적을 받고 있다는 사실을 알고 있었다. 당시의 관문은 닭이 울 때까지는 열지 않는 것이 규율이었다. 그런데 맹상군의 식객 중에 흉내를 잘 내는 사람이 있어 닭 우는 소리를 냈더니 관문을 지키던 사람이 문을 열어 일행은 무사히 진나라에서 탈출하게 되었다고 한다.

이것이 '계명구도(鷄鳴狗盜)'라는 말의 유래다. 비굴하게 남을 속이는 하찮은 재주를 가진 사람을 가리키는 말이다. 너무 지나치다 싶을 정도로 소설적인 이야기인데, 맹상군의 식객 가운데는 여러 가지 사람이 있었다는 사실을 재미있고 우습게 이야기로 꾸며 넣었을 것이다.

제나라로 돌아간 맹상군은 민왕(湣王) 밑에서 재상이 되었는데, 그의 성망(聲望)을 질투하는 무리들이 있어 신변에 위협을 느끼고는 위(魏)나라로 달아났다. 위나라의 소왕(昭王)은 그를 재상으로 기용했다. 맹상군이 위나라에서 한 일은 진과 조·연나라와 연합하여 고국인 제나라를 친 것이었다. 앞에서도 이야기한 연나라가 장군 악의로 하여금 선왕의 치욕을 씻게 한 것이 바로 이 싸움이다.

패한 민왕은 거(莒)라는 땅으로 달아났으며 거기서 죽었다. 그 후 맹상군은 제후들 사이에서 중립을 지켜, 소국의 주인과도 같은 존재가 되었다.

맹상군의 사적을 읽어 보면, 내게는 이해할 수 없는 부분이 상당히 많다. 우선은 제나라 왕의 사촌형제인 맹상군이 어떻게 진나라와 위나라의 재상이 될 수 있었을까 하는 의문이다. 진나라에서는 죽을 뻔하기도 했는데, 맹상군 정도의 인물이 어째서 미리 깨닫지 못했는가 하는 의문도 있다.

역시 현대인의 감각을 2천수백 년 전인 전국 시대에 적용해서는 안 된다. 춘추 시대 때부터 그랬지만 후계자 쟁탈전에 휩싸이거나, 아니면 휩싸일까 두려워서 각국을 유랑하는 귀공자는 적잖이 있었다. 진(晉)나라의 문공처럼 개선하여 고국에서 즉위한 경우는 극히 드물었다. 유랑하는 귀족이나 그의 측근 중에는 현명하고 능력 있는 자가 적지 않았다. 빈궁한 그들이 다른 나라에서 벼슬을 한다고 해서 비난할 사람은 아무도 없을 것이다.

주(周)의 왕실은 완전히 이름뿐인 존재가 되어 버렸지만, 500여 년 동안의 분열시대에도 천하는 하나라는 의식이 사람들의 마음에서 지워진 적이 없었다. 제나라의 왕족이 진(秦)나라나 위나라에 들어가 재상이 됐다 해도 그다지 거부감은 느껴지지 않았던 듯하다.

진나라의 소왕이 맹상군을 불렀을 때는 자신의 동생인 경양군(涇陽君)을 인질로 제나라에 보냈다. 진나라의 왕이 맹상군을 죽이려 했을 때는 국익을 위해서 동생의 목숨을 희생하겠다고 각오했을 것이다.

맹상군이 인재를 모았다고 하는데 아무래도 계명구도 정도의 인물들뿐이었던 듯하다. 최고의 인물들은 직하로 모여들었기 때문에 거기에서 탈락한 사람들밖에 얻지 못했을 것이다. 1백수십 년 뒤에 맹상군이 봉해졌던 설(薛)이라는 땅을 찾은 사마천은 그 지방에 난폭하고 흉악한 젊은 이들이 많다고 『사기』에 남기고 있다. 맹상군이 끌어모은 식객의 자손들인 것 같다는 것이다.

조나라의 평원군(平原君)은 본명이 조승(趙勝)으로 혜문왕의 동생이었다. 어머니가 앞에서 말한 미인 맹요였는지는 잘 알 수 없다. 왕의 동생으로 그리고 숙부로서 조나라 혜문왕과 효성왕(孝成王)의 재상이 되었는데, 세 번이나 자리에서 물러났다가 세 번이나 부활했다고 하니 틀림없이 평탄한 인생은 아니었을 것이다. 그러나 초지일관 고국에서만 벼슬을 했으니 맹상군보다는 훨씬 깔끔했다고 할 수 있다.

진나라 소왕 50년(기원전 257), 진나라 군대가 조나라 깊숙이까지 침공하여 국도인 한단을 포위했다. 이때 평원군은 구원을 요청하기 위해 초나라로 들어갔는데, 그의 식객인 모수(毛遂)가 검 쪽으로 손을 가져가며 초나라의 고열왕(考烈王)을 협박하여 파병을 약속받았다. 평원군에게도 주로 임협(任俠, 협객)들이 모여들었던 듯하다. 그러나 백마비마설을 주장한 공손룡도 평원군에게 좋은 대접을 받았다고 하므로 반드시 협객이나 무뢰한들만은 아니었을 것이다.

이때 초나라에서 구원을 위해 파병한 군대를 지휘한 것이 역시 전국 사군 가운데 한 사람인 춘신군(春申君)이었다. 다른 세 군(君)이 자기 나라의 왕족이었던 데 비해서 춘신군만은 그렇지가 않았다. 성은 황(黃), 이름은 알(歇)인데, 초나라의 태자와 함께 진(秦)나라에 인질로 억류되어 있었을 때 계략을 써서 태자를 탈출시켰다. 그는 진나라에서 죽을 생각이었지만, 진나라의 응후(應侯)가 주군을 위해 순직하려 하는 충신을 죽여서는 안 된다고 소왕에게 진언하여 목숨을 건질 수 있었다. 당시의 태자가 즉위하여 고열왕이 되었고, 당연히 황알은 중용되었으며 강동(江東)에 봉해졌다.

상해(上海)는 다른 이름으로 신강(申江)이라고도 하는데, 이는 지금의 황포강(黃浦江)의 옛 이름이 춘신강(春申江)이었기 때문이다. 황알은 이 지방에 봉해졌으며 춘신군이라 불렸다. 식객은 3천이었으며 그 권세는 초나라 왕을 능가했다고 한다. 성악설을 주장한 순자는 제나라의 직하를 떠난 뒤 이 춘신군에게 몸을 맡겼다. 담력도 있고 문화에도 깊은 이해를 가진 인물이었지만 복잡한 사정이 있어서 이원(李園)이라는 사람에게 모살당했다.

한단 포위전에 구원군을 보낸 것은 초나라뿐만이 아니었다. 위나라에서도 10만이라는 대군을 보냈다. 그러나 이것은 위나라 안리왕(安釐王)의 동생인 위무기(魏無忌)가 멋대로 군대를 움직인 것이었다. 위나라 왕은 조나라를 구원하는 데 찬성하지 않았다. 국군을 움직이는 데는 '호부(虎符)'라는 부절(符節)이 필요했다. 동으로 호랑이 모양을 본떠 만든 부절을 두 개로 나누어 오른쪽은 국도에서 보관했으며 왼쪽은 현지의 사령관이 가지고 있었다. 위무기는 호부를 보관하고 있던 장군을 죽이고 국군을 동원했다.

이 위무기가 바로 신릉군(信陵君)이라 불리는 인물이다. 신릉군의 누나가 평원군의 부인이었기 때문에 무슨 일이 있어도 도움을 주고 싶었던 것이리라. 그러나 왕의 뜻과는 상관없이 제멋대로 국군을 움직였기 때문에 한단 구원이 성공을 거둔 뒤에도 10년 동안이나 귀국을 하지 못했다.

진나라가 위나라를 공격한다는 정보를 듣고 신릉군은 애국심에 불타올라 서둘러 귀국해, 오국(五國)의 병사를 이끌고 진나라 군대를 하외(河外)에서 격퇴했다. 기원전 247년의 일이었다. 안리왕도 울며 신릉군을 용서했다.

위나라에 신릉군이 있는 한, 진나라는 함곡관 동쪽으로 진출할 수가 없었다. 이에 진나라는 모략작전을 써서, 신릉군이 왕위를 노리고 있다는 유언비어를 흘렸다. 진나라는 이 공작을 위해서 황금 1만 근을 썼다고 한다. 안리왕도 점점 의심을 품게 되어 결국에는 신릉군의 병권을 빼앗아 버렸다. 신릉군은 울분을 참지 못하고 술에 절어 살다가 4년 뒤에 세상을 떠났다. 안리왕도 같은 해에 세상을 떠났는데, 그것을 계기로 진나라의 대군이 밀물처럼 함곡관을 넘어 위나라를 공격했다.

전국사군에게서는 '협(俠)'의 냄새가 진하게 풍긴다. 임협은 미묘한 차이로 난폭함이 되기도 하고 무뢰함이 되기도 한다. 맹상군이 '계명구도' 무리들의 도움으로 진나라에서 탈출하여 돌아가던 도중, 조나라의 평원군에게 들렀을 때 길가에 있던 사람이 "뭐야, 소인배잖아"라고 말하자, 화를 내며 주위에 있던 수백 명을 죽이고 한 현(縣)을 쑥대밭으로 만들어 놓았다는 이야기가 전해진다. 이것은 폭력집단 외에 아무것도 아니다.

왕의 밑에 있었던 사군은 행동대원이나 자객 같은 사람들을 데리고 있으면서 왕의 이름으로는 할 수 없는 일들을 했다. 왕의 별동대 같기도 하고, 때로는 그 세력에서는 왕을 능가한 것이 아닌가 여겨지는 경우도 있었다.

전국 시대가 조금만 더 오래 지속되었다면 전국사군과 같은 세력들이 제후의 나라들을 빼앗았을지도 모른다.

촉과 초

'명주론'과 토촉론'

전쟁, 외교, 정치, 제자백가의 사상 등에 관한 전국 시대의 기록은 적지 않다. 그러나 서민들의 생활 자체를 직접 다룬 기록은 극히 드물다. 전국 시대의 농민은 삼대(三代, 하·은·주)부터 춘추에 이르기까지 변함없이 밭을 갈아 왔다. 그렇다고 해서 그들에게 아무런 변화도 없었던 것은 아니다. 농기구가 개량되었고 철제가 보급되었으며 관개공사가 진행되어 경작할 수 있는 땅이 넓어졌다.

제후는 주 왕실로부터 영지를 받고 농민이 그것을 경작하는 형식에도 변화가 일어났다. 경작 가능한 땅이 넓어지면서 제후의 유력한 신하가 새로운 개간지의 영주가 되는 현상이 나타나기 시작했다는 사실은 앞에서 이야기했다. 그러나 그와 같은 제후 밑의 영주라는 형태도 안정적인 것은 아니었다. 군주 독재를 실행하려는 제후에게 있어서 자립성이 강한 영주의 존재는 걸림돌이었다.

상앙의 개혁으로 진나라에서는 영주를 유명무실한 것으로 만들었다. 영주는 영지를 통치할 수 없었다. 진나라의 궁정에서 파견된 지사가 그 지방을 실질적으로 지배했다. 영주는 영지에서 나오는 연공만을 받을 뿐인 존재로 바뀌었다. 영주는 지주가 되어 버린 것이다.

이 개혁이 진나라를 강국으로 만들었다. 중앙의 뜻이 영토 구석구석까지 직접 전달되었다. 군대의 동원이라는 점 하나만 놓고 보더라도 이것은 매우 능률적인 체제였다.

다음으로 파촉(巴蜀, 오늘날 사천성)을 개발했다는 사실이 진나라의 힘을 더욱 강하게 해 주었다. 사천은 '천부(天府)'라 불릴 정도로 비옥한 토지다.

파(巴)와 촉(蜀)은 모두 고대의 부족 이름이다. 지금도 그렇지만 사천에는 두 개의 중심도시가 있었다. 성도(成都)와 중경(重慶)이다. 촉족(蜀族)은 성도를 중심으로 파족(巴族)은 중경을 중심으로 각각 정권을 이루고 있었다.

후한(後漢)의 허신(許愼)이 지은 『설문해자(說文解字)』는 서기 100년에 완성된 문자 연구서인데 거기에 '파(巴)'에 대해서,

　　파는 훼(虫, 벌레, 살무사)이다. 또는 식상사(食象蛇)라고 한다.

라고 설명하고 있다. 『산해경(山海經)』에 파국(巴國)에는 머리가 파란 검은 뱀이 있는데 코끼리를 먹는다는 기록이 있는 것을 보면 이를 바탕으로 해서 기술한 것인 듯하다. 어쨌든 파가 훼(虫), 즉 뱀을 나타내는 것이라는 사실에는 거의 틀림이 없을 것이다. 뱀을 토템으로 하던 부족이었을 것이라 추측된다.

'촉(蜀)'은 글자 속에 이미 훼(虫)라는 글자가 포함되어 있다. 그런데 『설

문해자』에서는 이를 누에(蠶)라고 했다. 이것이 정확한지 어떤지는 모르겠지만 성도는 예로부터 명주의 산지였다. 특히 비단이 유명해서 그곳을 흐르는 강은 금강(錦江)이라 불릴 정도다.

진나라에 의해서 사천이 개발되었다고 했지만, 이는 이전까지 사천이 미개한 만지(蠻地)였다는 뜻은 아니다. 오래전부터 상당한 문명을 가지고 있던 지방이었다. 주나라의 무왕(武王)이 은나라를 칠 때도 사천의 부족이 참가했다고 전해지고 있는 것을 보면, 중원과 교섭이 전혀 없었던 것은 아니다.

촉은 국력이 강성했을 때 장강을 따라 내려가서 초나라를 공격한 일조차 있었다. 『사기』 「초세가(楚世家)」에 '숙왕(肅王) 4년(기원전 377), 촉이 초를 쳐서 자방(茲方)을 취했다'는 기록이 있다. 자방은 초나라 서쪽 변방의 지명이다. 그 때문에 초나라는 한관(扞關)을 쌓아 방어했다. 변경의 영토라고는 하지만, 그것을 빼앗았으니 촉은 결코 약소국이라 할 수 없다. 지금의 행정구역으로 보자면 자방과 한관 모두 호북성에 속한다. 자방에 대해서는 여러 가지 설이 있지만 지금의 송자현(松滋縣)이라는 설이 가장 유력하다. 송자현은 의창시(宜昌市)보다 동쪽이니 상당히 깊숙이까지 들어갔다는 얘기가 된다.

촉에서 초나라를 침입했다고 하면 우리는 장강을 따라가는 길을 바로 떠올린다. 삼협(三峽)을 지나서 사천에서 호북으로 들어갔을 것이라 생각하기 쉽지만, 당시 촉의 군대는 청강(清江)을 따라간 듯하다. 청강(清江)은 의창의 하류인 의도에서 장강과 합류하는 하천인데, 당시는 이쪽이 지름길이었다는 설이 있다.

『삼국지』에서는 유비(劉備)가 촉으로 들어가는 것을 마치 별천지를 개

척하기라도 하는 것과 같은 느낌으로 기술했다. 적어도 읽는 사람들은 그런 느낌을 갖게 되는데, 실제로는 장강 이외에도 초나라로 통하는 루트가 있었다. 촉은 결코 고립된 지역이 아니었다.

진나라에서 상앙의 시체가 수레에 묶여 찢긴 이듬해, 즉 혜문군 원년 (기원전 337)에 촉이 내조(來朝)했다는 사실이 기록되어 있다. 새로운 임금의 즉위에 경의를 표하기 위해서 사자가 파견되었을 것이다. 같은 해에 초, 한(韓), 조 각국에서도 사절을 보냈다. 축하를 위한 사자를 보냈다는 것은 이 무렵 진나라와 촉 사이의 왕래가 빈번했다는 증거이다.

촉은 초나라뿐만 아니라 진나라와의 교통도 열려 있었다. 분명 그 길들은 평탄하지 않았다. 험난하기는 했지만 인간이 지나지 못할 길은 아니었다. 『삼국지』나 후세 시인들의 작품이 촉에 고독하다는 인상을 주었을 것이다. 예를 들어서 이백(李白)은 그 특유의 분출하는 듯한 정열을 그대로 쏟아부어 촉도(蜀道)의 험난함에 대한 격정적인 시를 지었는데, 그것이 사람들에게 애송되어 왔다.

> 아아, 위태롭구나, 높기도 하구나.
> 촉도의 험난함은 푸른 하늘에 오르기보다 어렵구나.
> 잠총(蠶叢)과 어부(魚鳧)(모두 고대의 촉왕(蜀王))가
> 개국했으니, 참으로 망연(茫然)하구나.
> 그로부터 사만팔천 세(歲)가 지나,
> 진새(秦塞, 진나라의 국경)와 인연(人煙, 인가의 연기)이 통하였네.
> 서쪽의 태백(太白, 산의 이름)에 이르러 조도(鳥道) 있어,
> 아미(峨眉, 산의 이름)의 정상을 가로지를 수 있구나.

땅이 꺼지고 산이 무너져 장사(壯士)가 죽어,

그런 뒤에야 천제(天梯, 구름다리)와 석잔(石棧, 돌길)이 서로 잇닿았네.

噫吁戲 危乎高哉 蜀道之難難於上青天 蠶叢及魚鳧 開國何茫然

爾來四萬八千歲 始與秦塞通人煙 西當太白有鳥道 可以橫絶峨眉巓

地崩山摧壯士死 然後天梯石棧方鉤連

이것은 이백의 〈촉도난(蜀道難)〉이라는 장시의 첫 부분이다. 8세기에 살았던 이 시인은 촉으로 가는 길이 하늘에 오르기보다 어렵다고 매우 과장스럽게 이야기하고 있다.

한(漢)나라의 양웅(揚雄, 기원전 53~서기 18)은 촉 사람으로 『촉왕본기(蜀王本紀)』라는 저작이 있었지만 그것은 유실되었다. 언제나 그렇듯 다른 책에 인용된 일문(逸文)만이 전해지고 있을 뿐인데, 그 가운데 촉 왕의 이름으로,

잠총(蠶叢), 백확(栢濩), 어부(魚鳧)

가 등장한다.

은나라의 갑골 조각 가운데 촉을 정벌하는 것에 대한 길흉을 점친 것이 있어서 옛날부터 중원과 관계를 맺고 있었다는 사실을 이야기해 준다. 1957년에 사천성 신번수관음(新繁水觀音)에서 발굴된 고분에서 동기류(銅器類)―구리 창, 구리 도끼, 구리 화살촉 등―가 발견되었는데, 그것은 중원에서 출토된 은나라 시대의 동기와 거의 같았다.

『촉왕본기』의 일문에 따르면, 어부 다음에 하늘에서 내려온 두우(杜宇)라는 자가 자립하여 촉 왕이 되어 망제(望帝)라 칭했다고 한다. 이 망

제는 별령(鱉令)이라는 자에게 선양(禪讓)하였으며, 별령은 개명제(開明帝)라 칭했다고 한다.

그 경위는, 망제가 홍수를 다스리지 못했는데, 별령을 재상으로 삼자 수로가 복구되어 백성이 안심하고 살게 되었으므로, 요(堯)가 순(舜)에게 위를 물려준 것처럼 망제도 선양했다는 것이다. 별령이 치수를 위해서 출장을 가 있는 동안 망제는 별령의 아내와 정을 통했기 때문에 자신의 덕이 두텁지 못함을 부끄러이 여겨 나라를 물려주고 떠났다고도 기록되어 있다.

별령은 형(荊, 호북) 사람으로 한 번 죽었으나, 유해가 강을 거슬러 올라 촉에 들어가 환생하여 망제에 의해 등용되었다고 한다.

이 전설에 따르면, 별령은 아마도 호북에서 전쟁에 패한 부족으로 강을 거슬러 올라 도망쳐 촉에서 망제를 섬기다 결국에는 그 자리를 빼앗은 것이라 해석할 수 있다. 별은 자라를 말하는 것이니, 그것을 토템으로 하는 부족으로 물과 깊은 관계가 있었기에 치수에 능했을 것이다.

선양이라는 아름다운 말은 유학이 번성하면서 역사를 미화하여 만들어진 것이라고 생각된다. 민간에서는 다른 전설이 전해져 왔는데, 그 단편이 『태평환우기(太平寰宇記, 10세기의 지리서)』에 수록되어 있다. 그에 따르면, 망제는 도망을 갔다. 그를 수장으로 하는 두우족이 별령족에게 쫓겨났던 게 틀림없다.

> 망제가 스스로 달아나 후에 복위를 꾀했기에 죽지도 못했다. 변해서 견(鵑, 두견이)이 되어 봄이면 밤낮으로 슬피 운다. 촉인(蜀人)들이 이를 듣고 말하기를, 우리 망제의 혼이다, 라고 했다.

두견이는 울 때 빨간 혀를 내밀기 때문에 피를 토하며 우는 것처럼 보인다. 어떤 비극을 가진 새라고 생각되어 이와 같은 전설이 생겨났을 것이다. 이 새가 두견이라 불리는 것은 두우(望帝)가 변한 것이라 전해지고 있기 때문이다. 이 새를 다른 이름으로 '촉혼(蜀魂)'이라 부르는 것도 같은 전설에서 온 것이다.

진나라에 사절을 보내기도 하고 초나라 땅을 침략하기도 했던 전국시대의 촉은 별령족인 개명제의 자손이 정권의 담당자였을 것이다.

4세기에 저술된 『화양국지(華陽國志)』의 「촉지(蜀志)」에 주나라 현왕(顯王) 12년(기원전 347), 진나라 왕이 촉 왕에게 다섯 명의 미인을 보낸 사실이 기록되어 있다. 그들의 호위를 위해서 촉에서는 다섯 장사를 보냈다. 일행이 재동(梓潼)에까지 왔을 때, 커다란 뱀 한 마리가 구멍으로 들어가려 하기에 장사 중 한 명이 그 꼬리를 잡아 끌어내려 했지만 꿈쩍도 하지 않았다. 이에 다섯 명의 장사가 힘을 합쳐 커다란 소리로 외치며 뱀을 끌어내려 했더니, 갑자기 산이 무너져서 다섯 미녀와 다섯 장사가 모두 깔려 죽고 말았다.

이백의 〈촉도난〉의 서두는 이 전설을 언급한 것이다.

촉은 예전에 진나라의 변경과도 왕래가 없었으며, 단지 태백산에 새가 날아다니는 길이 있었을 뿐으로 촉의 아미산 정상까지 옆으로 벗어날 수 있었던 것은 새밖에 없었다는 것이다. 그런데 커다란 뱀 사건이 있고 난 뒤에야 드디어 길이 열려 천제(하늘까지 닿을 듯한 사다리)와 석잔(돌로 만든 다리)이 차례차례로 놓이게 되었다.

물론 이것은 시인이 그린 시의 세계다. 별령족의 후예로 당시의 촉은 치수기술에도 능했던 것이리라. 그러나 종합적인 힘은 진나라에 비해 아직 후진적이었을 것임에 틀림없다. 아마도 진나라는 미녀를 보내는 등 촉과의 우호관계를 유지하다 언젠가는 합병할 생각이었던 듯하다.

앞에서도 이야기한 것처럼 진나라의 혜문군은 즉위 13년 만에 왕을 칭하기로 하고 14년부터 왕의 원년으로 헤아리기 시작했다. 그 혜문왕 9년(기원전 316)에 진나라가 드디어 촉을 쳐서 멸망시켰다.

전체주의 국가체제를 다지려 했던 상앙은 세력이 꺾인 귀족들에게 원한을 사서 살해당하고 말았다. 그러나 진나라의 국가방침은 상앙이 구축한 노선에서 벗어나지 않았다. 그런데 천하를 통일하기 위한 정책에 대해서는 크게 두 가지 의견으로 갈려 논쟁이 벌어졌다.

재상인 장의(張儀)는 '멸주론(滅周論)'을 주장했다.

이에 대해서 장군인 사마착(司馬錯)은 '토촉론(討蜀論)'을 주장했다.

두 사람은 혜문왕 앞에서 각자의 논거를 이야기했다. 우선 장의의 논거를 들어보기로 하자.

두 사람 모두 목적은 같았다. '왕업(王業)', 즉 천하통일이었다.

> 이름을 다투는 자는 조(朝)에서 행하고, 이(利)를 다투는 자는 시(市)에서 행한다.

장의는 이 속담을 인용했다.

명성을 얻으려는 자는 조정을 활동 무대로 삼아야 한다. 커다란 이익을 얻으려는 자는 국도에 있는 시장에서 영리활동을 해야 한다. 지방의회 의원이 되기보다는 국회의원이 되어야 하며 시골에서 잡화점을 운영하기보다는 도회에서 백화점을 경영해야 한다는 지론이다.

촉은 시골이니 그런 곳에 힘을 낭비하는 것은 '왕업에서 멀어지는 길'이라고 단정했다. 역시 중원이 천하의 무대였다. 장의는,

삼천(三川)과 주실(周室)은 천하의 조(朝)이자 시(市)다.

라고 생각했다. 삼천이란 황하와 그 지류인 이수(伊水), 낙수(洛水) 세 강을 포함한 지역을 뜻한다. '중원'과 거의 같은 말이다.

　　당시 한(韓)나라는 진나라의 동쪽 경계를 엿보고 있었다. 그러니 남북에서 한나라를 끼고 있는 초나라, 위나라 양국과 우호관계를 맺어서 한나라를 압박하자는 것이다.

　　한나라는 전국칠웅 중에서도 가장 약한 나라였지만 신불해가 재상의 자리에 있으면서 내정을 정비하여 상당한 힘을 가지고 있었다. 그러나 신불해는 진나라 혜문왕 원년에 이미 세상을 떠난 뒤였다. 게다가 한나라는 주 왕실의 영지를 감싸듯 하고 있는 나라이기도 했다. 주 왕실이 쇠했다고는 하지만, 명목상으로는 천하의 주인이었다. 장의의 목적은 한나라를 공격하고 주나라를 위협하여 주나라의 구정(九鼎)을 차지하자는 데 있었다. 구정이란 대대로 전해 내려오는 나라의 보물을 말한다. 그것을 손에 넣어 천하를 호령하자는 것이니 이는 곧 '멸주론'이었다.

　　이에 대해서 사마착의 '토촉론'은,

　　　부국을 꿈꾸는 자는 그 국토를 넓히기에 힘써야 하며, 강병을 꿈꾸
　　는 자는 그 백성을 부유하게 하는 데 힘써야 하며, 왕자(王者)를 꿈꾸
　　는 자는 그 덕을 널리 펼치기에 힘써야 한다.

는 세 가지 자격에 바탕을 두고 있었다. 진나라가 지배하는 토지는 아직 좁기 때문에 영토를 확장시켜야만 했다. 진나라 군대가 그렇게 강하지 못한 것은 아직 민도(民度)가 낮기 때문으로 이를 향상시킬 필요가 있었다.

　　왕업을 위해서는 도덕을 보급시켜야만 한다. 명목상의 국주(國主)라고는 하지만, 주나라는 천하가 '대종(大宗)'으로 존경하고 있기 때문에 주나

라를 친다면 불의(不義)의 오명을 쓰게 될 것이다. 그에 비해서 촉은 융적의 땅이니 이를 친다 해도 비난할 사람은 아무도 없을 것이었다.

진나라 왕은 두 사람의 의견을 비교해서 '토촉론'을 택하기로 하고 군대를 촉으로 나아가게 했다. 이렇게 해서 촉이 평정되어 진나라의 세력권에 들게 되었다. 진나라는 1만 호(戶)의 진나라 백성들을 이주시켰으며, 촉의 개발은 급속하게 진행되었다.

죽은 뒤에 복수한 오기

진나라의 왕이 사마착의 '토촉론'에 찬성한 것은 그것이 대초정책(對楚政策)이라는 점에서도 뛰어난 것이었기 때문이다.

진나라가 파촉의 땅을 합병한 후의 일인데, '토촉론'에 반대했던 장본인인 장의가 초나라로 가서 진나라와의 우호를 설득할 때,

> 진은 파촉을 소유하고 있기 때문에 커다란 배에 군량을 실어 배를
> 나란히 하고 장강을 따라 내려가면 열흘 만에 위국의 한관에 다다른
> 다. 그동안에 우마의 힘을 낭비하지 않을 수 있다.

라며 진나라를 적으로 삼는 것의 불리함을 늘어놓았다. 소와 말로 식량을 나를 필요가 없을 뿐만 아니라 장병들도 배를 탄 채로 가기에 초나라 땅에 들어가서도 조금도 지치지 않을 것이다. 상류에 위치한 세력의 유리함이란 결정적인 것이라 할 수 있다.

『사기』에는 실려 있지 않지만, 『화양국지』 속에는 사마착이 '토촉론'을 주장할 때,

> 물은 초로 통한다. 파의 경졸(勁卒, 강한 병졸)이 있으니, 커다란 배

　　를 띄워 동쪽의 초로 향하면 초지(楚地)를 얻을 수 있다. 촉을 얻는 것

　　은 곧 초를 얻는 것이다. 초가 망하면 곧 천하는 통일될 것이다.

라고 그 이유를 들었다는 내용이 실려 있다.

　진나라가 천하를 통일하는 데 있어서 그 앞을 가로막는 커다란 세력은 초나라였다. 초나라를 쓰러뜨리기만 하면 진나라는 천하를 아우를 수 있었다. 그를 위해서는 파촉의 땅을 취해야만 한다는 것이엇다.

　오월을 아우른 초나라는 천하의 절반 가까이를 영유하고 있었다. 진나라는 상앙 이후 국가를 개조하여 강성해졌다. 실제로 천하를 통일할 수 있는 능력을 가지고 있는 것은 이 두 나라밖에 없었다.

　진나라와 초나라의 결승전은 진나라의 승리로 끝났다. 승리한 원인은 여러 가지가 있다. 진나라의 외교정책에 초나라가 놀아났다는 것도 커다란 이유이다. 그러나 초나라의 상류지역인 파촉을 진나라가 장악했다는 사실의 의미는 그 이상으로 컸다고 할 수 있다. 앞에서 이야기했듯이 장의가 공갈외교에 가까운 행동을 할 수 있었던 것도 진나라가 파촉을 영유하고 있었기 때문이었다.

　당시 사천에서는 촉과 파가 분쟁을 거듭하고 있었기 때문에 진나라는 손쉽게 양쪽 모두를 합병할 수 있었다. 하류라는 불리한 위치에 있었다고는 하지만, 이 사천 내분의 시기였다면 초는 파촉을 세력권 안에 넣을 수 있었다. 그 시기를 놓친 것이 초나라가 결승전에서 패한 가장 커다란 원인이었다. 다시 말하자면 멍하니 있다가 그런 좋은 기회를 놓쳐 진나라에게 선수를 빼앗긴 초나라의 위정자의 책임이다. 초나라의 위정자는 어째서 그렇게 하지 못했을까?

　그것은 한마디로 답할 수 있다. 밤낮으로 파벌 싸움을 일삼았기 때문

이었다.

어느 나라에나, 어떤 시대에나 파벌 싸움은 있기 마련이지만, 초나라의 경우는 그것이 특히 치열했다.

병법가인 오기에 대해서는 앞에서 이야기했다. 위(魏)나라의 문후와 무후를 섬기며 치적을 쌓았지만 사정이 있어서 위나라를 떠나 초나라로 가서 재상이 된 인물이다. 병법서인 『오자』의 저자이기 때문에 병법가로 알려져 있지만 초나라의 도왕(悼王)을 도와서 정치가로서도 유능한 모습을 보여 주었다.

오기가 초나라에서 행한 정치는 상앙이 진나라에서 행한 그것과 비슷하다. 시기적으로 보자면 오기가 수십 년 앞서 있으니 선배라고 할 수 있을 것이다. 오기와 상앙 모두 같은 위(衛)나라 사람이었다.

군주의 힘을 강화하기 위해서는 공족(公族)의 힘을 약화시켜야만 했다. 오기는 법령을 정비하여 불필요한 관직과 특권을 폐지하고 절약한 비용을 전사 양성에 기울였다. 그로 인하여 국력이 신장되어 진(陳)·채(蔡)를 합병하고 삼진의 남하세력을 물리칠 수 있었다.

그러나 군주와의 혈연관계로 그때까지 관직 외에도 여러 가지 특권을 누려 왔던 초나라 공족들의 마음이 편할 리 없었다. 그들은 반오기파(反吳起派)를 결성하여 오기를 타도할 날을 기다렸다.

오기는 도왕의 신임을 얻고 있었기에 도왕이 있는 한, 반오기파도 실력을 행사할 수 없었다. 도왕의 죽음으로 인해 오기의 운명도 결정되고 말았다. 반대파 공족들에 의해 그는 살해당하고 말았다. 진(秦)나라 효공(孝公)의 신임을 받았지만, 효공의 죽음으로 인해 목숨을 잃은 상앙과 이런 면에서도 매우 흡사하다.

그러나 오기의 죽음은 상앙의 그것보다 더 드라마틱했다. 도왕이 죽자 반대파 공족들은 기다리고 기다리던 오기 타도의 날이 드디어 찾아왔다는 듯 병사를 일으켰다. 오기는 도왕의 시체가 있는 곳으로 도망쳐서 그 위에 엎드렸다. 그를 쫓던 병사들이 일제히 화살을 쏘았다. 오기는 사살되었지만, 병사들이 쏜 화살은 도왕의 유해에도 맞았다.

사건이 끝난 뒤 즉위한 태자, 즉 숙왕(肅王)은 선왕의 유해에 활을 쏘았다는 이유로 결기한 무리들을 주살하고 연좌하여 일족 모두를 죽였는데 70여 가에 이르렀다고 전해진다. 오기는 사후에 자신을 죽인 자들에게 복수를 한 것이다.

시체라고 하니 평왕(平王)의 무덤을 파헤쳐 그 시체에 300번의 채찍질을 한 오자서(伍子胥)가 떠오르는데, 그도 역시 초나라 사람이었다. 진나라의 궁정 앞에 서서 7일 밤낮을 울었던 신포서(申包胥)도 초나라 사람이었다. 이러한 과격함은 파벌 싸움까지도 다른 나라에 비해서 과격한 것으로 만들었다.

초나라 사람들의 과격함을 이야기할 때면 모든 사람들의 머리에 굴원(屈原)이라는 이름이 떠오를 것이다.

오기가 비운의 죽음을 맞이한 지 50여 년이 흐른 뒤, 초나라에는 회왕(懷王)이 즉위했다. 굴원은 이 회왕을 섬겼다. 왕과 같은 성으로 초나라의 명문가 출신이었다.

천하의 정세는 더욱 다급해져 있었다. 초나라의 회왕이 즉위하기 10년 전에 진나라의 상앙이 죽었지만 이미 상앙에 의한 국가개조가 효과를 보이기 시작해, 진나라는 놀랄 정도로 강해져 있었다. 『사기』의 연표에 따르면, 진나라가 사마착의 의견에 따라서 촉을 쳐서 이를 취한 것은 초나라 회왕 13년의 일이었다. 초나라는 장강 상류를 진나라에게 빼앗겨 버린 것이었다.

장의와 소진과 같은 책사가 각국을 무대로 활약하고 있었다. 맹자는 제나라에서 인의를 주장했지만, 그 설이 받아들여질 것 같지 않았기에 결국에는 고향으로 돌아가려 했다. 조나라의 무령왕은 초나라의 회왕보다 겨우 2년 늦게 즉위했다. 북방에서는 무시무시한 호복기사가 이미 탄생한 뒤였다.

머뭇거릴 여유가 없는 중요한 시기였음에도 초나라의 회왕은 그렇게 영명하다고는 할 수 없는 군주였다. 애국자였던 굴원은 그 밑에서 이런저런 마음고생을 했다. 강력한 적은 진나라였으니 전력(戰力), 외교력 모두 진나라 대책에 투입해야만 했다.

동쪽에는 제(齊)라는 강국이 있었다. 조금 더 뒤의 일이기는 한데, 직하에 인재를 모았던 제나라는 짧은 기간이기는 하지만 서쪽의 진나라와 함께 '제(帝)'를 칭한 적이 있었을 정도였다. 진나라는 서제(西帝), 제나라는 동제(東帝)를 칭하며 천하를 양분하는 세력으로 자리 잡았다.

진나라에 대항하기 위해서는 동쪽의 거인인 제나라와 손을 잡아야 한다고 굴원은 주장했다.

이에 반해서 진나라는 강국이니 진나라와 우호화친 관계를 맺어 초나라의 안전을 유지해야 한다고 주장하는 사람들이 있었다.

초나라라는 풍토 속에서 이 두 파가 격렬하게 항쟁했다는 것은 말할 나위도 없을 것이다.

박문강지(博聞强志, 박문강기(博聞强記))하고, 치란(治亂)에 밝고, 사령(辭令)에 능했다. 안에서는 곧 왕과 국사를 도의(圖議)하여 호령(號 令, 명령)을 내리고, 밖에서는 곧 빈객을 접우(接遇)하고 제후를 응접했 다. 왕은 그를 대단히 신임했다.

『사기』「굴원가생열전(屈原賈生列傳)」의 첫머리에 이와 같이 기록되어 있다. 왕족의 일원으로 학문에 능하고 치란의 역사를 잘 알고 문장도 능 란했으므로, 왕에게도 신임을 얻고 있었다. 안으로는 왕과 국사를 상의 하고 그에 의해 정령이 내려졌다. 밖으로는 외교관과 협상을 하고 사절로 서 제후와 국제문제를 이야기했다.

인생의 출발점에 선 굴원은 매우 축복받은 사람이었다. 굴원 자신도 그 사실을 〈이소(離騷)〉 속에서 자랑스럽게 이야기했다.

> 제 고양[帝高陽, 오제 중 한 사람인 전욱(顓頊)]의 먼 후예[苗裔],
> 짐(朕, 나)의 황고(皇考, 돌아가신 아버지)는 백용(伯庸)이라 불렀다.
> 섭제(攝提, 호랑이해)와 맹추(孟陬, 호랑이달)를 맞아,
> 경인(庚寅) 날에 나는 태어났다.
> 아버지는 처음 나를 보고는,
> 내게 좋은 이름을 주셨다.
> 내 이름은 정칙(正則)이라고 부르고,
> 내 자는 영균(靈均)이라고 했다.
> 넘치도록 나에게는 이미 이런 내미[内美, 타고난 미질(美質)]가 있고,
> 또 이에 더해 수능(修能, 뛰어난 재능)도 지녔다.
> 강리[江離, 향초(香草)의 이름]와 벽지[辟芷, 유벽(幽僻)이라는 지방의 향

초)를 몸에 두르고,

추란(秋蘭)을 끈에 꿰어 패(佩, 허리띠에 매다는 장식품)로 삼았다.

초나라의 시문학인 『초사(楚辭)』를 『시경』과 비교하면 알 수 있는 일인
데, 장식 과잉이라 여겨질 정도로 표현력과 상상력이 풍부하다. 지나치게
풍부하다고 할 수 있을지도 모르겠다.

굴원은 오제 중 한 사람인 제 고양의 후예라는 사실을 우선 자랑했
다.

'짐(朕)'이라는 말은 여기서도 사용되고 있듯이 보통 사람이 일인칭으
로 쓰던 것이다. 이것을 천자의 전용어로 삼고 일반인들의 사용을 금한
것은 진의 시황제였다.

자신에게는 천성적으로 미질이 갖춰져 있었다고 서슴없이 단언했다.
천성적으로 뛰어난 데다 노력을 더하여 더욱 뛰어난 재능을 갖게 되었
다. 자신만만한 말이다. 이러니 무엇이 두렵겠는가?

강리, 벽지, 추란은 모두 향기로운 식물로 청정결백, 인격고상의 상징
이다. 굴원은 조금도 부끄러워하지 않고 자신을 칭송했다. 이것이 초나라
사람들의 특질일 것이다. 자존심이 강하다는 것은 타인을 모두 낮춰 본
다는 말인데, 좋게 말하자면 고고한 자세이며, 나쁘게 말하자면 독선적
이라고 할 수 있다.

굴원은 회왕의 신임을 얻어 처음 출발은 매우 순조로웠다. 그러나 친
제파(親齊派)인 그는 친진파(親秦派) 중신들과 대립하게 되었다. 친진파 중
에 상관대부(上官大夫)인 근상(靳商)이라는 유력자가 있었다. 그 격(格)이
굴원과 같았으니 경쟁은 더욱 치열했다. 두 사람은 왕의 신임을 얻기 위

해 격렬하게 다투었다.

문학자이기도 했던 굴원은 뛰어난 시작품을 남겼다. 그는 그 속에서 자신을 변호할 수 있었다. 상관대부인 근상(靳尙)은 적이었기 때문에 아무래도 악역을 맡을 수밖에 없었다. 근상은 자신을 변호하는 말을 남기지 못했다. 『사기』만 해도 역시 굴원의 작품을 근거로 한 서술이다. 이럴 때 우리는 상관대부에게도 뭔가 할 말은 없었을까 하고 일단 생각 가능한 한도 안에서의 변명을 그 대신 만들어 낼 필요가 있다.

그러나 굴원의 친제 정책을 물리치고 초나라는 친진 정책을 취했기 때문에 결과적으로는 진나라에 의해 멸망당하고 말았다. 제나라와 연합하여 진나라에 맞섰다면 어떻게 됐을지 알 수 없다. 그리고 제나라가 과연 초나라와의 동맹에 찬성했을지도 알 수 없다. 우리가 알고 있는 것은 친진 정책이 완전히 실패였다는 사실뿐이다.

고금의 치란(治亂)에 밝았던 굴원이었으니, 진나라의 냉철한 마키아벨리즘을 꿰뚫어 보고 있었다고 해석해야 할 것이다. 아무래도 모든 수단을 동원해서 진나라에 저항하는 것이 올바른 방법이었던 듯하다. 그렇다고 해서 진나라와의 우호를 다지려 했던 일파를 투항파(投降派)니, 매국노니 하는 말로 일축할 수도 없다. 그들은 초나라를 위해서 그러는 편이 좋다고 생각했을 것이다.

초나라의 시문은 정열이 그대로 표출되어 표현이 격하기 때문에 굴원에 대립했던 세력은 아무래도 불리할 수밖에 없다.

생각건대, 그 당인[當人, 군주 쪽의 간인(奸人)]은 악(樂, 안락)을 탐하고,
길은 유매(幽昧, 깊고 어두움)하고 험애(險隘)한데,

어찌 내 몸의 재앙을 꺼리겠는가.

황여(皇輿, 천자의 수레)의 패적(敗績, 뒤집어짐)이 두렵다.

나쁜 것은 반대당의 무리들이다. 그들은 천자의 수레를 어둡고 험한 곳으로 끌고 가려 하고 있다. 자신은 재앙을 맞이하는 것 따위는 두려워하고 있지 않다. 두려운 것은 오로지 천자의 수레가 뒤집어질까 하는 것일 뿐이다…….

굴원에게는 천하를 평정하려는 진나라의 냉철한 작전 하나하나가 뚜렷하게 보였을 것이다. 그것을 보지 못하는 사람들에게서 답답함을 느꼈다. 그런 사람들의 말을 믿는 왕이 원망스럽기 짝이 없었다.

초나라의 회왕은 굴원의 반대파들의 말이 이치에 합당하다고 생각했다. 친진 정책을 취하기로 했다. 굴원은 왜 그것을 막지 못했을까? 그렇게도 표현력이 풍부했던 그가 왕을 설득하지 못했다는 것은 믿을 수 없다.

상관대부인 근상이나 자란(子蘭) 등과 같은 반대파 사람들이 굴원보다 더 뛰어난 설득력을 가지고 있었다고는 생각되지 않는다. 그들 뒤에 무시무시할 정도의 책사가 있었기 때문이었다. 그들은 그 책사에게 놀아났던 것이라고밖에는 생각되지 않는다.

장의(張儀)라는 괴물이 있었다.

전국 시대에 제후들 사이를 돌아다니며 유세하던 책사들을 '종횡가(縱橫家)'라고 부른다. 춘추 시대 때부터 이런 부류의 유세외교가들이 있었는데, 고전을 인용하여 의(義)를 주장하고 예(禮)를 주장했다. 그러나 전국 시대에 접어들면서 그들은 오로지 이해(利害)에 관한 것만을 주장했다.

장의는 전국의 종횡가를 대표하는 인물이라고 할 수 있을 것이다.

굴원의 비극을 이야기할 때, 종횡가를 언급하지 않을 수 없다.

친구를 내쫓은 소진의 '깊은 생각'

굴원의 참된 적은 상관대부인 근상이나 자란이 아니라 장의였다고 할 수 있다. 장의란 대체 어떤 인물이었을까?

장의는 위(魏)나라 사람으로 귀곡선생(鬼谷先生)에게서 배웠다고 한다. 동문 중에 낙양 출신인 소진이 있었는데, 이 두 사람이 귀곡선생 문하의 쌍벽을 이루었지만 성적은 장의 쪽이 좋았던 듯하다. 귀곡선생이 어떤 사람이었는지에 대해서는 자세히 알 수가 없다. 제나라 사람인 듯한데, 직하의 학사와 관계가 있었는지는 명확하지가 않다. 그가 전문으로 했던 분야는 좋게 말하면 국제외교이고, 나쁘게 말하면 모략과 같은 것이었다고 생각된다. 그것은 학문이라기보다 술수였다.

근대의 의고파(疑古派) 사가들 사이에는 귀곡선생을 가공의 인물이라고 보는 설도 있다. 그러나 현존하지는 않지만 당송(唐宋) 무렵까지 『귀곡자(鬼谷子)』라는 저서가 있어서 그것이 기록에 남아 있으니, 역시 실재의 인물이라고 봐야 할 것이다. 귀곡선생뿐만 아니라 장의와 쌍벽을 이루던 소진까지 가공의 인물이라고 보는 설도 있는데, 그것은 의고주의자들의 지나친 생각이다.

그들에 대한 사적이 너무나도 잘 꾸며진 이야기 같기 때문에 인물까지 창작된 것이라고 생각했는지도 모르겠다.

『사기』 등에 실려 있는 소설적인 기술에는 어쩌면 후세 사람들의 창작이 약간은 섞여 있는지도 모르겠다.

귀곡선생의 문하에서 나온 두 제자는 제국을 돌아다니며 유세했다. 유세라고 했지만 그것은 취직활동이나 다를 게 없었다. 먼저 취직에 성공한 것은 성적이 약간 떨어지는 소진 쪽이었다. 그러나 취직이 순조롭지만은 않았다. 처음에는 아내조차 경멸하고 조소할 정도로 가난했다. 고향에서는 그런 상태가 알려져 있었기 때문에 멀리 서쪽에 있는 진나라로 가서 천하통일에 대해 이야기했다. 당시 진나라는 혜문왕 시절로 달변의 선비인 상앙이 살해당하고 난 뒤였다. 그런 계열의 사람이 미움을 받고 있었기 때문에 진나라에서는 그를 채용하지 않았다. 이에 소진은 연나라와 조나라로 갔다.

소진은 만약 진나라에서 채용을 해 주면 천하통일을 헌책하려 했다. 그리고 연나라나 조나라에 등용되면 이번에는 진나라의 천하통일을 막을 방책을 실행할 생각이었다.

정반대의 일을 한 것이었다. 그렇게 할 수 있었던 것도 귀곡선생이 가르친 것이 학(學)이 아니라 술(術)이었기 때문이리라. 두 사람 모두 뛰어난 책모를 가진 사람들이었지만, 철학이라는 면이 결여되어 있었다고 할 수밖에 없을 것이다.

소진이 추진한 것은 합종책(合從策)이었다. 진나라가 너무나도 강해졌기 때문에 나머지 6개국이 연합하여 맞서자는 것이었다.

진나라에서는 당연히 이 6개국 동맹을 무너뜨리려 했다. 그 방법은 연형(連衡, 혹은 연횡(連橫))이라는 것이었는데, 그것을 추진한 사람이 바로 장의였다. 이는 진나라가 6개국과 따로따로 단독강화를 맺는 것이다.

연(燕) ── 진(秦)
×
조(趙) ── 진(秦)
×
한(韓) ── 진(秦)
×
위(魏) ── 진(秦)
×
제(齊) ── 진(秦)
×
초(楚) ── 진(秦)

이처럼 횡으로 연결함으로 해서 6개국의 종적 연계를 방해했다. 한 나라 한 나라를 놓고 보면 어떤 나라도 진나라보다 강하지 못하기 때문에 진나라 입장에서 보자면 연형은 자신들에게 유리했다. 화친조약이라고는 하지만 강국 대 약국이기 때문에 실질적으로는 항복에 가까운 관계가 된다.

이와 같은 도식을 보고 있으면 6개국에게 있어서는 합종이 유리하다는 생각이 든다. 힘을 합쳐서 강력한 진나라에 맞서다 보면 저절로 6개국이 살아남을 길이 열리게 될 터였다. 그러나 6개국에는 각각 집안사정이 있었다. 게다가 만약 6개국이 동맹하여 진나라를 쓰러뜨렸다 할지라도 그 뒤에 세력지도가 변화하게 되는데, 그것을 내다보고 6개국 안에서 대립이 발생하여 그렇게 간단히는 동맹을 맺을 수가 없었다. 그리고 연형론을 내세운 진나라의 거센 방해공작도 있었다. 그것을 지휘한 것이 소진보다 뛰어난 재능을 가졌다고 알려진 장의였다.

합종과 연형은 불꽃을 튀기며, 또 허와 실을 따져 가며 공방을 되풀이했다. 이때의 외교전은 참으로 치열했다.

연형의 주역이었던 장의는 제국을 유세하며 돌아다니던 중에 초나라의 재상과 함께 연회에 참석한 적이 있었다. 이때 마침 재상이 아끼던 벽(璧, 한가운데 구멍이 있는 둥근 옥)이 없어졌는데 식객으로 있던 장의가 의심을 받게 되었다. 왜 의심을 받게 되었는지에 대해서 『사기』는,

(장)의는 탐욕스럽고 행실이 좋지 못했다.

라고 설명했다. 그저 가난했을 뿐이라면 몰라도 장의는 품성도 그다지 좋지 않았던 듯하다. 공자의 학당과는 달리 귀곡선생의 학당은 예의범절에 그다지 엄격하지 않았다.

의심을 받게 된 장의는 채찍으로 수백 대를 맞았지만 끝까지 죄를 인정하지 않았다. 용서를 받고 집으로 돌아왔지만 온몸이 부어오른 채찍

자국투성이였다. 그의 아내가 "당신이 책을 읽고 유세 같은 것을 하지 않았다면, 이런 치욕을 당하지는 않았을 것이오"라고 불평을 하자 장의는 혀를 날름 내밀며,

　　내 혀를 보시오. 아직 있소?

라고 물었다. 아내가 웃으며,

　　혀는 있어요.

라고 대답하자,

　　그럼 됐소.

라고 장의는 말했다.

　채찍을 맞아 몸은 만신창이가 되었어도, 혀만 건재하면 그것으로 족하다는 것이다. 변설가(辯舌家)의 면모가 여실히 드러나는 장면이다. 그의 말대로 그는 세 치 혀를 놀려 곧 출세를 하게 되었다.

　장의가 진나라에서 벼슬을 하게 된 경위에 대한 『사기』의 기술에도 약간은 소설적인 부분이 있다.

　아무리 혀에 자신이 있다 할지라도 제후를 만나지 못하면 그 혀도 활약을 할 수 없는 법이다. 당시 제후 밑에는 제후와 객을 연결시켜 주는 것을 하나의 이권으로 생각하는 사람들이 있었다. 그 사람들에게 상당량의 물건을 건네주지 않으면 군주를 만날 수가 없었다. 가난한 장의는 예전의 동창이었던 소진이 조나라에서 벼슬길에 올라 출세했다는 사실을 알고 그에게 의지하여 조나라 왕을 만나려 했다. 그러나 소진은 오히려 장의에게 한껏 욕을 퍼부어 주고 그를 내쫓았다.

　사실 이것은 소진의 심모원려(深謀遠慮)였다고 한다. 그는 조나라에서 벼슬을 하며 제국과 합종에 대한 이야기를 진행하고 있었는데, 진나라가

제후를 공격하면 그것이 순조롭게 되지 않는다는 사실을 잘 알고 있었다. 아무리 합종을 해도 헛일이라는 점이 사실로 나타날 것이기 때문이었다.

합종이 좀 더 확고해지기까지는 진나라가 동쪽으로 파병을 해서는 곤란했다. 진나라가 출병하지 못하도록 설득할 수 있는 것은 장의의 혓바닥밖에 없었다. 소진은 장의의 혀의 위력을 가장 잘 알고 있는 인물이었다.

장의가 떠난 뒤, 소진은 부하에게 수많은 금품을 주어 그의 뒤를 따르게 했다. 그 금품은 조나라의 국고에서 나온 것이었다. 그 목적은 어디에 있었을까? 장의는 출처도 모른 채 그것을 받아 들었다.

그는 금품의 제공자가 소진의 부하라는 사실을 모르는 채로 감사의 인사를 건넸는데 그제야 비로소,

> 사실은 소진이 당신을 분발시키기 위해서 일부러 그런 대접을 한 것입니다. 소진은 당신이 진나라의 국론을 움직여서 조나라로 출병하려는 생각을 막아 주기 바라고 있습니다. 지금 드린 금품은 전부 그분이 주신 것입니다.

라고 알려 주었다.

그 금품을 밑천으로 장의는 진나라 왕을 만날 수 있었다.

장의는 그 은혜에 보답하기 위해서 진나라가 조나라로 출병하려는 것을 막았다고 한다. 이것은 아무래도 만들어진 이야기인 듯하다. 장의의 혀는 결코 만능이 아니다. 앞에서도 이야기했듯이 장의의 멸주론(滅周論)이 채용되지 않고 사마착의 토촉론(討蜀論)이 채용된 예도 있다.

어쨌든 장의는 진나라의 재상으로서 소진의 합종론에 의한 6개국 동맹을 연형론으로 깨는 데 자신의 모든 지모를 쏟아부었다. 한편 소진은

일시적으로 6개국을 합종시키는 데 성공하여 스스로 6개국 재상을 겸했다고 한다. 『사기』는 소진의 활약 때문에 진나라는 15년 동안이나 함곡관 동쪽으로 병사를 내지 못했다고 기록했다.

소진의 합종은 결국 장의에 의해 깨졌으며, 소진은 조나라, 연나라, 제나라를 전전하다 제나라에서 자객의 습격을 받아 죽었다.

소진의 최후도 굉장히 소설적이다. 그는 연나라에서 역왕(易王)의 어머니와 정을 통했다고 한다. 그 사실이 밝혀져 주살당할까 두려웠기에 그는 제나라로 가겠다고 자원했다. 그때 연의 역왕에게는,

> 연나라를 위해 제나라에서 일하겠습니다.

라고 말했다.

연나라에서 죄를 저질렀기 때문에 제나라로 망명했다며 예의 변설로 제나라의 민왕에게 매달렸다. 제나라에서는 선왕이 숨을 거둔 직후였다. 소진은 민왕을 설득하여 성대한 장례식을 치러 효심을 보이고, 궁전과 커다란 정원을 조영하여 정치가 안정되어 있음을 보이라고 권했다. 낭비로 인해 제나라의 국고는 순식간에 줄었으며, 인민도 피폐하기에 이르렀다. 제나라가 약해지면 연나라는 안전해지니 소진은 틀림없이 연나라를 위해 제나라에서 공작을 펼친 셈이 된다.

그러나 한때 합종의 장으로서 6개국의 재상을 겸했던 소진이 6개국의 내부에서 교란공작을 펼치게 된 셈이니 그의 위상도 왜소화되었다고 하지 않을 수 없다. 그는 제나라에서 중용되었으나 그것을 질투한 자들에 의해서 암살되었다. 이 죽음도 왜소한 것이라 하지 않을 수 없다. 임종의 순간 소진은,

> 내 시체를 수레에 묶어 찢는 형에 처해 소진은 연나라를 위해 제나

라에서 난을 일으켰다고 발표해 주십시오. 그러면 저를 살해한 자를 잡을 수 있습니다.

라는 유언을 남겼다.

그대로 했더니 아니나 다를까, 자객은 모반한 사람을 죽인 것이니 칭찬을 받을 것이라 생각하고 나섰다가 잡혀 목숨을 잃고 말았다. 죽은 뒤에 복수를 했다는 점에서 이것은 오기의 최후와 비슷하다.

천재 모사꾼 장의의 혓바닥

소진의 이야기는 시대적으로나 지리적으로나 모순되는 점이 많다. 그 때문에 소진이라는 인물조차 실재하지 않았다고 논하는 사람들이 있다. 그의 사적 전부를 그대로 믿는다면 그는 초인이 되어 버리고 만다.

그러나 세상에서는 소진에게 이상한 점이 많다고들 말한다. 다른 때의 일이나 거기에 비슷한 일이 있으면 전부 그것을 소진과 결부시켰다.

라고 말한 사마천의 견해가 타당할 것이다.

진나라가 독주하여 강해졌으니 나머지 6개국이 동맹을 생각했다는 것은 당연한 일이다. 6개국 동맹을 위해서 움직인 것은 분명 소진 혼자만이 아니었을 것이다. 합종론을 주장한 사람은 여럿 있었을 것이며 각자의 머리를 짜내서 여러 가지 일을 했을 것이다. 그런 사람들이 한 일을 소진에게 전부 떠넘긴 것이리라. 왜냐하면 소진은 합종론의 대표자라 할 수 있는 인물이었기 때문이다.

다른 시대에 있었던 여러 가지 일들을 전부 소진의 행동으로 돌렸기 때문에 시대적으로 어긋나는 부분이 있다. 지리적으로도 불합리한 점이 많아 설명하기 어렵기에 그 신빙성이 의심을 받게 되었다.

역사적 인물로서는 장의 쪽의 윤곽이 소진보다 훨씬 더 뚜렷하다. 합종은 6개국에 걸쳐 있지만, 연형은 진나라를 중심으로 행해졌기 때문에 비슷한 인물이 그렇게 몇 명씩 나타나지는 않는다.

연형으로 노린 것은 바로 초나라였다. 삼진은 너무 가까이 붙어 있었기에 제후들 간의 연락도 밀접했다. 공작을 펼치기 어려운 상대였다. 제나라와 연나라는 너무 멀리 떨어져 있었다. 국경을 접하고 있는 버거운 상대는 초나라였다. 그 초나라는 역사적으로 봐도 중원 국가가 아니었다. 6개국 동맹을 깨는 데는 초나라를 상대로 공작을 펼치는 것이 가장 효과적이었다.

진나라의 특무공작은 초나라에 집중하게 되었다. 원래부터 친진, 친제 두 파로 갈려 있던 초나라의 국론은 진나라의 공작으로 그 분열이 더욱 심화되었고, 그것이 국력을 쇠약하게 만들었다.

굴원은 합종파였다. 합종이라고 해서 반드시 6개국 동맹만을 말하는 것은 아니다. 6개국이 모이면 국익의 충돌이 복잡해지기 때문에 단합을 하기가 어려운 법이다. 두 나라끼리라면 관계는 간단해진다. 굴원은 합종을 정리하여 친제 정책을 취했다고 할 수 있다.

말할 나위도 없이 진나라는 온갖 수단을 동원하여 이를 방해했다. 초나라는 그 덩치만으로도 이미 진나라에 커다란 위협이 되는 존재였다. 파벌 싸움으로 분열되어 있기 때문에 초나라의 그 무시무시함이 반감된 것에 지나지 않았다. 만약 초나라가 하나로 단결한다면 진나라에게 그것은 커다란 문제였다. 거기다 동방의 대국인 제나라와 연합하기라도 한다면, 진나라의 숙원인 천하통일은 수포로 돌아가 버리고 말 것이었다.

초나라를 상대로 펼친 장의의 공작은 초나라의 궁정에 친진 세력을 심는 일이었다.

상관대부인 근상, 왕족인 자란 등이 유력한 친진파가 되어 초나라 왕에게 영향력을 행사하게 되자 장의의 공작이 하나둘씩 효과를 나타내기 시작했다.

그 무렵, 초나라는 아직 제나라와 합종을 하고 있었다. 이에 진나라는 천재 외교가인 장의를 초나라로 파견하여 끝내 초·제의 동맹을 풀게 하는 데 성공했다. 장의는 그 대가로 진나라 상어(商於) 쪽의 사방 600리에 상당하는 토지를 초나라에게 할양하기로 약속했다. 그런데 초나라의 장군이 장의와 동행하여 영지를 받으러 갔더니, 장의는 술에 취한 척하고 수레에서 굴러 떨어져 3개월 동안이나 병을 칭하고 바깥으로 나오지 않았다. 그 때문에 토지를 건네줄 수 없었다. 이쯤에서 초나라는 장의의 책략을 눈치챘어야 했는데 어리석은 초나라의 회왕은,

> 진나라가 영토 할양을 미루는 것은 초나라가 제나라와 절교한 것
> 만 가지고는 아직 성에 차지 않기 때문이다.

라고 생각했다. 절교 이상의 행동, 즉 제나라와의 관계를 악화시키면, 진나라에서도 만족하고 약속한 땅을 틀림없이 건네줄 것이라고 생각하고 제나라 왕을 모욕하는 편지를 보냈다. 『사기』 「초세가」에는 용사를 보내서 제나라 왕을 모욕했다고 기록되어 있지만, 다른 곳에서는 글을 보냈다고 한다. 어떤 용사라도 외국의 궁정에 가서 그 왕을 욕하기란 그리 쉬운 일이 아니니 틀림없이 편지였을 것이다.

제나라 왕은 당연히 화를 냈다. 화를 내며 초나라와의 교류를 끊고 진나라와 우호관계를 맺어 버렸다.

그렇다면 진나라가 초나라에 할양하기로 약속했던 영토는 어떻게 되었을까? 장의는 병이 나았다며 나와서는 "부디 약속한 사방 6리의 땅을 받아 주십시오"라고 말했다. 사방 600리라고 약속해 놓고는 그것이 사방 6리였다고 잡아뗐다. 초나라의 장군은 화를 내며 귀국하여 이를 보고했다. 말할 나위도 없이 초나라의 회왕은 노발대발했다. 동원령을 내려 진나라를 공격하려 했다. 진나라도 병사를 움직여 이에 맞섰다.

초나라 회왕 17년(기원전 312년)의 일이다.

승패는 처음부터 결정지어져 있었다. 사방 600리를 약속해 놓고 사방 6리라고 하면 초나라가 격노할 것이라는 사실은 진나라에서도 예상하고 있었다. 아니, 일부러 화를 내게 하기 위해서 한 일이었다. 초나라 회왕의 성격까지도 연구하여 장의가 이 시나리오를 썼을 것이다. 회왕에 대해서 잘 알고 있었기에 이성을 잃고 충동적으로 출병할 것이라 내다보고 미리 군대를 동원시켜 준비를 갖추어 놓았다. 만반의 준비를 갖춰 놓고 기다리고 있던 진나라 군과 아닌 밤중에 홍두깨처럼 동원되어 뭐가 뭔지도 모르는 채 전장으로 끌려 나간 초나라 군의 싸움이었으니 애초부터 결과는 뻔했다.

단양(丹陽)에서 초나라는 대패하고 말았다. 지금의 강소성에 있는 단양이 아니라 한수의 지류로 섬서성 동남쪽을 흐르는 단강(丹江)의 북쪽을 말한다. 그곳은 진나라가 할양하기로 약속하고 이를 이행하지 않은 상어에 가까이 위치한 곳이다. 초나라의 갑병(甲兵, 무장병) 8만이 죽고 장군인 굴개(屈匄)가 포로로 잡힌 참패였다.

진나라 군은 이긴 기세를 몰아 초나라 땅이었던 한중군(漢中郡, 섬서성 남부)을 점령해 버렸다. 초나라의 회왕은 더욱 화를 내며 총동원령을 내려 전국의 병사를 모아 진나라의 영토 깊숙한 곳에 있는 남전(藍田)이라는 곳까지 공격해 들어갔다. 그러나 일이 자신들의 예정대로 되어 가고 있었기 때문에 진나라는 극히 냉정했다. 침공해 들어온 초나라 군을 남전에서 크게 격파해 버렸다.

이때 심상치 않은 전갈이 초나라의 수도로 날아들었다. 초나라 군이 진나라 영토로 들어가 고전하고 있다는 사실을 알고 한나라와 위나라가 함께 출병하여 남하, 초나라 영토인 등(鄧)까지 진출한 것이다. 등은 지금의 하남성 남양시(南陽市) 남서쪽에 위치한 등현(鄧縣)으로 그 바로 남쪽에 초나라의 중요 성시(城市)인 양양(襄陽)이 있다.

초나라의 회왕은 깜짝 놀랐다. 진나라와 교전 중에 있는 군대를 물리지 않으면 남하하는 한·위나라의 군을 막을 수가 없었다. 그러나 진나라는 초나라 군을 그냥은 돌려보내지 않을 것이다. 하는 수 없이 초나라는 두 개의 성을 주고 화친을 청하여 병사를 물렸다.

이듬해, 진나라는 초나라로 사자를 파견하여 점령한 초나라의 한중군 절반을 반환하겠다고 했다. 합종을 깨기 위해서라도 진나라는 초나라와 화친해야 한다고 생각했다. 이에 대한 초나라 회왕의 대답은 그에게 참으로 어울리게도 냉정함을 잃고 있었다.

바라는 것은 장의를 얻는 것이다. 땅 얻기를 바라지는 않는다.

모든 것이 장의의 사술(詐術) 때문이었다. 장의를 죽이지 않고서는 분이 풀리지 않을 것이라고 초나라의 회왕은 생각했다. 장의를 죽일 수만 있다면 빼앗긴 토지 따위는 돌려받지 않아도 상관없다는 것이니, 이는 군주로서 있을 수 없는 감정적인 발언이었다.

모략의 예술가들이 낳은 중화제국

그 말을 들은 장의는 피하지 않았다. 초나라로 가겠다고 자원했다. 회왕이 얼마나 분노했는지를 생각한다면 장의는 초나라로 들어가는 순간부터 갖은 고초에 시달리다 죽을 것이 뻔했다. 진나라의 혜문왕도 그를 말렸지만 장의에게는 속셈이 있었다. 초나라의 궁정 세력에는 예전부터 손을 써 놓은 상태였다. 친진 세력은 이미 뿌리를 내리고 있었다. 초나라 왕의 측근 중에도 장의의 말대로 움직여 줄 유력자가 존재하고 있었다.

상관대부인 근상이 그 첫째 인물이었다. 장의가 진나라를 출발할 무렵, 그가 초나라로 파견한 특무요원이 근상과 밀접하게 연락을 취하며 사전 공작을 펼치고 있었다.

그 무렵 초나라의 회왕이 가장 총애하던 여성은 정수(鄭袖)였다. 지금까지 봐 온 것만으로도 알 수 있는 일이지만, 회왕은 격정을 억누르지 못하는 성격이었다. 극히 감정적인 성격인데 여성에 대해서도 그런 성격이 그대로 드러났다. 완전히 빠져 버리고 마는 것이었다. 정수의 말이라면 무엇이든 들어주었다. 그런 사실은 물론 장의의 귀에도 들어가 있었다. 게다가 근상과 정수는 친밀한 관계에 있었다.

장의가 초나라로 들어가자 기다리고 있었다는 듯 그를 붙잡았다. 그의 목숨은 풍전등화와도 같았다. 이때 근상이 정수에게,

진나라 왕은 장의를 매우 아끼기 때문에 상용(上庸, 지명)의 여섯 현과 미녀를 주고 목숨을 빌 것이라 합니다. 듣자 하니, 그녀는 절세미

녀라고 하니 왕도 틀림없이 그녀에게 넋을 놓고 말 것입니다.

라고 말했다. 한 여자에게 푹 빠져 버리는 회왕의 성격을 잘 알고 있었기에 정수는 자신의 입장이 위험해졌다고 생각했다. 장의가 빨리 석방되어 버리면 진나라 왕은 절세미녀를 주지 않아도 될 것이었다.

정수는 장의가 빨리 풀려날 수 있도록 노력했다.

장의는 인신(人臣)이니 그렇게 한 것은 주군을 위해서가 아닙니까?

지금 장의를 죽이면, 진나라 왕은 대로하여 초나라로 공격해 들어올

것입니다. 우리 모자는 전란으로 죽고 싶지 않으니, 부디 강남으로 옮

겨 가는 것을 허락해 주십시오.

그녀는 밤낮으로 울며 이렇게 졸라 댔다. 회왕은 정수가 떠나면 하루도 살아갈 수 없을 것이라는 생각이 들 정도로 뜨겁게 사랑하고 있었기에 그녀의 말대로 장의를 석방했다고 한다.

이처럼 농염한 소설적 장면이 있었는지는 의심스럽다. 장의가 석방되었다는 사실이 있고, 거기에 회왕이 성격적으로 여성에게 약했다는 사실 등이 더해져 재미있는 이야기가 만들어졌을 것이다.

사실은 근상을 비롯한 회왕의 친진파 측근들이 열심히 왕을 설득한 결과 장의가 석방된 것이 틀림없다.

앞선 해의 싸움에서는 두 성을 주고 간신히 진나라에서 철수할 수 있었다. 지금 장의를 죽여 버리면 진나라에게 초나라를 공격할 구실을 주는 셈이 된다. 그렇게 되면 한나라와 위나라도 좋은 기회라 생각하고 다시 남하를 시작할 것은 뻔한 이치다. 제나라와는 합종을 풀고 무례한 편지를 보내 절교했다. 동쪽에 있는 제나라로부터도 공격을 받을 우려가 있었다. 이와 같은 상황을 설명하면, 제아무리 감정적인 회왕이라 해도

장의를 죽여 커다란 화를 자초하지는 않았을 것이다.

석방된 장의는 회왕을 만나 진과 초의 화친을 설득했다.

앞에서 이야기한 적이 있는, 파촉의 땅에서 열흘이면 병사와 우마 모두가 배로 편안하게 초나라로 올 수 있다는 협박은 이때 장의가 한 말이다.

듣고 보니 그의 말이 옳았으므로, 회왕은 진나라와 우호관계를 맺기로 하고, 장의는 초나라를 떠났다.

이때 굴원은 무엇을 하고 있었을까? 장의가 사방 600리의 땅을 할양하겠다고 제의하자, 친진파가 초나라의 대세를 장악하게 되었다. 말할 나위도 없이 친제파였던 굴원은 자리에서 쫓겨나고 말았다. 제나라와의 절교가 진나라가 영지를 할양하는 것에 대한 조건이었으니, 그것을 실행할 시기에 친제파가 자리에서 쫓겨나는 것은 당연했다.

진나라의 약속 위반에 이은 전쟁, 그리고 초나라의 패전으로 역시 친제파가 옳았다는 목소리도 나오기 시작했다.

그러나 제나라와는 단교 중이었다. 무엇보다도 제나라와의 관계를 회복해야만 했다. 매우 무례한 짓을 했기 때문에 사죄가 필요했다. 장의가 초나라로 파견되었을 무렵, 굴원은 사자가 되어 제나라에 가 있었다고 『사기』는 기록했다. 틀림없이 사죄를 위한 사자, 또는 수교 사절로 친제파인 그를 선택했을 것이다.

굴원이 제나라에서 초나라로 돌아와 보니 장의는 석방되고 없었다. 초나라를 그렇게도 괴롭힌 사람이었는데 어째서 죽이지 않았냐고 굴원이 회왕을 다그쳤다. 굴원과 회왕은 서로 성격이 맞지 않았지만, 격정적인 성격이었다는 점에서는 서로 닮은 듯하다. 비슷했기 때문에 서로 반발했을지도 모른다. 굴원의 말을 듣고 회왕도 지난해의 원통함이 떠올랐는지 마음이 변하여 장의를 추적하라고 명령했다. 그러나 때는 이미 늦었다.

장의는 괴물이었다. 그러나 그가 괴물의 본성을 유감없이 발휘할 수 있었던 것은 진나라 혜문왕의 절대적인 신임을 얻고 있었기 때문이다. 과감한 행동을 하면 반드시 다른 사람의 원한을 사게 마련이다. 안 그래도 다른 나라에서 온 장의의 출세를 질투하는 중신들이 많았다. 그들은 장의가 실각하기를 바라고 있었다.

진나라에서는 효공의 절대적인 신임을 얻었던 상앙은 효공이 죽자 쫓기다 죽었으며, 시체를 수레에 묶어 찢는 형벌을 받았다. 초나라에서도 도왕의 신임을 받으며 활약하던 오기가 도왕의 죽음과 동시에 반대파의 공격을 받아 도왕의 시체 위에 엎드려 화살에 맞아 죽기에 이르렀다.

장의가 초나라에 잡혀 있다가 석방된 그해에 진나라의 혜문왕이 죽었다. 그의 정적들이 일제히 그를 비방하기 시작했다. 즉위한 진나라의 무왕(武王)은 태자였을 때부터 장의와 사이가 그다지 좋지 않았기 때문에 정적들은 한층 더 기세를 올려 그에 대한 비방의 소리를 높였다.

일세를 풍미하던 모략의 천재 장의는 자신에게 닥친 이 위기를 어떻게 극복했을까?

장의는 새로 즉위한 무왕에게 자신을 위(魏)로 보내 달라고 설득했다. 이유를 묻는 무왕의 질문에 대해서 장의는 다음과 같이 대답했다.

> 제나라 왕은 저를 미워한다고 합니다. 제가 있는 곳으로 반드시 공격해 들어올 것입니다. 단지 진(秦)나라는 강국이기 때문에 제나라 왕이 공격을 하지 못하고 있는 것일 뿐입니다. 제가 위나라로 가면 제나라는 위나라를 공격합니다. 제나라와 위나라가 서로 다툰다면, 진나라에게 이는 다시없는 좋은 기회가 됩니다. 삼천(三川)으로 병사를 보

내서 주나라를 멸망시킬 수 있습니다. 진나라에게 동방의 동란은 곧 하늘의 도움입니다. 그 동란을 제가 만들겠습니다.

그럴듯한 말이라고 생각한 무왕은 서른 승의 수레를 주어 장의를 위나라로 보냈다. 위나라는 장의의 고향으로 당시에는 애왕(哀王) 시절이었다.

장의가 위나라로 갔다는 말을 듣자 제나라의 민왕은 과연 군대를 위나라로 향하게 했다. 말할 나위도 없이 위나라의 애왕은 겁을 먹었다. 그러나 장의는 침착하게 "걱정하실 필요 없습니다. 제나라 군은 곧 물러갈 것입니다"라고 말했다. 그는 부하인 풍희(馮喜)라는 자를 일단 초나라로 가게 했고, 초나라의 사자라는 명의로 제나라 왕을 찾아가서 기밀정보라며 다음과 같은 말을 전했다.

장의는 진나라 왕을 위해서 동방에 동란을 만들려고 위나라로 들어간 것입니다. 결코 망명한 것이 아닙니다. 그 증거로 진나라 왕은 그가 떠날 때 전차 서른 승을 주고 정중하게 처우했습니다. 지금 대왕은 장의의 계략에 걸려서 적인 진나라를 위해 동맹국인 위나라를 치고 있는 것입니다.

전차 서른 승에 대한 정보는 이미 제나라 왕의 귀에도 들어갔을 것이다. 그에 부합하기에 제나라 왕은 풍희의 말을 믿고 위나라에서 철병하기로 했다.

장의의 입장에서 보자면 진나라 왕에게 이야기한 것처럼 제나라는 위나라를 공격했고, 위나라 왕에게 예언한 것처럼 제나라는 곧 철병했다. 장의는 그 후 1년 정도 위나라의 재상으로 있다가 안온하게 이 세상을 떠났다.

행복한 인생이었을까? 그 자신에게는 틀림없이 보람찬 인생으로 만족스러웠으리라. 그러나 외야석에 앉아 있는 우리가 보기에 자신의 안온한 죽음조차 모략으로 살 수밖에 없었으니 머리를 옆으로 흔들고 싶어지기도 한다.

한편으로는 오기와 상앙, 그리고 소진의 비참한 최후를 본 우리로서는 장의의 평온한 죽음에 안도의 한숨을 내쉬게도 된다.

변설가에 대한 사마천의 비평은 상당히 가혹한 편이다. 『사기』는 오기에 대해서,

　　　　각폭(刻暴, 각박하고 잔혹함) 소은(少恩, 인정이 없음)함으로 자신의
　　　　몸을 망쳤다. 슬프다.

라고 기록했고 상앙에 대해서는,

　　　　상군(商君)은 천자(天資, 타고난 자질)가 각박한 사람이다.

라고 평했으며 소진과 장의를 묶어,

　　　　요컨대, 이 두 사람은 참으로 경위(傾危, 위험)한 사(士)이다.

라고 단정했다.

우리는 이런 사람들에게 매우 감탄을 하지만 개인적으로 사귈 수는 없을 것 같다는 생각이 든다.

그러나 전국 시대는 이와 같은 사람들이 아니면 정리할 수가 없었을

것이다. 이들 무시무시한 모략가들은 천하를 소재로 한 예술가들이었다. 예술가는 '미(美)'에 대해서 극히 각박해야만 하며, 또한 언제나 위험한 인물이다. 타협을 용납하는 예술가 따위는 생각할 수도 없는 일이다.

그들의 활동 동기를 단지 명예욕이나 권세욕이라고만 단정하기에는 너무나도 문제가 많다. 그들의 생명은 언제나 위험에 노출되어 있었다. 누군들 좋아서 그런 일을 하겠는가? 나는 그들을 전국 시대의 예술가로서 재평가해야 한다고 생각한다. 그들만큼 중국의 천하를 휘저은 사람들도 없었으며, 그렇게 휘저어져 중국 각지 사람들의 세계가 넓어졌고, 그리고 굳어져서 현재에 이른 것이다.

나라와 인구는 작은 게 좋다

모략가가 중화제국을 낳았다. 그것이 진(秦)이라 이름 붙여졌든, 한(漢)이라 이름 붙여졌든, 아니면 당(唐)이었든 송(宋)이었든, 그 골격은 같다.

이쯤에서 이와 같은 나라가 태어나는 것에 반대했던 사상가들에 대해서 이야기해 보기로 하겠다. 원래는 좀 더 빨리 이야기했어야 했지만, 역시 장의 들이 등장한 뒤가 아니면 이해하기 어려운 부분이 있는 생각들이다.

천하가 통일되어 하나의 커다란 강국이 태어나는 것이 과연 백성들에게 행복을 가져다주는 일일까? 모략가들에게 있어서 그것은 아프리오리(설명이 필요 없는 선험적 원리)였다. 그러나 과연 그럴까, 하고 의문을 제기한 사람들이 있었다. 때때로 언급한 적이 있었는데, 그것은 다름 아닌 노장 사상(老莊思想)이었다. 비정치적이라기보다는 반정치적인 사상이라고 할

수 있는데, 노장의 정치 이상을 굳이 말로 표현하자면 그것은,

소국과민(小國寡民)

이다.

커다란 나라가 되어서는 안 된다. 인구가 너무 많아서도 안 된다.

『노자』의 마지막 장 가까운 부근에 소국과민에 대한 설명이 있다. 거기에는 여러 가지 문명의 이기가 있어도 가능한 한 사용하지 않는 편이 좋다거나, 죽음을 중히 여겨서 멀리 가서는 안 된다거나, 배나 수레가 있어도 이용하지 말고 무기가 있어도 그것을 꺼내지 말라는 식으로 이상에 대한 실례가 열거되어 있다. 주목할 것은,

사람들로 하여금 다시 새끼를 매듭지어 그것을 쓰게 하고, 그 먹는 것을 맛있게 여기게 하고, 그 옷을 아름답게 여기게 하고, 그 거처를 편하게 여기게 하며, 그 풍속을 즐기게 한다.

라는 점에 있다. 『노자』는 문자로 기록되었지만, 그것이 추구하는 이상은 문자 같은 것을 사용하지 말고 고대 사람들처럼 새끼줄에 매듭을 지어 의사를 전달하면 된다는 것이다. 문자는 문명의 이기로 배나 수레, 무기 등처럼 있어도 좋지만 가능한 한 사용하지 않는 편이 좋다고 생각한 것이다. 사람들이 자신이 먹는 것을 가장 맛있다고 느끼고, 자신의 옷을 아름답다 생각하고, 주거에 안주하고, 자신들의 습속을 즐기게 되는 것이 유토피아라는 것이다. 이 장(章)은,

이웃 나라가 서로 바라다 보이고, 계견(鷄犬)의 소리가 서로 들리고, 백성이 나이 들어 죽음에 이르기까지 서로 오가지 않는다.

라는 유명한 문구로 끝을 맺고 있다.

이웃 나라가 서로를 바라다볼 수 있을 정도로 가깝고 닭이나 개의 울음소리까지 들리지만, 백성들은 나이를 먹어 죽을 때까지 왕래하지 않는 것이 바람직한 상태라는 것이다. 이와 거의 같은 글이 『장자』에도 있다. 장자는 그것을 '지덕지세(至德之世)'의 상태라고 표현했다. 일종의 반문명론(反文明論)인데, 우민정책에 악용될 우려도 있다.

현재의 상태에 만족하면 욕망이 없기 때문에 다툴 일도 없어지게 된다. 정치의 이상도 '무위무사(無爲無事)'다. 쓸데없는 짓을 하기 때문에 여러 가지 문제가 일어난다. 아무것도 하지 않는 편이 좋다는 소극주의. 소극주의라기보다는 부정주의(否定主義)라고 하는 편이 옳을지도 모르겠다.

약육강식의 전국 시대를 구하기 위해서는 가치관의 일대 전환이 필요하다는 생각이 있었다고 한다면, 노장은 소극주의처럼 보이지만 사실은 굉장한 적극주의라고 해야만 할 것이다.

실제 정치에서 노장 사상은 실행될 수 없었다. 장의 같은 정치는 '대국다민(大國多民)'주의였다. 그것이 현실을 지배했지만 노장의 사상은 사라지지 않았다. 개인의 인생관으로서 사람들의 가슴속에서 명맥을 이어 왔다.

중국의 역사를 생각할 때, 심층에 있는 노장을 무시할 수는 없다.

앞에서도 이야기했듯이 노자는 춘추 시대 사람이라 생각되지만, 『노자』라는 책은 전국 시대에 지어진 것이 아닐까 추측된다. 『맹자』를 의식해서 기술된 것이라 여겨지는 부분도 있어서 성립은 『맹자』 이후로 보는 설이 가장 유력하다.

같은 계열에 있기는 하지만 노자와 장자는 역시 약간 다르다. 노자는 무위를 말하면서도 정치에 관한 관심을 잃지 않고 있지만, 장자는 정치에 관심이 매우 적었다. 장자에게는 정치보다 더 강하게 끌리는 점이 있었을 것이다. 불교적으로 말하자면 깨달음을 얻는 것이다. 『노자』는 처세훈적인 면이 있어서 인생을 어떻게 살아야 할 것인가가 이야기되어 있다. 그에 비해서 『장자』는 인생을 어떻게 초월해야 하는가를 문제로 삼고 있다.

초월한 사람은 절대자유의 경지에 도달하게 된다. 장자가 말한 지인(至人), 또는 신인(神人)의 경지다. 『장자』는 첫머리에,

북명(北冥, 북쪽의 바다)에 물고기가 있는데, 그 이름을 곤(鯤)이라고 한다. 곤은 매우 커서 그것이 몇천 리에 이르는지 알 수가 없다. 변하여 새가 된다. 그 이름을 붕(鵬)이라고 한다. 붕의 등이 몇천 리에 이르는지 알 수가 없다. 노하여 날면 그 날개는 하늘에 드리운 구름 같다. 이 새는 바다가 움직이면 곧 남명(南冥, 남쪽의 바다)으로 옮기려 하는데, 남명이란 천지(天池)다.

라고 서술되어 있어 그 기발한 표현이 사람을 놀라게 한다. 지인이나 신인의 경지는 이와 같은 우언(寓言)이 아니면 그 편린조차도 엿볼 수가 없다.

노자는 초나라의 고현(苦縣) 사람이라고 『사기』에 기록되어 있다. 장자는 몽(蒙) 사람이었다고 같은 책에는 기록되어 있지만, 몽은 하남의 상구(商丘) 부근으로 송(宋)나라에 속해 있었다. 송나라라고는 하지만 초나라와의 경계에 가까운 곳이다. 크게 분류하자면 노자와 장자 모두 남방계열이라고 할 수 있다. 자유분방한 면이 있으며, 상상력이 풍부하다. 사고방식은 다르지만 장자의 상상력에는 굴원을 떠올리게 하는 부분이 있다.

장자와 굴원은 같은 시대 사람이다. 『사기』 「노자백이열전(老子伯夷列

傳)」에 초나라의 위왕이 재상으로 삼고 싶다며 예를 다해서 맞아들이려 했지만, 장자가 웃으며 거절했다는 이야기가 기록되어 있다.

> 자(子, 당신)여, 어서 떠나시오. 나를 더럽히지 마시오. 나는 차라리 오독(汚瀆, 오탁(汚濁)) 가운데서 유희하며 스스로 즐길 것이오. 나라를 가진 자(군주)에게 속박하지 않을 것이오. 평생 벼슬을 하지 않고 내 뜻을 즐기겠소.

이것이 왕의 사자에 대한 장자의 대답이었다.

장자의 모국인 송나라는 은나라 유민들의 나라였다. 망국의 유민으로서 차별대우를 받았던 적도 있었을 것이다. 송나라의 양공이 초나라와 전투를 벌였을 때의 송양지인(宋襄之仁)이나 수주(守株)에 대한 일화는 앞에서 이야기했다. 그 외에 '조장(助長)'도 송나라 사람과 관련된 일화다. 묘목을 심은 송나라 사람이 그것이 자라지 않을까 걱정되어 뽑아 놓고는,

> 나는 묘목을 도와서(助) 자라게(長) 했다.

고 말했다는 것이 '조장'이라는 말의 유래다. 성장을 도우려 한 것이 결국은 묘목을 말라 버리게 한 셈이 되었기에 세상의 웃음거리가 되고 말았다. 이 이야기는 『맹자』 「공손추편」에 실려 있다.

한심해서 웃음밖에 나오지 않는 일을 하는 사람, 괴짜, 즉 이것이 송나라 사람들에 대한 세상 사람들의 평이었던 듯하다. 송나라 사람들도 망국의 유민으로서 삐뚤어진 시선으로 세상을 보는 면이 있었을 것이다. 장자의 사상 속에서도 또 그것을 설명하는 자세에서도 그것이 느껴진다.

장자 본인은 자신이 언명했듯이 군주를 섬기지 않고, 옻나무 밭의 관

리인 등을 하며 조용히 생애를 보냈다. 겉으로는 나타나지 않았지만, 그의 사상도 중국 사상의 저류가 되어 표면에 드러나는 경우는 극히 드물었다.

역사의 표면에서는 장의와 같은 인물들이 떠들썩하게 돌아다니며 '대국다민'을 향해서 노력했다. 그 결과가 진나라의 천하통일이었다.

난세의 끝

공질이 된 초 회왕

장의가 위나라로 떠나 거기서 세상을 떠났지만, 진나라의 기본방침은 바뀌지 않았다. 상앙이 죽은 뒤에도 진나라의 전체주의가 계속 진행되었던 것과 같다.

제나라의 민왕(湣王)은 합종의 주석(主席)이 되기 위해 초나라로 합종을 권하는 친서를 보냈으며, 초나라 왕 회왕(懷王)의 마음도 제나라로 기울었다. 이것은 장의가 죽은 기원전 309년의 일이었다.

3년 뒤, 진에서는 소왕이 즉위하여 수많은 뇌물(선물)과 미녀로 초나라를 꾀었기 때문에 초나라는 제나라에 등을 돌리고 친진정책으로 전환했다.

2년 뒤(기원전 304), 회왕은 진나라의 황극(黃棘, 지명)으로 가서 맹약을 맺었다. 어느 시대에나 약한 나라가 강한 나라를 먼저 방문하기 마련이다. 진나라는 초나라 왕의 방문에 만족하여 상용(上庸) 땅을 초나라에게 주었다. 이렇게 해서 초나라는 진나라와 밀접한 관계를 맺게 되지만 이는 제나라에 등을 돌리는 행위였다. 제나라는 한나라, 위나라와 함께 초나라를 공격했다. 합종을 어긴 벌을 묻는다는 구실로 출병한 것이다. 말할 나위도 없이 초나라에서는 동맹국인 진나라에 구원을 요청했다.

진나라는 시계추처럼 진나라와 제나라 사이를 오가는 초나라를 전면적으로 신용하지는 않았다. 초나라의 태자를 인질로 잡은 뒤 원군을 보냈다. 그 때문에 제·한·위 삼국은 군대를 철수시켰다.

그런데 회왕 27년(기원전 302), 인질이 되어 진나라에 머물고 있던 초나라의 태자가 진나라의 대신과 사투(私鬪) 끝에 그를 죽이고 초나라로 도망쳐 버리는 사건이 일어났다.

이로 인해서 진나라와 초나라의 국교가 단절되어 버리고 말았다. 이듬해, 이번에는 진나라가 제·한·위 삼국과 함께 초나라로 출병했다. 이제 초나라는 어디에도 원군을 요청할 곳이 없었다. 초나라 장군인 당매(唐眜)는 전사했으며 초나라의 동쪽 국경에 있는 중구(重丘)를 점령당했다. 그 이듬해는 기원전 300년인데, 진나라는 단독으로 초나라를 공격하여, 초나라는 장군인 경결(景缺)을 잃고 2만 명의 전사자를 내며 참패했다. 이렇게 된 이상 초나라는 이제 친제 정책으로 돌아갈 수밖에 없었다. 그러나 평범한 방법으로는 제나라에서도 믿어 주지 않을 것이었다. 하는 수 없이 이번에는 태자를 제나라로 보내 인질로 삼게 했다.

그 이듬해에 진나라는 다시 출병하여 초나라를 공격해, 여덟 성을 점령한 뒤 초나라에 국서를 보냈다. 거기에는 초나라의 회왕과 무관(武關)에서 회견을 하고 싶다고 적혀 있었다. 말할 나위도 없이 무관은 진나라 영토였다.

가야 하는가, 말아야 하는가?

초나라의 회왕은 고민했다.

친제파인 굴원과 소저(昭雎)는 진나라가 호랑(虎狼)의 나라이니 가면 속게 될 것이라며 왕을 가지 못하도록 잡아 두려 했다.

회왕의 아들인 자란(子蘭)은 친진파였다. 진나라와의 단교가 얼마나 무서운 일인가를 주장하며 진나라의 말에 따라서 무관으로 가야 한다고 권했다. 결국 초나라의 회왕은 진나라로 갔는데 거기서 속아 억류되고 말았다. 진나라는 회왕에게 초나라의 남서쪽에 위치한 무(巫)와 검중(黔中)을 할양하라고 협박했다. 진나라에게 두 땅을 빼앗기면 파촉에서 진나라의 세력이 더욱 커져서, 초나라는 한층 더 불리해지게 된다. 회왕은 영명하지는 못했지만, 외골수같은 성격을 가지고 있었다. 죽어도 건네줄 수 없다며 허락을 하지 않았다. 그랬기 때문에 억류된 것이었다.

왕은 진나라에 붙잡혀 있고, 태자는 인질이 되어 제나라에 있었다. 초나라는 미증유의 국난을 맞이하게 되었다. 이때 진나라와 제나라가 연합하여 초나라를 공격한다면, 초나라는 멸망해 버릴 것이다. 지금은 왕과 태자 모두가 나라에 없으니, 회왕의 서자 가운데 초나라에 있는 자를 왕위에 앉히는 일도 생각해 볼 수가 있었다.

그러나 왕과 태자 모두 다른 나라에 살아 있었다. 그리고 두 사람 모두 곤경에 처해 있는데 서자를 왕위에 앉힐 수도 없는 일이었다. 진나라로부터 왕을 돌려받기는 아무래도 어려울 것이라 판단했기에 제나라에게 태자를 돌려 달라고 요청했다. 왕이 죽었다는 거짓 구실을 앞세웠다.

제나라에서는 인질인 태자를 돌려주는 데, 무조건 돌려주어야 한다는 주장과 회북(淮北) 땅 할양을 조건으로 해야 한다는 두 가지 주장이 일었다. 그러나 조건을 붙이면 초나라에서는 태자를 포기하고 다른 왕자를 즉위시킬지도 모를 일이었다. 그렇게 되면 제나라가 붙잡고 있는 인질인 태자는 '공질(空質, 효력이 없는 인질)'이 될 뿐만 아니라, 천하에 제나라의 불의가 알려질 우려가 있었다. 이에 태자를 보내 주었다.

귀국한 태자가 즉위하여 경양왕(頃襄王)이 되었다. 초나라는 이 사실을 진나라에 통고하였다.

사직의 신령에 힘입어 나라에 왕이 있다.

이로 인해서 진나라에 잡혀 있던 회왕이 '공질'이 되어 버렸다. 화가 난 진나라는 군대를 보내어 무관에서부터 초나라를 공격해, 참수 5만이라는 커다란 전과를 올리고 석(析)이라는 땅과 열다섯 성을 빼앗았다.

가엾은 것은 공질이 되어 버린 회왕이었다. 고국에서는 태자가 즉위를 했기 때문에 회왕은 더 이상 왕이 아니었다. 고심 끝에 진나라에서 탈출하여 조나라로 들어가려 했지만, 조나라는 진나라를 두려워했기 때문에 회왕의 입국을 허락하지 않았다. 조나라는 무령왕이 퇴위하여 주부라 불리고, 그의 아들인 혜왕이 왕위에 있었다. 폐왕이 되어 버린 회왕은 하는 수 없이 위나라로 달아나려 했지만, 진나라의 추격군에게 잡혀 진나라로 돌아갔다가 3년 뒤에 망향의 정을 품은 채 몸부림치며 괴로워하다가 세상을 떠나고 말았다.

회왕의 유해는 초나라로 보내졌다. 초나라 사람들은 회왕의 불행한 죽음에 동정하며 진나라에 대한 적개심을 불태웠지만, 초나라의 국력은 이미 예전 같지가 않았다.

추방당한 굴원의 애국심

진나라 소왕 14년(기원전 293), 진나라의 장군인 백기(白起)가 한나라를 공격해, 이궐[伊闕, 이수(伊水)의 계곡. 낙양의 남쪽]에서 한나라 군 24만을 베는 대승리를 거두었다. 진나라는 그 기세를 몰아 단교 중이던 초나라에 최후의 통첩장을 보냈다.

> 초는 진에 등을 돌렸다. 이에 진은 제후를 이끌고 초를 공격하여 일 단(一旦)의 명(命)을 다투려(일전을 벌이려) 한다. 왕의 사졸(士卒)을 칙(飭, 전쟁에 대비하여 준비함)하여 일락전(一樂戰)을 얻기를 바란다.

이것이 『사기』「초세가」에 실려 있는 진나라 왕 친서의 내용이다. 일락전 얻기를 바란다는 말은 신명나게 한번 싸워 보자는 말이다. 연전연승하던 진나라는 신명나게 싸울 수 있을지 몰라도, 완전히 지친 초나라는 그럴 수가 없었다. 결국 초나라는 진나라와 국교를 회복했다. 그러나 강자와 약자의 강화였다. 다시 진나라와 손을 잡는다는 것은 제나라와의 관계가 나빠진다는 것을 의미하는 것이었다.

초나라 경양왕 14년(기원전 285년), 진나라의 소왕과 초나라의 왕이 완(宛)이라는 곳에서 회견하고 화친을 맺었다. 완은 하남성 남양으로 초나라의 영토였다. 그러나 진나라의 소왕은 옛날 초나라의 회왕처럼 불러서 간 것이 아니라 기세를 떨치며 몰려 갔다. 화친의 조건을 이야기했을 것이다.

이듬해 진나라는 제후의 군대를 이끌고 제나라를 공격했는데, 이때 초나라도 진나라에 가담해 제나라로 출병했다. 이 일은 지난해에 완에서 약속했을 것이다. 말만으로는 믿을 수가 없었다. 화친에 성의를 가지고 있다는 사실을 행동으로 보여 주어야만 했다. 초나라는 이때의 출병으로 제나라 땅이었던 회하(淮河) 북방의 땅을 취득했다.

출병 이듬해, 초나라 왕은 진나라 왕과 두 차례나 회견을 가졌다.『사기』는 그것을 '호회(好會, 우호적인 회견)'라고 표현했지만, 실제로는 진나라가 초나라에 대해서 여러 가지 주문을 했을 것이다.

대등한 국교가 아니었다. 아무래도 초나라는 점점 진나라의 속국이 되어 가는 듯했다. 자부심 강한 초나라 사람들은 말할 나위도 없이 가슴 속에 분노를 품었다.

초나라와 진나라의 표면적인 우호관계는 10년 이상 계속되었다. 그 기간 동안 초나라 반진파의 최선봉이었던 굴원은 당연히 정계에 등장하지 못했다. 경양왕 시절에 영윤(令尹, 재상)으로 권력을 휘두른 것은 왕의 동생인 자란이었다.

굴원은 가장 열렬한 친진파였던 자란을 미워하여 용서할 수 없다고 생각했다. 왜냐하면 회왕이 진나라로 갔다가 억류된 것은 자란이 권했기 때문이었다.

시인이었던 굴원은 애증을 직설적으로 표현하는 인물이었을 것이다. 자란은 굴원이 자신을 미워한다는 사실을 알고 있었다. 이에 같은 친진파 요인으로 상관대부라는 요직에 있는 근상으로 하여금 회왕에게 굴원을 비방토록 했다. 경양왕은 그 참언을 믿고 굴원을 유배해 버렸다.

『사기』의「굴원가생열전」에 이는 개인적인 확집(確執)에 의한 것처럼 기록되어 있으나, 진상은 파벌 다툼 때문이었을 것이다.

굴원은 강빈(江濱, 장강 부근)에 이르러, 머리를 풀고 연못의 가장자리에서 행음(行吟, 중얼거리며 걸음)했다. 안색은 초췌하고 형용은 마른 나무처럼 말랐다.

이것이 추방당한 굴원의 모습이었다. 관직에서 쫓겨났기 때문에 관을 벗었다. 그랬기에 머리카락이 헝클어져 얼굴을 덮은 것이다. 지나치게 결백했기 때문에 일이 여기에 이르렀다는 사실은 잘 알고 있었다. 그래도 정절을 굽힐 수는 없었다. 깊은 우수에 잠겨서 그는 강과 연못을 시를 읊으며 헤매 다녔다.

> 긴 한숨으로 눈물을 닦으며,
> 인생의 다난함을 슬퍼한다.
> 나는 힘써 수과[(修姱, 청정(淸淨)하려 노력함)하여 자제했지만,
> 건(謇, 직언하는 모습)하여, 아침에 수(諫, 간함)했다가 저녁에 파직되었다.
> 이미 나를 바꾸는 데 혜양(蕙纕, 향초로 만든 허리띠)을 탓하고,
> 또한 지(茝, 향초)를 뜯었다고 하더라.
> 이 역시 내 마음이 좋아하는 바이니,
> 아홉 번 죽어도 이를 후회하지 않을 것이다 .

굴원은 『초사』 중 〈이소〉의 한 구절에서 다음과 같이 말했다. 자신이 파직되어 추방당한 것은 향초로 만든 허리띠를 두르고 향로를 꺾었기 때문이라는 것이다. 그것이 바로 '수과'에 해당한다. 자신의 주변을 깨끗이 하려 노력한 것이 바로 추방당한 이유였다. 그렇다면 세속에 맞춰서 더러

워질 수도 있지만 그러고 싶은 마음은 없었다. 자신이 옳은 것이라 믿은 것이니 끝까지 삶의 방식을 바꾸고 싶지 않았다. 그 때문에 설령 아홉 번 죽는다 할지라도 후회하지 않는다고 기세 좋게 단언했다.

그래도 가끔은 초나라를 떠나 다른 영명한 군주 밑에서 일해 볼까 하는 마음이 드는 적도 있었던 모양이다. 시적인 환상 속에서 굴원은 곤륜(崑崙)의 길을 걷기도 하고 불주산(不周山)이나 서해(西海)를 향해 떠나기도 했다. 심지어 정신은 하늘 높이 비상하려 했다. 그러나 그의 마음이 고국에 강하게 묶여 있었기에 그곳을 떠날 수는 없었다.

> 하늘에 해가 찬란하게 떠오르니,
> 문득 저 멀리 고향이 보인다.
> 복부(僕夫, 종자)는 슬퍼하고 내 말도 그리워하며,
> 몸을 돌려 돌아보며 가지도 않는다.

역시 다른 나라에는 갈 수 없었다. 그렇다면 어떻게 해야 한단 말인가? 이 〈이소〉라는 작품의 '난(亂)'을 읽어 보기로 하자.

그에 앞서서 〈이소〉라는 굴원의 대표작의 제목에 대한 두 가지 설을 소개하도록 하겠다.

첫 번째 설은 '이(離)'는 '이(罹)'라는 뜻으로 병이나 재액을 맞게 됐다는 뜻이다. '소(騷)'는 '근심'을 말하니, 근심에 빠진 모습을 이야기한 시에 이런 제목을 붙인 것이라는 설로 후한의 반고(班固) 등이 주장했다.

두 번째 설은 '이(離)'는 이별을 말하는 것이니, '이별의 근심'이라는 의미라고 보는 것으로 후한의 왕일(王逸)이 주장한 설이다. 앞의 설이 더욱

유력하다고 생각한다.

'난'이란 장시의 말미에 시를 정리하여 덧붙인 짧은 글이다.

> 이제 어쩔 수 없구나, 나라에 사람이 없고 나를 알아주는 이도 없으니,
> 또 어찌 고향을 그리워하겠는가.
> 이미 함께 미정(美政, 좋은 정치)을 행할 이도 없으니,
> 나 이제 팽함(彭咸)이 있는 곳으로 가야겠다.

고국에는 인재도 없고 자신의 재능을 알아주는 사람도 없다. 이제 와서 고국을 그리워해 봐야 소용없다. 좋은 정치를 함께 펼칠 동지도 고국에는 이미 없으니, 나는 이제 팽함이 있는 곳으로 가고 싶다고 생각한다는 것이다.

팽함은 은나라 시절의 현인(賢人)으로 주군에게 간언했지만 받아들여지지 않았기 때문에 투신자살을 한 사람이라고 전해진다. 그런 팽함에게로 가고 싶다는 것은 죽고 싶다는 말이다.

〈이소〉는 굴원이 추방된 직후에 쓴 작품이라 여겨지고 있다. 이 시를 지은 후에도 굴원은 여전히 물가를 거닐었다. 그가 팽함처럼 물에 몸을 던진 것은 시간이 조금 더 흐른 뒤였다.

모범을 보이기 위한 죽음

진나라의 속국이 되어 가고 있는 초나라의 친진파에 둘러싸인 경양왕조차 더 이상 참을 수 없는 시기가 찾아왔다.

『사기』의 「초세가」에 따르면, 경양왕은 약한 활로 기러기를 잡는 데 능숙한 인물로부터 다음과 같은 이야기를 듣고 분발하기 시작했다고 한다.

무릇 선왕(회왕)은 진나라의 속임수 때문에 밖에서 객사했다. 이보다 더한 원한도 없다. 지금 필부의 원한으로도 만승(萬乘, 국왕)에게 보복한 것이 있다. 백공(白公)과 자서(子胥)가 그렇다〔백공은 공자 건(建), 자서는 오자서(伍子胥). 일개 필부였지만 아버지의 원한을 풀기 위해 초나라 평왕의 시체를 채찍으로 때렸다〕. 지금 초나라 땅은 사방 5천 리이고, 대갑(帶甲, 무장병)이 백만인데, 아직도 중야(中野, 중원)에서 활약하기에 족하다. 그런데도 앉아서 굴욕을 받으니, 신은 대왕을 위함이라 생각지 않는다.

경양왕은 합종을 부활시켜 진나라를 치려 했다. 친진에서 반진으로 방향을 전환한 것이다.

이와 같은 국책의 180도 전환이 약궁(弱弓)의 명수 한 사람의 말에 의해서 결정된 것은 아닐 것이다. 그대로 간다면 언젠가는 진나라에 의해서 멸망당하고 말 것이었다. 어차피 멸망할 거라면 용감하게 일어나 진나라와 일전을 펼쳐 보자는 목소리가 정열의 나라인 초나라에 팽배했을 것이다. 경양왕도 그 목소리에 귀를 기울이지 않을 수 없었다. 그런 목소리에는 말할 나위도 없이 굴원처럼 추방되었던 반진파의 목소리도 섞여 있었다.

초나라는 제후에게 사자를 보내 반진 동맹을 재건하려 노력했다. 진나라는 그 사실을 알고 초나라로 출병했다. 경양왕 19년(기원전 280)의 일이었다. 초나라는 한북(漢北)과 상용을 잃었다. 이듬해 진나라는 다시 출병했고 초나라는 서릉(西陵)을 빼앗겼다.

진나라는 해마다 초나라를 공격했다.

경양왕 21년(기원전 278)에 진나라의 장군 백기가 결국 초나라의 국도인 영(郢)을 함락시키고 선왕의 묘인 이릉(夷陵)을 불태웠다. 패한 경양왕은 진성(陳城, 하남성)으로 물러나 대항했다.

이듬해인 22년에 진나라는 드디어 초나라의 무와 검중을 점령했다. 이곳이 초나라의 국운을 좌우할 만큼 중요한 땅이라는 사실을 앞에서 이야기했다. 진나라에 사로잡힌 회왕이 석방 조건으로 이 두 땅의 할양을 요구받았지만 죽음에 이르기까지 거부한 곳이었다. 진나라는 그 땅을 결국 무력으로 빼앗아 버렸다.

굴원이 조국의 장래에 실망하여 멱라(汨羅)에 몸을 던져 죽은 것이 이해였을 것이라고 추정되고 있다.

〈구장(九章)〉이라고 불리는 시 가운데 '회사부(懷沙賦)'라는 장은 굴원이 죽을 때 쓴 것이라 알려져 있다. 회사란 자살하기 위해서 돌을 품 안에 넣는다는 뜻이다.

길을 나아가 북쪽에 머무니,
해는 어두워져 이제 곧 지려 한다.
근심을 달래고 슬픔을 즐기려 하니,
이는 대고(大故, 죽음)로 함이 으뜸이다.

근심이나 슬픔을 기쁨으로 바꾸려면 그것은 죽음에 의할 수밖에 없다.

굴원은 남쪽으로 추방되었다. 초나라의 도읍인 영은 북쪽에 있었다. 그의 마음은 언제나 북쪽을 향해 있었다. 어쩌면 멱라 부근에 왔을 때 국도가 함락되었다는 비보를 접했는지도 모른다. 그는 돌을 품에 품고 몸을 던졌다.

'회사부'의 '난(亂)'은 다음과 같은 구로 되어 있다.

죽음은 양보할 수 없음을 아니,
안타까움이 없기를 바란다.
분명히 군자에게 알리니,
나는 무릇 그 모범이 되려 한다.

무의미하게 죽는 것은 아니다. 죽음에 이르기까지 정절을 굽히지 않고 나라를 사랑해 온 사람이 하나 있었음을 분명히 기록으로 남기고 싶었던 것이다. 죽음을 더 이상 피할 수 없다는 사실을 알게 되면 목숨을 아낄 일도 없으니, 자신도 그런 각오를 하겠다고 포부를 밝혔다. 분노로 죽는 것이 아니라 모범이 되기 위한 죽음이라는 말을 세상의 군자들에게 남겼다.

굴원이 자살한 이듬해, 초나라는 일시적으로 세력을 회복했다. 동쪽에서 병사 10여만을 모은 경양왕이 서진하여 진나라에게 빼앗겼던 장강 유역의 열다섯 읍(邑)을 수복했다.

그러나 반진 정책만으로는 초나라도 버텨 낼 수가 없었다. 경양왕 27년(기원전 272), 초나라는 태자를 인질로 진나라에 보내 다시 진나라와 우호관계를 맺었다. 초나라는 멸망에 이르기까지 한없이 흔들리고 있었다.

이때 인질인 태자를 수행하여 진나라로 간 것이 황알(黃歇), 즉 춘신군(春申君)이었다. 군주에 필적할 만한 권세를 가지고 있으며, 때로는 군주를 능가했다고 일컬어진 전국사군 중 한 사람이다. 더구나 왕족이 아닌 것은 네 사람 가운데 춘신군 한 사람뿐이었다.

경양왕은 즉위 36년(기원전 263)에 죽었다. 그 직전에 춘신군은 태자를 탈주시켰다. 태자는 즉위하여 고열왕(考烈王)이 되었다. 말할 나위도 없이 춘신군이 재상으로 등용되었다.

춘신군은 배짱이 두둑한 인물이었다. 인질인 태자를 탈주시켰으니 진나라의 소왕은 당연히 크게 화를 냈다. 책임자였던 춘신군은 소왕에게 죽여 달라고 청했다. 그때 진나라의 대신인 응후(應侯)가,

> 그가 초나라로 돌아가면 당연히 국정의 최고 책임자에 등용될 것입니다. 벌하지 말고 귀국토록 하고, 그 관계를 이용하여 초와 화친을 꾀하는 것이 상책입니다.

라고 진언했기에 간신히 목숨을 건졌다.

이원에게 배신당한 춘신군

죽음을 각오한 두둑한 배짱이 춘신군만의 개성이었던 듯하다. 춘신군이 집정하는 동안 초나라는 다시 대국다운 모습을 보였다. 그가 재상이 된 지 5년째 되던 해, 진나라가 조나라의 수도인 한단을 포위했을 때, 구원 요청을 받자 그는 장군이 되어 병사를 이끌고 조나라로 향했다. 그런데 이때 진나라 군은 초나라 군이 도착하기 전에 포위를 풀고 물러났다. 전투는 없었지만 초나라는 다시 한 번 진나라와 싸울 수 있다는 자신감

을 회복했다.

그로부터 3년 뒤에 춘신군은 다시 병사를 이끌고 북벌하여 노(魯)나라를 손에 넣었다. 주공을 시조로 삼고 있으며 성인인 공자를 낳은 유서 깊은 노나라도 결국 멸망의 날이 멀지 않게 되었다. 노나라뿐만이 아니었다. 명목뿐이라고는 하지만, 천하의 주인으로 간주되던 주나라도 같은 해에 진나라에게 대대로 내려오는 보기(寶器)를 빼앗기고 말았다.

당시 주 왕실은 사실 동서로 나뉘어 있었다. 실질적으로는 작은 제후에 불과했는데, 그것이 분열되었으니 말기적 증상이라고 하지 않을 수 없다. 기원전 255년에 진나라에게 빼앗긴 것은 서쪽에 있던 주나라였다. 동쪽에 있던 주나라는 그보다 6년 후인 기원전 249년에 멸망했다. 제사가 끊긴 이해를 주나라 멸망의 해로 봐야 할 것이다. 마치 우연처럼 초나라에게 나라를 빼앗기고 거(莒)로 옮겨졌던 노나라가 제사를 끊은 것도 같은 기원전 249년이었다.

천하는 지축을 울리며 대통일을 향해 나아가고 있었다.

진나라 소왕은 즉위 56년(기원전 251)에 세상을 떠났다. 이때 조문사(弔問使)로 초나라에서 진나라로 파견된 것이 춘신군이었다. 인질의 수행원으로 갔다가 진나라를 떠난 지 12년이 지난 뒤의 일이었다. 이 대대적인 장례에 한나라 등에서는 왕 스스로가 상복을 입고 참석했다고 한다.

춘신군은 초나라의 신하면서도 사실은 초나라의 대표자로 간주되고 있었다. 많은 식객들을 거느리고 있었는데, 그들은 초나라의 신하가 아니라 춘신군 개인이 거느리고 있는 사람들이었다. 성악설을 주장한 순자도 제나라의 직하를 떠난 뒤에는 초나라의 춘신군에게 몸을 맡겨 난릉(蘭陵) 지방의 장관으로 임명되었다고 한다.

초나라 고열왕에게 이런 사실들은 그다지 달갑지 않았다. 진나라에서 탈출하게 해 주었다는 은혜가 있기는 했지만 그 은혜조차도 오히려 버겁게 느껴지게 되었다.

초나라가 힘을 되찾았다고는 하지만 그동안 진나라는 더욱 강해져 있었다. 제후는 끊임없이 진의 침공에 골머리를 썩고 있었다. 당연히 합종을 부활시키자는 이야기가 나왔다. 합종의 주도권을 쥘 수 있을 만한 나라는 이제 초나라밖에 없었는데, 초나라의 대표자는 춘신군이었다. 춘신군은 합종의 실질적인 맹주로 진나라와 대결할 존재가 되어 버렸다.

초나라는 국도인 영을 진나라에게 유린당한 뒤, 왕궁을 진성으로 옮겼지만, 그곳은 진나라에서 너무나도 가까운 위험한 위치에 있었다. 이에 수춘(壽春, 오늘날 안휘성)이라는 곳으로 천도했다. 이 일도 춘신군의 식객인 주영(朱英)이라는 자의 건의로, 춘신군이 모든 일을 도맡아 처리했다.

춘신군 자신은 수춘이 아니라 자신이 봉해진 땅인 오(吳)에 머물면서 재상으로서의 일을 수행했다. 조나라의 무령왕이 퇴위한 뒤 대(代)라는 성에 머물고, 그의 아들인 혜문왕이 국도인 한단에 있었던 일국쌍두(一國雙頭)와 약간 비슷한 형태였다.

말할 나위도 없이 초나라의 고열왕은 걱정이 되지 않을 수 없었다. 고열왕은 아무래도 몸까지 약했던 듯하다. 아무리 해도 아들이 태어나질 않았다. 춘신군도 왕에게 끊임없이 여성을 제공했지만 회임한 적이 없었다.

춘신군의 식객 가운데 이원(李園)이라는 질이 좋지 않은 야심가가 있었다. 그에게는 굉장한 미모를 지닌 여동생이 있었다. 그 여동생을 이용하여 출세해 보겠다는 좋지 않은 생각을 품고 있었다. 여동생을 초나라 왕에게 헌상한다면 총애를 받을 것은 틀림없는 사실이었지만, 그 총애를 이어 간다는 것은 매우 어려운 일이다. 나이를 먹으면 결국에는 총애도 시들해지기 마련이다. 아들이 태어난다면 그것이 강력한 연결고리가 될 것이다. 그러나 고열왕은 아들을 낳지 못하는 몸일지도 몰랐다.

간교한 이원은 여동생과 공모하여 한 가지 계획을 세웠다. 영웅은 색을 밝힌다는 말처럼 춘신군도 그 방면으로는 상당한 정력가였던 듯하다. 어느 날 이원이 제나라 왕으로부터 여동생을 달라는 말이 있었다는 이야기를 하자, 춘신군은 과연 관심을 보였다. 아니나 다를까, 한번 만나보고 싶은데. 알겠습니다. …… 이렇게 해서 춘신군은 이원의 여동생을 총애하게 되었다. 머지않아 그녀는 회임했다.

이원의 여동생은 자신이 임신했다는 사실을 춘신군에게 밝히고, 오빠와 상의하여 미리 정해 둔 대로 일을 진행해 나갔다.

당신은 인질이었던 때부터 맺어 왔던 초나라 왕과의 인연으로 중용되었습니다. 그러나 초나라 왕에게는 왕자가 없습니다. 만약 초나라 왕이 세상을 떠나게 된다면 형제 중 누군가가 왕위에 오르게 될 것입니다. 어느 형제에게나 각자 친하게 지내는 사람이 있으니, 그 사람들이 등용될 것입니다. 권세의 좌에 있던 당신은 왕족들에게 실례를 범한 적도 적지 않습니다. 당신에게 재앙이 미치지 않으리라고는 장담할 수 없습니다. ……그래서 드리는 말씀인데, 저를 초나라 왕에게 추천해 주시지 않으시겠습니까? 초나라 왕의 궁전에서 제가 출산하여, 하늘의 도움으로 아들을 얻는다면 초나라를 물려받게 될 것입니다. 당신의 아들입니다. 초나라 전부가 당신의 것이 되지 않겠습니까?

이원의 여동생은 춘신군에게 이렇게 이야기했다. 재상의 자리에 머문

지 20년, 그가 맡은 일은 일찍이 초나라의 오기나 진나라의 상앙이 했던 것과 비슷했다. 즉 왕족의 힘을 약화시켜 그것을 왕 한 사람에게 집중시키는 정책을 취했다. 틀림없이 원한을 산 적도 있었을 것이다. 허약한 고열왕이 죽은 뒤의 일도 슬슬 생각해 놓아야 할 때가 왔다. 춘신군은 결국 이원의 여동생의 말을 따랐다.

재상이 추천한 미녀였기에 초나라 왕은 이를 받아들였다. 그리고 그녀는 사내아이를 낳았다. 그녀에 대한 초나라 왕의 총애는 이만저만한 것이 아니었다. 그녀의 오빠인 이원도 기용되어 국정에 관여하게 되었다.

이원의 계획은 여기서 그치지 않았다. 이 비밀을 알고 있는 춘신군을 주살해야만 비로소 그의 계획이 완성되는 것이었다. 춘신군 자신도 비밀과 밀접한 관계가 있으니 그것을 누설할 염려는 없을지도 몰랐다. 그러나 춘신군은 그 비밀을 무기로 이원이 권세를 휘두르는 것을 방해할지도 몰랐다. 이원은 춘신군 대신 초나라의 일인자가 되려는 야심을 품고 있었기에 어쨌든 춘신군은 살려 둘 수 없는 존재였다.

수춘 천도를 건의했던 주영은 이원의 계획을 꿰뚫어 보고 있었다. 이에 춘신군에게 이원을 죽이라고 진언했지만, 이는 받아들여지지 않았다.

이원은 약인(弱人)이다. 나 역시 그에게 잘하고 있다.

춘신군은 이원을 약한 인간이라고 얕잡아 보고 자신은 그를 잘 대해 주고 있으니 염려할 필요가 없다고 생각했다. 그의 생각은 너무 안일했다. 이원은 남몰래 자객을 기르고 있었다.

주영은 충언이 받아들여지지 않았기 때문에 자신에게 화가 미칠까 두려워 춘신군 밑을 떠나 버렸다. 그로부터 17일 뒤에 고열왕이 죽었다. 춘신군은 오에서 수춘으로 급히 달려가지 않을 수 없었다. 이원은 왕궁의 문 안에 자객을 매복시켜 두고 춘신군이 궁문 안으로 들어섰을 때 포위하여 찌르고 목을 베었다. 춘신군의 일족은 모두 살해당하고 말았다.

3천 명의 식객을 거느리고 있었더라도 이럴 때는 아무런 도움도 되지 않는다.

고열왕이 세상을 떠난 뒤에 즉위한 이가 이원의 여동생이 낳은 문제의 아들인데, 그가 바로 초나라의 유왕(幽王)이다. 춘신군이 살해당한 것은 기원전 238년의 일이었다.

『사기』의 작자인 사마천은 기원전 135년 무렵에 태어난 것으로 알려져 있다. 춘신군이 죽은 지 약 100년 뒤에 태어났다. 격동의 100년이었지만, 당시 사건을 실제로 견문한 사람으로부터 생생한 이야기를 전해 들은 사람이 노령으로 아직 살아 있을 만한 시절이었다. 그런 사마천이 춘신군에 대해서 다음과 같은 비평을 더했다.

처음 춘신군이 진나라 소왕을 설득하고 마침내 몸을 던져 태자를 돌려보낸 것은 그 지혜가 참으로 밝았다. 후에 이원에게 당한 것은 늙어 쇠약해졌기 때문이로구나.

진나라의 소왕을 상대로 목숨도 아까워하지 않고 태자를 본국으로 돌려보냈을 때의 춘신군은 얼마나 씩씩하고 시원스러웠던가. 그로부터 20년 뒤, 초나라의 일인자로서 오랫동안 높은 자리에 있던 그 인물이 이원 같은 자에게 당하다니, 참으로 망령된 일이구나, 라고 사가는 한탄하고 있다.

여불위가 투자한 기화

춘신군, 이원, 그의 여동생, 초나라의 고열왕과 그의 아들인 유왕, 이 관계는 뭐라 말로 표현하기 어려운 느낌을 갖게 한다.

5백수십 년에 걸친 춘추전국 시대에 이와 비슷한 일은 헤아릴 수 없이 많았는지도 모른다. 그러나 그것이 표면으로 드러나 사람들의 입에 오르내리게 됐다는 데 문제가 있다. 숨기고 있던 것을 굳이 숨길 필요가 없어졌기 때문일까?

사람들이 그런 소문을 공공연히 이야기하게 되었다. 그것이 부끄러워 할 필요가 없는 일이 되었기 때문이 아니다. 상층이라 불리는 계급의 문란한 모습이 서민들의 입에 오르내리게 된 것이다. 혈통에 대한 미신이 웃음거리가 되기 시작한 것이라고 봐야 할 것이다. 사회질서를 근본에서부터 뒤엎을 만한 에너지가 그 무렵부터 생겨나기 시작했다.

난세가 끝나 갈 무렵의 모습. 춘신군의 말년에 관한 이야기는 그렇게 해석해야 할 것이다.

춘신군의 이야기보다 더 기가 막힌 이야기가 전해 내려오고 있다. 그것은 더 이상 역사의 뒷얘기라고는 말할 수 없는 종류의 것이다. 우리가 지금 실제로 보고 있는 통일된 중국의 원형을 만든 이야기라고 말해도 좋을지도 모르겠다.

앞에서도 이야기했듯이 전국 시대에는 상인들이 각국을 오가며 상업에 종사했다. 세계가 넓어지자 상업의 규모도 커졌다. 상공업의 규모가 커진 데는 철기 사용의 보급이 무엇보다 중요한 요소였다. 특히 중국에서 태어났을지도 모를 주철 기술은 대량의 산소를 필요로 하는데 풀무가 그 문제를 해결했다. 주철은 단철(鍛鐵)처럼 가내공업으로는 불가능하다. 상당히 커다란 공방을 필요로 했다. 인구가 늘어 수요가 증대되면 상인들도 바빠지게 된다.

전국 시대 말기에 대실업가(大實業家)라 부를 수 있을 만한 사람들이 등장했다.

양택(陽翟, 하남성) 출신인 여불위(呂不韋)는 각국을 오가며 천금의 재산을 소유하게 된 대상인이었다. 여러 나라를 보아 왔기 때문에 그는 뛰어난 식견을 지녔다. 게다가 모든 면에 있어서 이상할 정도로 뛰어난 감식안(鑑識眼)을 가지고 있었다.

어느 날 여불위는 상업상의 용무로 조나라의 수도인 한단을 찾았다. 그는 거기서 진나라에서 인질로 보낸 진나라 왕의 손자 자초(子楚)를 만났다. 여불위가 자초를 만났을 때 한 말은 너무나도 유명하다.

이는 기화(奇貨)다. 거(居)할 만하다.

기화란 진귀한 상품, 이른바 '뜻밖에 얻게 된 좋은 물건'을 의미한다. 평범한 사람들은 그다지 거들떠보지도 않지만, 그 분야의 전문가가 보기에는 굉장한 가치를 지닌 물건이다. 그러나 지금 당장 가치를 인정받을 수 있는 것은 아니다. 한동안 가지고 있으면 굉장한 가치를 갖게 될지도 모르는 것이 '기화'다. '거할 만하다'란 저축해 둔다는 뜻과 같다.

진나라의 인질인 자초가 어째서 뜻밖에 얻은 횡재였을까?

전국 시대의 관습에 따라서 제후들이 서로 인질을 교환했다는 사실은 이제까지 종종 이야기해 왔다. 약한 나라에서 강한 나라로 보내지는 인질은 태자 등과 같이 중요한 인물이었다. 그러나 강한 나라에서 약한 나라로 보내지는 인질은 중요도가 떨어지는 왕족인 경우가 많았다.

진나라에서 조나라로 보낸 인질 자초도 그렇게 중요한 왕족은 아니었다. 진나라 소왕 시절로 자초는 소왕의 둘째 아들인 안국군(安國君)의 아들이었다. 소왕의 손자이기는 했지만 태자의 아들은 아니었다. 왕위계승 서열을 따지자면 한참 뒤에 있었다.

인질이니 만약 진나라가 조나라를 공격하면 목숨을 잃게 될지도 모를 사람이었다. 진나라는 거침없이 제후를 공격할 생각이었으므로 살해당해도 아깝지 않을 사람을 인질로 보냈다. 자초도 국익을 위해서 목숨을 잃게 될 요원 중 한 명이었다.

그런데 진나라의 태자가 사망하여 둘째 아들인 안국군이 태자가 되었다. 자초는 태자의 아들이 되었으니 왕위계승 서열이 단번에 뛰어 올랐다. 그러나 새로운 태자인 안국군에게는 스무 명이 넘는 아들이 있었다. 국도에 있는 아들들이 훨씬 더 유리했으며, 이웃 나라에 인질로 와 있는 자초에게는 그다지 전망이 없었다.

여러 나라를 돌아다니며 온갖 정보를 수집하던 여불위는 진나라의 내정에 대해서도 아주 잘 알고 있었다. 진나라 태자인 안국군의 정부인은 화양부인(華陽夫人)이라 불리는 사람이었지만, 그녀는 아들을 낳지 못했다. 화양부인이 '이 아이가 좋겠다'고 지명한 사람이 태자의 후계자로 장래의 왕위를 약속받게 되는 것이다.

태자에게는 스무 명이 넘는 아들이 있었지만, 태자의 사랑을 독차지하고 있는 화양부인의 친아들이 아니라는 점에서는 모두가 같은 조건이었다. 인질이 되어 조나라에 와 있는 자초도 스무 명이 넘는 형제들과 같은 출발선상에 서 있었다.

자초가 화양부인의 지명을 받는다면 진나라의 왕이 될 가능성이 있었다. 그런 의미에서 자초는 기화였다.

여불위는 국제적인 상인으로서 지명권을 가지고 있는 화양부인의 인맥에 대해서도 아주 훤히 꿰뚫고 있었다. 그녀에게 가장 커다란 영향력을 행사하고 있는 인물이 그녀의 언니라는 사실도 잘 알고 있었다. 궁정에 출입할 정도의 상인이었기 때문에 화양부인의 성격, 무엇을 갖고 싶어 하는지, 그녀의 언니는 어떤 사람인지 여불위는 그런 것들도 자세히 파악하고 있었다. 화양부인에 대한 공작에 있어서 그는 누구에게도 지지 않을 자신이 있었다.

기화(奇貨)는 조나라에서 궁핍한 생활을 하고 있었다. 조나라에서 진나라의 인질을 차갑게 대했기 때문에 외출할 때 탈것조차 제대로 준비되어 있지 않은 형편이었다. 하물며 상류사회 사람들과의 교제는 생각할 수도 없었다.

여불위는 여러 나라를 돌아다니며 얼마간은 득을 보았지만, 당시는 아직 그렇게 커다란 부자라고는 할 수 없었던 듯하다. 그는 자초에게 접근하여,

저는 능히 당신의 문을 크게 할 수 있습니다.

라고 이야기했다. 문이 커진다는 것은 유복해진다는 뜻이다. 당신을 부자로 만들어 주겠다는 뜻이었다. 이 말을 들은 자초는 웃으며 당신의 문을 크게 한 다음에 내 문을 크게 해 주길 바란다고 대답했다. 이에 대해서 여불위는,

당신은 모를 것입니다. 제 문은 당신의 문을 기다려 커질 것입니다.

라고 말했다. 당신이 부자가 되기를 기다린 후에야 나는 부자가 될 수 있다는 수수께끼와도 같은 말이었다. 자초는 머리가 잘 돌아갔기 때문에

여불위의 의도를 거의 알아차린 듯했다. 이 만남을 계기로 두 사람은 공동 모의에 들어갔다.

여불위는 모든 재산을 털어서 천금의 자금을 마련했다. 자초는 진나라의 왕이 되면,

> 청컨대, 진나라를 나누어 자네와 이를 함께하겠다.

라고 약속했다. 나라의 절반을 떼어 주겠다는 것이다. 밑천으로 마련한 천금 중에서 500금은 자초의 교제비로 쓰기로 했다. 빈객과 사귀어 점차 명성을 올리겠다는 것이었다. 나머지 500금은 결정권을 가진 화양부인에게 바칠 헌상물 등을 구입하는 데 썼다. 여불위는 부인의 언니에게 접근하여 공작을 펼쳤다. 그는 우선 자초가 현명하고 지혜로워서 제후의 빈객들과 사귀며 명성이 높아지고 있다고 이야기하고, 또 자초가 부친인 태자와 그 정부인을 그리워하여 밤낮으로 눈물을 흘리고 있다고 했다. "부인을 하늘처럼 여기고 있다"고 약간 과장스럽게 이야기했지만 효과는 있었다.

> 색(色, 용모)으로 사람을 섬기는 자는 색이 쇠하면 사랑도 식는다.

무엇보다도 여불위가 부인의 언니를 통해서 들려준 이 말이 화양부인의 마음을 움직였으리라 짐작된다.

지금은 태자부인, 곧 왕후가 될 그녀에게도 시들어 가는 용색을 막을 방법은 없었다. 아들이 있다면 아이가 태자와의 사랑을 보장해 줄 테지만 그녀는 아들을 낳지 못했다.

> 생각해 볼 필요가 있습니다.

500금에 상당하는 선물보다도 화양부인은 자신의 장래를 곰곰이 따졌다. 자신이 스스로 후계자를 지명한다면 그 은혜는 상대방에게 깊은

감사의 마음을 품게 할 것이다.

화양부인은 눈물로 태자에게 호소하여 자초를 양자로 삼았다. 태자와 부인이 조나라에 있는 자초에게 생활비를 보내게 되자, 자초는 그것으로 더욱 여유 있는 생활을 할 수 있었기에 빈객들과의 교제도 더욱 활발해졌다.

모든 일이 순조롭게 진행되어 갔지만 조나라로 돌아온 여불위와 자초 사이에 작은 트러블이 생겼다. 그러나 자초는 그 문제를 조금도 깨닫지 못했는지도 모른다.

한단은 미인들이 많기로 유명한 곳이다. 드디어 부호다운 면모를 갖추게 된 여불위는 재력을 이용하여 미모의 무기(舞妓)를 집에 들였다. 당시 부호의 집에서는 가기(家妓)를 두어 빈객을 접대하고 있었다. 웬만한 집에는 가기가 몇십 명이나 있었다. 인질 공자인 자초가 어느 날 여불위에게 초대를 받아 가장 아름다운 무기를 보자마자 첫눈에 반해 "내게 달라"고 말을 꺼냈다.

그런데 그 무기는 여불위가 손을 댔을 뿐만 아니라 벌써 임신까지 하고 있었다. 그러나 거부하면 지금까지 쏟아부은 투자가 모두 물거품이 되어 버리고 만다. 자초는 앞으로가 기대되는, 황금알을 낳아 줄 거위였다. 그것을 놓칠 수는 없었다. 여불위는 그녀를 자초에게 주기로 했다. 다만 여불위와 그녀는 임신했다는 사실을 숨기기로 했다.

이렇게 해서 그녀는 한단에서 사내아이를 낳았다. 자초는 물론 자신의 아이라고 생각했다. 그 아이의 이름을 정(政)이라고 지었다.

그 정이 바로 여섯 나라를 쓰러뜨리고 천하를 통일한 시황제였다.

『사기』는 「여불위열전(呂不韋列傳)」에 시황제의 기구한 출생담을 실어

놓았지만, 같은 책의 「진시황본기(秦始皇本紀)」에는,

> 진의 시황제는 진의 장양왕의 아들이다. 장양왕(莊襄王)은 진을 위
> 해 조나라에 인질로 있었다. 여불위의 희(姬)를 보고 기뻐하여 이를
> 아내로 맞았다. 시황을 낳았다.

라고 평범하게 기술했을 뿐이다. 시황제가 태어난 것은 진나라 소왕 48
년(기원전 259) 정월이라고 알려져 있다.

상국 여불위

시황제는 생후 2년 만에 목숨을 잃을 위기에 처했다.

진나라는 예전부터 조나라와 교전을 펼쳐 왔는데, 시황제가 태어나기 1
년 전에는 진나라의 장군 백기(白起)가 장평(長平)에서 조나라의 대군을 물
리치고 40여만 명을 격멸시켰다. 인질인 자초는 식은땀을 흘렸을 것이다.

소왕 50년(기원전 257), 진나라 군이 결국 조나라의 국도를 포위했다.
한단성 안에는 진나라의 인질인 자초가 있었다. 이럴 때면 인질은 목숨
을 잃기 마련이었다. 자초는 여불위와 상의하여 황금 600근으로 감시하
던 관리를 매수하여 간신히 위기를 모면하고 진나라 진영으로 탈출하는
데 성공했다.

조나라에서는 남은 자초의 처자를 죽이려 했지만, 한단 출신인 그녀는
어린아이를 품은 채 교묘하게 잠복했다. 틀림없이 여불위가 만일의 사태
에 대비해서 몸을 숨길 곳을 마련해 줄 사람을 준비해 두었을 것이다.

한단은 포위에도 용케 무너지지 않았으며 진나라 군도 애를 먹다 병사를 물렀다. 이때 구원을 위해서 초나라 군을 이끌고 한단으로 달려간 사람이 춘신군이라는 사실은 앞에서 이야기했다.

한단을 포위했던 때로부터 6년 뒤, 진나라의 소왕이 죽자 춘신군이 초나라의 조문사로 진나라에 파견되었다는 사실도 앞에서 이야기했다. 조나라에서 자초의 부인과 그 아들인 정을 진나라로 돌려보낸 것이 이때였으리라 여겨진다.

이때 자초의 아버지인 안국군이 즉위했다. 이가 바로 효문왕(孝文王)이다. 당시에는 1년 동안의 복상기간이 지난 뒤에 정식으로 즉위하는 것이 관습이었다. 소왕이 죽고 1년이 지난 뒤 상복을 벗고 드디어 즉위식을 거행한 지 3일 뒤, 효문왕이 덧없이 세상을 떠나고 말았다.

역시 '기화', 진귀한 물건이었다. 드디어 자초가 진나라의 왕이 되었다. 그가 바로 장양왕(莊襄王)이었다.

말할 나위도 없이 여불위가 승상(丞相)에 올랐다.

화양부인은 화양태후로서 존경을 받았다.

장양왕은 재위 3년 만에 세상을 떠났다. 여불위가 생각했던 것보다 속도가 훨씬 빨랐다. 태자인 정이 왕이 되었다.

진나라 왕 정(政)의 원년은 기원전 246년으로 만 13세의 소년이었다. 진나라 왕 정은 26년(기원전 221)에 비로소 시황제를 칭했지만, 혼돈스러우니 여기서는 편의상 시황제라 부르기로 하겠다.

여불위는 소중한 기화를 잃었지만, 기화의 아들을 여전히 장악하고 있었다. 사실은 자신의 아들이며 나이도 어렸기 때문에 다루기 쉬웠을 것이다. 그는 상국(相國, 나라를 봄)이라는 존칭으로 불렸다. 이는 평범한 승상보다 한 단계 위라 여겨졌던 칭호였다. 그리고 그는 '중부(仲父)'라고도 불렸다. 춘추 시대에 제나라의 환공이 관중을 중부라 불렀다는 고사에서 따온 것이다. 원래의 뜻은 아버지의 동생, 즉 숙부를 말하는데 '아버지와 같은 사람'이라는 뉘앙스를 가지고 있다.

이제 여불위는 진나라에서 그의 권세를 따를 자가 없는 인물이 되었다.

같은 시기, 초나라에서는 춘신군이 왕족이 아닌 재상으로 있으면서 권세는 왕을 능가하고 있었다. 여불위는 춘신군을 염두에 두었을 것이다. 춘신군이 이원에 의해 살해된 것은 시황제 9년의 일이었다.

천하를 통일하는 것은 진나라가 아니면 초나라일 것이라 여겨지고 있었다. 말하자면 결승전에서 대결하게 된 진나라와 초나라의 군주가 사실은 진나라와 초나라의 올바른 왕통을 계승한 자가 아니라는 사실은 어쩐지 난세의 끝을 상징하고 있는 것 같다.

진나라의 시황제가 사실은 여불위의 아들이고 초나라의 유왕이 사실은 춘신군의 아들이라는 사실이 대체 어떻게 해서 밝혀졌으며, 어떤 식으로 기록되었을까? 『사기』의 이 대목을 읽을 때마다 나는 늘 이상하다는 생각이 들곤 한다.

두 사람에 관한 이야기는 매우 비슷하다. 너무 비슷해서 오히려 이상하다는 생각이 들 정도다. 전능한 최고 권위자에 대한 서민들의 저항으로 그와 같은 출생담이 만들어졌는지도 모른다. 거만한 우상은 쓰러뜨리고 싶어지는 법이다.

진나라의 시황제가 진나라 이외의 6개국의 사서를 불태워 버렸기 때문에 사마천은 주로 진나라의 기록에 의지하여 기록했다고 전해진다. 진나라의 정식 사서에 시황제의 출생과 관련된 불명예스러운 내용이 기록되었을 리는 없다. 사마천에게 불과 100년 밖에 떨어지지 않았던 전국 시대 말기는 신화의 세계가 아니었다. 틀림없이 민간에 생생하게 전해진 목소리를 그 나름대로 균형감각을 유지하며 취합하여 기록했을 것이다.

그것이 사실인지 아닌지의 여부는 별개로 치고, 진나라와 초나라가 펼친 결승전의 주장(主將)에 관해 이와 같은 이야기가 전해져 내려왔다는 사실만은 부정할 수가 없다.

춘신군이나 여불위처럼 왕을 능가하는 권세가들이 등장하여 찬탈 일보직전까지 갔었던 것이 전국 시대 말기의 상황이었다. 찬탈극을 기대하는 마음이 일반 백성들에게 있었는지도 모른다. 표면적인 찬탈은 없었지만 혈통상의 찬탈이 있었다는 이야기가 만들어질 토대는 형성되어 있었다고 말할 수 있다.

좋은 의미든 나쁜 의미든 사람들의 가슴 속에는 눈앞에서 전개되는 역사의 진행에 대한 기대가 있기 마련이다. 때로는 그 기대가 역사 자체에 섞여 드는 경우도 있을 것이다.

그야 어찌 됐든 여불위에게는 전국사군이라는 모델이 있었다. 그가 진나라 궁정의 요인이 되었을 때, 초나라의 춘신군과 위나라의 신릉군은 아직 생존해 있었다. 조나라의 평원군은 진나라의 소왕과 같은 해(기원전 251)에 죽었으니, 모두 같은 시대 사람이라고 할 수 있다.

여불위도 전국사군처럼 식객들을 모았다. 그러기 위해서는 물론 돈을 쓰지 않을 수 없었다. 머지않아 식객은 3천 명이 되었다. 가동(家僮, 하인)이 1만 명이었다고 하니 어떤 생활을 했을지는 상상도 되지 않는다.

시황제가 즉위할 당시는 아직 소년이었기에 여불위가 방심한 면도 있었을 것이다. 그러나 그 소년은 방심해서는 안 될 인물이었다. 도망친 인질의 아들로서 철이 들 무렵에는 아직도 조나라 관리들의 시선을 두려워해야 하는 처지에 놓여 있었다. 아버지가 진나라로 도망쳤으므로, 소년이었지만 그는 중요한 범죄자였다. 적지에서 성장한 그는 차가운 눈으로 사물을 보는 습관을 갖게 되었을 것이다. 어쨌든 인생의 출발점에서부터 생사의 문제에 직면한 사람이었으니 말이다.

장양왕(자초)이 세상을 떠난 뒤부터 여불위는 예전의 첩이었던 시황제의 어머니와 정을 통했다. 예전의 관계가 있었다고는 하지만, 이제는 진나라의 태후라 불리는 신분의 여성이었다. 여불위가 지나치게 대담했다고 하지 않을 수 없다. 이 문제에 있어서는 태후 쪽이 더 적극적이었던 듯하다. 남자 없이는 살아갈 수 없는 여성이었다고 전해진다.

진나라 궁정의 상태는 그야말로 매우 복잡했다.

대음으로 출세한 노애

시황제가 성장함에 따라서 여불위의 불안도 점점 깊어 갔다. 시황제의 모후(母后)와의 관계가 들통 나면 재앙이 미칠 것은 뻔한 일이었다. 적당한 선에서 관계를 끊고 싶었지만 여자 쪽에서 그를 놓아주지 않았다.

여불위는 자신보다 성적 매력이 있는 인물을 추천하면 그녀에게서 벗어날 수 있을 것이라 생각하고 노애(嫪毐)라는 자를 찾아냈다. 『사기』 「여불위열전」은 이 인물을 '대음인(大陰人)'이라고 표현했다. 커다란 남근을 가진 사람이었던 듯하다. 이 계획이 멋지게 적중하여 태후는 노애라는 자에게 푹 빠졌으며 여불위는 드디어 그녀에게서 벗어나게 되었다.

태후 곁에서 그녀를 모시는 자는 환관이 아니면 안 됐다. 노애는 대음인으로 거세를 하지 않았지만 거짓으로 환관이라는 신분이 되어 내전으로 들어갔다. 결국 태후는 임신을 하고 말았다. 이에 점쟁이를 매수하여,

바야흐로 시(時)를 피해 궁을 옮겨 옹(雍)에 있어야 한다.

는 점괘가 나왔다고 일을 꾸미고 시의 재앙을 피한다는 이유로 옹이라는 진나라의 옛 수도로 거처를 옮겼다. 물론 노애도 그녀를 따라갔다. 태후와의 생활이 계속되어 그녀는 옹에서 아이를 둘이나 낳았다.

궁정의 이와 같은 추문이 시황제 9년(기원전 238)에 표면으로 떠올랐다. 분명한 증거는 노애라는 사람 자신이었다. 환관인지 아닌지는 몸을 살펴보면 알 수 있었다. 노애의 삼족은 모두 죽임을 당하고, 태후가 낳은 두 아이도 모두 살해되었다. 그 일이 있기 한 해 전에 노애는 장신후(長信侯)에 봉해져 귀족이 되었다. 하인이 수천 명, 사인(舍人, 가신)이 1천여 명이었다고 하니, 이 남자는 대음을 자본으로 크게 출세한 사람이었다. 죄는 사인들에게까지 미쳐 그들은 가산을 몰수당하고 촉(蜀)으로 유배되었다.

이때 시황제는 만 21세였다. 『사기』「여불위열전」에는 이 일을 고발한 자가 있어서 시황제가 직접 노애 사건을 처리했다고 기록되어 있다. 그러나 같은 책의 「시황본기」에는 노애가 병사를 모아 난을 일으켰기에 시황제가 창평군(昌平君)과 창문군(昌文君)에게 명하여 진압했다고 되어 있다. 병권을 쥐고 있지 않은 자가 갑자기 국왕에게 반란을 일으켰다는 것은 이상한 일이다. 궁지에 몰렸기에 병사를 일으킬 수밖에 없는 상황에 처했을 것이다. 어쩌면 병란 같은 것은 있지도 않았으며, 시황제가 '반란'을 이유로 일방적으로 군대를 보냈는지도 모른다.

시황제의 진짜 목적은 노애와 같은 하찮은 사람이 아니라 상국 여불위의 숙청에 있었는지도 모른다. 21세의 청년 왕에게 여불위는 성가신

존재였을 것이다. 여불위의 입장에서 보자면 자신이 기화(奇貨)에 주목하여 여러 가지 공작을 펼쳤기 때문에 자초가 왕위에 오르게 되었고, 그의 아들이 계승할 수 있었다. 이 모든 것이 자신의 공적이라고 생각하고 있었다.

여불위가 시황제의 친아버지라는 설은 잠시 접어 두기로 하자. 그 설이 잘못된 것이라 할지라도 여불위가 시황제의 커다란 은인이라는 점에는 변함이 없다. 그것이 엄연한 사실이었기에 시황제는 마음이 편치 않았던 것이다.

의욕이 강한 군주일수록 자신에게 간섭하는 유력한 신하의 존재가 눈엣가시처럼 여겨지는 법이다. 그러나 여불위가 진나라 최고의 공신이라는 점은 모든 사람들이 알고 있는 사실이었다. 노애처럼 반란을 이유로 숙청할 수는 없었다. 게다가 여불위의 3천 명의 식객 중에는 뛰어난 재능을 가진 자도 있었기에 시황제 자신이 그들을 필요로 하고 있었다.

여불위는 노애 사건에 틀림없이 관여되어 있었다. 그 대음의 사내를 태후에게 권한 사람이 바로 여불위였다. 시황제는 우선 여불위를 파면했다.

노애 사건으로부터 1년 이상이 지난 시황제 10년(기원전 237) 10월에 이러한 처분이 발표되었다. 『사기』「여불위열전」에 따르면, 처음 시황제는 여불위를 주살하려 했지만 빈객과 변사들이 거듭 그를 위해 변호했기 때문에 자신의 생각을 거두었다고 한다. 파면 처분에조차도 반대 의견이 많았을 것이다. 그랬기 때문에 처분을 내리는 데 1년 이상이 걸렸다.

파면당한 여불위는 봉지인 하남 낙양으로 옮기라는 명령을 받았다. 그런데 제후의 빈객과 사자들이 끊임없이 여불위를 방문했다. 시황제는 여불위의 모반을 우려하여 촉으로 옮기라고 명령했다. 당시 친서의 내용은 다음과 같이 『사기』 「여불위열전」에 인용되어 있다.

군(君)은 진에 무슨 공이 있어 진이 군을 하남에 봉하고, 10만 호를 녹으로 받아먹게 하는가? 군은 진에 무슨 친(親)이 있다고 중부(仲父)라 칭하는가? 어서 가속과 함께 촉으로 옮겨 가라.

그럴 정도의 공적이 있었는가? 그럴 정도의 혈연관계가 있었는가? 다그치듯 힐문한 뒤 '촉으로 가라'는 결정으로 공적과 혈연관계 모두를 부정했다.

아마도 틀림없이 주살당할 것이다.

이렇게 짐작한 여불위는 독을 마시고 죽었다.

시황제 12년(기원전 235)의 일이었으니 노애 사건으로부터 3년이나 지난 뒤였다. 시황제라고 하면 사람들은 과감한 결단력을 가진 독재자라는 이미지가 있다. 분노심이나 증오심이 일면 그 자리에서 처단을 해 버리는 성격을 가진 사람으로 추측하고 있지만, 사실은 그렇지 않았다. 젊었을 때부터 기다릴 줄 아는 인물이었다.

시황제는 여불위의 장례식에 참석하여 곡읍(哭泣)한 자들을 파악해 두었다. 그것이 삼진(三晋) 출신자인 경우에는 전부 국외로 추방해 버렸으며, 진(秦)나라 사람인 경우 봉록 600석(石) 이상은 작위를 박탈하고 방릉(房陵)으로 옮기게 했으며, 500석 이하는 작위는 그대로 두되 역시 방릉으로 옮겨 가도록 했다.

여불위는 그 전성기 때 3천을 헤아렸다는 식객에게 각각의 견문을 쓰게 하고 그것을 편집하여,

천지만물 고금의 일을 전부 갖췄다.

는 일종의 백과사전을 만들었다.

세상 사람들은 이를 『여씨춘추』라 불렀다. 팔람(八覽)·육론(六論)·십이
기(十二紀)의 삼부로 이루어져 있는데, 극히 일부만이 유실되었을 뿐 대부
분이 현재까지 전해지고 있다. 그렇지만 후세 사람이 덧붙인 곳도 있었
을 것이다. 여불위가 죽은 뒤의 일까지 기록된 부분이 있어서 그렇게 추
측되고 있다.

이 백과사전이 완성되었을 때, 여불위는 그것을 함양의 시문(市門)에
주욱 늘어놓았다. 목간, 죽간을 쓰던 시대였으니 20여만 자에 달하는
『여씨춘추』는 상당한 양이었다. 여불위는 늘어놓은 책 위에 천금을 올려
놓고, 제후의 여행자나 빈객을 불러,

여기서 한 글자라도 증감할 수 있는 자가 있다면 이 천금을 주겠다.

며 호언장담했다.

후세에 훌륭한 글을 가리켜 '일자천금(一字千金)'이라고 표현하게 된 것
은 이 고사에서 유래한다.

신하의 어떤 권세든 군주의 그것과 비교할 수는 없다. 시황제는 노애
와 여불위의 숙청으로 그 사실을 천하에 알렸다.

무서운 마성의 권력자

16세기 중반, 인도 전역을 통일한 무굴제국의 실질적인 건설자였던 악
바르(Akbar, 1542~1605)는 겨우 13세에 즉위했기 때문에 장군이자 재상인
바이람 칸(Bairam Khan, ?~1561)이 후견인 역할을 했다. 제국의 운명을 결

정지은 파니파트에서의 대승리(1556년 수르왕조를 물리친 싸움-옮긴이)도 바이람 칸의 지도에 의한 것이었다. 그럼에도 불구하고 악바르는 19세가 되었을 때 커다란 공로자인 바이람 칸을 파면하고, 얼마 후 암살해 버렸다.

인도의 역사 속에서 악바르는 가장 빛나는 별 중 하나이다. 훌륭한 통치자였으며 종교에 대해서도 관용적이었다. 내가 좋아하는 역사상의 인물 중 한 명이지만, 바이람 칸의 숙청만은 아무래도 마음에 걸린다.

천하를 아우르는 커다란 사업은 평범한 신경을 가진 사람에게는 불가능한 일일지도 모른다. 우리가 깜짝 놀랄 만한 일조차 아무렇지도 않게 해치우는 이상한 사람이어야 비로소 천하통일이라는 이상한 일을 해낼 수 있지 않을까?

그것을 가령 마성(魔性)이라 부르기로 하자. 진나라의 시황제도 그러한 마성을 몸에 지닌 인물이었다고 해야 할 것이다.

진 제국 초기의 기초는 울료(尉繚)의 계책을 이사(李斯)가 실행하여 쌓았다고 『사기』는 평가했다. 뒤에 가서 이야기하겠지만, 이사는 초나라의 상채(上蔡, 하남성) 사람으로 여불위의 사인(舍人)이 되었다가 후에 시황제에게 쓰이게 되었다. 울료는 대량(大梁) 출신으로 진나라에 와서 시황제에게, 제후의 유력한 신하에게 뇌물을 보내 합종을 방해하자는 책략을 펼쳐, 그것이 받아들여졌다.

울료는 아무래도 시황제의 마성을 꿰뚫어 보고 있었던 듯하다. 이에 도망치려 했지만 강제로 붙잡히고 말았다. 울료는 어디서 시황제의 마성을 보았을까? 시황제는 울료의 계략을 좋아했기에 자주 불러들여서 자신과 대등한 대우를 해 주었다. 의복과 먹을 것 마실 것에 이르기까지 시황제는 울료와 똑같은 것을 사용했다. 그것이 사(士)를 대하는 예라고 한다면 더 이상 할 말은 없다. 그러나, '마음만 먹으면 무슨 일이든 한다……'는 관점에서 보자면 무시무시한 인간이다. 자신의 이익이 되는 일이라면 남의 밑자리에 서는 일조차도 부끄러워하지 않는다. 그러나 그 반대의 경우도 있을 수 있다. 무슨 짓이든 하는 것이다. 다시 말하자면 무슨 짓을 할지 알 수 없는 것이다. 이런게 바로 마성이다.

울료가 시황제에 대해서 다음과 같이 평했다고 『사기』는 기록하고 있다.

> 진왕(시황제)은 사람됨이 봉준(蜂準, 높은 코), 장목(長目, 길게 찢어진 눈), 지조(鷙鳥, 매)의 가슴, 시(豺, 승냥이)의 목소리, 은(恩)이 적고(은애(恩愛)의 정이 없음), 호랑(虎狼)의 마음(잔인한 마음)이다. 약(約, 궁함)에 처하면 쉽게 사람 밑으로 나아가고, 뜻을 얻으면 역시 사람을 경식(輕食, 경멸하여 잡아먹음)할 것이다. 나는 포의(布衣, 관직이 없는 사람)다. 그러나 나를 볼 때면 언제나 스스로 내렸다(상대를 높이고 자신을 낮춤). 진실로 진왕으로 하여금 뜻을 천하에서 얻게 한다면, 천하는 모두 포로가 될 것이다. 함께 오래 유(遊, 교제함)할 수 없다.

울료는 관직도 없는 자신에게 겸손한 태도를 취한 시황제의 모습 속에서 마성을 본 것이었다. 그리고 시황제가 천하를 거머쥐면, 천하 사람 모두가 그의 포로처럼 되리라고 두려워했다. 울료는 이때 이미 시황제가 천하의 주인이 되리라고 정확하게 예감하고 있었다.

오래 사귈 수는 없다고 생각해도, 시황제는 유능한 사람을 놓치려 하지 않았다. 울료도 그의 재능을 본의 아니게 진나라를 위해서 사용했다.

시황제는 이상한 마성의 빛을 발했으며, 6개국은 거기에 사로잡힌 듯

날이 갈수록 위축되고 국력이 약해졌다.

　진나라의 통일을 시황제 개인에게로만 돌릴 수는 없다. 그가 제아무리 '마성'을 가지고 있었다 할지라도 움직일 수 있는 힘을 가지고 있지 못했다면 대사업은 이룰 수 없었을 것이다. 그 힘의 기초는 역시 진나라가 이전부터 축적해 온 것이다. 예를 들자면 매우 기능적인 국가체제를 가지고 있었기 때문에 시황제는 진나라의 힘을 마음껏 이끌어 낼 수가 있었다. 그 체제는 분명 상앙의 유산이었다. 대외관계가 진나라에게 유리했던 것은 백기 장군의 군대 지휘와 장의의 모략 외교에 의한 부분이 컸다.

　시황제가 왕위를 물려받았을 때 진나라는 이미 전국칠웅 가운데서도 가장 강한 나라였다. 그러나 진나라는 오랫동안 서북쪽의 후진국이었기에, 상앙의 국가 개조 등으로 인해 다른 나라의 경계의 대상이 됐지만 아직 경시되고 있었다.

　시황제가 어렸을 때 조나라의 수도 한단이 진나라 군에게 포위되어 그의 목숨이 위태로웠다는 사실은 앞에서 이야기했다. 그 무렵 조나라에 유력(遊歷)하고 있던 제나라 사람 노중연(魯仲連)이 위(魏)나라의 객장(客將) 신원연(新垣衍)을 설득하여 조나라를 돕게 하려 한 적이 있었다. 『사기』의 「노중연전(魯仲連傳)」에는 진나라 군이 포위를 푼 것이 그 때문이라고 적혀 있을 정도다. 『사기』에 노중연이 신원연에게 건넨 이야기가 길게 인용되어 있는데, 그것을 통해서 당시 일반인들이 진나라에 대해 품고 있던 생각이 잘 나타나 있다.

　　저 진나라는 예의를 버리고, 수공(首功, 머리를 베는 공적)을 높이 사
　　는 나라다. 그 사(士)를 강권으로 부려먹고, 그 백성을 노예처럼 부린

다. 그가 만약 멋대로 제(帝)가 되어 잘못된 정치를 천하에 시행한다면, 곧 연(連, 노중연 자신을 말함)은 동해를 밟고 죽을 뿐이다. 나는 진나라의 백성이 되는 것을 견딜 수 없다.

진나라는 말할 것도 없이 제나라의 서쪽에 있다. 무슨 일이 있어도 짐승의 나라인 진의 백성이 될 수는 없다, 만약 진나라가 천하를 쥐게 된다면 서쪽을 등지고 자신은 동쪽을 향하게 되리라고 말하고 있다. 제나라의 동쪽은 바다다. 동해에 몸을 던져 죽는 편이 진나라의 백성이 되기보다 낫다고 말한 것이다.

제나라는 직하에 학사들을 끌어안고 있었는데, 그 학풍은 학문을 위한 학문이라는 경향을 띠고 있었다. 그에 비해서 진나라의 학문은 극히 실천적인 것이 주류였다. 제나라의 입장에서 보자면 진나라는 실용적인 것밖에 하지 않는, 문화 수준이 떨어지는 야만국이었다. 진나라에서는 상앙 이후부터 법률, 정치, 경제를 연구하는 법가의 학문이 가장 활발했다. 또한 진나라는 묵가의 세력이 강한 지역이기도 했다. 겸애(박애)와 비공(폭력 부정)을 신조로 삼고 있던 묵가는 앞에서도 이야기했듯이 적극적 평화주의로, 전수방어(專守防禦)의 전문가 집단이었다. 동쪽에 침략을 받는 나라가 있으면 가서 방벽을 쌓고, 서쪽에 공격을 받는 나라가 있으면 가서 호를 파는 생활을 하고 있었다. 따라서 그들은 토목기사이기도 했다. 그 분야의 학문이 발달해 있었다. 고답적(高踏的)인 제나라 지식인들이 보기에 진나라는 학문에 있어서도 세련되지 못한 느낌이었다.

폭군으로 이름이 높은 시황제가 어렸을 때의 이야기다. 정확히 말하자면 진나라 소왕 50년(기원전 257)의 일인데, 당시 진나라 이외의 중원 각국에서는 이미 '진의 백성이 되느니 차라리 죽는 편이 낫다'는 것이 상식이었다. 이 고사에서 '동해를 밟는다' 또는 줄여서 '바다를 밟는다'는 말은 죽는다는 말의 아어(雅語)가 되었다.

이처럼 진나라에 대한 평판은 좋지 않았지만, 그렇게 미움을 받던 진나라는 세상의 뜻과는 상관없이 실력이 더욱 향상되었다.

진나라가 그렇게 강해져서는 안 되었다. 어떻게 해서든 진나라의 힘을 약화시켜야겠다며 다른 나라에서 취한 방법이 오히려 진나라를 강하게 하는 경우조차 있었다.

예를 들어서 한(韓)나라는 정국(鄭國)이라는 수공(水工, 수리 기술자)을 진나라로 몰래 보내, 진나라에서 급하지도 않은 대공사를 하도록 하여 국력을 소모시키려 꾀했다. 정국의 방대한 계획이 채용되어 경수(涇水)를 위수 북쪽으로 끌고 도중에 저수(沮水) 등의 각 강을 인공적으로 합쳐 낙수로 들어가게 하는 대공사가 벌어졌다.

이것이 완성되어 '정국거(鄭國渠, 정국이 만든 수로)'라 불리게 되었다. 무려 1백수십 킬로미터에 달하는 수로의 주변은 완전한 불모지대였다. 그랬던 곳이 관개용수로에 의해 4만 경(頃, 7백만 아르 이상)의 미전(美田)으로 바뀌었다. 『사기』의 「하거서(河渠書)」에서는,

> 이에 관중(關中)은 옥야가 되어 흉년이 없어졌으므로, 진은 부강해
> 져 마침내 제후를 통합했다.

며, 정국거의 완성을 진나라 천하통일의 원인으로 평가하고 있다.

기세라는 것은 참으로 무섭다. 어떤 계책을 써도 진나라를 더욱 강하

게 할 뿐이었다.

왕도가 없는 나라는 망한다

진나라가 천하를 통일할 수 있었던 것은 결코 시대의 기세 때문만은 아니었다.

진나라에 대해 노중연과 같은 생각을 품고 있는 사람도 있었지만, 그 당시에 진나라에 대해 다른 견해를 갖고 있는 사람도 있었다. 앞에서도 언급한 적이 있는 성악설을 주장한 순자의 견해가 그랬다. 그가 진나라를 방문했을 때, 진나라의 재상인 범저가 감상을 묻자 이렇게 대답했다고 『순자』의 「강국편(彊國篇)」에 기록되어 있다.

> 그 국경의 요새는 험(險), 형세는 편(便), 산림천곡(山林川谷)은 미(美), 천재(天材, 천연의 산물)의 이(利)는 많으니 이야말로 형승(形勝)이다. 경계에 들어 그 풍속을 보니, 그 백성은 박(樸, 순박함), 그 성악(聲樂)은 유오(流汙, 사음(邪淫))하지 않고, 그 복(服)은 화려하지 않고, 관리를 매우 두려워하여 순(順), 옛 백성과 같다. 도읍관부(都邑官府, 각지의 관청)에 이르러서는, 수많은 관리는 숙연(肅然)하고, 공검(恭儉), 돈경(敦敬), 충신(忠信)하여, 불고(不楛, 거칠지 않음)하지 않은 자 없어 옛 관리와 같다. 그 나라에 들어 그 대부를 보니, 그 문을 나와서 공문(公門)에 들고, 공문을 나와서는 그 집으로 돌아가니 사사(私事)가 없고, 비주(比周, 악에 가담함)하지 않고, 붕당(朋黨, 파벌 만들기)하지 않고, 척연(倜然, 명쾌)하고 명통(明通)하고, 공(公, 공명)하지 않음이 없

다. 옛 대부와 같다. 그 조정을 보니, 그 조(朝)는 간(間, 한가함)에 백사(百事)를 결재하여 미루지 않고, 여유가 있어 다스림이 없는 것 같다. 옛 조정이다. 따라서 4대에 승(勝) 있음은 행(幸)이 아니다. 수(數)다. 이것이 본 바다.

이는 극찬이라 해도 좋을 것이다. 진나라가 4대에 걸쳐서 제후보다 뛰어난 것은 결코 요행뿐만이 아니라는 것이다. '수(數)'라는 것은 과학적인 근거가 있는 운수라는 정도를 의미한다.

노중연은 촌스럽다고 본 것을 순자는 순박하다고 보았다. 노중연이 노예시했던 백성이 순자에게는 '순(順)'으로 보인 것이다. 강권 밑에서 두려움에 떠는 관리는 보는 관점에 따라서 숙연하고 공검, 돈경, 충신하게 보일 수도 있다. 진나라 조정의 정치가 간소하다는 점이 특히 순자에게 깊은 감명을 준 듯하다. 이는 그가 지금까지 유력(遊歷)한 제나라와 초나라의 조정이 쓸데없이 엄숙하고 번잡했다는 사실을 이야기해 주고 있다.

그럼에도 불구하고 순자는 진나라가 왕자(王者)가 되기에는 아직 멀었다고 판단했다. 다른 6개국보다는 뛰어나지만 순자가 이상으로 삼고 있는 왕도는 훨씬 더 높은 곳에 있었다. 진나라가 거기에 미치지 못하는 이유를 순자는,

대부분에 유(儒) 없기 때문이 아닐까.

라고 추론했다.

보기에 모든 것은 훌륭하지만, 거기에 하나의 중심이 되는 것이 없었다. 유가에 속한 순자에게 있어서 그 중심이란 유(儒)의 정신이었다. 그것이 없다는 것이다.

수(粹)하면 왕(王), 박(駁)하면 패(霸), 그 하나도 없으면 망한다.

진나라의 단점에 대한 순자의 날카로운 지적이었다. 유가의 정신인 이상주의가 순수한 형태로 진나라에 반영되면 왕도를 실현할 수 있다는 것이다. 그러나 유가 잡박(雜駁)한 형태로밖에 반영되지 않는다면 진나라는 기껏해야 패자밖에 되지 못한다. 만약 앞으로도 유가의 일부분이라도 채용하지 않는다면 진나라는 멸망할 수밖에 없다는 말이다.

요즘 식으로 표현하자면, 기술적인 면에서는 뛰어나지만 이념(혹은 철학)이 결여되어 있다는 것이다. 풍부한 이념의 인도를 받는다면 왕도는 실현되기 마련이다. 충분하지는 않더라도 이념이라는 것이 조금이라도 있다면 패자가 될지는 모른다. 그러나 이념이 완전히 결여된 채로 간다면 머지않아 멸망할 수밖에 없다는 지적이다.

진나라의 재상인 범저는 이 말을 어떤 식으로 들었을까? 진나라가 걸어온 길을 깊이 음미해 보면 순자의 말이 옳았음을 알 수 있다. 조건을 붙여서 진나라의 멸망을 예언한 것이다. 그것을 실제로 들은 범저 들, 진나라의 간부가 멸망을 막을 수단을 취한 흔적은 보이지 않는다. 그저 답답할 뿐이다.

망국은 망(亡)에 이른 후에야 비로소 망을 안다.

라고 순자도 말했다. 소용돌이 속에 있는 사람은 국외(局外)에 있는 사람보다도 사물을 잘 볼 수 없는 법이다. 소용돌이 속에 있는 사람에게는 어떤 수단을 써서 바로 나타나는 효과만이 눈에 보이는 듯하다. 그 효과가 쌓이고 쌓여, 두꺼운 막이 되어 앞을 멀리 볼 수 없게 만들어 버리는 것 같다.

진나라는 차례차례로 실리적인 정책을 실행했고, 그로 인해 거둬들인 효과의 눈부심에 자신의 눈이 어두워졌다고밖에는 생각할 수 없다.

진나라가 천하를 통일하기 위한 조건은 착실하게 갖춰져 갔으며, 머지 않아 그것이 실현되었다. 그러나 나중에 이야기하겠지만, 진 왕조 자체는 실제로는 단명에 그치고 말았다. 순자의 예언이 적중했다고 말할 수밖에 없다.

천하통일

천하의 중심, 천부의 땅

1974년, 사천성 관현(灌縣)에서 거대한 석조 인물상이 출토되었다. 높이 2.9미터, 무게 4.5톤이라고 한다. 그 석상에서 후한(後漢) 건녕(建寧) 원년(168)이라는 기년명(記年銘)과 함께,

고촉군이부군휘빙(故蜀郡李府君諱氷)

이라고 새겨진 문자가 발견되었다.

석상의 인물은 틀림없이 진나라 소왕 시절에 촉군(蜀郡)의 태수(太守, 지방장관)로 있던 이빙(李氷)이었다. 석상이 만들어진 건녕 원년이라 할지라도 이빙은 4백수십 년이나 전에 살았던 역사상의 인물이었다. 그런 오래전 시대의 인물을 거대한 석상으로 만들었을 정도이니 그 지방 사람들로부터 상당히 존경을 받았을 것이다. 그러나 『사기』에 이빙의 전기는 없으며 「하거서」에 이름이 보일 뿐이다.

촉에서 촉군의 태수 빙이 이대(離碓, 원래 연결되어 있던 것을 갈라놓은 땅)를 파서 말수(沫水, 강의 이름)의 해를 피하고, 이강〔二江, 비강(郫江)과 유강(流江)〕을 성도(成都) 안에 팠다. 이 수로는 모두 배를 띄울 수 있을 뿐만 아니라 관개(灌溉)를 써서 백성, 그 이로움을 누렸다. 지나는 곳에서 군데군데 그 물을 끌어 다시 경작지의 수로로 끌어다 쓰는 것에 이르러는 만, 억(십만)을 헤아려 그 수를 헤아릴 수가 없다.

이 책에 따르면, 이빙이 벌인 수리공사는 대단했다는 사실을 알 수 있다. 소왕 말년에 완성되었다고 알려져 있는데, 시황제 즉위 당초에는 사천의 농민들이 이 공사의 이익을 받기 시작하고 있었다.

여기서 말한 말수란 지금의 민강(岷江)을 말한다. 이대란 옥루산(玉壘山)이라 불리는 산의 일부다. 민강이 흐르는 땅은 북서쪽이 높고 동남쪽이 낮으니 이빙은 거기에 주목했다. 상류의 각 강을 합쳐 흘러내리는 물이 이 부근에서 종종 범람했던 것이다. 그 날뛰는 물의 일부를 낮은 쪽으로 끌어들여 세력을 분산시키겠다는 생각이었다. 범람을 다스리는 것뿐만 아니라 수로에 의한 관개로 경작할 수 있는 땅이 비약적으로 늘어났다. 지역 사람들이 이빙의 공적을 오래도록 기억하고 석상을 만들어 기념한 것은 당연한 일이었다.

관현은 성도시에서 북서쪽으로 약 60킬로미터 정도 떨어진 곳에 있다. 이빙이 민산을 둘로 나눈 곳은 지금 도강언(都江堰)이라 불리고 있으며 성도 시민의 행락지가 되었다. 출토된 이빙 석상은 이퇴(離堆, 碓는 옛글자) 공원 옆의 복룡관(伏龍觀)이라는 도교의 사원에 놓여 있다. '복룡'이란 명칭도 이빙이 용을 항복시켜 물을 다스렸다는 전설에서 온 것이다.

옥루산 기슭에 이왕묘(二王廟)가 있는데, 원래 이름은 숭덕묘(崇德廟)였다고 한다. 이빙의 덕을 칭송하여 만들어진 것이다. 이왕이란 이빙의 치수공사에 그의 아들인 이이랑(李二郎)이 협력했다는 말이 전해 내려오기 때문에 이 두 사람을 기념한다는 의미에서 붙여졌다고 한다.

『사기』와 『화양국지』 등에 이빙의 이름은 보이지만, 아들인 이랑에 관한 것은 기록되어 있지 않다. 틀림없이 민간전설로 전해져 왔을 것이다.

이 치수공사는 지금의 시점에도 보더라도 난공사다. 이빙의 대에서 마무리를 짓지 못하고 아들이 뒤를 이어 아버지의 유지를 달성했는지도 모른다.

민간 신앙에서는 치수의 신을 이랑신군(二郎神君)이라고 하니, 오히려 아들이 주역이 된 경우가 많다.

『풍속통〔風俗通, 한(漢)나라 시절의 저서로 3분의 2는 망실되었다〕』의 일문(逸文)에 따르면, 강수(江水)에 신이 있어서 해마다 두 처녀를 아내로 맞았다고 한다. 이는 중원의 전설에도 있었던, 하백이 아내를 취하는 이야기와 비슷하다. 강가의 마을 사람들은 해마다 처녀 둘을 산 제물로 민강의 수신에게 바친 듯하다. 가엾게도 처녀들은 물에 빠져야만 했다. 이빙은 그렇다면 자신의 딸을 바치겠다며 끝내 강신과 싸워 이겼다는 이야기가 소개되어 있다.

두 처녀가 어느 사이엔가 두 남자(二郎)가 되고, 그것이 마침내 이빙의 아들 이랑이 여장을 하고 강신과 싸워 이겼다는 이야기로 바뀌었다고 설명하는 신화 연구가들도 있다.

『서유기(西遊記)』 제6회에 천궁을 들쑤셔 놓았던 손오공을 토벌하기 위해 옥제가 현성이랑진군(顯聖二郎眞君)을 파견하는 대목이 있다. 그에 따르면, 이 이랑진군은 관주(灌州)의 관강(灌江) 어귀에 산다고 하니 이빙의 아들인 이랑임에 틀림없다. 손오공은 이랑진군에게,

> 틀림없이 먼 옛날에 옥제의 딸이 하계를 사모하여, 양군(楊君)과
> 부부가 되어 사내아이를 낳았고, 그 녀석이 도끼로 도산(桃山)을 쪼갰
> 다고 들었는데, 바로 네놈을 일컫는 말이었구나!

라고 말하는 장면이 있다. 도산이란 작가가 적당히 만들어 낸 이름일 테지만, 이랑진군이 산을 개척한 신이라는 사실은 『서유기』가 지어진 명(明)나라 시절에도 잘 알려져 있었다.

민중들이 이렇게 오래도록 감사하고 친근하게 여긴 것을 보면 이빙 부자의 치수사업은 참으로 획기적인 것이었던 듯하다.

『수경주(水經注, 6세기 초반의 지리서)』는 『익주기(益州記, 망실된 지리서)』를 인용하여,

> 수한(水旱, 수량의 증감)은 사람(의 뜻)에 따랐기에 기근을 몰랐다.
> 옥야 천리, 세상이 물의 바다라고 칭했다. 이를 천부(天府)라고 한다.

라고 기록했다.

이왕묘의 정전(正殿)에는 이빙의 상이, 후전(後殿)에는 이이랑의 상이 놓여 있는데 이빙은 손에 지도를 들고 있으며 이랑은 손에 공구를 들고 있다. 그리고 지금 묘 안은 치수사업과 관련된 작은 전시관과 같은 모습을 하고 있으며, 또한 사천 출신의 화가 장대천(張大千, 1899~1983)이 그린 옥녀(玉女)를 새긴 비도 전시되어 있다.

역대 문인은 성도를 찾을 때면 반드시 이 도강언으로 발걸음을 옮긴

듯하다. 성도의 두보초당(杜甫草堂)에서 오래 머물렀던 두보는 〈두위(杜位)에 부치다〉라는 칠언율시를,

옥루에서 제서(題書)를 쓰면 마음이 산란하다.
언제 다시 얻을까, 곡강(曲江)의 잔치.

라는 구절로 마무리 지었다. 옥루에 올라 도강언의 물을 바라보고 있자니 화려한 수도 장안의 곡강이 떠올라 예전에 즐겼던 곡수에서의 잔치를 그리워했으리라.

이백은 안녹산(安祿山)의 난 때문에 촉으로 피난했던 현종(玄宗)의 여행에 대해 다음과 같은 시를 지었다.

누가 말했는가, 군주의 행로(行路)가 험난하다고.
육룡(六龍, 천자의 수레)이 서쪽으로 향하니 만인이 기뻐한다.
땅은 금강(錦江)을 바꾸어 위수가 되었고,
하늘은 옥루를 둘러 장안이 되었다.

땅이 빙그르 한 바퀴 회전하면 이곳 촉의 금강도 수도와 가까운 위수가 되며, 하늘이 회전하면 이 옥루산도 그대로 장안이 될 수 있다는 것이다. 이 시는 『당시선(唐詩選)』에 수록되어 있다.

삼국시대에 유비가 이곳을 거점으로 삼았으며 당나라 시절에는 장안이 위험해지자 현종이 이곳으로 피난했다. 이는 촉이 '천부'라 불리는 풍요로운 땅이었기 때문이다.

원래부터 풍요로웠던 촉을 천부로 만든 것은 이빙 부자의 노력이었다. 그곳이 천부가 된 것은 앞에서 이야기했듯이 시황제가 즉위했을 무렵이었다.

사마천은 '정국거'를 진나라가 천하를 통일할 수 있었던 원동력이었다고 평가했지만, 이 '도강언'도 진나라의 커다란 힘의 원천이었다는 점을 잊어서는 안 된다.

이와 같은 거대한 유산을 마성을 지닌 시황제라는 사람이 물려받았다. 천하통일의 날이 오는 것은 이제 시간 문제였다.

진시황을 감동시킨 한비

6개국 중에서 가장 먼저 멸망한 것은 한(韓)나라였다. 국경을 접하고 있던 가장 약한 나라였으니 당연한 순서라고 할 수 있다.

한나라의 멸망은 진나라 시황제 17년(기원전 230)의 일로 같은 해에 화양태후가 세상을 떠났다. 시황제의 아버지인 자초를 후계자로 지목했던 그 화양부인으로 시황제에게 있어서는 최대의 은인이었다고 할 수 있다.

그 음란한 행실로 아들 시황제를 고민하게 만들었던 친어머니 제태후가 죽은 것은 그로부터 2년 뒤의 일이었다. 같은 해에 조나라가 사실상 멸망했다. 조나라 왕은 진나라의 포로가 되었지만, 그의 공자가 대(代)에서 자립하여 대왕(代王)을 칭했다. 이 대가 멸망한 것은 시황제 25년(기원전 222)의 일이었다.

한나라는 멸망하기 3년 전에 공자 비(非)를 진나라에 사자로 보냈다. 그 사람이 바로 유명한 『한비자(韓非子)』의 저자인 한비이다.

그 무렵 진나라의 재상은 이사였다. 한비와 이사는 성악설을 주장한 순자에게서 함께 배운 동문이었다. 한비의 재능이 훨씬 더 뛰어났다. 그러나 안타깝게도 그는 타고난 말더듬으로 말로 논의하는 데 어려움이 있었으므로 오로지 저작활동만을 하고 있었다.

그의 저작은 진나라에까지 전해졌으며 시황제가 그것을 읽고 크게 감동했다.

아아, 과인(寡人, 군주가 자신을 일컫는 말)은 이 사람을 보고 이 사람과 함께 놀 수 있다면 죽어도 여한이 없겠다.

이렇게 뛰어난 사람과 만나 서로 이야기를 나누고 교제를 할 수만 있다면 죽어도 후회하지 않을 것이라는 뜻이다. 시황제는 이만저만 감동한 것이 아니었다.

『사기』에 따르면, 시황제는 이 책의 저자가 한의 공자인 비(非)라는 사실을 알고 서둘러 한으로 출병했다고 한다.

시황제는 어째서 한비의 저작에 그렇게 감동했을까?

한비의 저작 가운데 남아 있는 『한비자』를 통해서 그의 사상을 살펴보면, 유가인 순자의 문하에서 배웠지만 그는 극히 반유가적이었다. 선왕지도(先王之道)라는 이상주의를 배척하고, 특히 국가 경영에 있어서는 정(情)을 철저하게 배제해야 한다고 주장했다. 군신 사이, 부자 사이에 사적인 정이 있어서는 안 된다고 주장했다. 관리를 임명하는 데는 그 사람의 재능만이 기준이 되어야 한다. 그리고 신상필벌(信賞必罰). 제아무리 군주와 개인적으로 절친한 신하라 할지라도 실수가 있으면, 반드시 법에 따라서 처벌을 받아야 한다고 했다. 법을 절대적인 것이라 여겼다. 아버지가 법을 어겼을 경우 자식은 아버지를 감싸 줘서는 안 된다. 법에 따라서 자식은 아버지를 적발해야 한다. 유가에서 그것은 사람의 정(情)에 반하는 것이라고 보았지만 한비자는 정의 개입을 거부했다.

군주는 절대적인 '법'에 따라서 정치를 행해야 하기 때문에 독재자가 아니면 안 되었다. 한비의 설에 따르자면, 군주와 특별한 관계에 있었던 공족(公族), 또는 군신부자의 질서를 중히 여기는 것에 의해서 성립되었던 봉건적인 세력은 힘을 잃을 수밖에 없다. 재능이 있으면 서열에 관계없이 발탁되지만, 임무에 실패하면 공족이든 호족이든 법이 정한 벌을 받지 않을 수 없다. 한비의 세계에는 인정도 특권도 존재하지 않는다. 매우 냉정하고 투명한 세계다.

사마천은 『사기』 열전에서 한비자의 전기를 노자의 전기와 같은 권(「노자·한비자 열전」)에 싣고 있다. 둘이서 한 권을 이루고 있는데, 한비의 사상 밑바탕에 노자의 허정무위(虛靜無爲)의 도와 연결되는 점이 있다고 보았기 때문이리라.

신상필벌의 세계지만 한비는 그것을 작위적이라고 생각하지는 않았다. 왜냐하면 상을 좋아하고 벌을 두려워하는 것은 인간의 본능이기 때문이다. 작위의 극치라 할 수 있는 '법(法)'과 '상벌'을 절대시함으로 해서 법가의 무위설(無爲說)이 성립된다. 그의 사상은 동문인 이사의 그것과 매우 흡사했다. 순자의 문하에서 이처럼 두 사람의 법가가 나왔다는 것은 결코 우연이 아니다. 성악설에서 '선왕지도'라는 이념을 빼고 나면 부국강병을 목표로 하는 법가사상이 태어난다는 것은 자연스러운 흐름이라고 할 수 있다.

'민심을 얻으라' 따위를 말하는 것은 정치를 모르는 자라고 한비는 갈 파했다. 종기가 났을 때 빨리 그것을 절개하여 고름을 짜내는 것이 가장 좋지만, 그렇게 하면 아이들은 까무러칠 듯이 운다. 아이들은 '소고(小苦)' 가 '대리(大利)'를 가져다준다는 사실을 알지 못한다. 한비에 따르면, 민 심은 아이의 마음과 같다는 전제 위에 서 있다. 따라서 민심을 얻으려는 정치는 참으로 어처구니없는 오해의 소산이다.

밭을 갈고 땅을 개간하는 것은 민산(民産)을 증대시키기 위한 것이지 만 이것을 재촉하고 강제하면, 백성은 군주를 '혹(酷)'하다고 본다. 형을 엄히 하고 벌을 중히 하는 것은 사악을 금하기 위해서지만, 백성은 군주 를 너무 '엄(嚴)'하다고 본다. 세금이나 연공을 거둬들이는 것은 기근과 군량을 비축하기 위해서지만, 백성은 군주를 '탐(貪, 탐욕스러움)'이라고 보 고 불복한다. 군사훈련이나 징병은 외적을 물리치기 위해서지만, 백성은 군주를 '폭(暴)'하다고 보고 원망한다. 이 네 가지는 국가 치안의 근본인 데도 백성은 이를 좋아하지 않는다. 좋아하지 않는다고 해서 이를 소홀 히 하면 나라가 어지러워진다.

정치를 행하는데 민에 맞기를 꾀하면, 이는 모두 나라를 어지럽히 는 시작이 될 것이다.

라고 한비는 단언했다.

유(儒)는 문(文)으로 법을 어지럽히고, 협(俠)은 무(武)로 금(禁)을 범한다. 그런데 인주(人主)는 이를 예로부터 예(禮, 예우)하니, 이는 어 지러워지는 까닭이다.

아마도 이것이 『한비자』 가운데서 가장 유명한 구절일 것이다.

유자는 정치와 사회를 비판한다. 한비가 보기에 이는 말로써 법을 어지럽히는 것이다. 협자는 힘으로 억지를 부린다. 이는 무로 금을 범하는 것으로 양쪽 모두 절대적이어야 할 '법'에 위반되는 것이다. 무례한 무리들임에도 불구하고 위에 있는 사람들은 유자(儒者)와 협객(俠客)을 앞다투어 예우한다는 것이다. 식객이 3천 명이라 일컬어졌던 전국사군의 빈객들도 대부분 유자나 협자였을 것이라 여겨진다. 군주는 비생산적이고 국가의 근본인 법에 반하는 무례한 자들을 우대해서는 안 된다고 한비는 주장했다.

시황제의 입맛에 꼭 맞는 학설이었다. 후에 나타나는 시황제의 반유가적 행동은 한비의 영향을 크게 받았기 때문일지도 모른다. 어쨌든 평소 자신이 생각하고 있던 것을 조리에 맞게 깊이 탐구하여 알기 쉽게 해석해 놓았다. 한 장 한 장 읽어 나가면서 '그래, 바로 이거야!'라며 무릎을 쳤을 것이다. 감정이라고는 조금도 찾아볼 수 있을 것 같지 않았던 시황제가 '이 사람과 만날 수 있다면 죽어도 여한이 없다'고 극히 감정적인 말을 했다. 한비의 사상에 얼마나 공감했는지를 짐작할 수 있는 대목이다.

한나라로 군대를 보내면 한나라 왕이 공자인 한비를 사자로 보내리라는 점은 일반적으로 예상할 수 있었다. 시황제가 한비가 지은 책의 애독자라는 사실은 한나라에도 알려져 있다. 진나라의 공격을 막을 수 있는 사람은 한비밖에 없다고 여겨졌다.

한비가 한나라의 사자로 진나라에 갔을 때, 시황제는 매우 기뻐했다. 이전부터 사숙하며 동경하던 사람을 만나게 된 것이다. 자기 옆에 두고 정치고문으로 삼고 싶다고 생각했다.

위기감을 느낀 것은 이사와 요가(姚賈) 등과 같은 진나라의 중신들이었다. 한비가 중용된다면 자신들의 지위가 위험해진다. 특히 이사는 예전에 동문이었기 때문에 한비의 비범한 재능을 잘 알고 있었다. 시황제가 『한비자』를 읽고 감동했을 때는 '이 저자는 저와 동문으로……' 하며 점수를 벌었지만, 막상 그 당사자인 한비가 진으로 오게 되자 이사는 두려움에 떨었다. 만만찮은 라이벌이 등장한 것이다.

> 한비는 한나라의 공자이니 진나라에서 벼슬을 한다 해도 한나라의 국익을 최우선으로 생각할 것입니다. 등용해서는 안 됩니다. 그렇다고 해서 진나라에 오래 붙잡아 놓았다가 송환한다면, 그것은 앞날의 우환을 남겨 놓는 셈입니다. 그러니 적당한 법을 적용시켜서 주살하는 것이 좋을까 합니다.

이사는 시황제에게 이렇게 진언했다. 시황제는 그것도 일리가 있는 말이라고 생각하여 일단 관리에게 명하여 적용시킬 법을 찾아보라고 했지만, 역시 그의 재능이 아까웠기 때문에 사람을 보내서 그를 사면토록 했다.

그러나 때는 이미 늦었다. 시황제가 한비를 아끼는 모습을 보고 차마 죽이지 못할지도 모른다는 생각에 두려워진 이사는 옥 안에 있는 한비에게 독약을 보내 자살을 하도록 몰아붙였다.

한비는 진나라에서 옥사했다. 그러나 시황제가 나라를 다스린 모습을 보면, 그것이 한비의 설에 바탕을 두고 있다는 사실을 알 수 있다. 사마천은 한비를,

> 참핵(慘礉)하고 은소(恩少)했다.

라고 평했다. 참핵이란 법의 적용이 잔인하고 취조가 엄하고 심각하다는

말이며, 게다가 은(恩, 인정미)도 없다는 뜻이다.

이는 한비라는 사람의 성품과 그의 주장에 대한 평이지만, 진이라는 나라의 성격에도 그대로 적용할 수 있는 평이라고 할 수 있다.

천하통일에 몸 바친 장군들의 몸조심

진나라의 모질고 인정이 없는 성격은 시황제가 홀로 만든 것이 아니다. 전국 시대의 국가들은 살아남기 위해서 과감한 조치가 필요했으니, 정도의 차이는 있겠지만 어느 나라에나 그러한 경향이 있었다. 진나라는 그런 면이 비교적 강했던 것이리라.

혁혁한 공을 세운 장군이 그리 대단할 것도 없는 죄 때문에 비참한 죽음을 맞이하게 된 경우도 있었다. 소왕 시절, 진나라의 가장 커다란 공로자는 장군인 백기(白起)였다고 할 수 있다. 소왕 30년(기원전 277), 백기는 그 공을 인정받아 무안군(武安君)에 봉해졌다. 그동안 이궐(伊闕)에서 한나라와 위(魏)나라를 격파하여 참수 24만이라는 전과를 올렸으며 삼진(三晉)뿐만 아니라 강대한 초나라와도 전쟁을 치렀다. 초나라의 국도인 영을 함락시키고 진나라가 대승리를 거두었을 때 백기는 총사령관의 자리에 있었다. 그 후에도 삼진의 한가운데 있는 상당군(上黨郡)을 평정하는 커다란 공을 세웠다. 소왕 47년(기원전 260)에 있었던 장평의 전투에서는 조나라 군 45만을 전멸시켰다. 그럼에도 불구하고 그는 소왕 50년(기원전 257)에 죽음을 명받았다. 좌천되어 이주하라는 명령을 받은 것에 대해 원망이 담긴 말을 했다는 단순한 이유 때문이었다.

『사기』에 따르면, 거기에는 모략과 파벌 다툼이 있었던 듯하다. 재상인 범저와 장군인 백기의 세력 다툼은 어쩌면 숙명적인지도 모른다. 한나라, 조나라와 영지 할양을 조건으로 한 강화를 맺고 철병을 결정한 소왕 48년(기원전 259)의 조치는 백기의 공적이 너무 커지는 것을 막기 위해 범저가 소왕에게 진언한 결과라고 한다. 그런데 그 방책을 범저에게 가르쳐 준 자는 천하의 유세가 소진의 동생인 소대(蘇代)였다.

이듬해, 진나라가 한단으로 공격해 들어갔지만 백기는 병을 칭하고 원정군의 장군에 취임하기를 거절했다. 이때 진나라 군은 굉장한 고전을 했다. 이에 소왕은 백기에게 출진을 명령했지만, 백기는 한단 공격 자체에 반대를 하고 있었다. 진나라는 제후에게 원한을 사고 있기 때문에 제후는 반드시 대규모 원군을 보내 조나라를 도울 테니 공격해서는 안 된다는 것이 반대의 이유였다.

결국 한단 침공의 지휘를 맡은 것은 장군 왕흘(王齕)이었다. 그리고 백기가 예상한 대로 초나라의 춘신군과 위나라의 신릉군 등의 원군 때문에 진나라는 한단을 함락시키지 못한 채 철수하고 말았다. 시황제의 아버지인 자초가 인질로 잡혀 있던 한단에서 매수 작전으로 써서 탈출한 것이 바로 이때의 일이었다.

진왕은 신의 계략을 듣지 않았다. 지금 어떠한가?

백기가 한 이 말이 소왕의 귀에 들어가, 소왕은 더욱 화를 냈다. 결국에는 백기를 일개 졸병으로 강등시키고, 음밀(陰密, 감숙성)로 이주하라는 명령을 내렸다. 백기는 하는 수 없이 함양의 서문을 나서 음밀로 향했다. 그런데 10리(4킬로미터)쯤 갔을 때 사자가 따라왔다. 사자는 자결용 검을 백기에게 건네주기 위해 파견된 것이었다.

소왕은 범저를 비롯한 군신들과 회의를 열어,

여언(余言, 원망하는 말)이 있다.

는 이유로 그러한 결정을 내렸다.

　목숨을 걸고 쌓아올린 빛나는 전공들도 한마디 여언 때문에 덧없는 것이 되어 버리고 말았다. 백기는 검을 손에 쥐고,

　　나는 하늘에 무슨 죄가 있기에 여기에 이르렀는가?

라고 말했다고 한다. 하늘이 자신의 목숨을 앗으려 하고 있는데 과연 그럴 만한 큰 죄가 있었던가, 라고 자문했다. 잠시 후 그는,

　　나는 원래 죽어야 할 몸이었다. 장평의 전투에서 조나라의 졸(卒)

　　가운데 항복한 자 수십만 명, 나는 그들을 속여 전부 갱(阬, 묻음)했다.

　　이는 죽을 만하다.

며 납득했다.

　장평 전투에서 진나라가 전멸시킨 조나라의 군사 40만은 그 대부분이 항복한 병졸들이었다. 백기는 항복을 받아들이는 척하며 그들을 전부 구멍에 생매장하여 죽였다.

　상당군(上黨郡)은 예전에 진나라가 점령한 곳이었지만, 군대를 물리자 그 주민들 전부가 배신을 한 적이 있는 땅이었다. 상당은 중원 중의 중원이라 할 수 있는 곳이니 노중연처럼 진나라의 백성이 되느니 차라리 죽는 편이 낫다고 생각한 사람들이 많았다.

　백기는 항복한 수십만의 병졸들을 살려 두면 그들이 언제 다시 반기를 들지 알 수 없었으므로 전부를 죽여 버리기로 결정했다. 잔혹한 방법이었다. 백기는 죽음 직전에 그 일을 떠올리고 자신에게는 역시 죽을 만한 이유가 있었다고 자신에게 말한 것이다.

　아직 불교가 전파되기 전이었지만, 종교관이 아닌 윤리관으로서의 '인

과웅보' 사상은 있었다.

백기가 죽은 뒤, 진나라에서 장군으로 활약한 인물은 왕전(王翦), 이신(李信), 몽오(蒙驁) 일족[오, 무(武), 염(恬) 3대에 걸침]이었다.

진나라의 천하통일 과정에서 가장 절정을 이루는 부분은 누가 뭐래도 초나라와의 전쟁에서 거둔 승리일 것이다. 이때 승리를 거둔 장군이 바로 왕전이었다. 아무래도 왕전은 백기가 맞은 비극에서 크게 배웠던 것 같다.

『사기』에는 백기가 범저와의 파벌 다툼에서 진 것처럼 기록되어 있지만, 그러한 결정을 내린 것은 어디까지나 소왕이었다. 원망이 섞인 말을 했다는 정도의 이유로 역전의 장군을 죽음으로 몰아갈 수는 없는 법이다.

무안군에 봉해진 이후 백기의 권세가 지나치게 강해졌던 모양이다. 군주에게 있어서 군대를 장악하고 있는 커다란 공신은 신경이 쓰이는 존재다. 게다가 재위 50년에 이른 소왕은 상당한 나이에 달해 있었다. 자신이 재위 중에는 백기를 휘어잡을 자신이 있었다. 그러나 자신이 죽고 난 뒤의 일을 생각하면 불안함을 느꼈다. 장남으로 제왕의 길을 가르치던 태자가 죽고 차남인 안국군이 그 자리에 올랐다. 안국군은 정식으로 즉위한 지 3일 만에 죽었는데, 원래부터 병약했었는지도 모른다. 군대를 움직일 힘을 가진 거물을 지금 제거해 버린다면 어느 정도는 안심할 수 있을 것이다. 백기의 안타까운 죽음의 진짜 원인은 여기에 있는 게 아닐까 하는 생각이 든다.

시황제는 자신의 증조부인 소왕과 마찬가지로 의심이 많은 성격이었다. 소왕도 어렸을 때 인질이 되어 연나라로 간 적이 있었다. 이복형인 무왕이 아들을 낳지 못한 채 죽었기 때문에 생각지도 않았던 왕위에 오르게 됐다는 점도 시황제의 경우와 매우 비슷하다.

왕전은 의심을 받지 않기 위해 조심하고 또 조심한 듯하다.

다행스럽게도 자신과 같은 시대에 이신이라는 젊은 장군이 있었다. 왕전은 이신을 방패 삼아 화살을 피해 가며 살아간 듯한 느낌이 든다. 적극적인 의견은 이신이 내놓으니 왕전은 신중한 의견만을 내놓으면 됐다. 시황제는 아무래도 위세가 좋은 장군들에게 일을 맡겼다. 그들이 성공하면 성공한 대로 잘된 일이며, 실패했을 경우에는 간곡한 청을 받고 왕전이 출마하게 되는 것이었다. 실패한 뒤였기 때문에 왕전은 대병력을 받았다.

초나라와의 전쟁이 그랬다. 앞에서도 이야기했지만 그것은 사실상 전국 시대의 결승전과 다름없었다. 어느 정도의 병력이 필요하냐는 질문을 받은 왕전은 60만이라고 고집했다. 젊은 이신은 의욕에 넘쳐서 20만이라고 대답했다. 시황제는 두 사람의 말을 비교해 보고 "왕 장군도 늙었구료"라며 이신을 초나라 토벌전의 장군으로 임명했다.

이 전투에서 진나라는 서전(緖戰)에 연승을 거듭했다. 그러나 초나라 군은 승리에 들떠 있던 진나라 군의 뒤를 3일 밤낮으로 쉬지 않고 쫓아 방심하고 있던 진나라 군에게 대승을 거두었다.

패했다는 소식을 접한 시황제는 친히 왕전을 찾아가서 사과를 했다. 역시 20만 가지고는 안 될 일이었다. 장군의 말을 듣지 않았기에 초나라에게 굴욕을 맛보았으니 이번에는 꼭 좀 도와 달라. 앞에서도 이야기했지만, 사실은 이런 행동이 가능한 시황제에게 울료는 섬뜩함을 느꼈던 것이다.

왕전은 한껏 겸손을 떨다가 60만 대군을 받는다는 조건으로 드디어 전쟁터로 나섰다.

왕전이 출진할 때 시황제는 일부러 파수(灞水) 부근까지 배웅을 나갔다. 길을 가며 왕전은 시황제에게 미전(美田), 저택(邸宅), 원지(園池)를 받고 싶다고 졸랐다.

　　　장군은 가거라. 어찌 가난을 근심하는가?

라고 시황제는 말했다. 어쨌든 안심하고 출정하라, 뒷일은 내가 알아서 처리할 테니, 장군은 그런 하찮은 일로 걱정하지 않아도 된다. ……어째서 출진 직전에 이것저것 조르느냐고 넌지시 물었다. 그에 대해서 왕전은 장군은 봉후가 되기도 어려우니 이렇게 군주에게 신임을 받고 있을 때, 가능한 한 많은 것을 받아 자손을 위해 남겨 주고 싶다고 대답했다.

　　　시황은 크게 웃었다.

고 『사기』에 기록되어 있다. 왕전은 틀림없이 그 웃는 얼굴을 보고 안심했을 것이다. 왕전은 국경을 벗어나기까지 다섯 번이나 사자를 수도인 함양으로 보내서 전지(田地)를 하사해 달라고 청했다.

　　　장군의 걸대(乞貸, 베풀기를 청함)가 또한 매우 심하구나.

　어떤 사람이 눈썹을 찌푸리며 너무 집요하다고 비난조로 말하자, 왕전은 다음과 같이 대답했다.

　　　그렇지 않다. 저 진왕(시황제)은 조(狙, 거침)하고 사람을 믿지 않는다. 지금 진나라의 갑사(甲士, 무장병)를 전부 모아 내게 맡겼다. 나는 많은 전택(田宅)을 청하여 자손의 생활 수단을 만들고, 그렇게 해서 스스로를 지키지 않고, 오히려 진왕으로 하여금 앉아서 나를 의심하게 하겠는가?

거듭되는 원정으로 병력에 손실이 있었고 왕전에게 60만을 내줌으로 해서 진나라 국내에는 더 이상 병사가 남아 있지 않았다. 군대에 절대적인 영향력을 가진 왕전이 만약 커다란 뜻을 품고 그 60만 병력을 되돌려 진나라 왕을 공격한다면 진나라는 왕전의 것이 되어 버린다. 만약 시황제가 왕전의 입장이었다면, 아마 아무런 망설임도 없이 그렇게 했을 것이다. 따라서 왕전은 그런 의심을 받을까 매우 두려워했던 것이다. 그런 의심이 들었다는 사실만으로도 '왕전, 모반했다. 목을 베라'는 명령이 떨어질지도 모를 일이었다. 그런 의심에 대해서 '스스로를 지키지' 않으면 안되었다. 미전, 저택, 원지를 내려 달라고 청하고 거기에 미련이 있는 듯 재삼 확인함으로 해서,

> 왕전은 이 정도의 인물이로구나. 모반을 일으키는 것과 같은 커다란 뜻은 품고 있지 않다. 그의 머릿속에 있는 것은 자손의 소소한 행복뿐이다.

라고 시황제가 생각해 주기를 바랐다.

왕전을 맞아 초나라에서 나선 장군은 항연(項燕)이었다. 왕전은 진(陳)을 통해 평여(平輿)로 가서 성벽을 강화한 뒤 공격해 들어오는 초나라 군과 싸우려 하지 않고 단지 수비만 할 뿐이었다. 처음부터 그럴 계획이었기 때문에 군량은 충분히 준비되어 있었다. 포위하고 있던 초나라 군 쪽이 지쳤고, 식량도 떨어졌다. 포위를 풀고 동쪽으로 떠나기 시작했다. 왕전은 그 뒤를 추격해서 초나라 군을 대파했다. 철수하는 군대는 사기가 떨어져 있으므로 그 점을 노린 것이다.

초나라 장군 항연은 전사하고 말았다. 『사기』는 「왕전열전(王翦列傳)」에서는 항연을 죽였다고 기록했지만, 본기에서는 항연 자살이라고 기록했다.

어쨌든 적의 총사령관이 죽고 진나라는 초나라에 대승을 거뒀으며, 승세를 몰아 초나라의 각지를 공략했다. 이 승리는 시황제 23년(기원전 224)의 일이었으며 초나라 왕 부추(負芻)는 포로가 되었고, 초나라가 멸망한 것은 그 이듬해의 일이었다.

전사한 초나라 장군 항연의 아들 항량(項梁)이 진나라 말기에 진나라를 쓰러뜨리기 위해 군대를 일으켰지만 도중에 죽고 말았으며, 그 뒤를 이은 것이 조카인 항우(項羽)였다. 후에 다시 이야기하겠지만 진나라를 멸망시킨 것은 초나라에서 대대로 장군직에 있던 항(項)씨 일족인 항우였다.

재상이 살아남을 수 있는 지혜

여기서 6개국의 멸망을 종합해 보기로 하겠다.

한나라는 앞에서 이야기했듯이 사절인 한비가 진나라에서 살해된 지 3년, 즉 시황제 17년(기원전 230)에 멸망했다. 한나라를 멸망시킨 것은 진나라의 내사(內史)인 등(騰)이었다.

2년 뒤인 시황제 19년(기원전 228)에 한단이 함락되어 조나라가 멸망했다. 한단을 떨어뜨린 것은 장군 왕전이었다.

그리고 그로부터 3년 뒤인 시황제 22년(기원전 225)에 위나라의 수도인 대량이 수공(水攻)을 받아 위나라 왕이 포로가 되었으며 위나라는 멸망했다. 이때 진나라의 장군은 왕분(王賁)이었다. 다름 아닌 왕전의 아들이다.

초나라가 멸망한 것은 그로부터 2년 뒤이고, 장군 왕전이 활약했다는 사실은 조금 전에 이야기했다.

그 이듬해인 시황제 25년(기원전 222)에 왕분이 요동(遼東)으로 달아난 연나라 왕을 포로로 잡았고 이에 연나라는 멸망했다.

마지막으로 남은 제나라도 왕분의 공격을 받아 왕은 포로가 되었으며 나라는 멸망하고 말았다. 연나라가 멸망한 그 이듬해의 일이었다. 시황제 26년(기원전 221)이 진나라가 천하를 통일한 해였다.

위의 정리를 통해서도 알 수 있듯이 한나라 이외의 5개국은 왕전과 왕분 부자가 장군으로 출정하여 토멸(討滅)시켰다. 조나라가 멸망한 뒤 공자인 가(嘉)가 대(代)라는 곳에서 자립하여 대왕(代王)을 칭했지만, 그를 공격하여 멸망시킨 것도 왕분이었다.

물론 왕전 부자의 원정군에는 몽무(蒙武)나 이신 등과 같은 유명한 장군이 종군해 있었다. 결코 왕전 부자만의 공적은 아니었지만, 위처럼 정리를 해 놓고 보면, 왕전과 왕분의 무공이 현저하게 눈에 띈다.

왕전이 그처럼 마음에도 없는 연기를 해서 시황제의 의심을 피하려 한 사정도 이해가 가는 부분이다.

백기에게 죽음을 내린 뒤 진나라는 명장이 부족하여 고민하지 않을 수 없었다. 그런 사실을 알고 있었으면서도 진나라의 소왕은 군의 실력자인 백기를 죽였다. 평소의 언동 때문에 백기는 커다란 뜻을 품을 인물이라고 의심을 받았을 것이다. 왕전의 경우는 이신, 몽무, 몽염(蒙恬) 등과 같은 젊은 장군들이 성장해 대신할 사람이 있었기 때문에 진나라로서도 목숨을 빼앗기 쉬웠을 것이다. 자신의 몸을 지키기 위해 커다란 뜻을 품은 인물로 보이지 않도록 주의를 기울였다. 그리고 가능한 한 파벌 다툼에 휘말리지 않기 위해 조심했을 것이다. 사실 파벌이 없으면 커다란 일을 할 수가 없다. 왕전이 한 일은 군사 면에만 한정되어 있었다. 사마천은

『사기』에서 왕전을 다음과 같이 평했다.

> 왕전은 진의 장군이 되어 6개국을 평정했다. 이때 전은 숙장(宿將, 장로)이 되었으며, 시황은 이를 사(師)로 삼았다. 그러나 진을 도와 덕을 세워 그 근본을 굳건히 하지 않고 투합(偸合, 적당히 장단을 맞춤)하여 용(容)을 취하다(비위를 맞추기 위한 태도를 취함) 죽었다.

기껏 시황제가 사(師)로 맞아들여 주었는데도 덕치를 권하여 진나라의 참된 기반을 닦기 위한 노력을 게을리 했다는 것이다. 사마천의 이 평가에는 약간 호된 면이 있다. 그리고 시황제를 보는 관점에도 약간 무른 면이 있다고 할 수밖에 없다. 커다란 뜻을 품고 있지 않은 것처럼 보이고 적당히 장단을 맞췄기 때문에 왕전은 평온한 죽음을 맞이할 수 있었다. 만약 그렇게 하지 않았다면 숙장인 그에게도 시황제는 독니를 드러냈을지도 모른다.

백기를 죽음에까지 몰아넣은 범저도 채택(蔡澤)의 설득으로 채택을 재상으로 추천하고 자신은 재상의 자리에서 물러남으로써 목숨을 보전할 수 있었다. 채택도 재상의 자리에 오른 지 얼마 지나지 않아서 칭병(稱病)하고 그 자리에서 물러났다. 이 두 사람도 무책임한 것처럼 보이지만 몸을 지키기 위해서는 이 정도로 조심하지 않으면 안 되었다.

범저는 '원교근공책(遠交近攻策)'으로 유명하다. 진나라에서 가장 먼 것은 연나라였다. 따라서 진나라가 원교근공정책을 취했다면 연나라와 가장 친밀한 우호관계를 맺었다. 기록에 진·연 우호에 관해 특별히 눈에 띄는 기사는 없지만, 그것을 추리해 볼 수 있을 만한 사실은 여기저기서 볼 수 있다. 예를 들자면 진나라의 소왕이 어렸을 때 인질이 되어 연나라에 있었다는 사실도 그런 사실 중 하나다.

연나라와 진나라는 국경을 접하고 있지 않았다. 두 나라 사이에 문제는 많지 않았다. 인질은 전국 시대에 흔히 있는 일이었지만, 무왕이 죽자 진나라는 연나라에 인질로 보냈던 소왕을 맞아들여 즉위시켰다. 이복형제 사이의 계승이었는데, 즉위 전의 소왕은 진나라 궁정에서도 상당히 중요한 인물이었을 것이라 여겨진다. 그런 사람을 인질로 보낸 것이었다. 분쟁이 그다지 많지 않은 나라에 우호의 징표로 보낸, 상당히 안전한 인질이었을 것이다. 자초(시황제의 아버지)와는 비교도 되지 않는다. 자초를 인질로 보낸 조나라는 진나라와 국경을 접해서 두 나라의 분쟁이 끊이질 않아, 참으로 위험한 인질이었다.

연나라와 진나라의 관계가 좋았다고 한다면, 이상해지는 것은 소진(蘇秦)의 '합종론'이다. 6개국이 연합하여 강국인 진나라에 맞서자는 전법이었는데, 연나라가 거기에 가맹한다면 연나라와 진나라의 우호관계와는 모순이 된다.

소진의 합종론은 말뿐으로 공론이었던 부분이 많고 실행에 옮겨진 것은 극히 일부분뿐이었던 듯하다. 사서의 기술에 합종론이 너무 적게 반영되어 있기 때문에 소진이라는 인물 자체의 실재마저 의심을 받고 있다.

연나라는 지금의 북경 지방을 중심으로 하는 나라였다. 지금도 북경을 '연경(燕京)'이라고 부르는 경우가 있다. 연나라와 국경을 접하고 있던 것은 조나라와 제나라였다. 연나라가 압박을 실감할 수 있었던 것은 이 두 나라의 힘밖에 없었다. 그런 조나라와 제나라와 연합하여 직접적인 압박이 없는 진나라에 대항하려 했다는 것은 앞뒤가 맞지 않는 듯한 느낌이다.

현실적인 압력, 즉 조나라와 제나라에 대항하기 위해서 연나라는 진나라와 동맹을 맺어야 했다는 것은 분명한 사실이다. 조나라가 동쪽의 연나라를 공격하려면 서쪽에 있는 진나라의 움직임을 살펴야만 했다. 상식적으로 생각하더라도 연나라가 동맹을 맺어야 할 상대는 진나라였다. 강대해지기 전의 진나라도 동쪽의 삼진으로부터의 압력을 약화시키기 위해서는 그 배후에 있는 연나라와 동맹을 맺는 것이 효과적이었다.

연형론과 합종론은 도식화해서 보면 쉽게 이해할 수 있지만, 현실은 도식대로 진행되지 않았다.

연나라와 진나라의 관계가 우호적이었다고는 하지만, 전국 시대 말기, 진나라가 삼진을 합병할 무렵에 이르러서는 그것이 지속되지 않았다는 점은 당연하다. 완충지대가 없어졌기 때문에 연나라도 드디어 진나라의 힘을 직접적으로 느끼게 되었다.

지식인 자객 형가

진나라의 천하통일 직전에 있었던 가장 드라마틱한 사건은 연나라의 태자인 단(丹)이 형가(荊軻)라는 자객을 진나라로 보내 시황제를 암살하려다 실패한 사건일 것이다.

암살이란 비상수단이다. 달리 손쓸 방법이 없었기에 어쩔 수 없이 실행한 것이었음에 틀림없다. 이전까지 상당히 우호적이었던 두 나라의 관계가 순식간에 악화된 것이었다. 압박을 받게 된 연나라는 어떻게 해야 좋을지 전혀 감도 잡히지 않았으리라. 암살이라는 극히 단순한 방법이 실행되었다는 것은 연나라가 낭패감과 당혹감에 빠졌다는 사실을 보여 준다.

『사기』「자객열전」에는 암살의 동기가 연나라 태자 단의 사사로운 원한 때문이라는 식으로 적혀 있다.

> 마침 연의 태자 단이 진나라에 인질이 되었다. 도망쳐 연나라로 돌아갔다. 연의 태자 단은 원래 전에 조나라에 인질로 갔다. 그런데 진왕 정(政, 시황제)은 조나라에서 태어났고 어렸을 때 단과 친밀했다. 정이 떠나 진왕이 되었을 때, 단은 인질이 되어 진나라로 갔다. 연의 태자 단에 대한 진왕의 예우가 좋지 않았다. 이에 단은 원한을 품고 달아났다. 연나라로 돌아가 진왕에게 보복할 자를 구했다.

범저 대신 진나라의 재상이 된 채택은 원래 연나라 출신이었다. 이미 재상의 자리에서 물러나 있었지만 강성군(綱成君)이라 칭해지며 국정고문 역할을 맡고 있었다. 연나라 출신이었기 때문에 채택은 진나라의 사자로 연나라에 파견되어 양국의 관계에 관한 여러 문제에 대해서 이야기를 나눴다. 그 약속에 대한 보증으로 태자 단이 인질로 진나라에 보내진 것 같다. 태자 단과 진나라의 시황제는 조나라에 인질로 있을 무렵의 죽마고우였다. 정확히 말하자면 시황제는 인질의 아들이었고, 인질인 아버지는 도망친 상태였다. 그는 아홉 살 때 진나라로 송환되었다.

그런 관계였으므로 태자 단은 진나라로 가면 유년 시절의 친구로서 환영해 줄 것이라고 생각했으나 시황제는 그를 차갑게 대했다. 이에 화가 난 단은 탈주하여 연나라로 돌아갔다. 연나라로 돌아가 이 원한을 풀어 줄 자가 없을까 하고 자객을 찾았다는 것이다.

사사로운 원한만으로 암살을 생각했을 것이라고는 여겨지지 않는다. 역시 두 나라 사이에 문제가 생겼고 인질이었던 단이 탈주한 것도 그와 관계가 있었을 것이다. 채택이 연나라에 사자로 가서 약속한 일을 틀림없이 진나라가 자신의 힘만 믿고 위반하는 일이 있었던 것이라 여겨진다. 상대방의 잘못을 추궁하고 싶었지만, 두 나라의 힘에는 이미 커다란 차이가 있었다. 단번에 전세를 뒤집자면 역시 비상수단밖에 떠오르지 않았을 것이다. 남은 수단은 오로지 암살뿐이었다.

형가는 위나라 사람이지만 그의 조상은 제나라 사람이라고 한다. 전국 시대 말기에는 이미 이처럼 각국의 사람들이 어지러이 오고 갔기 때문에 중국은 적당히 뒤섞여 있었다. 예를 들어서 연나라 출신인 채택이 진나라의 사자가 되어 연나라로 가서 진나라의 국익을 최우선으로 여러 가지 외교 절충을 행했다. 제국을 유력(遊歷)하는 사람들도 적지 않았다. 형가도 그런 사람 중 하나였다.

당시는 임협들이 곧잘 제국을 유력했다. 이른바 호걸로 호걸스러움을 다퉜던 것이다. 그러나 형가는 그들과 약간 달랐다.

유차(楡次)라는 곳에서 검객인 개섭(蓋聶)이라는 사람과 검에 대해서 이야기를 나누다가 의견이 맞지 않아 개섭이 화를 내며 눈을 부라리자, 형가는 그 자리를 떠나 버리고 말았다. 입회하고 있던 사람이 다시 한 번 형가를 불러들여 계속해서 논전을 펼치게 하려 했지만, 형가는 이미 숙소를 비우고 어딘가로 떠나 버린 뒤였다.

임협의 세계에서 이는 매우 비겁한 행동이었다. 그러나 높은 뜻을 품고 있는 형가는 검의 사용법같이 차원이 낮은 문제로 호기를 부려 봐야 아무런 의미가 없다고 생각한 것이다.

형가는 조나라의 수도인 한단에서 노구천(魯句踐)이라는 사람과 박(博, 도박)을 하다 그 규칙에 관한 문제로 언쟁을 벌였다. 노구천이 험한 목소리로 언성을 높이자 형가는 말없이 그 자리에서 떠나 버리고 말았다. 도망친 것이었다.

검의 사용법이나 도박의 규칙 따위는 형가에게는 다툴 만한 가치도 없는 것이었다.

연나라로 들어간 그는 구도(狗屠), 그리고 축(筑, 악기)을 연주하는 고점리(高漸離), 특히 이 두 사람과 마음이 맞아 날마다 연나라 수도의 시장에서 술을 마셨다. 구도란 개고기를 파는 사람을 말한다. 사회적으로는 그다지 존경받지 못하는 직업이었지만, 형가는 마음이 맞으면 상대방의 지위 따위에는 연연하지 않았다.

축이란 거문고와 비슷한 현악기인데 대나무로 줄을 뜯었다고 한다. 그 축을 잘 타는 고점리가 축을 뜯고 형가는 거기에 맞춰서 노래를 불렀다. 흥이 오르면 줄줄 눈물을 흘리며 방약무인(傍若無人)이었다고 한다.

그러나 형가는 단순한 술꾼이 아니었다. 독서를 즐기는 지식인이기도 했다. 구도와 고점리 외에도 처사(處士)인 전광(田光) 선생과도 깊이 사귀고 있었다. 처사란 지식인으로 벼슬을 하지 않는 사람을 일컫는 말이다.

인질이 되어 머물고 있던 진나라에서 탈출하여 돌아온 연나라의 태자 단은 진나라로 자객을 보내야겠다고 생각했는데, 이는 역시 협객에게 부탁해야 할 일이었다. 그 방면으로는 전광 선생이 이름을 날리고 있었던 듯하다. 태자는 전광을 보고,

연과 진은 양립할 수 없습니다. 바라건대, 선생은 유의하십시오.

라고 말을 꺼냈다. 국가의 중대사로 상의할 것이 있다는 말이었다. 전광

은 자신은 이미 늙었으니 대신 형가를 추천한다고 말했다. 태자가 "지금 드린 말씀은 국가의 중대한 일이니 밖으로 새어 나가지 않도록 해 주십시오"라고 다짐을 하자, 전광은 고개를 숙인 채 웃으며 "낙(諾, 알겠습니다)"이라고 대답했다.

그런 다음 전광은 형가를 찾아가 태자에게 추천했다는 사실을 전한 뒤, 태자가 이 사실을 다른 사람에게 말하지 말라고 한 것은 자신을 의심했기 때문으로,

> 무릇 무슨 일을 하든 남에게 의심을 품게 하는 것은 절협(節俠, 기개가 있는 의협)이 아니다.

라며 스스로 목을 쳐서 죽었다.

자신이 죽음으로 해서 국가의 중대한 일이 밖으로 새어 나갈 일이 없음을 보장한 것이었다. 전광의 이 장렬한 죽음은 협객의 한 전형이라고 할 수 있다.

기둥 뒤에 숨은 진시황

형가는 진나라의 시황제를 암살하기 위해서 연나라를 출발했다. 빈손으로 가서는 시황제를 만날 수 있을 리 없었다. 시황제가 만나 주지 않는다면 암살할 기회도 없을 것이다.

그것을 가져가면 반드시 만나 줄 것이라 여겨지는 선물이 필요했다. 형가가 생각한 선물은 독항(督亢)의 지도와 번어기(樊於期)의 목이었다. 지도를 헌상한다는 것은 그 땅을 할양하는 의식과도 같은 것이었다.

독항이란 지금의 북경시와 보정시(保定市) 사이에 있는 탁현(涿縣)에서

신성현(新城縣)에 걸친 지역인데 비옥하기로 유명했다.

번어기는 진나라의 장군으로 시황제의 노여움을 사 연나라로 도망쳐 들어온 사람이었다. 번 장군 일족은 진나라에서 모두 살해당했으며, 도 망쳐 온 그의 목에는 1만 호의 마을과 황금 천근이 걸려 있었다. 시황제 를 어지간히도 화나게 한 모양이었다.

형가에게서 선물에 대한 이야기를 듣고 태자 단은 무슨 일이 있어도 번 장군을 죽이는 일만은 할 수 없다고 반대했다. 궁지에 몰려 망명해 온 사람을 자신들의 사정 때문에 죽인다는 것은 도저히 있을 수 없는 일이 라고 생각했다. 태자가 끝까지 승낙을 하지 않았기 때문에 형가가 직접 번 장군을 만났다. 부모를 비롯하여 일족 모두를 주살당한 번 장군은 시 황제에 대한 복수심에 불타오르고 있었다.

> 원컨대, 장군의 목을 얻어 진왕에게 바치려 한다. 진왕은 반드시 기
> 뻐하며 신을 볼 것이다. 신은 왼손으로 그 소매를 잡고 오른손으로 그
> 가슴을 찌를 것이다.

형가가 이렇게 말하자 번어기는 스스로 자신의 목을 잘랐다. 그는 복 수심만으로 살아왔으니 그것을 위해서라면 자신의 목숨까지도 아끼지 않았다.

태자는 백금을 주고 서부인(徐夫人)의 비수라는 날카로운 단검을 구해 거기에 독을 발랐다. 실낱만큼의 피가 흐를 정도의 상처만 입혀도 그 사 람은 반드시 죽는다는 맹독이었다. 그리고 태자는 따로 진무양(秦舞陽)이 라는 용사를 고용하여 부사(副使)로서 형가를 수행하도록 했다. 진무양

이라는 인물은 열세 살 때 살인을 한 일로 유명해져 사람들의 두려움의 대상이 되었다. 이렇게 준비가 갖춰졌지만 형가는 좀처럼 떠나려 하지 않았다. 사실 그는 믿을 만한 사람을 기다리고 있었는데, 연락이 제대로 되지 않은 탓인지 그가 좀처럼 오질 않았기 때문이었다.

조급해진 태자는 형가의 마음이 변할까 두려워 은근히 재촉을 했다. 더 이상 일을 늦출 수는 없었다. 형가는 드디어 출발을 결심했다.

태자와 그 빈객들은 진나라로 떠나는 형가 일행을 위해 역수(易水) 부근까지 배웅을 나갔다. 전원이 하얀 의관을 두르고 있었다. 그것은 상복이었다. 일의 성패와는 상관없이 살아서 돌아올 리 만무했기에 배웅 나온 사람 모두가 상복을 입은 것이었다.

역수 부근에서 친구인 고점리가 축을 뜯고 형가가 거기에 맞춰서 노래를 불렀다. 모든 사람들이 눈물을 흘리며 울었다.

> 바람 소소(蕭蕭)하니 역수 차갑구나.
> 장사 한 번 가면 다시 오지 못하리.

형가의 비장한 노래를 듣고 모든 사람들이,
> 머리카락이 전부 곤두서 관을 찔렀다.

와 같은 상태에 빠졌다.
> 이에 형가 수레에 올라 떠났다. 끝내 뒤도 돌아보지 않았다.

『사기』「자객열전」은 유명한 역수에서의 이별 장면을 이렇게 맺었다.

극비의 임무를 띤 자가 출발하는 것이니 상복을 입은 호들갑스러운 이별 장면은 없었을 것이라는 설도 있다. 진나라의 첩자가 연나라에도 들어와 있었을 테니 틀림없이 조심하지 않으면 안 되었다. 그러나 시황제 암살이라는 임무는 극비였지만 독항의 지도와 번 장군의 목을 헌상하는 것은 공적인 임무였다. 영토 할양이라는 비극적인 임무를 띤 사절단을 송별하는 장면이니 당연히 비장했을 것이다.

『사기』에 기록된 역수에서의 이별에 윤색이 있었을지는 모르겠다. 그러나 살아 돌아오지 못할 장사를 눈물로 보내는 장면은 분명 어딘가에 있었을 것이다.

암살에 쓸 서부인의 비수는 독항의 지도 속에 말아 넣었다. 시황제를 만나는 자는 몸에 쇳조각 하나도 지닐 수가 없었다.

형가 일행은 함양 궁전에서 시황제를 만나기로 되어 있었다. 형가가 번어기의 목을 넣은 상자를 들고 있었으며, 진무양이 지도를 넣은 상자를 들고 있었다. 그런데 시황제의 옥좌에 이르는 폐(陛, 층계)까지 오자 진무양의 얼굴이 창백해지더니 몸을 부들부들 떨기 시작했다.

연나라에서는 용사로 이름을 날렸던 진무양도 결국은 흉포한 살인자에 지나지 않았다. 참된 용사가 아니었기에 담력이 없었다. 태자가 사람을 잘못 고른 것이라 하지 않을 수 없다. 형가는 마음속으로는 혀를 찼겠지만, 진무양을 돌아보고 웃으며 앞으로 나아가 "북방의 촌놈이 아직 천자를 뵌 적이 없기에 이렇게 떨고 있습니다. 용서해 주십시오"라고 사과를 했다.

암살은 실패로 끝나고 말았지만 그것을 묘사한 문장은 『사기』 가운데서도 백미라고 할 수 있을 것이다.

진왕이 도(圖, 독항의 지도)를 펼쳤다. 도가 전부 펼쳐지자 비수가 나왔다. 이에 왼손으로 진왕의 소매를 잡고 오른손으로 비수를 들어 그를 찔렀다. 미처 몸에 닿지 못했다. 진왕은 놀라 스스로 물러나 일어섰다. 소매가 찢어졌다. 검을 빼려 했다. 검은 길었다. 그 칼집을 쥐었다. 황급했고 검은 견고했다. 이에 급히 뺄 수가 없었다. 형가가 진왕을 쫓았다. 진왕은 기둥을 돌며 달렸다.

마치 그 광경을 직접 보고 있는 듯한 느낌이다. 미처 몸에 닿지 않았다고 했지만 틀림없이 아슬아슬했을 것이다. 조금이라도 상처를 입혔다면 독이 시황제의 몸 전체로 퍼져 나갔을 것이다.

진의 시황제는 놀라 몸을 뒤로 물린 덕분에 독이 묻은 칼을 피할 수 있었다. 그 움직임이 너무 급했기 때문에 시황제의 소매가 찢어진 것이다. 검을 뽑으려 했지만 검이 길어서 뽑히질 않았다. 칼집을 잡고 뽑으려 해도 당황해서 몸이 굳어 뽑히지 않았다. 형가는 다시 시황제에게 달려들었으며, 시황제는 기둥을 돌아 달아났다.

옥좌 밑에는 무장한 근위병들이 늘어서 있었지만 진나라의 법률에 따라서 왕의 명령으로 허락받지 못하면 전상에 오를 수가 없었다.

진나라는 상앙에 의해서 법률을 무엇보다도 중히 여기는 체제를 갖게 되었다. 법률을 어기면 이유를 막론하고 처벌받게 되어 있었다. 그 실례는 얼마든지 있다. 상앙조차도 자신이 만든 법률의 제재를 받았을 정도였다. 도망치는 시황제에게는 전 밑에 늘어서 있는 근위병들에게 명령을 내릴 여유도 없었다. 검을 빼 든 근위병들은 그 자리에 서 있을 수밖에 없었다.

전 위에 무기를 들고 있는 사람은 시황제밖에 없었다. 근신들은 맨손으로 맞설 수밖에 없었으며, 형가는 서부인의 비수를 들고 있었다. 시의(侍醫)인 하무저(夏無且)가 들고 있는 약주머니가 무기를 대신할 수 있는 유일한 물건이었다. 하무저는 그것을 형가에게 던졌다. "왕이시여, 검을 등에 지십시오!"라고 근신이 조언했다. 등에 짊어지면 검을 뽑을 수 있었다. 간신히 그 검을 뽑은 시황제는 형가를 향해 내리쳤다. 장검과 단검의 대결이니 시황제 쪽이 유리했다. 왼쪽 허벅지를 베인 형가는 쓰러지며 시황제를 향해 비수를 던졌다. 그러나 빗나가 덧없이 기둥에 꽂혔을 뿐이었다. 시황제의 검이 쓰러진 형가를 향해 두 번, 세 번 날아들었다.

이렇게 해서 연나라 태자가 궁여지책으로 내놓은 암살도 실패로 돌아가고 말았다. 시황제 20년(기원전 227)의 일로 조나라는 1년 전에 이미 멸망했다.

이듬해에 진나라는 대군을 동원하여 연나라의 수도인 계(薊)를 공격했다. 연나라 왕은 요동으로 달아났지만 진나라 군대는 공격의 손길을 늦추지 않았다. 연나라 왕은 태자 단을 베어 그 목을 진나라에 바쳤다. 그러나 진나라가 연나라를 공격한 것은 암살사건에 대한 복수 때문이 아니었다. 천하를 아우르려는 것이 진나라의 뜻이었다.

형가가 진나라의 함양궁에서 살해된 지 5년 뒤, 진나라의 대군이 요동으로 밀고 들어가 연나라 왕 희(喜)를 사로잡았다. 소공 석을 시조로 하는 연나라는 800여 년의 역사를 여기서 마감했다.

이듬해 왕분이 이끄는 진나라 군이 연나라에서 남하하여 마지막 제후인 제나라의 임치를 습격하여 제나라 왕 건(建)을 사로잡았다.

만리장성

후세를 이롭게 한 통일 정책

진나라의 천하통일은 곧 진나라의 멸망으로 이어졌다.

제나라의 멸망으로 진나라가 천하를 통일한 것은 시황제 26년(기원전 221)의 일이었다. 항우와 유방(劉邦)이 함양을 함락시켜 진나라가 멸망한 것은 2세 황제 4년(기원전 206)의 일이었다. 진나라는 대략 15년이라는 짧은 기간 동안의 천하 정권이었다.

진나라의 경우는 천하통일을 이야기하면서 동시에 천하를 잃은 이야기를 하지 않으면 안 된다. 통일로 고양된 시대의 공기 속에 멸망의 선율이 이미 흐르고 있었다. 진나라가 이룩한 여러 가지 사업을 이야기할 때, 우리는 그 곳곳에서 붕괴의 조짐을 엿볼 수 있다는 사실을 잊어서는 안 된다.

6개국을 멸망시킨 뒤, 진나라는 자신들 군주의 명칭으로 '황제(皇帝)'를 쓰기 시작했다. 이전까지는 왕(王)이었지만, 그것은 멸망한 6개국의 군주들도 함께 쓰던 것이므로, 보다 상위임을 나타내는 칭호가 필요했다. 또한 이전까지는 일반인들이 자신을 가리킬 때 쓰던 '짐(朕)'이라는 호칭을 황제가 자신을 지칭할 때 이외에는 쓰지 못하도록 했다. 새(璽)라는 말도 마찬가지였다. 일반인의 도장을 그렇게 불렀었는데, 진 이후부터는 황제의 도장만을 새라고 칭하게 되었다.

황제가 얼마나 특별한 인간인지를 힘껏 노력하여 강조했다는 사실을 알 수 있다. 준황제(準皇帝)라고 할 수 있을 만한 인물의 존재는 용납되지 않았다. 황제는 가장 위의 유일한 존재였으며 나머지는 모두 신하였다.

천하를 통일한 뒤 전국을 36개 군(郡)으로 나누고, 군 밑에 현(縣)을 두었다. 그곳의 장관은 전부 중앙에서 임명한 관리로 세습은 허용되지 않았다. 이는 전국 시대의 진나라가 상앙 무렵부터 채용한 제도를 전국에 적용시킨 것이다.

진나라 이외의 6개국에는 군주 밑에 영주가 존재했었다. 그중에서 가장 유력했던 것이 이른바 전국사군이었다. 그들은 왕족이거나 춘신군처럼 공신이었는데, 봉해진 토지를 통치했으며 때로는 그 권세가 군주를 능가하기도 했다. 진나라에서는 그런 존재가 용납되지 않았다. '군(君)'이나 '후(侯)'라는 칭호를 받은 사람들은 있었다. 그러나 그것은 어디까지나 칭호에 지나지 않았을 뿐, 어떤 지역을 세습하여 통치하는 사람은 아니었다. 전국이 진나라에 직속되었고, 진나라의 황제가 파견한 관리에 의해 다스려졌다.

이것을 군현제도(郡縣制度)라고 한다.

사실은 천하를 통일한 직후, 승상인 왕관(王綰)이 연, 제, 초 등처럼 멀리 떨어져 있는 땅에 황족을 세워 왕으로 삼자고 제안했다. 천하가 너무 넓어져서 손길이 미치지 못할 것을 걱정한 것이다. 정위(廷尉, 법무부 장관) 이사(李斯)는 이에 반대했다. 애초부터 전국 시대에 천하가 전쟁으로 고통을 겪어야 했던 것은 주나라의 무왕이 일족을 각지에 봉했는데 그 자손들이 반목하게 되었기 때문이라는 것이 반대의 이유였다. 시황제는 이사의 반대론을 채용하여 전국에 군현을 두기로 했다.

황제 절대화는 일인칭인 '짐'의 독점에 이어서 시법(諡法)을 없애는 일로도 표현되었다. 지금까지 이 책에서도 소왕, 회왕 등과 같은 칭호를 썼는데 이는 사후에 붙인 시호다. 왕이 살아 있을 때의 행장(行狀)에 따라서 골라 붙인 것이다. 예를 들어서 이복형인 부추에게 살해당한 초나라의 어린 왕에게는 애왕(哀王)이라는 칭호가 붙여졌다. 가엾은 생애였기 때문이다. 따라서 진나라에 의해 멸망당한 6개국의 마지막 왕들에게는 시호가 없다. 한왕(韓王) 안(安), 조왕(趙王) 천(遷), 위왕(魏王) 가(假), 초왕(楚王) 부추(負芻), 연왕(燕王) 희(喜), 제왕(齊王) 건(建)처럼 이름으로 불렸을 뿐이다. 왜냐하면 그들에게는 시호를 붙여 줄 다음 왕이 없었기 때문이었다. 시호를 붙인다는 것은 선왕의 행장을 비판하는 것이나 다름없다. 시황제는, 천자는 비판받아야 할 존재가 아니라고 생각하여 시법을 폐지했다. 그 대신 황제를 대(代)로 헤아려 자신을 시황제(始皇帝)라 하고 2세 황제, 3세 황제라고 이어 나갈 셈이었다.

이세, 삼세부터 만세에 이르기까지 그것을 무궁히 전하라.

라고 시황제는 말했지만 진은 결국 2세 황제에서 끝나 버리고 말았다. 단명한 왕조의 관습은 불길하다고 생각한 것인지, 이처럼 세대의 숫자로 황제를 부르는 습관은 이후 부활되지 않았다.

전체주의 체제였던 진나라에서 황제의 절대화는 필연적인 것이다. 반대로 황제의 절대화로 인해서 국가 체제가 보다 효율적인 것이 되었다고도 할 수 있다. 황제 한 사람의 호령 하나로 무슨 일이든 할 수 있게 되었다.

국토 통일에 이어서 그것을 실질적인 것으로 만들기 위한 각 분야에서의 통일이 행해졌다. 예를 들어서 문자만 해도 각지에 따라서 서체가 조금씩 달랐는데, 그것을 진나라의 소전체(小篆體)로 통일할 것을 강요했다. 지역에 따라서 차이가 있던 도량형도 통일되었다. 수레바퀴의 폭도 지역에 따라서 조금씩 차이가 있었는데, 그것도 일률적으로 통일하라는 명령이 떨어졌다. 당시의 도로에는 바큇자국이 깊게 파여서 오목한 선이 레일처럼 뻗어 있었다. 수레바퀴를 그 안에 넣어 수레를 달리게 했는데, 다른 나라의 수레가 들어가지 못하도록 의식적으로 바퀴의 폭을 달리했었다. 전차전(戰車戰)을 펼치던 시대였기에 그것은 다른 나라의 침공을 막는 하나의 방법이기도 했다. 수레바퀴의 폭을 통일한 것을 '동궤(同軌)'라고 부르는데 이는 도로의 통일이었다. 같은 수레로 전국의 어디든 갈 수 있었으니, 동궤가 천하통일에 얼마나 커다란 역할을 했는지는 쉽게 짐작이 간다.

도량형의 통일을 위해서 표준이 되는 양기(量器)가 만들어졌고 거기에 맞출 것을 강요했다. 1960년에 함양에서 출토된 '이십육년동조판(二十六年銅詔版)'이라 불리는 동판의 뒷면 네 귀퉁이에 못이 있는데, 표준 양기에 박혀 있었던 것이 분명하다. 거기에는 진나라의 소전체로,

26년, 시황제가 천하의 제후를 전부 아우르니 검수(黔首, 백성)가 크게 안심하고 호를 세워 황제라 했다. 이에 승상 장[狀, 외장(隗狀)]과 관(綰, 왕관)에게 명령하여 도량을 법으로 정하여 하나로 통일했다. 의

십스러운 자는 모두 확실하게 이것으로 통일하라.

라는 40자가 새겨져 있다.

26년은 제나라를 멸망시킨 진나라의 왕 정(政)이 황제를 칭한 해였다. 일찍부터 도량형의 통일이 실시되어 두 승상이 황제의 명령을 받았다는 사실이 분명히 기록되어 있다.

황제의 독재에 의한 강제적인 통일이었기 때문에 틀림없이 일시적인 혼란이 있었을 것이다. 그러나 그 일로 인해 후세 사람들은 커다란 혜택을 받았다. 언젠가는 해야 할 일을 시황제가 매우 신속하게 시행했다. 너무나도 서둘렀다는 느낌이 없지는 않지만, 당시의 시황제는 자신의 힘을 절대적인 것이라 믿고 있었다. 이와 같은 급속한 개혁이나 통일에 무리가 있으리라고는 생각지도 못했을 것이다.

피눈물로 얼룩진 맹강녀 전설

시황제라고 하면 바로 만리장성(萬里長城)이 떠오른다. 마치 만리장성이 시황제의 상징이라도 되는 듯하다. 그러나 만리장성을 시황제가 만든 것은 아니다. 전국 시대 여러 나라가 각각 쌓은 것을 시황제가 연결하고 보강한 것이다.

장성이라는 말이 문헌에 가장 처음 나타난 것은 『사기』「전경중완세가(田敬仲完世家)」의 제나라 위왕(威王) 9년(기원전 370)으로,

조나라 사람(趙人)이 내게 장성을 돌려주었다.

라는 대목이다. 즉위 이후 꼼짝도 않던 위왕이 갑자기 사람이 변한 것처

럼 군대를 일으켜 잃었던 땅을 회복하던 때의 일이었다. 이때 되찾은 것이니 그보다 훨씬 전부터 장성은 존재했을 것이다.

그 이듬해에 해당하는 조나라 성후(成侯) 6년(기원전 369)에,

중산(中山)이 장성을 쌓았다.

라는 기사가 역시 『사기』의 「조세가」에 실려 있다.

앞에서도 이야기했듯이, 중산은 하북성에 있던 적족(狄族)의 나라다. 장성이라고 하면 중원의 문명국이 야만적인 이적의 침공을 막기 위해서 쌓아올린 것이라는 선입관이 있다. 그러나 적족의 나라인 중산도 국방을 위해서 역시 장성을 쌓아올렸다.

제나라의 장성은 산동반도(山東半島)를 감싸듯 낭야산(琅邪山)에서 태산 쪽으로 쌓였던 것 같다. 초나라의 장성은 여수(汝水)와 한수(漢水)에 걸쳐서 구축되었다고 추측된다. 황하 중류에 해당하는 이른바 중원 지방의 중심과 가까운 곳에도 위나라의 장성이 구축되어 있었다. 제후의 나라들이 서로의 국경선에 장성을 쌓은 것이다. 천하가 통일되자, 이러한 장성은 더 이상 필요 없는 것이 되어 버렸다. 필요가 없을 뿐만 아니라 교통을 방해했기에 제거해야 할 것이 되어 버리고 말았다.

그 무렵은 마침 흉노(匈奴)가 흥륭하던 시기에 해당한다. 천하를 아우른 시황제도 흉노를 막기 위해서 북방의 장성만은 제거할 수가 없었다. 오히려 더욱 보강하지 않으면 안 되었다.

『사기』 「몽염열전(蒙恬列傳)」에 따르면, 몽염이 시황제의 명령으로 장성을 쌓은 것은 천하통일 직후의 일이었던 듯하다.

진나라가 이미 천하를 아우르고 곧 몽염으로 하여 30만 무리(衆)

의 장(將)으로 삼아 북으로 융적(戎狄)을 내쫓고 하남(오로도스 지방)을 다스리게 했다. 장성을 쌓고 지형에 따라 험(險)을 이용하여 변방을 제압했다. 임도(臨洮, 감숙)에서 일어나 요동에 이른다. 연무(延袤, 동서남북) 만여 리.

30만 무리는 병사이기도 하고 또 인부이기도 했다. 사서에서는 간단하게 30만 무리라고 기술했지만, 연무 만여 리인 장성의 건설과 무시무시한 북방으로의 원정에 따른 고난은 말로 표현하기 어려웠을 것이다.

정사에는 실려 있지 않지만, 장성 축조와 관련된 비극이 민간의 전승으로 오늘날까지 전해진다.

그중에서도 맹강녀(孟姜女)의 전설이 대표적이다.

맹(孟)이란 가장 위의 자식을 일컫는 말이다. 맹강녀란 강씨 집안의 장녀라는 뜻이다. 강(姜)은 태공망의 성이었다. 전설 속의 맹강녀도 태공망의 자손이 봉해졌던 제나라 출신이라 되어 있다. 도중에 전(田)씨에게 빼앗기긴 했지만, 제나라는 6개국 가운데서 가장 나중에 진나라에 의해서 멸망된 나라다. 만리장성에 얽힌 비극의 여주인공을 제나라의 여성으로 설정했다는 데 의미가 있다.

맹강녀의 남편은 만리장성 축조를 위한 인부로 징용되었다. 북쪽 땅으로 추위가 극심할 것 같아 그녀는 남편을 위해 한의(寒衣, 겨울 옷)를 만들어 먼 길에도 불구하고 장성까지 들고 갔다. 그런데 그리운 남편은 이미 죽고 없었다. 게다가 유해를 찾아보았지만 어디서도 나타나질 않았다. 그녀가 장성 옆에서 통곡을 하자, 성벽이 무너져 내리더니 거기서 남편의 유해가 나왔다는 비화다.

이 이야기는 춘추 시대의 정숙한 부인으로 유명한 기량(杞梁)의 아내가 전사한 남편을 위해서 곡을 하자 거기에 감동한 듯 성벽이 무너져 내렸다는 이야기와 매우 흡사하다. 『맹자』「고자편(告子篇)」에도,

화주(華周)와 기량의 아내들이 그 남편의 죽음을 애절하게 곡하여 국속(國俗)을 바꿨다.

라는 구절이 있다. 그녀들의 심정이 사람들을 감동시켜 그 나라의 풍속을 바꿨다는 것이다.

전쟁이나 부역으로 남편을 잃은 아내는 수만, 수백만 있었을지도 모른다. 한 나라의 풍속을 바꿨다고 일컬어지는 그녀들의 눈물은 시대를 초월하여 사람들의 가슴을 울렸다.

그전부터 거의 똑같은 전승이 있으니 만리장성에 얽힌 맹강녀의 이야기는 역사적 사실이 아니라고 이야기한다는 것은 우스운 일이다. 나는 그보다 더 확실한 역사적 사실도 없을 것이라 생각한다. 통곡의 눈물로 산과 강을 움직여 성벽을 허물어 버리고 싶다고 생각한 여성들이 얼마나 많았겠는가? 지금도 있을 것이다.

석굴사(石窟寺)로 유명한 돈황(敦煌)의 장경동(藏經洞)은 1천 년 가까이 밀봉되었던 석굴로 20세기 초에 발견되어 세상을 놀라게 했다. 거기서 수많은 경문(經文), 불화(佛畵), 고문서(古文書) 등이 발견되었는데 전부 당(唐)나라 이전의 것들이었다. 그 가운데서 맹강녀를 노래한 가곡의 가사도 발견되었다. 그녀들의 이야기는 구전되고 노래로 불리며 이어져 온 것이었다. 같은 경우에 처한 후대 여성들의 피눈물이 그 전설 위에 더해지

고 더해졌다.

벌 받느니 반란을 택한 진승과 오광

병역이나 부역에 자원해서 갈 사람은 아무도 없다. 강제로 징용당하는 것이다. 거부할 수 없는 것이다. 그것은 법률에 의한 명령이었다. 황제의 이름에 의한 법률은 절대적인 것이었다.

상앙에 의해 확립된 법치주의는 시황제 시대에 법가인 이사에 의해서 더욱 강화되었다. 무엇보다도 법률이 가장 위였다. 시황제가 독이 묻은 칼을 손에 든 형가에게 쫓기는데도 근위병들은 궁전 아래 서 있었다는 이야기가 떠오른다. 명령이 없는 한 전상에 오르면 법률 위반으로 사형에 처해질지도 모를 일이었으니 누구도 계단을 뛰어오를 용기를 내지 못했을 것이다.

엄한 벌을 기본으로 하는 법률을 채택하면 국가 정치도 뜻대로 될 것이라는 생각이 있었다. 실제로 뜻대로 돼서 6개국을 토멸할 수 있었다. 국토의 개발, 동원, 보급 등 모든 것들이 법률에 의해서 움직였다. 그것을 위반하면 엄벌이 가해졌기 때문에 담당자들도 임무를 열심히 수행했다. 생각대로 되어 갔기 때문에 법률을 최고로 생각하는 체제가 더욱 굳어졌다.

그러나 진나라를 멸망케 한 것은 사실 엄벌을 수반한 법률지상의 사상이었다고 말할 수 있다.

시황제가 죽은 이듬해인 2세 황제 원년(기원전 209)에 하남성 양성(陽城) 사람인 진승(陳勝)과 역시 하남성 양하(陽夏) 사람인 오광(吳廣) 등 900명이 징용되어 어양(漁陽)으로 향했다. 어양은 오늘날 북경시 부근이다. 그곳을 수비하는 부대의 병사가 되기 위해서였다. 임지에 도착하기까지 이 집단을 인솔하는 둔장(屯長)은 순서대로 돌아가며 하기로 되어 있었다. 마침 진승과 오광이 둔장이 되어 대택향(大澤鄕)이라는 곳까지 왔을 때, 큰비가 내려 도로가 끊어지고 말았다. 이에 발이 묶이게 되었는데, 그들은 몇 월 며칠까지 어양에 도착하라는 명령을 받은 상태였다. 아무리 계산해 보아도 지정된 날짜까지 도착할 수는 없었다.

실기법개참(失期法皆斬, 때를 잃으면 법에 따라 모두 목을 벤다).

는 법률이 있었다. 이유여하를 막론하고 기일 안에 도착하지 못하면 참살(斬殺)당하고 만다. 둔장인 진승과 오광은,

지금 도망쳐도 역시 죽는다. 대계(大計)를 꾀해도 역시 죽는다. 어차피 죽을 바에는 나라에 죽는 것이 옳지 않을까.

라며 서로 상의했다. 늦는 것도 사죄(死罪), 도망을 쳐도 사죄, 대계(모반)도 사죄였다. 어차피 죽을 바에는 모반을 일으키는 것이 낫지 않겠느냐는 결론에 도달했다. '나라에 죽는다'는 것은 모반을 일으켜 진나라를 뒤엎고 나라를 세우는 사업을 위해 죽는다는 뜻이다.

비만 내리지 않았다면 진승과 오광의 무리들은 기일 안에 도착하여 불평을 늘어놓으면서도 수비대의 임무를 수행했을 것이다. 비가 내려도 '실기법개참'이라는 엄벌만 없었다면, 그들은 역시 어양으로 갔을 것이다.

그들이 대택향에서 모반을 일으킨 것은 '법' 때문이었다고 할 수밖에 없다. 법이 모반 외에는 길이 없다고 그들을 절망으로 몰아간 것이다.

진승과 오광의 모반으로 인해 천하의 대진제국도 무너져 버리고 말았

다. 진나라는 법에 의해 흥했고 법에 의해 망했다고 할 수 있다.

진승과 오광은 일개 일용직 인부에 지나지 않았다. 동행한 900명은 결코 그들의 부하가 아니었다. 순서에 의해서 둔장이 된 것일 뿐이었다. 그럼에도 불구하고 그들이 진승과 오광을 따랐던 것은 늦어서 참수를 당할 것이라는 공포 외에도 두 사람에게 인간적인 매력이 있었기 때문일 것이다. 또한 1천 명도 되지 않는 인부들이 모반을 꾀했다 할지라도 거기에 호응하는 사람들이 없었다면, 대진제국은 발가락을 모기에 물린 것처럼 꿈쩍도 하지 않았을 것이다.

전국적인 규모로 진승과 오광에 호응하는 움직임이 퍼져 나갔다. 들불처럼 번져 나간 것이다.

> 이때에 이르러, 각 군현의 진리(秦吏, 진나라 관리)에게 고통 받던 자
> 모두가 그 장리(長吏, 수령)를 형(刑)하여 죽이고 진섭(陳涉, 진승의 자는
> 섭)에 응했다.

천하의 36개 군과 그 밑의 현에는 중앙에서 파견한 관리들이 있었다. 그리고 사람들은 진나라의 관리들 때문에 고통을 받고 있었다. 아마도 진리(秦吏)는 하나같이 법률의 화신과도 같은 인물들이었다. 법률을 엄수하지 않으면 중벌을 받게 되니 그렇게 되지 않을 수 없었다. 법률의 화신들이 지배하고 있으니, 백성들이 행복했을 리 없다. 무슨 일이 있어도 정해진 세금과 농작물을 거두어들이고 징병이나 징용을 엄격하게 실시하는 관리들이었다. 세습이 아니기 때문에 임기 중에 아무리 원한을 사도 결국에는 떠나 버리니 인기 같은 건 마음에 둘 나위도 없었다. 관리와

주민들 사이에 정(情)은 존재하지 않았다.

반기를 든 것이 어떤 사람이든 '잘도 일어났다!'며 각지에서 호응한 것은 당연한 시대의 기운이었다. 중앙에서 파견한 관리들이 여기저기서 희생양이 되고 말았다. 일단 법률을 위반한 사람들에게는 더 이상 물러설 곳이 없었다. 법률이 가지고 있는 권위의 원천인 황제를 쓰러뜨리고 진 제국을 멸망시키는 것 외에 그들에게 살아남을 수 있는 길은 없었다. 그들은 당연히 과감하게 싸울 수밖에 없었다.

시황제에 의해 멸망당한 6개국의 관계자도 진나라에 대해 커다란 원한을 품고 있었다. 엄격한 법률의 압박에도 불구하고 시황제에게 반격을 가해야겠다고 생각한 사람도 있었다.

시황제 29년(기원전 218), 동쪽을 순시하던 시황제가 하남성 박랑사(博浪沙)의 산속을 지날 때 커다란 철퇴가 날아와 부거(副車)를 부순 일이 있었다. 시황제의 수레를 겨냥해서 던진 것이 빗나가서 부거에 맞은 것이 틀림없었다. 매우 화가 난 시황제가 천하에 공포하여 열흘 동안 대대적인 수사를 펼쳤지만, 범인을 체포하지는 못했다.

이 사건의 주범은 사실 후에 유방 밑에서 참모로 있던 장량(張良)이었다. 장량은 한(韓)나라 사람인데 대대로 한나라의 재상을 지낸 가문 출신이었다.

진나라가 한나라를 멸망시켰을 때, 장량은 아직 어려서 한나라의 관직에는 오르지 않았었다. 그러나 조국을 멸망시킨 진나라에 대한 적개심은 가슴속에서 불타오르고 있었다. 전 재산을 기울여 시황제를 암살할 용사를 찾다가 괴력을 지닌 사람을 발견했다. 그 사람은 120근짜리 철퇴를 멀리까지 던질 수 있었다. 당시 1근은 256그램이었다고 하니 약 30킬로그램짜리 철퇴다. 안타깝게도 그 철퇴가 약간 빗나가서 시황제 암살은 다시 실패로 돌아가고 말았다.

형가의 친구였던 축의 명인 고점리도 이름을 바꾸고 숨어 지냈지만, 축을 다루는 재능은 완전히 숨길 수 없어서 사람들에게 알려지게 되었다. 그 명성이 시황제의 귀에까지 들어가 고점리는 진나라의 왕궁에 초대를 받게 되었다. 형가의 친구라는 사실을 알게 되었지만, 축을 너무나도 잘 탔기 때문에 시황제는 죽이기 아깝다는 생각이 들어 눈을 멀게 한 다음 축을 연주케 하기로 했다. 그렇게 하면 마음을 놓아도 될 것이라 생각했지만, 고점리는 축 안에 납을 넣어 그것으로 시황제를 치려 했다. 시력을 잃었기에 이것도 빗나갔으며 그는 주살당하고 말았다. 이 사건 이후 시황제는,

> 죽을 때까지 다시는 제후의 사람들을 접근치 못하도록 했다.

고 『사기』에 기록되어 있다. 진나라가 멸망시킨 각국의 사람들을 가까이에 오지 못하도록 한 것이다.

진나라에 대한 원한은 천하에 가득 차 있었지만, 법률이 그것을 간신히 억누르고 있었다. 그러나 언제까지고 억누를 수 있는 것은 아니었다. 진승, 오광이 거기에 일격을 가한 것이었다. 그것은 의외로 나약했다. 법률 자체가 나약했던 것이 아니라 진나라에 대한 반감이 매우 강했던 것이라고 할 수 있다.

인심을 얻으려 해서는 안 된다는 한비의 설에 시황제는 감동을 받았고 그 설에 따라서 천하를 통치했다. 과연 그것이 옳았을까?

분서갱유

황제의 절대화는 국가 운영을 위한 것이지, 황제라는 인간 자체가 절대적 존재가 되는 것은 아니다. 법가 사상에서는 법률에 권위를 부여하고 그 운용을 절대화하는 것이 목적이다. 그러나 떠받들어진 황제의 입장에서 보자면 자기 자신이 절대자가 되지 않으면 직성이 풀리지 않는다.

절대자란 무엇일까? 구체적으로 말하자면 불로불사의 인간이다. 평범한 인간이 아닌 다른 존재여야만 한다.

6개국을 멸망시키고 천하를 통일한 자는 평범한 인간이 아니다.

시황제 자신이 그렇게 생각한 것 같다.

태산에서 봉선의 의식을 올린 것도 그런 생각의 한 표현이었다. 그것은 평범한 인간은 할 수 없는 일이다.

본인 스스로를 절대자라고 생각하는 인간은 어떤 부류 사람들의 먹잇감이 되어 버리고 만다. 미심쩍은 인간들이 '절대자'의 주변으로 몰려들어 그를 먹어 치우는 것이다.

제나라 사람인 서복〔徐福, 시(市)라고도 쓴다〕 등도 그런 사람 중 한 명이었다.

해중(海中)에 삼신산(三神山)이 있다. 이름을 봉래(蓬萊), 방장(方丈), 영주(瀛州)라고 한다. 선인(仙人)이 여기에 있다. 청컨대, 재계(齋戒)하여 동남녀(童男女)와 함께 그것을 얻을 수 있다.

선인을 만나면 불로불사의 약을 얻을 수 있는 것이다. 시황제는 수천 명의 젊은 남녀와 어마어마한 여행비를 서복에게 주었다.

한종(韓終), 후공(侯公), 석생(石生)에게 선인의 약을 구하게 하거나, 연나라 사람인 노생(盧生)에게 선문고(羡門高)라는 선인을 찾아가게 한 것은 시황제 32년(기원전 215)의 일이었다. 아무리 찾아보아도 불로불사의 약을 가진 선인은 나타나지 않았다. 노생은 무엇인가가 방해를 하고 있다는 구실로 발뺌을 했다. 그리고 뭔가 위엄이 있어 보이는 편이 좋았기에,

> 인주(人主)가 있는 곳을 인신(人臣)이 알면, 곧 신(神)에게 해가 있다.

라고 말했다. 황제의 거처를 다른 사람들이 알고 있기 때문에 좋지 않은 것이라는 기묘한 논리였다. 시황제는 그것을 믿고 자신의 거처를 승상에게 알려 주었다고 의심되는 사람들을 전부 죽여 버린 일조차 있었다.

절대자라는 지위는 천하의 시황제까지도 이상한 사람으로 만들어 버렸다.

장강의 상산사(湘山祠)에서 커다란 바람을 만나 강을 건널 수 없게 되었을 때, 시황제는 3천 명의 수인(囚人)들을 동원하여 상산의 나무들을 전부 베어 버렸다. 자신이 강을 건너려 할 때에 커다란 바람을 일으킨 신을 벌하기 위해서였다. 이는 박랑사에서 철퇴를 맞을 뻔한 일이 있기 1년 전이었다.

노생은 예언서라고 하며,

> 진을 멸망시키는 것은 호(胡)다.

라고 말한 적도 있었다. 호는 북방 오랑캐의 통칭인데 그 무렵 세력을 더해 가던 흉노를 일컫는 말이었다. 장군 몽염에게 30만의 무리를 준 것도 이 노생의 말 때문이라고 『사기』는 기록했다.

설마하니 정말일까 싶다. 흉노는 진나라의 북쪽에 있는 강적으로 이미 잘 알려져 있었다. 장성을 축조한 것도 그들을 막기 위해서였다. 그러

한 예언의 유무와는 상관없이 북쪽의 국경 방위에 노력했을 것이다. 그러나 이 무렵 시황제가 보인 이상한 행동으로 미루어 보아 어쩌면 정말 그랬을지도 모르겠다는 생각이 들기도 한다.

악명 높은 분서(焚書) 사건이 일어난 것은 시황제 34년(기원전 213)의 일이었다. 그가 죽기 3년 전이다. 이것을 진언한 자는 이사였다.

신이 청컨대, 사관(史官)의 진기(秦記)가 아닌 것(진나라 이외의 사서)은 전부 그것을 불태워야 한다. 박사의 관(官)에 있지 않으면서 감히 천하의 시(『시경』), 서(『서경』), 백가의 말을 소장한 자가 있다면 모두 수위(守尉, 군의 관리)에게 보내서 그것을 전부 불태워야 한다. 감히 시서를 우어(偶語, 담론)하는 자가 있으면 기시(棄市, 처형하여 시체를 저잣거리에 버림)해야 한다. 옛것으로 지금을 비방하는 자는 족(族, 일족을 주살하는 것)해야 한다. 이(吏)가 견지(見知, 위반을 앎)하면서도 검거하지 않는 자는 같은 죄를 함께 해야 한다. 영이 내려진 지 30일이 지나도록 불태우지 않으면 문신을 하여 성단(城旦, 축성의 고역)해야 한다. 폐기하지 않아도 되는 것은 의약, 복서(卜筮), 종수(種樹, 농업)의 서다.

당시 진나라의 정치는 곧 이사의 정치였다. 정치를 비방하면 이사를 비방하는 것으로 여겨졌다. 비방하는 목소리가 주로 유가 쪽에서 들려오고 있다는 사실을 이사는 알고 있었다.

옛날이 좋았다. 거기에 비해서 지금은……

이렇게 말하는 자가 있으면 일족을 멸하겠다는 것이다.

천하를 통일한 진 제국은 전혀 새로운 정치를 펼치고 있는데, 그것을 옛날과 비교한다는 것은 당치도 않다는 말이다. 이사는 이 분서령(焚書令)을 시행해서 유가에 커다란 일격을 가하고 자신의 지위를 더욱 안전하게 만들려 했던 것이리라.

시황제가 유아독존적인 존재가 되어 버렸다는 사실을 이사도 알고 있었다. 옛날과 비교해서 지금의 정치를 비방하는 것은 시황제의 격노를 살 만한 일이었다. 또한 태산 봉선에 관해서 여러 가지 주장을 하여 설이 일치하지 않았던 유가를 시황제가 경멸하고 있다는 사실도 이사는 잘 알고 있었다. 자신의 진언이 채용될 것이라는 자신감을 가지고 있었다.

분서령은 시황제에 의해서 채용되었다.

이는 가장 노골적인 언론탄압으로 우민정책이나 다름없었다.

수많은 서적이 불태워졌지만 집의 벽 안쪽에 넣어 숨겨 놓은 것도 적지 않았다. 이와 같은 정책은 오래가지 않을 것이라며 폭풍이 지나가기를 가만히 기다리겠다는 생각이었을 것이다. 폭풍이 지난다는 것은 구체적으로 말하자면 시황제의 죽음이었다.

시황제 자신은 불로불사의 약을 얻어 '진인(眞人)'이 될 생각이었다. 그러나 즉위와 동시에 여산(驪山)에 자신의 무덤을 만들게 했다. 장려한 무덤이다. 동시에 아방궁(阿房宮)이라는 거대한 궁전도 조영되었다. 아방이란 지명으로 궁전이 완성되면 적당한 이름을 붙일 생각이었지만, 채 완성되기도 전에 진나라가 멸망해서 정식 명칭은 끝내 붙여지지 않았다.

여산릉과 아방궁의 조영에 70여만 명의 죄수들이 동원되었다. 죄인들의 숫자가 너무 많다. 북방으로 이주하라는 명령을 받은 것도, 그리고 시황제 33년에 계림(桂林), 상(象), 남해(南海)의 세 군(오늘날 광동, 광서 지방)으로 파견된 수비대도 전부 죄수들이었다. 법률이 엄격하면 죄수가 늘어나는 것은 당연했다. 원래는 죄가 아니었던 일까지 죄가 되고 연좌제도 엄격했기 때문에 죄인의 숫자는 늘어만 갔다. 이것은 더 이상 정상적인 세상이 아니었다.

불로불사의 약에 대한 건도 언제까지고 질질 끌 수만은 없었다. 방사(方士)도 쓸모가 없어지면 사형이었다. 후공과 노생은 선약을 구할 수 없어 도망을 쳐 버렸다. 게다가 도망을 칠 때 시황제를 비방했다는 사실이 밝혀졌다.

시황제는 크게 노하여 자신을 비방했을지도 모를 학자들을 엄하게 취조했다. 주로 유가였다. 법가가 성하던 시대였으니 유가는 당연히 불만을 품고 있었다. 불만을 품는 것조차 용납할 수 없었다. 취조한 결과 금(禁,법)을 범한 자가 460여 명이었다고 한다. 틀림없이 대부분은 날조되었을 것이다.

시황제는 그들을 수도 함양에서 갱(阬, 坑, 구멍에 묻어 죽임)에 처했다. 이것은 분서가 있었던 그 이듬해인 시황제 35년(기원전 212)의 일이었다.

분서갱유(焚書坑儒)

라고 하나로 묶어 시황제의 폭거(暴擧) 중 하나로 들고 있다.

천하의 사람들은 단지 죄를 지을까 두려워할 뿐, 활력이 없는 시대가 되었다. 승상, 각 대신들도 그저 시황제의 뜻에 따르려고만 했을 뿐이다. 그래도 장남인 부소(扶蘇)는 과감하게 간언을 했으나, 시황제는 화를 내며 그를 북방으로 보냈다. 30만의 무리를 이끌고 있는 몽염 장군을 감독하라는 구실이었다.

『사기』는 이처럼 부소에 대한 처사를 간언에 대한 징벌의 성격을 가진 것이라고 이야기했다. 그러나 당시의 상황에서 만약 몽염이 모반을 꾀하면 진이 붕괴될 것은 불을 보듯 뻔했다. 흉노와 연합하여 남하하면 활력을 잃은 진나라는 저항조차 하지 못할 처지였다.

몽염 장군을 감독하는 일은 진 제국에게 있어서 가장 중요한 역할이었다. 오히려 시황제가 자신의 아들인 부소의 재능을 인정하여 그 임무를 맡겼다고 봐야 할 것이다.

그러나 이 일은 진 제국에게 있어서 슬퍼해야만 할 일이었다.

시황제 37년(기원전 210), 시황제는 순유(巡遊) 중에 세상을 떠났다. 만으로 따지면 49세였다.

그해의 순유에는 시황제의 막내아들인 호해(胡亥)와 좌승상인 이사가 수행했다. 호북, 호남을 둘러보고, 장강에 배를 띄워 절강의 회계산(會稽山)에 올라 우(禹)를 제사하고 석비를 세운 뒤, 북상하여 낭야(琅邪)에 이르렀다.

9년 전에 봉래의 선산(仙山)으로 불로불사의 약을 가지러 가겠다고 말해 시황제로부터 막대한 자금을 받았던 서복은 아직 약을 손에 넣지 못한 상태였다. 언제나 커다란 상어 때문에 봉래도(蓬萊島)에 들어갈 수 없다는 것이 구실이었다.

시황제는 스스로 연노(連弩, 연발식 큰 활)를 들어 지부(之罘)에서 커다란 물고기를 쏘았다.

이로써 방해물이 제거되었다. 서복은 출발을 할 수밖에 없었다. 정말로 출발을 했는지 『사기』에 거기까지는 언급되어 있지 않다. 서복이 배를 타고 봉래도까지 갔다는 전승이 있다. 그 봉래도는 일본이라는 설이 있으며, 일본 중부 긴키 지방의 와카야마현 근처에 있는 신구(新宮) 시와 구마노(熊野) 시에 서복의 무덤이 있다. 그 외에도 서복이 왔다는 전승을 가진 지역은 열 손가락으로도 모두 꼽을 수 없다고 한다.

커다란 물고기의 저주였는지, 그 직후 시황제는 병에 걸려 사구(沙丘)에서 숨을 거두고 말았다.

절대적이었던 독재 군주의 죽음이었으니 그 영향은 매우 컸을 것이다. 승상인 이사는 시황제의 죽음을 숨겼다. 함양에 돌아와서야 비로소 죽음을 밝혔다. 시체의 썩는 냄새를 감추기 위해서 소금에 절인 생선을 뒤따라 가며 수행하는 수레에다 한 섬씩 싣게 하는 등의 궁리도 했다.

그러는 동안에 시황제의 유서인 새서(璽書)가 날조되었다고 한다. 그것은 원래 북방의 상군(上郡)에 있던 장남 부소에게 주는 것으로,

상(喪)을 함양에서 만나 장사하라.

는 내용이었다. 상이란 시황제의 유해를 말한다. 부소를 함양으로 불러들여 장사를 주관케 하라는 내용이니 후계자로 지명한 셈이다.

그런데 막내아들인 호해가 시황제를 수행하고 있었다. 호해의 교사였던 조고(趙高)가 우연히 새서를 취급하는 곳에 있었는데, 그 외에는 누구도 아는 자가 없었다. 조고, 이사, 호해 등 세 사람이 공모하여 새서를 날조하고, 호해를 태자로 삼았을 뿐만 아니라 부소와 몽염에게는 죽음을 내린다고 내용을 바꿨다.

지맥을 끊었으니 죽는 것은 당연하다

날조된 새서를 접한 부소는 곧 자살했다. 몽염은 그 명령을 의심했지만 곧 투옥되었다가 독을 마시고 죽었다.

진나라의 장군 백기는 죽음을 받았을 때, 장평에서 항복한 조나라의 병사 45만을 죽였기 때문이라고 스스로 납득했다. 몽염이 죽음에 임해한 말을 『사기』는 다음과 같이 적었다.

> 염의 죄는 원래부터 죽음에 해당한다. 임도(臨洮)에서 일어나 그것이 요동에까지 이르렀다. 성참(城塹, 장성) 만여 리. 그 가운데서 지맥을 끊지 않을 수 있었겠는가? 이것이 곧 염의 죄다.

땅에는 영(靈)이 있는데, 그것이 통하는 지맥을 장성(長城)을 조영할 때 자신이 끊지 않을 수 없었으니, 죽는 것도 당연하다고 자신에게 말한 것이다. 사마천은 여기에 이의를 제기했다.

> 진나라가 처음 제후를 멸했을 때, 천하의 마음이 아직 진정되지 않았다. 이상자(痍傷者)가 아직 치유도 되지 않았다. 그러나 염은 명장이다. 그때 강하게 간하여 백성의 화급을 도와 노인과 홀로 된 이를 보살피고 힘써 서민 대중의 화목을 꾀하지 않고, 오히려 시황제의 뜻에 영합하여 공(功)을 앞세웠다. 그러니 그 형제가 죽음을 당하는 것 또한 그럴 만도 하다. 어찌 지맥을 탓하겠는가?

백성을 쉬게 하라고 시황제에게 강하게 간언하지 않았음이 몽염의 죄이니 지맥을 탓할 필요는 없다고 단정한 것이다.

몽염이 자신의 죽음을 지맥을 끊은 때문이라고 생각했다는 점은 장군으로서 그의 업적이 주로 장성 축조에 있으며 전쟁은 그다지 하지 않았다는 사실을 말해 준다. 30만의 무리를 거느리고 있다는 사실이 북방의 흉노에게 무언의 위압이 됐을 것이다. 전투가 아니라 적을 몰아내는 것이 주요한 군사행동이었을 것이다. 『사기』 「몽염열전」에 화려한 전투 장면은 등장하지 않는다.

> 사(師, 군대)를 바깥에 내놓기를 10여 년, 상군(上郡)에 있었다. 이때 몽염의 위세를 흉노에 떨쳤다.

이 구절을 읽어 보면 몽염이 거기에 있는 것 자체가 곧 국방이었음을 알 수 있다.

『사기』에 따르면, 흉노는 그 시조가 하후(夏后)의 후예로 이름을 순유(淳維)라고 했다 하는데, 이는 물론 중원에 전해 내려오는 말에 불과했을 것이다. 북방의 유목기마민족으로 서쪽에서 이주해 온 민족이라는 설과 토착민족설, 두 가지 설이 있다. 언어는 알타이어계에 속하지만 그 인종 체형은 지금의 몽고족보다는 유럽 인종에 가까웠을 것이라 추정되고 있다. 흉노의 일파가 4세기에 유럽으로 진출하여 훈족이라 불리게 되었다는 것은 잘 알려져 있는 사실이다. 지금의 헝가리와 핀란드가 그 자손들의 국가다.

몽염이 과연 명장이었는지는 알 길이 없다. 어쨌든 3대에 걸쳐서 장군을 역임한 집안 출신이었기에 등용되었다. 만약 싸울 기회가 있었다면 틀림없이 맹장이었음을 증명했을 것이다. 명문가 출신 장군은 주로 맹장인 경우가 많지만, 부하에 대해서는 가혹하다. 아랫사람들의 고충을 모르기 때문에 자기 뜻대로 병사를 움직인다.

몽염이 자살하자 30만의 무리는 남쪽으로 떠났으며, 이 지역은 흉노의 세력권에 들어가 버리고 말았다. 정변(政變)에 의해서 진나라 군대가 떠나자 흉노 군이 그 공백을 틈타 치고 들어온 그런 단순한 관계는 아니었다.

그 무렵은 흉노가 한참 강성해져 가고 있을 시기였다. 만약 몽염 장군이 여전히 건재하여 거기에 있었다 할지라도 틀림없이 흉노와 무력충돌이 일어났을 것이다. 장군의 명성과 30만 대군의 존재만으로 흉노를 위압할 수 있는 시대도 막을 내리려 하고 있었다.

당시 북방 유목민 세계에서는 동호(東胡)와 월지(月氏)가 강했으며, 흉노는 그 사이에 껴서 상당히 어려운 처지에 놓여 있었다. 진나라의 영토를 향해 남하하려 해도 동호와 월지의 세력에 신경을 쓰지 않을 수 없었다. 흉노가 이와 같은 견제를 받고 있었다는 사실도 진나라의 천하통일을 앞당긴 이유 중 하나였다.

그런데 영걸이 나타나서 흉노의 지도자가 되었다. 묵돌선우(冒頓單于)였다. 선우는 흉노의 말로 왕을 의미한다. 그의 아버지인 두만선우(頭曼單于)는 몽염에게 내몰려 오르도스 지방을 빼앗겼다. 앞에서도 이야기했듯이 월지도 강했기 때문에 흉노는 태자 묵돌을 인질로 월지에 보냈다. 두만선우는 젊은 총희(寵姬)에게서 아들이 태어났기에 그를 후계자로 삼으려고 월지를 급습했다. 이럴 때 습격을 당한 쪽에서는 인질을 죽이는 것이 일반적이었다. 그러나 용감한 묵돌은 월지의 명마를 훔쳐 타고 달아나 고국으로 돌아갔다. 드디어 묵돌은 아버지를 죽이고 자립했다.

묵돌선우는 자립한 지 얼마 되지 않아서 동호를 격파했다. 이때는 적을 방심케 하는 작전을 썼다. 아들이 아버지를 죽인 정변으로 흉노가 혼란에 빠졌을 것이라 생각한 동호는 흉노에게 명마를 요구했다. 묵돌은 요구대로 그것을 내주었다. 다음으로 선우의 비인 연씨(閼氏)를 요구해 왔는데 묵돌은 이것도 받아들였다. 다음으로 동호는 광대하지만 불모지인 땅을 요구해 왔다. 흉노에서 보더라도 그다지 아까울 것이 없는 버려진 땅이었다. 명마나 미녀보다 가치가 있다고는 생각하지 않았다. 당연히 받아들일 것이라 생각하고 동호에서는 달리 대비를 해 놓지 않았다. 명마와 미녀를 요구한 뒤에는 일단 만약의 사태에 대비를 하고 있었지만 같은 일이 거듭되었고, 이번에 요구한 것은 불모지였기 때문에 완전히 방심을 하고 말았다. 묵돌은 나라를 들어 동호를 공격하여 백성과 가축을 약탈하고 개선한 뒤, 이번에는 월지를 공격하여 패주케 했다.

뛰어난 통솔력을 지닌 묵돌선우 시대에 들어서 진나라가 멸망하고 뒤이어 항우와 유방의 쟁패전이 전개되었기에 흉노는 매우 유리한 입장에 있었다.

항우와 유방의 다툼은 유방의 승리로 끝나고, 한(漢) 왕조가 창건되었지만 나라는 한없이 지쳐 있었다. 천하를 통일한 진나라의 15년 동안 전국 시대 이후의 휴식조차 취하지 못하고 피로는 오히려 더해만 갔다. 그 뒤를 이어받은 한나라의 흉노 대책은 아무래도 유연한 것일 수밖에 없었다. 회유외교, 아니 굴욕외교라고 해도 좋을 정도였다.

한나라는 흉노와 형제관계를 맺고 종실의 여성을 공주라 하여 선우에게 시집보내고 해마다 서(絮, 솜), 증(繒, 비단), 술, 쌀 등을 보냈다.

무제가 평가한 두 장군의 자질

한나라는 고조(高祖, 유방)가 세상을 떠난 뒤, 여후(呂后)의 시대가 한동안 이어지다가 문제(文帝), 경제(景帝)로 이어졌는데, 흉노에 대한 대책은 매우 소극적이었다. 국가의 휴양(休養)을 가장 먼저 생각한 것이었다.

유방의 증손자인 무제(武帝, 유철(劉徹))가 즉위했을 무렵, 한나라는 충분한 휴양을 취한 상태가 되었다.

주(周)나라는 성왕(成王)과 강왕(康王) 시절의 정치가 좋아 평안하고 번성한 시절이었다고 일컬어지고 있는데, 한나라의 문제와 경제의 시절이 그와 같아서 문경(文景)의 시절이라 불리고 있다. 40년 정도 잘 다스려졌던 문경의 시절 이후 한나라는 무제 시절을 맞이하게 되었다. 16세에 즉위한 무제는 역사상에서도 보기 드물 정도로 적극적인 제왕이었다. 흉노와의 굴욕적인 관계를 계속한다는 것은 그의 자부심이 허락을 하지 않는 일이었다. 그리고 한나라의 국력도 창업 시기에 비해서 훨씬 더 강해져 있었다.

흉노의 선우도 묵돌, 노상(老上), 군신(君臣)으로 이어졌지만, 그 집단은 여전히 강성했다. 한나라와 흉노의 격돌은 피할 수 없었다.

만리장성 부근은 다시 험악한 분위기에 휩싸였다.

한나라가 진나라의 몽염 이후 비로소 장성 북쪽으로 진출하여 흉노를 격파한 것은 무제 원광(元光) 6년(기원전 129)의 일이었다.

무제의 치세에 대해서는 뒤에 이야기하겠지만, 여기서는 만리장성과 관련하여 한나라가 다시 일어나 흉노에게 반격을 가했을 시기에 활약했던 두 장군에 대해서 미리 소개하도록 하겠다.

한 사람은 위청(衛靑)이다. 무제의 황후인 위 황후(衛皇后)의 동생이다. 황후라고는 하지만 황족 출신인 진(陳) 황후가 실각한 뒤에 책립된 두 번째 황후였다. 진 황후와는 달리 위 황후는 출신도 비천했다. 어머니가 위라는 성을 썼는데, 어머니의 성을 그대로 썼다는 것은 사실 아버지가 분명치 않다는 것을 말해 준다. 위청은 그의 동생이었지만 아버지가 같은 사람이었는지는 알 수 없다.

위청의 군공에 대해서는 후에 이야기할 테니, 여기서는 오로지 무장의 전형적인 성격에 대해서만 이야기하도록 하겠다.

비천한 신분이었던 위청은 아랫사람들의 고충을 잘 알고 있었다.

대장군(大將軍)의 사람됨은 인선(仁善)하고 퇴양(退讓), 화유(和柔)함으로 스스로 황제에게 아첨했다. 그러나 천하에 아직 칭찬하는 자가 없었다.

라고 『사기』에 기록되어 있다. 부하에게는 자상했다. 겸허하고 온순하며 무제에게는 아첨하는 경우도 있었다. 그러나 천하 사람들은 위청을 칭찬하지 않았다. 사람들이 장군에게 바란 성격은 그런 것이 아니었다.

이 점이 까다로운 부분이다. 아랫사람들에게 신경을 쓰고 윗사람에게 영합하는 인물을 사람들은 무장답다고는 생각지 않았다. 젊었을 때 노예였기 때문에 대장군이 되어서도 노예근성이 남아 있다고 험담을 했을지도 모른다.

또 한 사람의 장군은 곽거병(霍去病)이다. 이 사람은 위청의 둘째 누나의 아들이었다. 첫째 누나가 위 황후였으니, 무제의 입장에서 보자면 위청과 다를 바 없는 가족이라 느껴졌을 것이다.

그러나 곽거병은 어렸을 때부터 이미 황후의 조카였다. 위청처럼 노예를 경험한 적이 없었다. 따라서 위청만큼은 겸손하지 않았다. 무제가 이 젊은이에게 손자와 오자의 병법을 가르치려 하자,

방략(方略)을 어찌할까를 생각할 뿐, 옛 병법을 배울 필요는 없습니다.

라고 대답했다. 지금 적을 어떤 식으로 공격할지 그 방략(方略)을 열심히 생각하면 좋은 방법이 나올 테니, 옛날의 병법을 배울 필요는 없다는 것이다. 그저 농으로 주고받는 잡담이 아니라 상대방이 황제였으니, 이 발언은 참으로 용감하고 동시에 건방진 것이라 하지 않을 수 없다.

사(士)를 돌아보지 않았다.

고 같은 시대의 사마천은 평했다. 부하 장병들에 관한 일은 거의 안중에도 없었던 듯하다. 원정에서 돌아왔을 때 보급차에는 질이 좋은 쌀과 고기가 버려야 할 정도로 잔뜩 실려 있는데도, 종군한 병사 중에는 굶주린 자들이 있었다.

장성을 벗어나서는 식량이 부족하여 혼자 힘으로 설 수 없을 정도로 쇠약한 병졸이 있었는데도, 곽거병은 '땅을 파서 답국(蹋鞠)을 하는' 형편이었다. 이는 훌륭한 운동장을 만들게 해서 공을 찼다는 뜻이다. 물론 공을 찬 고급 군인은 기름진 음식을 먹어 힘이 넘쳐 났을 것이다.

매우 가까운 혈연관계였지만 이 두 사람의 성장과정에는 커다란 차이가 있었다. 곽거병은 노예근성과는 아무런 관계도 없는 인물이었다. 세상에 두려운 것은 어디에도 없었으며, 황제에게까지 말대답을 해도 황제가

오히려 그것을 기뻐했다.

위청은 한나라에서 처음으로 장성 밖까지 원정을 나가 승리를 거두었다. 진나라 몽염 장군의 죽음에 의한 중원세력의 후퇴 이후 실로 80년 만에 거둔 쾌거였다. 대장군 위청의 무훈은 빛났다. 그런데 몇 년 뒤에 곽거병이 표기장군(驃騎將軍)으로 등장하자, 위청의 존재는 점점 흐려지기 시작했다.

군공 면에서도 곽거병 쪽이 훨씬 더 화려했으며, 위청은 그리 화려하지도 않았다. 인기 면에서는 그 이상의 차이가 있었다.

부하를 사랑하지도 않았는데 어째서 인기가 있었던 것인지 이상하다는 생각이 든다. 틀림없이 병졸들은 장군을 별종이라고 생각했을 것이다. 또한 부하를 사랑하는 장군은 경계의 대상이 된다는 면도 있었다.

병법서 『오자』의 작자로 알려진 오기 장군의 일화가 떠오른다. 그는 최하급 병사와 의식을 함께한 인물이었다. 물론 부하를 사랑했다. 저(疽, 악성 종기)를 앓는 병사가 있었을 때 오기는 자신의 입으로 그 고름을 빨아냈다. 이는 아무나 쉽게 할 수 있는 일이 아니다.

위생상태가 그다지 좋지 못했던 당시에 저는 흔히 볼 수 있는 난치병이었다. 항우의 부장인 범증(范增)도 등에 저가 발병하여 죽었다고 『사기』에 기록되어 있다. 오기가 스스로 저를 빨아냈다는 소리를 들은 그 병사의 어머니는 소리를 내어 울었다. 오기 장군의 자애로움에 감동했기 때문이 아니었다. 그녀의 남편도 예전에 저를 앓았는데 오기 장군이 그것을 입으로 빨아냈던 것이다. 거기에 감동한 그녀의 남편은 전장에서 퇴각하지 않고 용감하게 싸우다 결국 전사하고 말았다. 자신의 아들도 같은 운명을 맞이하는 것이 아닐까, 그녀는 걱정이 되어 운 것이었다.

병법의 신과 같은 존재였던 오기의 일화가 널리 알려져 있었을 테니, 자비심 많은 장군이 반드시 인기가 있었을 것이라고는 말할 수 없다.

1972년에 출토된 『손빈병법(孫臏兵法)』의 죽간 속에,

□□□적자(赤子), 애지약교동(愛之若狡童), 경지약엄사(敬之若嚴師), 용지약토개(用之若土芥), 장군(將軍)□□□

라고 적힌 구절이 있었다. 교동(狡童)이란 외모는 곱지만 성실하지 못한 미소년을 뜻하는 말로 『시경』에도 자주 등장한다. 동성애의 대상이 틀림없다. 지(之)란 부하 병사를 말한다. □로 표시한 곳은 판독이 불가능한 부분이다. 부하 사랑하기를 미소년 대하듯 하고, 부하 존경하기를 엄한 선생 대하듯 하되, 전장에서 부하를 쓸 때는 토개(土芥, 흙과 쓰레기)처럼 대하라는 뜻이다.

판독이 불가능한 곳의 앞부분을 내 나름대로 추리하자면 '자지약(慈之若)'이 아닐까 한다. 부하 아끼기를 어린아이 대하듯 하라고 해석할 수 있다.

지금은 위청과 곽거병의 인물됨을 비교하는 자리다. 위청은 부하에게 자비롭고 그들을 사랑하고 존경했지만 전장에서 그들을 토개처럼 부리지 못하는 성격이었다고 생각한다. 그러나 곽거병은 부하를 생각하는 마음이 전혀 없었다. 그리고 전장에서는 틀림없이 부하를 토개처럼 부렸을 것이다.

무제가 보기에는 곽거병이 더 믿음직했을 것이다. 위청의 겸허함에 때로는 화가 났을지도 모른다. 무제가 곽거병의 군공에 대한 상으로 훌륭

한 저택을 지어 그에게 보여 주었더니,

> 흉노를 아직 멸망시키지 않았습니다. 따라서 집으로 삼을 수 없습니다.

고 대답했다고 한다. 흉노를 토멸할 때까지 저택 같은 것은 필요하지 않다는 것은 결코 겸허함이 아니다. 생각하기에 따라서는 오히려 교만함으로 받아들일 수도 있다. 그러나 무제는 기뻐했다.

곽거병은 요절했다. 겨우 24세였다고 한다. 무제는 크게 슬퍼하며 의장(儀仗)의 행렬을 붙여 장안에서 무릉(茂陵)까지 장송토록 했다. 무릉은 무제가 자신을 위해서 조영한 묘지였다. 거기에 배총(陪冢)하여 곽거병의 무덤을 만들도록 했다. 그것은 그가 출정했던 기련산(祁連山)의 모습을 하고 있다.

진나라 말기의 동란에는 항우와 유방이라는 두 영웅이 등장한다. 예로부터 이 두 사람은 인간의 전형으로 거론되어 왔다. 그런 의미에서 약간 규모가 작은 인간의 전형으로 잠시 후에 등장할 위청과 곽거병을 들어본 것이다. 다만 위청과 곽거병은 오로지 무장이었지만, 항우와 유방은 천하를 다툰 인물이었음을 언제나 염두에 두고 생각해야 할 것이다.

한과 초의 다툼

단명 왕조가 남긴 은혜

진한(秦漢)이라는 시대 명칭이 흔히 사용되고 있다. 그보다 후대이기는 하지만 수당(隋唐)이라는 명칭도 있다. 정권의 형태나 제도에 있어서 당이 수나라를 계승했다고 말한다면 역시 이론이 있을 것이다. 진나라와 수나라는 단명했기 때문에 단독으로 시대 구분에 쓰기가 불편해서 그 다음에 장수했던 정권의 국호 앞에 덧붙이게 되었다는 견해도 있다.

전한(前漢)만 해도 200여 년 동안이나 계속되었던 한 왕조 앞에 15년 동안 유지됐던 진 왕조가 있었다. 300년 가까이 계속되었던 당 왕조 앞에는 남북통일 후 30년에도 미치지 못했던 수 왕조가 있었다.

진한이나 수당은 단지 편의를 위해서 만들어진 명칭이 아니다. 그 다음에 장수를 한 왕조는 그 전에 있던 단명한 왕조로부터 커다란 은혜를 입었던 것이다.

진나라와 수나라는 천하를 통일한 왕조라는 공통점을 가지고 있다.

진나라는 6개국을 멸망시켜 기나긴 전국 시대에 종지부를 찍었다. 수나라는 남쪽의 진(陳) 왕조를 멸망시켜 길었던 남북조시대를 마감했다. 양쪽 모두 길었던 분열 시대를 마감한 정치 세력이다.

명실상부한 통일을 이루기 위해서는 반대세력을 타도한 뒤에도 여러 가지 사업을 벌여야만 했다.

진나라의 경우는 문자, 도량형, 수레바퀴, 도로 등을 통일했다. 국방 면에서는 만리장성을 축조하고 보강했다. 그리고 사상까지도 통일하려 했다. 수나라의 경우는 남북통일을 실질적인 것으로 만들기 위해서 대운하를 건설하는 대공사를 펼쳤으며 고구려(高句麗)로 출병했다. 두 왕조 모두 무리에 무리를 거듭한 대공사 때문에 재정 면에서뿐만 아니라 인심마저도 잃는 커다란 부담을 떠안았다. 이러한 일들 때문에 단명하고 만 것이다.

한나라와 당나라는 어려운 대사업을 진나라와 수나라가 강행해 주었기 때문에 커다란 덕을 보았다. 단명한 왕조의 그와 같은 유산을 잘 계승한 것이니, 진한과 수당의 앞에 붙은 국호는 기념할 만한 것이지 지워야 할 것은 아니라고 생각한다.

진한이라고 하지만 진나라에서 한나라로 원만하게 넘어가지 않았다. 진나라가 멸망한 뒤에도 항우와 유방의 다툼이 있었다.

> 5년 동안에 호령이 세 번 바뀌었다. 생민(生民) 이후 지금까지 천명을 이처럼 빠르게 받은 적은 없었다.

라고 사마천은 『사기』에서 말했다. 호령을 내리는 곳이 세 번 바뀌었다는 것은 진승(陳勝), 항우, 유방 세 사람을 가리킨다. 5년이라는 것은 사마천의 착각인데, 진승이 반기를 든 뒤부터 유방이 제위에 오르기까지는 어림잡아 8년(기원전 209~202)이었다. 진나라가 멸망한 뒤부터 헤아리면 대략 5년이다. 그러나 그때 진승은 이미 세상을 떠난 뒤였으니 세 번이라는 표현은 적당하지 않다. 5년이 됐든 8년이 됐든 천명이 매우 빨리 한(漢)나라에 내렸다는 점을 사마천은 이야기하고 있다. 생민(生民), 즉 인류 유사 이래 전례를 찾아볼 수 없을 정도로 빠른 속도이다. 순(舜)과 우(禹)도 선을 쌓고 공을 더하기를 수십 년, 오랜 섭정 기간을 거쳐서 비로소 위에 올랐다. 주나라에 이르러서는 10여 대에 걸친 인(仁)과 의(義)로 비로소 왕이 되었다고 한다.

『사기』에 춘추 시대에 대해서는 「십이제후연표」가, 전국 시대에 대해서는 「육국연표」가 있는데, 지금까지도 종종 인용을 해 왔다. 진승이 거병한 후부터 유방이 즉위하기까지의 일은 더 이상 연표에 전부를 담을 수 없다. 『사기』에서는 그 8년 동안에 대해서,

　　　　진초지제월표(秦楚之際月表)

를 덧붙여 놓았다. 한나라의 유방이 초나라의 항우를 멸망시키고 제위에 올랐기 때문에 그 8년 동안을 진나라에서 초나라에 걸친 시대라고 해석한 것이다.

이 「월표(月表)」를 보면 월을 늘어놓은 방법에 고개를 갸우뚱거릴 사람이 많을 것이다. 10월에서부터 새해가 시작하고 있다. 정월은 한 해의 네 번째 달에 해당한다. 진나라에서는 시황제의 휘(諱)인 정(政)과 공통되는 정(正) 자를 피해서 정월을 단월(端月)이라고 불렀다. 그것이 진력(秦曆)이었다.

이 진력이 한나라에서도 그대로 사용되었다. 다만 정 자를 피할 이유가 없었으므로 1월을 정월이라 불렀다.

이 진력이 폐지되고 하(夏)나라의 역법에 따른 '한의 태초력(太初曆)'이 만들어진 것은 한나라 무제 시절이었던 태초(太初) 원년(기원전 104)의 일이었다. 이 이후부터 한 해의 처음이 정월이 되었다. 이 태초력 작성에는 『사기』의 저자인 태사령 사마천도 참가했다.

태초 원년 이전의 일을 이야기할 때, 만약 달이 기록되어 있다면 10월이 세수(歲首)이며 9월이 세말(歲末)이라는 사실, 따라서 예를 들자면 3월이 11월보다 나중이라는 점을 염두에 두어야만 한다.

진나라의 시황제는 재위 37년 7월에 죽었는데, 이는 열 번째 달에 해당한다. 그러나 춘하추동이 정월에서부터 시작되는 것은 후의 음력과 같다. 진력은 겨울에서부터 한 해가 시작되는 셈이다. 시황제가 죽었을 때는 여름이 끝나고 막 가을이 시작될 무렵이었기에 아직 늦더위가 심한 때였다. 시체 썩는 냄새에 대한 대비책으로 골머리를 썩었을 것이다.

진승이 반기를 든 것도 7월이었다.

날품을 파는 농부였을 때,

> 연작(燕雀)이 어찌 홍곡(鴻鵠)의 뜻을 알겠는가.

라고 호언했던 진승은 틀림없이 유별난 데가 있는 인물이었을 것이다.

> 왕후장상(王侯將相)에 어찌 씨가 있겠는가?

이것도 진승이 한 말로 명문구를 잘도 내뱉는 사람이었다. 따로 일정한 종족이 있어서 그 사람들만이 왕후, 장군, 재상이 될 수 있는 것은 아니다, 누구라도 될 수 있다며 거병에 참가할 것을 호소한 말이다.

처음에 진승과 오광은 자신들을 공자(公子)인 부소(扶蘇)와 항연(項燕)

이라고 자처했다.

부소는 시황제의 장남으로 가짜 새서 때문에 자살을 했다. 정보 전달이 늦고 또 부정확한 시대였다. 황제인 아버지의 강경함을 간언했던 일이 세상에도 알려졌으며, 상군으로 가게 된 사실에 대한 동정심도 있어서 부소는 상당한 인기를 얻고 있었다.

항연은 초나라의 장군으로 15년 전에 진나라의 장군인 왕전의 공격을 받아 전사한 인물이었다. 그러나 초에는 항연이 아직 살아 있다는 소문이 끊임없이 떠돌고 있었다. 자신들의 영웅은 죽지 않기를 바라는 법이다. 항연 생존설을 교묘하게 잘 이용한 셈이다. 병사를 일으킨 대택향은 예전에 초나라의 땅이었다.

부소와 항연을 결합시켰다는 점이 우습다. 부소는 진나라의 공자이며, 항연은 진나라의 원수인 초나라의 장군이었다. 공통점이라고는 민중에게 인기가 있다는 점뿐이었다. 진나라와 초나라의 관계 따위는 아무래도 상관없었다.

　백성이 바라는 바에 따를 뿐이다.

라고 『사기』도 기록했다. 민간의 부소 신앙, 항연 신앙에 편승한 것에 지나지 않는다.

친화력이 없어 천하를 놓친 진승

진승과 오광의 거병, 진나라의 멸망, 천하를 놓고 다툰 항우와 유방에 대해서 자세히 이야기하자면 한도 끝도 없다. 여러 인물들이 등장하고 여러 가지 일들이 있었다. 하나하나 열거하면 오히려 이해하기 어려울 것이다. 될 수 있는 한 지엽적인 부분은 쳐내고 줄기만이 잘 보이도록 정리를 해 보자.

사전 등에서 진승오광이라는 항목을 보면,

(함께 군사를 일으켜 진나라 멸망의 계기를 만들었기 때문에) 어떤 일에 앞장서는 것. 또는 그런 사람. 진오(陳吳).

라고 설명되어 있다.

계획을 세우고 신중하게 계책을 마련한 뒤에 일으킨 군사가 아니었다. 비에 길이 막혀 버려 궁지에 몰렸기에 될 대로 되라는 식으로 일어난 것이다. 모반의 일정 같은 것이 있을 리 없었고 15년 전에 죽은 환상과도 같은 명장의 이름을 사칭하지 않을 수 없었을 정도였다.

그처럼 아무런 계획도 없이 일으킨 군대였음에도 불구하고 순식간에 전차 6, 700승, 기병 말 1천여 필, 병졸 수만 명을 모을 수 있었다. 그리고 진성(陳城)을 점령했다.

진성이란 초나라가 진나라의 침략으로 국도인 영(郢)을 유린당한 뒤 천도한 도성이다. 고열왕 22년(기원전 241)에 다시 수춘으로 천도하기까지 37년 동안 초나라의 국도였다. 진승은 거기서 즉위하여 왕이 되었으며 국호를 '장초(張楚)'라고 했다. 언제까지고 진나라의 공자와 환상과도 같은 명장을 사칭하고 있을 수만도 없는 노릇이었다.

오광은 '가왕(假王)'이 되었는데, 이는 부왕(副王)이라는 정도의 뜻이다. 진성에는 예전부터 명사로 세상에 널리 알려진 무신(武臣), 장이(張耳), 진여(陳餘) 등과 같은 사람들이 있었다. 진승, 오광은 자신들의 반란군에 가장 부족했던 지식인을 손에 넣었다. 그 외에도 항연의 부하이자 또한 춘신군을 섬긴 적도 있었던 주문(周文)이라는 인물도 있었다.

반란군이 밀고 들어왔기 때문에 어쩔 수 없이 협력한 사람도 있었을 것이고 자기 스스로 가담한 사람도 있었다. 주문 등은 자기 스스로 가담한 쪽이었다. 군사(軍事)에 대해 잘 알고 있다고 하기에 진왕(陳王)은 그를 장군으로 삼았다. 주문은 1천 승의 전차와 수십만의 병사를 이끌고 함곡관을 향해 나아갔다.

수십만의 병사는 순식간에 모을 수 있었다. 당시 초 지방에는 수천 명을 거느린 무장집단이 여기저기에 있었는데, 그 숫자를 이루 헤아릴 수도 없을 정도였다. 그러나 급하게 끌어모은 그 군단은 진나라 장군 장함(章邯)이 지휘하는 죄수군에게 대패하고 말았다. 주문은 자살했고 반란군은 해체되었다.

무신, 장이, 진여 등은 진왕의 명령을 받고 북상하여 조(趙)를 평정했다. 진왕은 조 지방을 취한 뒤 거기서 병사를 서쪽으로 향하게 하여 진나라를 공격할 생각이었다.

조로 들어간 무신은 거기서 자립하여 조왕을 칭했으며, 진여는 대장군, 장이는 승상이 되었다.

진승·오광의 반란군에는 오랫동안 길러 온 동지애(同志愛)라는 것이 없었다. 서로간의 신뢰감은 희박했다. 진승이라는 사람 자체에도 문제가 있었다. 옛 친구가 진승의 가난했던 시절에 대한 이야기를 여기저기 떠들며 다니자, 진왕은 그 사람을 베어 버렸다. 얼마 되지 않던 가족이나 친구들도 두려워서 그에게 접근하지 않았다.

동지적 신뢰관계가 없었기 때문에 참언이 난무했다. 급하게 끌어모은 집단에는 강력한 접착제가 필요한 법인데, 반대로 단결력을 해치는 요소들이 작용했다. 중정(中正, 법무부장관)에 등용된 주방(朱房)이라는 인물은 '가찰(苛察, 엄격하게 감찰함)'을 충의라고 생각했기에 진왕에게 접근하는 자를 엄격하게 감시했다.

장군들이 친부(親附)하지 못했다. 이것이 그가 패한 연유다.

라고 사마천은 그들이 실패한 이유를 지적했다. 결속력과 친화력이 없었던 것이다.

진왕은 조를 점령한 무신에게 병사를 서쪽으로 향하여 진나라를 치라고 독촉했다.

조왕이 된 무신에게는 자기 나름대로의 타산이 있었다. 서쪽으로 가서 진나라와 싸운다면 병사를 잃지 않을 수 없다. 이길지 어떨지도 알 수 없었으며 설령 이긴다 한들 만신창이가 될 것은 불을 보듯 뻔했다.

병사를 움직일 바에는 서쪽이 아니라 동쪽으로 향하는 편이 유리했다. 왜냐하면 서쪽의 진나라는 자신들의 본거지를 침략당하는 것이기에 필사적으로 싸우기 마련이다. 동연 쪽의 연(燕)이라면 어떨까? 연나라는 이미 진나라에 의해서 멸망하고 말았다. 망국의 백성들이 누구를 위해서 싸운단 말인가? 잘만 하면 조에서 온 군대는 해방군으로 환영을 받게 될지도 모른다. 조와 연을 합친다면 커다란 세력이 될 테니 진왕도 자신들을 인정하지 않을 수 없게 되었다.

장이와 진여는 천하에 널리 알려진 명사였다. 진나라가 천하를 잡은 뒤, 두 사람이 모습을 감추자 시황제가 그들을 찾기에 힘을 기울였을 정도였다. 장이에게는 1천 금, 진여에게는 500금이 현상으로 걸려 있었다. 그 정도의 인물이었으니 그들은 앞을 내다보고 방침을 세웠다.

조, 연 그리고 북방의 대 등을 본거지로 삼으면 진왕이 지배하고 있는 초와 대등해질 수 있었다. 초나라가 진나라에 이긴다 할지라도 그렇게 걱정할 일은 아니었다. 초나라와 진나라가 사투를 벌이다 둘이 함께 쓰러진다면 조·연의 세력이 천하를 잡게 될 가능성도 생길 것이다.

이에 한광(韓廣)이라는 자를 장군으로 삼아 연으로 파견했다. 예상했던 대로 연에서의 저항은 없었으며 오히려 환영을 받았다. 그러나 장이와 진여가 예상하지 못했던 일은, 연의 유력자들이 장군 한광에게 연왕(燕王)이 되라고 권한 일이었다. 욕심이 생긴 한광은 연왕이 되어 자립했다.

이런 식으로 결속력이 없었다. 일치단결하여 진나라를 격멸하기 위해 힘을 하나로 뭉치질 못했다.

조왕 무신은 하찮은 일로 살해당했으며 문경지우(刎頸之友)였던 장이와 진여도 나중에 사이가 갈라져 버리고 말았다.

장군 전장(田臧)은 가왕인 오광이 오만하고 용병술을 모른다는 이유로 그를 살해하고 목을 진왕에게 보냈다. 진왕은 전장을 영윤(令尹, 재상)에 임명했다. 진승오광이라 함께 불리며 마치 일심동체처럼 여겨졌던 반란군의 두 우두머리 사이에도 격렬한 대립이 있었던 것이다.

이래서 무슨 일을 하겠는가? 그러나 준비 없이 일어나 이 정도의 대군을 모았다는 사실은 역시 인정하지 않을 수 없다. 적어도 선구자의 역할은 수행한 셈이다. 다만 진승에게 그 이상을 기대하기란 무리일 것이다.

진나라의 장군인 장함은 승리한 여세를 몰아 진격하여 진성까지 밀고 들어갔다. 진왕은 가장 가까이에 두고 있던 마부에 의해서 살해당하고 말았다. 그 마부는 장가(莊賈)라는 사람이었는데 진왕을 살해하고 진나라에 항복했다. 그러나 그런 사람만 있었던 것은 아니며, 역시 진왕의 연인(涓人, 손님 접대를 맡은 주임)이었던 여신(呂臣)은 일단 함락되었던 진성을 되찾고 장가를 죽여 원수를 갚았다.

진승이 왕위에 머문 것은 겨우 6개월에 불과했다. 그 전까지는 징용된 일개 병사였는지 인부였는지도 잘 알 수 없는 인물이었다. 그런 사람이 새로운 시대의 막을 여는 중요한 역할을 해내었다. 진승이 먼저 일어난 뒤 항우가 나타났으며, 다시 유방이 나타나 역사가 바뀌었다.

한나라의 천하가 된 뒤, 진승 무덤 가까이에 그 무덤을 지키기 위해 서른 집이 배치되었으며 제사가 계속 올려졌다.

당시의 상태로 봐서 진나라는 그렇게 오래가지 못했을 것이다. 그러나 그때 진승이 군사를 일으키지 않았다면, 한나라가 진나라의 후계자가 되었을지는 알 수 없다. 그보다 10년만 더 늦었더라도 유방은 나이 때문에 천하를 다투지 못했을 것이다. 진승이 거병했을 때, 유방은 채 마흔이 되지 않은 가장 좋은 연령대였다. 그런 의미에서 진승은 한 왕조의 은인이었다고 말할 수 있다.

영웅의 싹을 알아본 패 주민

항우와 유방의 인물됨을 비교할 때면 언제나 두 사람이 진의 시황제를 처음으로 봤을 때의 이야기가 인용된다.

진의 시황제가 순유하여 절강에 이르렀을 때, 항우는 숙부인 항량과 함께 구경을 나갔다. 그의 본적은 하상(下相, 절강성 숙천현(宿遷縣))이지만,

소년 시절에 절강의 회계(會稽)로 이주해 있었다. 본명은 적(籍)이었으며 자가 우(羽)였는데, 자가 더 잘 알려져 있다.

그는 갈아치워야 한다!

시황제를 보고 항우는 이렇게 말했다고 한다. 황제를 갈아치우겠다고 말한 것이니 보통일이 아니었다. 숙부인 항량은 당황해서 항우의 입을 막으며,

망언하지 말라. 일족이 모두 죽임을 당할 것이다.

라고 주의를 주었다. 식은땀을 흘렸겠지만, 이 녀석 꽤 장래성이 있다고 감탄했다.

유방은 예전에 징용 인부로 함양에 간 적이 있었는데 그때 시황제를 보고,

오오, 대장부는 참으로 저와 같아야 한다.

라고 말했다고 전해지고 있다.

항우는 직접적으로 저 녀석을 갈아치우겠다고 말했으나, 유방은 저렇게 되고 싶다고 말한 것이다.

후세 사람들이 두 사람의 성격을 생각하여 이와 같은 이야기를 만들어 냈는지도 모른다. 어쨌든 잘 만들어진 이해하기 쉬운 이야기다.

두 사람 사이에는 15세의 나이 차이가 있었다. 시황제가 죽은 해에 항우는 만 22세였고, 유방은 37세였다. 일설에는 46세였다고도 한다.

항우는 대대로 초나라의 장군을 지낸 집안에서 태어났다. 초나라가 멸망함으로 해서 예전과 같은 위세는 찾아볼 수 없었지만, 몰락했다고는 해도 일단은 명문가 출신이었다.

그에 비해서 유방은 패(沛) 출신인데 딱히 내세울 만한 것이 없는 집안

이었다. 『사기』의 「고조본기(高祖本紀)」에는,

아버지를 태공(太公)이라 하고, 어머니를 유온(劉媼)이라 한다.

고 기록되어 있다. 태공이란 '아저씨', 온이란 '아줌마' 정도의 의미이지 고
유명사가 아니다. 유방을 시조로 하는 한 왕조 시대의 기록에조차 그 부
모의 이름이 명기되어 있지 않으니 틀림없이 서민 출신이라는 사실을 알
수 있다.

유방은 코가 오뚝하고 용과 같은 얼굴을 하고 있었으며 왼쪽 허벅지
에 72개의 점이 있었다고 한다.

인(仁)하여 사람을 사랑하고, 시(施)를 좋아했으며, 의(意)는 시원스
러웠다. 언제나 도량이 컸다. 가인(家人)의 생산 작업을 일로 삼지 않
았다. 장성하여 시험을 받아 관리가 되어 사수(泗水)의 정장(亭長)이
되었다. 관청의 관리 가운데 압모(狎侮)를 받지 않는 자가 없었다. 술
과 색을 즐겼다.

『사기』의 이 내용은 매우 흥미로운 부분이다. 왕조의 시조는 대부분
극단적일 정도로 미화되는 법이다. 위 글의 앞부분은 문제될 게 없다. 가
인의 생산 작업, 즉 농사나 공장 등 생산적인 일을 전혀 하지 않았다는
부분도 그럭저럭 봐줄 만하다. 장년이 되어 사수의 정장에 시용(試用)된
것까지도 좋은데, 관청의 모든 사람들이 유방으로부터 압모 당하지 않은
자가 없다는 것이다. 압(狎)이란 함부로 대하는 것이며 모(侮)란 업신여기

는 것이니, 윗사람에게도 머리를 숙이지 않았고, 아랫사람에게는 걸핏하면 화를 냈던 것이리라. 그리고 마지막으로 술과 색을 좋아했다고 되어 있다. 이는 미화된 기술이라고 할 수 없다.

미화시키려 해도 유방의 거만한 태도, 술과 색을 좋아한다는 사실이 너무나도 유명해서 숨길 수 없었던 것이 틀림없다.

정장은 하급 관리다. 10리에 1정, 10정에 1향이라고 했으니, 정은 가장 작은 관청이었다. 관리라기보다는 뒤치다꺼리를 하는 역할로, 유협(遊俠) 한 무리들과 사귀기를 즐겼던 모양이다.

패(沛)는 강소성 서주시(徐州市)의 북서쪽에 있는데, 지금도 패현(沛縣)이라는 현이 있다. 산동성과의 경계 부근에 있으며 안휘성과도 그다지 멀지 않다. 전국 시대 말기에는 초나라에 속해 있었지만 제나라와도, 노나라와도, 송나라와도 가까웠기 때문에 시대에 따라서 소속된 나라가 자주 바뀌었다고 생각된다. 국경지대의 마을이었기 때문에 전통적으로 정치의 움직임에 민감한 지역이었다. 이 지역의 성격이 틀림없이 유방의 행동에도 영향을 주었을 것이다.

진승·오광이 군사를 일으킨 대택향은 서주 남쪽에 위치한, 지금의 숙현 부근이라고 알려져 있다. 패는 거기서 그다지 멀지 않은 곳에 위치해 있었다.

그 무렵 유방은 마침 여산의 시황제릉 조영을 위한 인부들을 인솔하여 가라는 명령을 받았다. 그런데 도중에 탈주자들이 끊이질 않았다. 그대로 갔다가는 함양에 도착할 무렵이면 한 사람도 남지 않을 것 같았다.

징용 인부들이 탈주한 것은 고역을 두려워했기 때문만이 아니었다. 시황제는 이미 죽은 뒤였다. 유해를 묘실에 넣고 여러 가지 부장품들도 옮겨 놓았다. 거기에 동원된 인부는 묘실의 입구와 거기까지 이르는 지하의 길을 알고 있었기 때문에 비밀을 지키고 도굴을 막기 위해서 일이 끝나면 틀림없이 살해당한다는 소문이 나돌고 있었을 것이다. 어차피 죽을 거라면 지금 도망치자, 그러다 잡혀 죽는다 해도 죽기는 마찬가지 아닌가, 라는 마음이 당연히 들었을 것이다.

시황제릉은 장려했다. 1974년에 능의 동쪽에서 면적 약 1.26제곱킬로미터에 달하는 거대한 도용병마갱(陶俑兵馬坑)이 발견되어 세계적인 화제가 되었다. 무사용(武士俑)은 약 6천 개가 있을 것이라 추정되고 있다. 전부 실물과 같은 크기로 대부분 높이가 1.8미터 정도인데, 진나라의 정예부대가 그대로 지하에 매장된 것 같은 모습을 하고 있다. 무사용 외에 도마(陶馬)도 있는데, 약동감 넘치는 뛰어난 예술품이기도 하다. 일본에도 그것들이 전시되어 평판을 얻기도 했다. 이렇게 커다란 무사용과 도마를 대체 어떤 가마에서 구워냈는지 그게 궁금했던 기억이 나에게 남아 있다.

시황제릉에 대해서는 『사기』에도 여러 가지 기술이 있다. 그러나 그 도용병마갱에 대한 기록은 어디에서도 찾아볼 수 없다. 20세기를 살아가고 있는 우리조차 놀라게 한 이 도용갱도 시황제릉 조영계획 가운데서는 특별히 기록으로 남길 만한 것이 아니었을지도 모른다. 상상을 초월한 대공사였다.

그 대공사에 차출되어 가는 사람들은 어처구니가 없었다. 혹사는 그냥 참는다 해도 살해당할 수는 없는 일이었다. 탈주자가 속출하는 것도 당연했다.

인부들의 탈주는 인솔자에게 책임이 있었다. 엄격한 진나라의 법률을 생각한다면 인솔자도 탈주할 수밖에 없었다. 유방도 도중까지 얌전히 따라온 사람들을 해산시켰다.

공(公) 등은 모두 떠나라. 나도 역시 더 이상 가지 않겠다.

이렇게 해서 그도 도망자가 되었다.

당시 비슷한 경우가 적지 않았을 것이다. 진승·오광이 군사를 일으키자 순식간에 군세가 모여들었던 것도 각지에 그런 도망자 집단이 있었기 때문이다.

국경 마을인 패의 현령은 거취 문제로 고민을 했다. 현의 서기로 있던 소하(蕭何)와 옥리(獄吏)인 조참(曹參)은 현령이 진승·오광에 호응하려 한다는 사실을 알고 도망자들을 불러들이라고 권했다. 패 출신 도망자들만도 수백 명이나 되었던 듯하다. 진나라는 엄벌을 강조한 법률 때문에 자포자기 상태에 빠진 수많은 도망자들을 낳았다. 그리고 일단 모반이 시작되면 수많은 도망자들이 반란군에 가담할 것은 뻔한 일이었다. 이런 의미에서도 진나라는 법에 의해서 멸망했다고 말할 수 있다.

패의 도망자들을 불러들이러 간 것이 번쾌(樊噲)였다. 이 사람은 현의 관리가 아니라 개백정이었다. 자객 형가의 친구 중에도 그런 개백정이 있었다. 이 직업을 가진 사람들은 유협의 무리와 깊은 관계가 있었는지도 모른다.

도망자들의 우두머리는 물론 예전에 그들을 인솔했던 관리 유방이었다. 그런데 그가 패로 돌아와 보니 현령의 마음이 바뀌어 있었다. 현령은 중앙에서 임명된 관리였으니 모반에 가담할 생각을 버린 듯하다. 성문을 걸어 잠그고 모반 찬성파인 소하와 조참을 죽이려 했다. 그들은 성벽을 타고 넘어 유방이 있는 곳으로 찾아왔다.

유방은 화살에 묶은 글로 성 안의 부로(父老)와 연락을 취해 봉기를 재촉했다. 현령은 외부에서 온 사람이다. 임명되어 부임하여 법에 따라서 통치한 관리로 지역 사람들로부터 미움을 받는 경우가 많았다. 패의 부로는 자제를 이끌고 가서 현령을 죽인 뒤 성문을 열어 유방을 맞아들였다.

어지러운 시대에 인격이 뛰어날 뿐인 지도자는 그 시대를 뛰어넘을 수가 없다. 국경 마을의 주민들은 지금까지의 경험을 통해서 그 사실을 잘 알고 있었다. 성격이 조금 거칠더라도 뛰어난 판단력과 결단력, 행동력을 가진 인물이 더 바람직했다. 사람들은 유방을 지도자로 추대했다.

이때부터 유방은 패공(沛公)이라 불렸다.

소하, 조참, 번쾌 등과 같은 한 제국의 건국 공신들이 유방 밑에 모인 것이었다. 이렇게 해서 유방은 격동의 시대에 맞서게 되었다.

엘리트 군대를 고집한 항우

그 무렵 절강의 회계에서는 아버지 항연을 진나라와의 전투에서 잃어 복수심에 불타오르고 있던 항량이 군사를 일으켰다. 회계 군수 은통(殷通)을 살해했는데, 그 목을 자른 것이 다름 아닌 항량의 조카 항우였다.

진나라는 천하를 36개 현으로 나누었다. 현은 그 밑의 행정 단위였다. '현(懸)'이라는 파생어에서도 알 수 있듯이 현이라는 글자에는 '걸다', '매달리다'라는 뜻이 있다. 군이라는 커다란 행정 단위 밑에 매달려 있는 것이 현이었다.

군의 수장은 '수(守)'였다. 그리고 군의 군사를 관장하는 것이 '위(尉)'였다. 회계군의 수를 살해한 항량은 자신이 그 인수(印綬)를 차지하고 수가 되었으며 조카인 항우를 위로 삼았다.

군 밑에 있는 현의 장관은 '영(令)'이었다. 유방은 현령을 죽이고 현을 차지했지만, 항량과 항우는 그보다 더 큰 군을 차지했다. 시작에 있어서부터 규모에 상당한 차이가 있었다.

반기를 들었을 때 유방이 모은 병력은 패의 자제(子弟) 2, 3천 명이었지만, 항량과 항우는 군 밑의 각 현을 지배하여 정병 8천 명을 얻었다. 『사기』는 이처럼 자제와 정병이라고 구분해서 기록해 놓았다. 숫자에서만도 서너 배의 차이가 있었지만 그 질도 매우 달랐다. 자제라고 하면 단지 나이만 어렸을 뿐 군사훈련은 받지 않았다. 그에 비해서 일부러 정병이라고 표현했으니, 항량과 항우 진영의 병사들은 선발되고 훈련된 사람들이었다.

그 후에도 유방은 잡다한 세력을 되는 대로 받아들였다. 그에 비해서 항우는 출발했을 때의 정병주의를 끝까지 버리지 않았다. 회계군(會稽郡)에도 도망하여 도둑떼가 된 무리들이 적지 않았다. 그러나 항우는 그들을 직속 부하로는 받아들이지 않았다. 서민인 유방과 명문가 출신인 항우 사이에는 이런 면에서 생각의 차이가 나타난다.

대대로 장군을 배출한 가문의 명성도 항우에게는 도움이 되었다. 각지에서 모반이 있었는데, 동양(東陽, 안휘성)의 진영(陣嬰) 등처럼 반란군의 수령으로 추대되었으면서도 그것을 받아들이지 않고 항량과 항우에게 무리를 복속시킨 자들도 있었다. 회수를 건널 무렵에는 경포(黥布)나 포(蒲) 장군처럼 유력한 반란군단이 산하에 들어왔다.

경포의 성은 원래 영(英)이었다. 경은 별명인데 이는 '문신'을 뜻한다. 당시 범죄자들은 묵형(墨刑)을 받았다. 영포도 타인의 죄에 연좌되어 묵형을 받고 여산(驪山)으로 송치되었다. 여산에는 죄수가 언제나 수십만 명이나 있었다. 영포는 그들 가운데서도 특히 눈에 띄는 자들과 사귀다 결국 무리를 이끌고 탈주하여 장강 부근에서 도둑질을 일삼고 있었다. 그리고 경포라는 별명으로 불리는 어엿한 두목이 되었다.

상대편에서 먼저 참가를 해 왔으며 병력도 필요했기에 그들을 받아들였지만, 경포는 항우와 기질이 다른 인물이었다. 후에 유방이 항우와 다툴 때 경포를 꼬드겨 항우를 배반하게 함으로써 항우 진영에 커다란 타격을 주게 된다.

꼬드김에 넘어가 배반을 한 경포의 인물됨에도 물론 문제가 있다. 그러나 자기 진영의 중요한 인물을 장악하지 못했던 항우에게도 인간적 결함이 있었다고 봐야 할 것이다.

반란군은 저마다 뿔뿔이 흩어져 있었지만, '진왕이 지휘한다'는 공통된 의식만은 가지고 있었다. 어느 반란군이든 진왕의 호령에 응하여 결기한 것이라는 형식을 취하고 있었다.

머지않아 아무래도 진왕이 패하여 죽은 것 같다는 정보가 전해지기 시작했으며, 그것이 사실로 확인되었다. 반란군들은 중심을 잃게 되었다. 새로운 중심을 만들 필요가 있었다. 여기서도 명문 출신이라는 사실이 위력을 발휘하여 각 군들이 자연스럽게 항량을 수령으로 받들게 되었다.

거소(居鄛)에 사는 범증(范增)이라는 70세 노인이 항량을 찾아가 진승이 실패한 원인이 자립한 데 있다고 설명했다. 초나라 왕족의 자손 중 누군가를 왕으로 세워야 한다고 말했다.

진승의 거병에 연쇄반응이 일어난 것은 그 부근이 원래 초나라의 땅이었기 때문이었다. 천하가 진나라의 폭정에 시달렸지만, 진나라를 가장 격렬하게 증오한 것은 초나라 사람들이었다. 천하통일을 위한 사실상의 결승전이 진초의 대결이었다는 점은 앞에서도 이야기했다. 게다가 진나라에서는 장의 등의 책모에 따라 참으로 더러운 방법을 썼다. 초나라의 회왕(懷王)은 회담을 이유로 불려 나와 진나라에 유폐되었다가 죽음을 맞이했다. 전국 시대에는 여러 가지 일들이 있었지만 일국의 왕이 속임수에 빠져서 타국에 체포되어 죽은 경우는 전례가 없었다. 초나라 사람들이 얼마나 절치액완(切齒扼腕, 이를 갈고 분해함)했을지 짐작이 간다.

초가 삼호(三戶)라 할지라도 진을 멸망시키는 것은 반드시 초일 것이다.

라는 말이 있었다. 초나라는 세 집밖에 남지 않을 정도로 쇠한다 할지라도 진나라를 멸망시키는 나라가 있다면, 그것은 반드시 초라는 뜻이다. 진나라에 대한 초나라의 적개심이 얼마나 강했는지를 말해 주는 속담이다.

항량은 초나라 회왕의 손자로 민간에서 어떤 사람에게 고용되어 양치기를 하고 있던 심(心)이라는 자를 찾아내서 그를 왕으로 삼았다. 처음 그 인물은 할아버지와 마찬가지로 초나라의 회왕이라 불렸다. 진나라에서 고생 끝에 죽은 회왕의 이름을 들으면 초나라 사람들이 분연히 일어설 것이기 때문이었다. 회왕 심은 반진(反秦) 운동의 상징이었다.

이 일은 항량이 모반을 위해 일어난 각 장군들을 설(薛)로 불러 모았을 때 결정된 것 같다. 유방도 일군의 장(將)으로 이 모임에 참가했다.

「월표」에 따르면, 이것은 2세 황제 2년(기원전 208) 6월의 일이었다. 그리고 진승의 죽음은 같은 해 12월이라 되어 있다. 앞에서도 이야기했듯이 진력에서는 12월이 먼저다. 진승의 죽음 이후 반년이 지나서 초나라의 회왕이 세워지게 되었다.

토끼 사냥을 못하게 되었구나!

진나라 2세 황제의 궁정에서는 조고(趙高)의 탈권(奪權) 공작이 진행 중이었다.

조고는 원래 조나라 왕족의 자손을 칭했지만 진나라에서는 비천한 신분 출신이었다. 형제가 함께 거세를 당한 환관으로 학문이 있었기에 공자(公子) 호해의 교사가 되었다. 그 이전까지 궁정에 정치적인 세력은 전혀 가지고 있지 않았다.

새서를 위조한 사실은 조고 외에 2세 황제에 오른 호해와 이사 세 사람밖에 알지 못했다고 한다. 그리고 이 세 사람 모두 평생토록 절대로 입밖에 내지 않았을 텐데도 사마천은 『사기』에 새서의 위조에 관해서 기록을 했다. 대체 어디서 취재했을까?

시황제의 새서는 처음부터 호해를 후계자로 지정했는지도 모른다. 다시 말해서 위조는 없었을 가능성도 있다. 유(儒)를 즐겼으며 자비심이 많았던 부소에 대한 세상의 동정적인 편애가 위조설을 만들어 낸 것이라고 볼 수도 있다.

시황제는 유학자를 굉장히 싫어했으며, 위정자에게 백성에 대한 자비심이 있어서는 안 된다는 『한비자』의 애독자였다. 부소에게는 황제의 자격이 없다고 판단했는지도 모른다. 조고는 호해의 교사로 옥률령법(獄律令法)을 가르쳤다고 한다. 호해는 법가의 교육을 받았기 때문에 황제로서는 부소보다 더 적임자라는 평가를 받았다고 생각할 수도 있다.

조고의 가장 큰 라이벌은 승상인 이사였다. 『사기』의 기술에 따르자면, 두 사람은 새서의 비밀을 알고 있는 동료였던 만큼 더욱 커다란 의심을 품고 있었다. 이사는 아들 모두가 시황제가 낳은 공주와 결혼했으며, 딸들은 모두 시황제의 공자들에게 시집을 보낸 권세가였다. 그런 이사를 제거하지 않는 이상 조고의 탈권은 있을 수 없었다.

조고에게는 2세 황제의 교사로서 절대적인 신임을 얻고 있다는 무기가 있었다. 우습게도 황제의 절대성은 이사가 만들어 낸 것이었다. 조고는 2세 황제에게 영향을 줌으로 해서 이사를 숙청하는 일에 성공했다.

조고는 법가 사상에 따라서 2세 황제의 절대성을 더욱 강화하는 공작을 펼쳤다. 2세 황제의 옥좌를 위협할 우려가 있는 공자와 공주들을 모두 제거해 버렸다. 함양의 시장에서 참살된 공자가 12명이었으며, 10명의 공주가 두현(杜縣)에서 책형(磔刑)에 처해졌다. 그들은 죽는 자리에서 황실에 태어난 자신들의 불행을 한탄했을 것이다.

황족들조차 이랬으니 이사의 운명은 정해진 것이나 다름없었다. 숙청을 하려면 어떤 구실이든 갖다 붙일 수 있었다. 이사는 초나라 상채(上蔡) 사람인데, 그곳은 반란군이 일어난 지역과 가까운 곳이었다.

반란군과 연락을 취했다.

라는 아주 좋은 구실이 있었다.

우승상인 풍거질(馮去疾)과 장군인 풍겁(馮劫)도 이사와 함께 2세 황제에게 아방궁 공사의 중지를 간언했다. 모반이 끊이지 않는 것은 병역, 부역이 많고 부세가 무겁기 때문이니 우선은 아방궁의 공사를 중지해야 한다는 정론이었다. 그러나 2세 황제는 반란군이 많은 것은 너희들 책임이라며 이 대신들을 형리에게 맡겼다. 물론 조고가 2세 황제를 뒤에서 조종한 것이었다.

유력한 신하의 권세를 깎아 낼 것, 이것은 법가의 대원칙이다. 이것을 철저하게 실천하려면 권세를 가진 대신들 전부를 죽여야 한다는 결론에 도달하게 된다.

풍거질과 풍겁은 형리의 손에 넘겨지는 굴욕을 당하느니 차라리 죽음을 택하여 자살을 했다. 이사만이 투옥되었다. 진나라가 천하를 통일하고 대진제국을 건설할 수 있었던 것은 자신의 공적 때문이라는 자신감이 있었기 때문이었다. 황제에게 상서하면 용서받을 수 있다고 생각했지만, 그렇게도 철저한 법가였던 그의 생각이 너무나 안일했다.

이사의 죄는 오형(五刑)을 들어 논해졌으며 함양 시장에서 처형당했다. 오형이란 가장 잔인한 처형으로 코를 베거나 다리를 자르거나 채찍으로 때리거나 한껏 고통을 주다 죽인 뒤 머리를 베어 내걸고 골육을 시장에 버리는 것이다. 이와 같은 잔혹한 형을 정한 것은 다름 아닌 이사 자신이었다. 옥에서 나와 형장으로 가던 이사는 함께 처형될 아들을 돌아보고,

너와 함께 그 누런 개를 데리고 다시 고향 상채의 동문을 나서 토끼 사냥을 하고 싶었는데, 이젠 그도 못하게 되었구나!

라고 말하며, 부자가 소리 높여 울었다고 『사기』 「이사열전」에 기록되어 있으며, 예로부터 벼슬은 할 것이 못 된다는 예로 쓰여 왔다.

이사의 처형은 모반한 각 장군들이 설에 모여서 초나라의 회왕을 옹립한 다음 달, 2세 황제 2년 7월에 행해졌다.

생매장당한 20만 대군

진나라는 이미 말기증상을 보이고 있었다.

9월에 진나라의 장군 장함이 정도(定陶)에서 반란군을 격파했는데, 이

전투에서 항량이 전사했다.

숙부의 죽음 이후 항우가 바로 반란군의 수령이 된 것은 아니다. 초나라의 회왕은 송의(宋義)를 상장군으로 삼고 항우를 차장(次將)으로 삼았다.

장함은 승리한 여세를 몰아 한단을 떨어뜨리고 거록(鉅鹿)을 포위했다. 거록에는 조왕이 있었다. 조왕이 되었던 무신은 이미 죽었으며, 원래 조왕의 자손인 조알(趙歇)이라는 자가 왕위에 있었다.

송의는 모반파인 조를 도우려 하지 않고 진군이 조를 공격하여 지친 뒤에 이를 공격할 계획을 세우고 있었다. 송의의 아들인 송양(宋襄)이 사자가 되어 제(齊)로 가게 되었기에 송의는 성대한 송별연을 열었다. 그러나 겨울인 11월이었기에 찬비에 젖은 병졸들은 굶주림과 추위에 시달리고 있었다.

항우는 아침 일찍 상장군의 막사로 가서 느닷없이 그를 베고, 이는 초왕의 명령이라고 전군에게 포고했다.

이렇게 해서 항우는 군을 이끌고 조나라를 구하기 위해 떠났으며, 고전 끝에 진나라 군을 물리치고 진나라의 장군 왕리(王離)를 포로로 잡았다.

그 왕리는 항량의 아버지인 항연을 공격하여 죽인 진나라의 장군 왕전의 손자였다. 할아버지 왕전과 아버지 왕분 모두 세상을 떠난 뒤였다.

이미 2세 황제 3년(기원전 207)이 되었다. 왕리를 포로로 잡은 것이 그해의 정월이었는데, 항우는 거록의 승리라는 실력으로 명실공히 모반 대 연합군의 수령으로 인정받았다.

이번에는 반란군이 승세를 몰아 진나라 군을 공격했다. 장함은 후퇴했으며 장리(長吏)인 흔(欣)을 함양으로 보내 지령과 원군을 청했다. 그런데 조고가 흔을 죽이려 했기에 흔은 장함의 군으로 도망쳐 돌아와 함양의 상황을 보고했다.

천하의 이사까지도 살해당하고 말았다. 장함이 반란군에게 이겨도 조고는 그 공을 질투하여 구실을 만들어 죽일 것이 뻔했다. 지면 패전의 책임을 물어 죽일 것이다. 이겨도 죽고 져도 죽을 처지에 있었으니 제3의 길을 선택할 수밖에 없었다.

투항이다. 장함은 진나라의 20만 병력과 함께 항우의 군문에 항복했다.

항우는 장함을 비롯한 몇 명의 고급 군인들만 남겨둔 채 투항한 20만 병사를 급습하여 신안성(新安城) 남쪽에 생매장해 버렸다.

진나라 군 속에 동요가 일고 불온한 움직임이 있었다. 장군이 자기 마음대로 투항해 버렸지만, 병졸들에게는 불만이 있었다. 완패한 것이 아니었다. 게다가 그들은 투항한 뒤에 반란군 장병들에게 심한 모욕을 받았으며, 노예 같은 취급을 당했다. 반란군 장병 중에는 인부나 징병으로 관중(關中)에 갔었던 사람들이 많았는데, 그때 진나라 관리와 병사들이 심하게 괴롭혔기 때문에 그에 대한 복수를 했었다.

투항한 진나라의 장병들에게 있어서 그것은 참을 수가 없었다. 언젠가 다시 그에 대한 복수를 하자고 상의한 흔적이 있었다.

관중에 대해서 잘 알고 있는 그런 20만 병력을 데리고 관중으로 들어간다는 것은 모반군에게는 극히 위험했다. 항우는 깨끗하게 죽여 버리기로 결심했다.

사실 항우가 구덩이에 사람을 묻은 것은 이번이 처음이 아니었다. 설에서의 모임 전에 양성을 공격하여 떨어뜨렸을 때도 성의 병사 모두를 땅에 묻은 적이 있었다.

항우는 함곡관으로 향했다. 함곡관의 서쪽은 진나라의 수도인 함양을 감싸고 있어 관중이라 불리는 지방으로, 그야말로 천하의 중심이었다. 예전에 초의 회왕이 송의를 상장군으로 삼고 항우를 차장으로 삼고 범증을 말장(末將)으로 삼아 진나라 토벌군을 낼 때,

먼저 들어가 관중을 평정하는 자를 그곳의 왕으로 삼겠다.

고 약속했다. 초의 회왕 자신은 황제를 칭하고 공적이 있는 신하들을 각지의 왕으로 세울 생각이었다. 같은 왕이라 할지라도 천하의 중심인 관중의 왕은 당연히 누구나가 되고 싶어 하는 자리였다.

항우가 간신히 함곡관까지 도착했을 때 패공(유방)이 이미 관중으로 들어가 함양을 떨어뜨렸다는 소식을 듣고 크게 화를 내며 관(關)을 깨부수고 희수(戲水) 서쪽으로 나아갔다.

홍문연에서 만난 두 영웅

유방은 패현의 서기였던 소하, 옥리였던 조참, 개백정이었던 번쾌를 데리고 각지에서 전투를 벌였다. 명참모인 장량(張良)은 하비(下邳) 서쪽에서 100여 명의 수하를 데리고 유방 군에 가담했다. 앞에서도 이야기했지만 장량은 한나라의 재상가에서 태어났는데, 시황제를 암살하려다 실패한 적이 있었다. 병법을 깊이 배운 인물로서 유방은 귀중한 인재를 얻은 셈이다.

고양(高陽)이라는 곳에서는 역이기(酈食其)라는 사람이 진류(陳留)라는 지방을 공격하여 진나라가 저장해 둔 곡량을 손에 넣자는 계책을 헌상했다.

유방은 행실은 그다지 좋지 않았지만 다른 사람의 말에는 순순히 귀

를 기울이는 성격이었기에 그 밑으로 인재들이 모여들었다. 역이기의 헌책(獻策)은 귀중했다. 모반군으로 병졸들은 잘 모였지만 그들을 먹일 식량이 늘 부족해서 고심하고 있었다.

유방이 관중으로 가장 먼저 들어간 것도 초 회왕의 처분에 따른 것이었다. 이처럼 그는 사람들에게 호감을 주고 사람들로 하여금 그를 믿게 만드는 매력을 가지고 있었다.

유방이 관중으로 들어가기 전에 진나라의 궁정에서는 한바탕 소동이 일어났다.

이사를 죽여도 사태는 좋아지지 않았다. 이사를 대신해서 승상에 오른 조고가 모든 책임을 뒤집어쓰게 될 판이었다. 조고는 사람을 보내 2세 황제를 추궁하여 자살하도록 만들었다. 책임을 황제에게 전가한 것이다.

조고는 2세 황제의 형의 아들인 자영(子嬰)을 세워 진나라의 왕으로 삼았다. 동쪽의 땅을 잃어 황제라 칭할 명분을 잃었기에 예전의 제후 시대로 되돌아가 왕이라 부르게 된 것이다. 자영은 만리장성 부근에서 원한을 삼킨 채 자살한 부소의 아들이라고 한다.

조고는 자영을 조종할 생각이었지만, 이번에는 자영이 조고를 죽여 버렸다. 공자와 공주 등 수많은 황족을 죽였기에 자영은 조고를 한없이 증오하고 있었다. 조고의 부모, 형제, 처자 모두가 주살당했다.

자영이 왕위에 오른 지 46일째 되던 날, 유방 군이 무관(武關)을 격파하고 파상[灞上, 파수(灞水) 부근]에 이르렀다. 자영은 흰 말이 끄는 흰 수레에 올라 목에 줄을 걸친 채 항복했다.

유방은 일단 함양으로 들어가 거기서 머물고 싶었지만, 번쾌와 장량의 간언으로 다시 파상으로 퇴각했다. 유방은 색을 좋아했기에 3천 명의 아름다운 후궁에게 마음을 빼앗긴 듯했다. 이런 부분이 유방의 인간다운 면이며, 부하의 간언을 듣고 흔쾌히 물러났다는 사실에서도 그의 성격을 엿볼 수 있다. 진나라의 재보를 쌓아 둔 창고를 봉인하고 항우가 들어오기를 기다렸다.

관중으로 들어온 항우 군은 홍문(鴻門)에 주둔했다. 항우의 군사인 범증은 색을 좋아하기로 유명한 유방이 재보에도 여자에도 손을 대지 않았다는 말을 듣고 그에게 큰 뜻이 있음을 간파하고, 빨리 공격하여 없애야 한다고 건의했다.

이 소식을 들은 항우의 숙부 항백(項伯)이 급히 유방의 군중에 있는 장량에게 이 사실을 알렸다. 항백이 사람을 죽였는데 장량이 목숨을 구해 준 적이 있었기 때문이었다.

항우 군은 40만, 유방 군은 겨우 10만이었다.

유방은 어쩔 수 없이 100여 기만을 이끌고 해명하기 위해 홍문으로 향했다.

유명한 '홍문에서의 만남'은 지나치게 윤색된 장면이라는 설이 있다. 그러나 이것은 역사상의 명장면으로 예로부터 한자 문화권 사람들에게 널리 알려져 왔다.

항우는 범증으로부터는 '유방을 죽여야 한다'는 말을 들었으며, 숙부인 항백으로부터는 '유방은 진나라를 토벌한 공을 세웠으니, 그를 친다는 것은 불의다'라는 간언을 들은 터였다. 어떻게 하면 좋을지 항우는 틀림없이 망설였을 것이다.

유방이 찾아왔는데 그 태도가 극히 공순했으므로, 항우는 죽일 필요까지는 없다고 생각했을 것이다. 항우에게는 명문가 출신이라는 자신감이 있었기 때문에 색을 밝히고 무뢰하기로 유명한 패 출신의 촌놈이 자신의 커다란 적이 되리라고는 미처 생각하지 못한 듯하다.

항우가 직접 손을 쓰려 하지 않았으므로, 범증은 항장(項莊, 항우의 사촌동생)을 불러 검무를 추는 척하다가 유방을 찌르라고 명령했다. 검무가 시작되자, 그 사실을 눈치챈 항백이 자신도 검을 빼 들고 함께 춤을 춰 항장에게 사살할 기회를 주지 않았다. 그러나 여전히 위험했다. 장량은 문으로 가서 번쾌에게 그 사실을 알렸다. 번쾌는 검을 차고 방패를 들고 회견장으로 밀고 들어가 막을 걷어 올리고 항우를 노려보았다. 그 모습은 경극에서 관중들을 감탄하게 만든다.

　　머리털이 곤두서고, 눈초리가 전부 찢어졌다.

고 『사기』 「항우본기」에 형용되어 있다.

　　당신은 뭐 하는 자인가?

　　패공의 참승(參乘, 전차에 함께 타는 사람) 번쾌라는 사람이다.

　　장사로다. 이자에게 치주(卮酒, 커다란 잔에 따른 술)를 주어라.

　　……이자에게 체견(彘肩, 돼지의 어깨살)을 주어라.

라는 말이 오고갔다. 번쾌는 가지고 있던 방패를 도마 삼아 검을 뽑아 그 고기를 잘라 먹었다.

　　장사로다. 능히 다시 마시지 않겠는가(더 마실 수 있는가)?

　　신은 죽음조차도 피하지 않는다. 어찌 치주를 사양하겠는가?

이에 번쾌는 유방의 공적을 늘어놓고 공로가 있는 자를 죽이려 한다면 그것은 망한 진나라의 후계자가 아닌가, 라고 주장했다.

유방은 중간에 자리에서 일어나 화장실로 가서 번쾌를 불러내 밖으로 나갔다. 뒷일은 말을 잘하는 장량에게 맡기고, 두 사람은 그 길로 샛길을 따라 파상으로 탈출했다고 한다.

관중으로 들어간 항우는 항복한 자영을 죽이고 유방이 봉인해 두었던 재보와 미녀를 빼앗고 궁전에 불을 질렀다. 함양은 3개월 동안이나 계속해서 불에 탔다고 전해진다.

유방은 관중에 들어갔을 때, 진나라의 부로에게 자신이 관중의 왕이 되면 법삼장(法三章)만을 남겨 두고 나머지 법률은 전부 폐지하겠다고 약속했다. 진나라의 백성들은 법률에 시달려 왔기 때문에 크게 기뻐했다. 법삼장이란 사람을 죽인 자는 사형, 사람을 다치게 한 자, 도둑질한 자는 그에 상당하는 형에 처하는 것을 말한다.

그런데 진나라의 부로는 실망하지 않을 수 없었다. 유방은 관중이 아니라 파(巴)·촉(蜀)·한중(漢中)의 왕이 된 것이었다. 칭호도 한왕(漢王)이었다.

사실상 천하의 주인이 된 항우는 관중을 유방에게 넘겨주지는 않았지만, 자신도 관중의 왕이 되지는 않았다. 관중에 군림하면 천하를 호령할 수 있다고 사람들이 권했지만, 항우는 금의환향하고 싶다는 생각을 강하게 품고 있었다. 결국은 한중을 셋으로 나누어 자기 밑의 공신들에게 나눠 주었다.

항우는 양(梁)·초(楚) 9개 군의 왕이 되어 서초(西楚)의 패왕을 칭했다.

항우와 유방의 다툼은 이 부근쯤에서 이미 결판이 난 듯하다.

남방 출신인 항우가 남방을 본거지로 삼고 싶어 한 마음은 이해가 가지만, 당시의 생산력을 살펴보면 남쪽은 아직 북쪽에 미치지 못했다. 전국 시대에 초나라가 천하의 거의 절반을 영유했으면서도 결승전에서 승자가 되지 못했던 것도 생산력의 차이가 커다란 원인 중 하나였다.

진나라의 멸망은 자영 원년(기원전 206) 12월의 일이었다.

항우는 초의 회왕을 의제(義帝)로 받들었다가 바로 죽여 버렸다. 자신의 말을 듣지 않았기 때문이었다.

하늘이 나를 버렸다

항우는 도량이 없었다고 해야 할 것이다. 진나라를 멸망시키고 공로자를 각지의 왕으로 삼았는데 그것은 누가 봐도 편중된 인사였다. 자신이 영향력을 행사할 수 있는 자에게는 좋은 땅을 주었으며, 그렇지 않은 자는 불리한 취급을 받았다. 그것이 참으로 노골적이었다. 항우 측 계열 이외의 각 장군들이 불만을 품은 것은 말할 나위도 없다.

제, 조 각지의 제후들은 곧 항우에게 등을 돌렸으며, 항우는 북벌에 나섰다. 틀림없이 항우는 전쟁에는 매우 강했다. 연전연승이었다. 그러나 좋지 않은 버릇은 고쳐지지 않았다. 항복한 제의 병사들을 또 구덩이에 묻어 죽여 버렸다. 그랬기에 당연히 각지에서 게릴라가 봉기했다. 항우는 동분서주하여 게릴라들을 물리쳤다. 대부분은 진압에 성공했지만 동쪽을 진압하면 서쪽에서 봉기가 일어나는 형국이었다.

항우가 바쁘게 돌아다니는 동안 유방은 한중에서 나와 천하의 중심인 관중을 손에 넣었다. 유방에게는 이는 약속에 따른다는 구실이 있었다.

드디어 두 사람이 대결을 펼치게 되었다.

후에 항우가 호언장담한 것처럼 이 초한전쟁에서는 초군(楚軍, 항우)의 승리가 계속되었다.

팽성(彭城)의 전투에서 한군(漢軍)은 대패했다. 한군 10만은 저수까지 밀려났는데, 시체가 산을 이루어 강의 흐름이 막힐 정도였다고 한다. 유방은 폭풍이 부는 틈을 타서 간신히 탈출할 수 있었다. 초군은 추격했다. 패하여 도망칠 때 유방은 거치적거린다며 두 아들을 수레에서 밀어 떨어뜨렸다고 한다. 그럴 때마다 하후영(夏候嬰)이 안아 올려 수레에 태웠다고 『사기』「항우본기」에 기록되어 있다.

형양(滎陽)에서 포위를 당하자 유방이 화해를 청하는 장면도 있었다.

유방은 모략공작에 힘을 쏟았다. 초에는 대군사(大軍師)인 범증이 있었다. 한에게 있어서 그는 눈엣가시 같은 존재였다. 유방은 항우와 범증 사이를 갈라놓는 공작을 펼쳤다. 이간책이 적중하여 단순한 항우가 범증을 의심하게 되었고 점차로 그를 멀리하게 되었다. 범증도 화를 참지 못하고 자리에서 물러나 떠나 버리고 말았다. 이 나이 든 군사는 머지않아 등에 저(疽)가 발병하여 세상을 떠나고 말았다.

형양에서는 유방과 하후영 단 둘이서만 탈출을 했다. 항우는 추격을 하려 했지만 동쪽에서 게릴라의 봉기가 있었기에 병사를 그쪽으로 돌리지 않을 수 없었다. 소수정예의 부대만을 거느린 항우는 양면전쟁을 그다지 좋아하지 않았다.

항우의 약점이 바로 거기에 있었다. 소수정예이기 때문에 전쟁이 오래 지속되면 어려움을 겪었다. 정병은 그렇게 간단히 보충할 수 있는 것이 아니다. 시간이 흐를수록 병력은 줄어든다. 게다가 본거지의 생산력이 약했기 때문에 보급에도 문제가 있었다.

유방 자신은 연전연패였지만, 우군(友軍)인 한신이 제를 평정하고 남하를 시작하여 초를 위협하고 있었다. 팽월(彭越)은 활발하게 게릴라전을 전개했다. 그리고 보급에 대해서는 소하라는 그 방면의 천재가 있었으므로, 유방은 그것을 걱정하지 않아도 되었다.

화가 난 항우가 대진 중에 천하가 우리 때문에 고초를 겪고 있으니 단 둘이서 싸워 결판을 내자고 유방에게 제의한 적이 있었다. 유방은 완력보다는 지력으로 승부를 내자고 대답했다. 항우의 제의는 참으로 그다운 발상이었다.

한왕에 봉해진 지 4년(기원전 203) 만에 유방은 항우와 화친했다. 홍구(鴻溝)라는 강의 흐름을 경계로 동쪽을 초, 서쪽을 한이라 정했다. 항우는 군을 해산하고 동쪽으로 돌아갔지만, 유방은 그 협정을 깨고 영지를 주겠다는 약속과 함께 제후들의 병사를 모아 해하(垓下)에서 항우 군을 포위했다.

포위군 속에서 초나라의 노래가 들려오자, 절망한 항우는 총희(寵姬) 우미인(虞美人)과 작별한 뒤 포위를 뚫었다는 장면도 예로부터 명장면으로 잘 알려져 있다.

사랑하는 사람과 작별할 때 항우가 부른 노래는 너무나도 유명하다.

> 힘은 산을 뽑고, 기운은 세상을 덮네.
> 때에 이(利)가 없으니, 추(騅, 명마의 이름)도 가지 않네.
> 추가 가지 않으니 어찌할까.
> 우(虞)야, 우야, 너를 어찌할까.

항우는 결사대 800기를 이끌고 밤을 틈타 포위를 뚫고 남하하여 오강(烏江)이라는 곳에 이르렀다. 오강의 정장(亭長)이 배를 마련하여 항우에게 강 동쪽으로 건너가 재기할 것을 권유했지만, 항우는 그답게 단호하게 그것을 거절했다.

> 나는 병사를 일으켜 지금에 이르기까지 8년, 몸소 70여 전을 치렀
> 다. 대적한 자는 패했고 공격한 자는 항복해 아직 패배한 적이 없다.

그는 자신의 강함을 이야기한 뒤, 그런데 오늘 같은 슬픈 운명을 맞게 된 것은,

> 하늘이 나를 버렸다. 전쟁의 죄 때문이 아니다.

라고 말하고 스스로 목숨을 끊었다.

초는 멸망하고 한의 세상이 되었다.

유방은 제후의 예로 항우를 장사하고 항우 일족을 용서했다.

유방 5년(기원전 202)의 일이었다.

한 왕조의 빛과 그림자

대풍의 노래

성질은 고약하나 이익분배를 잘한 유방

대풍(大風)이 일어 구름이 날아오른다.

위(威)를 해내(海內, 천하를 말함)에 떨치며 고향에 돌아왔는데,

어디서 맹사(猛士)를 얻어 사방을 지키게 할까.

한(漢)나라의 고조(高祖, 유방)는 재위 12년(기원전 195), 오랜만에 고향인 패로 돌아가 예전에 알고 지내던 사람들을 모아 잔치를 벌였다.

예전의 유협무뢰한이 지금은 황제가 되어 금의환향한 것이다. 위의 노래는 그때 고조 스스로가 짓고 스스로 축(筑, 거문고 비슷한 악기인데 대나무로 친다)을 치고 스스로 노래하며 춤을 춘 것이다. 뿐만 아니라 고향의 젊은이 120명에게 이 노래를 가르쳐서 합창하게 했다.

대풍이 일어 구름이 날아오른다. 여기서 대풍이란 난세를 의미하는 것이리라. 구름은 자신까지도 포함한 영웅호걸이다. 세상이 어지러워 영웅

호걸이 여기저기서 활약했으며, 자신의 위광이 천하에 미쳐 이렇게 경사스럽게 고향으로 돌아왔다. 이제부터라도 용맹스러운 대장부들을 내 밑에 배속시켜 사방을 지키게 해야겠다, 라고 해석할 수 있다.

이것은 〈대풍의 노래〉라는 제목으로 알려져 항우의 〈해하(垓下)의 노래〉와 언제나 비교가 된다. 항우가 해하에서 포위당해 사면초가의 비운에 빠졌을 때 부른 노래는 앞에서도 인용을 했다. 나의 힘은 산을 뽑고 나의 기세는 세상을 뒤덮을 정도였지만, 때를 얻지 못해 애마인 추도 앞으로 나아가려 하지 않으니 이래서는 어쩔 수가 없구나, 라는 것이 그 노래의 대략적인 의미였다.

해하에서의 패전을 항우는 자신의 탓이라고 생각하려 들지 않았다. 시운(時運)이 없었던 것이다. 애마조차도 나아가려 하지 않는다며 책임을 다른 곳으로 돌리고 있었다. 오강(烏江)에서 죽기 직전에도 70전 연승을 거둔 자신이 약한 것이 아니라 하늘이 자신을 멸하려 한다고 외쳤다.

그에 비해서 유방의 〈대풍의 노래〉는 난세라는 대풍에 떠밀려 올라가 구름이 되어 하늘을 날아 다른 구름의 도움도 빌려 천하를 평정하고 고향에 개선할 수 있었다고 말한다. 그리고 앞으로도 용사를 얻어 천하를 지키고 싶다고 말했다. 만약 항우였다면 산을 뽑는 힘과 세상을 덮는 기세를 가진 자신이 혼자서 천하를 평정했으며, 그것을 혼자서 지키겠다는 식의 노래를 만들었을 것이다.

그런데 〈대풍의 노래〉의 첫 번째 구의 대풍은 유방이고 구름은 항우를 비롯하여 그에게 대적했던 군웅들이라는 해석도 있다. 자신이 대풍이 되어 항우 등을 날려 버렸다는 해석이다. 그래도 마지막 구절은 손에 넣은 천하를 자기 혼자서는 지킬 수 없다, 용맹한 사람이 필요하다는 간절

한 소망을 나타내고 있다. 항우처럼 혼자서 힘을 쓰려는 자세가 결코 아니다.

천하를 평정한 뒤, 고조는 자신이 천하를 얻고 항우가 천하를 잃은 이유를 신하들에게 물어본 적이 있었다. 그때 고기(高起)와 왕릉(王陵)은 다음과 같이 대답했다(『사기』「고조본기」).

> 폐하는 오만해서 사람을 업신여겼다. 항우는 인자해서 사람을 사랑했다. 그러나 폐하는 부하들로 하여금 성을 공격하고 땅을 빼앗게 할 때, 공격하여 함락한 곳이 있으면, 그것들을 그들에게 주어 천하와 이(利)를 함께했다. 항우는 현(賢)을 시기하고 능(能)을 질투하여, 공이 있는 자를 해쳤으며, 현명한 자를 의심했다. 싸워서 이겨도 부하에게 공을 주지 않았으며, 땅을 얻어도 부하에게 이(利)를 주지 않았다. 이것이 바로 천하를 잃은 이유다.

이것은 맞는 말이다. 유방은 무뢰한 출신이기 때문에 성품이 매우 좋지 못했다. 오만하여 사람을 업신여기고 욕을 하며 호통을 치는 경우가 종종 있었다. 그에 비해서 명문가 출신인 항우는 인품이 좋았다. 홍문에서의 만남 때도 범증이 유방을 죽여야 한다고 거듭 권했지만, 항우는 그것을 실행하지 못했다. 명문가의 도련님답게 인품은 좋았던 것이다. 그러나 자기가 최고라고 생각했기에 그 어떤 공도 자신의 것이라고 생각했다. 그것도 명문가의 도련님들에게서 흔히 볼 수 있는 유아성 독점욕 때문이었을지도 모른다.

유방은 사람에게 호통을 치기는 했지만, 부하의 공은 인정하여 함락시킨 땅을 그 사람에게 주었다. 아깝다고 생각하지 않았다.

항우도 아깝다고 생각하지는 않았을 것이다. 단지 이 세상에 자신보다 현명한 사람, 자신보다 유능한 사람이 있을 리 없다고 생각했다. 현(賢)을 시기하고 능(能)을 질투한 것도 바로 그 때문이었다. 부장이 승리를 거둬도 그 위에 총대장인 자신이 있었기 때문에 가능했던 일이라고 생각했다. 그랬기 때문에 포상을 내리려 하지 않았다.

고조는 이 비교론을 듣고 그것뿐만이 아니라고 말했다. 거기에 덧붙인 고조 자신의 비교론을 『사기』「고조본기」는 이렇게 소개하고 있다.

> 책략을 유장(帷帳, 진지의 막사) 안에서 운영하여 승리를 천리 밖에서 결정하는 것은 내가 자방(子房, 장량의 자)만 못하다. 국가를 안정시키고 백성을 어루만지고 궤양(饋饟, 식량)을 보급하고 보급로가 끊어지지 않게 하는 것은 내가 소하(蕭何)만 못하다. 백만의 군을 이끌고 싸우면 반드시 이기며 공격하면 반드시 취하는 것은 내가 한신(韓信)만 못하다. 이 세 사람은 모두 인걸(人傑)이다. 나는 이들을 잘 썼다. 이것이 내가 천하를 취한 이유다. 항우에게는 범증 한 사람이 있었지만, 능히 그를 쓰지 못했다. 이것이 그가 내 포로가 된 이유다.

고조는 사람을 쓰는 데 능했다. 이는 그가 자신의 능력을 잘 알고 있었기 때문이다. 작전계획을 세우는 데 있어서 자신이 아무리 발버둥을 쳐 봐야 장량에는 미치지 못한다는 사실을 알고 있었다. 행정, 경제에서는 소하가 자신보다 몇 배나 더 위라는 사실을 관직의 말단에 있을 때부터 알고 있었다. 야전 사령관으로서 자신에게는 한신 이상의 재능이 없음도 인정했다. 그랬기 때문에 모든 것을 맡길 수 있었다.

　이와 같은 수령 밑에는 인재들이 모이는 법이다. 그에 반해서 항우처럼 공적 독점욕이 강한 인물에게는 이렇다 할 만한 인재가 모이지 않는다. 상당히 유능한 인물이 있다 할지라도 능력을 충분히 발휘하지 못할 것이다. 발휘하면 시기의 대상이 되고, 의심을 받게 된다. 그 좋은 예가 범증이었다. 70세가 넘은 이 노인에 대해서조차 항우는 의심을 품었다.

　고조 진영에서는 항우의 이러한 성격을 잘 알고, 적 진영의 유능한 인물을 항우에게서 떼어 놓는 공작을 펼쳤다. 범증도 그런 이간책 때문에 항우에게서 멀어져 간 것이다.

　『사기』에 따르면, 항우와 범증을 이간한 것은 고조의 막료인 진평(陳平)의 술책이었다고 한다. 그것은 극히 간단한 속임수였다. 항우 쪽에서 군사(軍使)가 왔을 때, 고조 쪽에서는 일단 상다리가 부러지도록 진수성찬을 내놓았다. 그런 다음에 항우가 파견한 사자라는 사실을 그제야 알았다는 듯,

　　　아부(亞父, 범증)가 보낸 사자인 줄 알았더니, 항왕(項王)이 보낸 사

　　자였구나.

라며 그 진수성찬을 거두고 대신에 초라한 식사를 내놓았다.

　이로 인해서 항우는 범증이 한(漢)과 은밀히 내통하고 있는 게 아닐까 하는 의심을 품고 범증의 권한을 점차로 빼앗았다. 분개한 범증은 사직하고 항우의 진영에서 나와 고향으로 돌아가는 길에 저(疽, 악성 종기)에 걸려 죽고 말았다.

　항우의 성격은 단순하면서도 복잡하다고 말할 수 있다. 진나라의 병력 20만 명을 묻어 버릴 정도로 과감했으면서도, 홍문에서는 유방 한 사

람을 죽이는 것조차 망설였다.

〈대풍의 노래〉는 고조 12년 10월에 지어졌다. 그리고 고조는 그해 5월에 세상을 떠났다. 앞 장에서도 이야기했지만 한나라 초기에는 진력(秦曆)을 썼기 때문에 10월이 한 해의 시작이었다. 따라서 고조는 이 노래를 부르며 춤을 춘 지 7개월 만에 세상을 떠났다.

이 노래에는 비애감이 감돌고 있는 것 같다는 느낌을 지울 수 없다. 『사기』「고조본기」도 이때의 정경을,

> 고조는 이에 일어나 춤을 췄다. 강개(慷慨)하여 마음이 벅차 눈물 몇 줄기 흘렸다.

라고 묘사하고 있다.

고조가 고향인 패에 들른 것은 모반을 일으킨 경포(黥布)를 토벌하기 위한 작전을 마치고 돌아가는 길이었다. 그 전투에서 고조는 화살에 맞아 부상을 입었다. 몇 줄기 눈물이 흐른 것은 부상 때문에 마음이 약해졌기 때문이었을까?

항우가 〈해하의 노래〉를 불렀을 때도 『사기』는 '눈물 몇 줄기 흘렸다'고 똑같은 표현을 하고 있다. 항우는 실의의 구렁텅이 속에서 울었으며, 유방은 득의양양해서 눈물을 흘린 거라며 명나라의 이탁오(李卓吾)는 영웅 다감설을 주장했다.

〈대풍의 노래〉를 반드시 득의양양함의 표현이라고는 볼 수 없다는 견해도 옛날부터 있었다.

어디서 맹사를 얻어 사방을 지키게 할까. 이 마지막 구절에 고조의 비

애가 배어 있다고 볼 수도 있다. 한나라에는 맹사가 많았다. 더 많은 맹사를 얻고 싶다고 바랐을까?

지금 그가 토벌한 경포도 예전에는 그에게 있어서 맹사였다. 그가 배신을 하여 반란을 일으켰다. 고조는 한신, 팽월(彭越) 등 예전의 맹사들을 차례차례 숙청했다.

진정한 맹사가 필요하다는 소망이 담겨 있었는지도 모른다. 잃어버린 맹사를 애도했을까? 후계자인 태자가 유약했기 때문에 고조는 그 점도 마음에 걸렸을 것이다. 그의 아들 시대에야말로 진정한 맹사가 필요했다.

계략에 빠져 죽은 한신

고조는 1년 전에 숙정(肅正)한 한신을 떠올렸을지도 모른다. 세 명의 인걸 중 한 명으로 고조도 높이 평가했던 한신은 회음(淮陰, 강소성) 사람으로 극빈한 생활을 보냈다고 한다.

한신은 남의 가랑이 사이를 기어갔다는 일화로 유명하다. 마을의 불량배가 "이봐, 내 가랑이 사이로 지나가"라고 말하자, "네, 네"하며 그 말대로 했다. 굴욕도 이와 같은 굴욕은 없었다. 그러나 커다란 뜻을 품은 사람에게 있어서 그런 일로 화를 내며 목숨을 건다는 것은 한심하기 짝이 없는 일이다. 잠자코 굴욕을 감수하는 편이 나았다. 커다란 뜻은 목숨이 붙어 있지 않으면 그것을 이룰 수 없다.

한신은 원래 항우의 진영에 있었다. 출세욕에 불타오르고 있던 그는 여러 가지 책략을 생각해 내서는 항우에게 진언했다. 그러나 자신이 세상에서 가장 위대하다고 생각하고 있는 항우는 아예 들은 척도 하지 않앗다. 실망한 한신은 유방을 섬기기로 했다. 진나라가 멸망한 뒤, 유방이 한중과 파촉에 봉해졌을 무렵이었다. 이제부터 본격적으로 항우와 유방의 대결이 펼쳐지려는 시기에 이쪽에서 저쪽으로 옮긴 것이다.

한신은 유방의 최측근 중 한 명인 소하에게 그 재능을 인정받았다. 이처럼 유방은 재능을 발견하는 일조차 부하에게 맡겼다. 소하가 인정한 사람이라면 틀림없을 것이라며 한신을 등용했다.

항우와 유방의 쟁패전에서 한신은 군사적 재능을 유감없이 발휘했다.

한신은 한나라 군의 별동대로 조(趙)·위(魏)·연(燕) 등의 각지(산서, 하남, 하북)에서부터 제(齊, 산동)에 걸친 지방을 공략했다.

초와 한의 결전에서 한신이 수행한 역할은 측량할 수 없을 정도로 컸다. 초의 항우는 끊임없이 배후에 있는 한신의 힘을 의식하지 않을 수 없었다. 이것이 만약 반대였다면 한의 유방은 천하를 손에 넣을 수 없었을 것이다. 그러나 항우는 이와 같은 강력한 별동대의 존재를 용납하지 않는 인물이었으니, 이 가정은 무의미하다고 해도 좋을 것이다.

한신은 제를 평정한 뒤 가왕(假王)으로 삼아 주지 않으면 제를 진정시킬 수 없다고 유방에게 건의했다. 유방은 크게 화를 내며,

나는 이렇게 고생을 하며 밤낮 네가 돌아와 나를 보좌하기를 기다렸는데, 너는 자립하여 왕이 되려 하는가!

라며 호통을 쳤다. 유방은 걸핏하면 호통을 쳤다. 형양(滎陽)에서 항우 군에게 포위당했을 때, 한신이 제의 가왕으로 삼아 주었으면 좋겠다고 말했기 때문에 유방은 화가 난 것이다. 그러나 장량이 타일렀기에 "가왕이

라니, 그런 배포 없는 말 할 것 없이 진왕(眞王)이 되어라"라고 그것을 허락했다(『사기』「회음후열전(淮陰侯列傳)」).

한신이 배신을 한다면 천하를 잡겠다는 꿈도 물거품이 되어 버리고 만다. 장량이 타이르지 않았다 할지라도 유방은 한신을 붙잡아 두어야만 한다는 사실을 알고 있었을 것이다. 그러나 성격이 성격인지라 일단 한번 호통을 치지 않으면 성이 풀리지 않았을 것이다.

초의 항우도 한신이 한을 배신하면 정세가 자신에게 결정적으로 유리해질 것이라는 사실을 알고 있었다. 이에 무섭(武涉)이라는 자를 보내서 배신을 하라고 꼬드겼다. 한신은 전에 항우를 섬긴 적이 있었으니 배신이라기보다는 복귀라고 해야 할 것이다. 그러나 한신은 그 말을 듣지 않았다. 그가 왜 항우 진영에서 유방 진영으로 옮겼을까? 여러 가지 진언을 무시당했기 때문이었다. 그러나 한은 그의 재능을 인정하여 상장군에 임명하고 수만 명의 병력을 내주었다. 지금 이렇게 제왕(齊王)이 되어 제후의 신분이 될 수 있었던 것도 전부 한 덕분이었다. 무섭은 거듭 유방의 인품이 좋지 않음을 이야기하면서 방심할 수 없는 사람이니 언제까지고 한에 붙어 있는 것은 위험하다고 충고했다. 한왕(漢王) 유방이 약삭빠르다는 사실은 한신도 알고 있었다. 그러나 초왕(楚王) 항우의 성격도 그는 잘 알고 있었다. 수십만의 대군을 이끌고 배후에 자리하고 있었기에 그 위협을 제거하려는 것일 뿐이었다. 틀림없이 지금도 한신의 재능을 인정하지는 않았을 것이다. 한신은 그 사실을 잘 알고 있었다.

무섭의 설득에 한신은 마음을 움직이지 않았지만, 그 뒤에 찾아온 논객 괴통(蒯通)의 말에는 그도 생각을 하게 되었다. 괴통의 말은 곧 천하 삼분지계(天下三分之計)였다. 당시 초의 항우와 한의 유방은 혈투에 혈투를 거듭하고 있었다. 양쪽 모두 타격을 입어 힘이 약해졌다. 이 두 거두(巨頭)의 힘이 약화되면 제삼 세력이 진출하여 그들과 대등한 입장이 될 가능성이 있었다. 제삼의 세력이 될 수 있는 것은 제의 왕이 된 한신뿐이었다. 당시 한신의 힘은 물론 두 거두에게는 미치지 못했지만, 그가 초에 붙으면 초는 천하를 취할 수 있으며, 한은 그 없이는 패업을 이룰 수가 없었다. 이런 그에게 괴통은 초에도 한에도 붙지 말고,

천하를 삼분하여 정족(鼎足, 다리가 셋인 정(鼎)에 비유한 것)함만 같지 못합니다.

라고 권했다.

그러나 한신은 한왕 유방의 은덕을 배신할 수 없다고 대답했다. 괴통은,

용략(勇略)으로 주인을 떨게 하는 자는 몸이 위태로우며, 공이 천하를 덮는 자는 상을 받지 못한다.

는 속담을 들려주었다. 그 용략이 주인을 떨게 할 만큼 뛰어난 자는 신변이 위험해지며, 공업이 천하를 뒤덮을 정도로 큰 자도 역시 주군에게 칭찬을 받지 못한다, 감사를 받기보다는 경계의 대상이 되어 버릴 뿐이다, 당신은 지금 그런 위험한 입장에 있으니 자립해야 한다고 설득했다.

한신의 마음이 미묘하게 흔들리려 했다.

선생은 잠시 쉬시게. 나는 잠시 이를 생각하겠네.

그는 괴통에게 며칠간의 말미를 달라고 했다. 그 사이에 그는 이런저

런 생각을 했을 것이다. 그래도 결심을 할 수가 없었다.

망설이는 호랑이는 벌이나 전갈의 위험만 같지 못하고, 발만 구를 뿐인 명마는 평범한 다리를 가진 노마(駑馬)만 못하다. 그런 속담이 있었다. 괴통은 자신의 주장에 여러 가지 속담을 곁들여 한신이 마음을 결정하도록 유도하려 했다.

틀림없이 한신의 마음은 크게 동요했을 것이다. 그러나 마지막 결단을 내릴 수가 없었다. 주군이 항우였다면 한신은 이럴 때 망설이지 않고 완전히 자립의 길로 들어섰을 것이다. 한왕 유방에게는 신비한 매력이 있어서 한신을 사로잡고 있다.

이것이 고조 4년(기원전 203)의 일이었다.

고조 5년, 한신은 30만 대군을 이끌고 해하로 달려가 한의 장군으로서 초의 항우와 전투를 벌였다. 항우는 무너지고 한의 천하가 되었다. 같은 해에 한왕 유방은 황제를 칭하게 되었다.

해하의 전투에서 승리를 거둔 뒤, 유방은 정도(定陶)에 있는 제왕(齊王) 한신의 기지로 들어가 그 군대를 거두어들였다. 한나라를 위해서 항우를 물리치는 일에 가장 커다란 공적을 세운 한신은 그에 대한 대가로 군대를 빼앗기고 다른 나라로 가라는 명령을 받았다. 제왕에서 초왕(楚王)이 되었다. 영지는 회하의 북쪽이었으며 하비(下邳)를 도읍으로 삼게 되었다.

고조 6년, 초왕 한신이 모반했다는 밀고가 들어왔다. 『사기』에는 그렇게 기록되어 있다. 한신에 관한 한, 한나라의 공식 문헌에 의지해 기록한 『사기』의 신빙성은 이 부분에서부터 약간 의심스러워지기 시작한다.

한신은 붙잡혀 낙양으로 보내졌지만, 유방은 그를 용서하고 회음후로 강등시켰다. 왕에서 후(侯)가 된 것이다. 한신은 당연히 불만을 품었다.

병을 핑계로 입궐도 하지 않았다.

왕이었을 때 한신이 장군 번쾌의 집을 찾아가면 장군은 무릎을 꿇어 배례했었다. 번쾌가 무양후(舞陽侯), 주발(周勃)이 강후(絳侯), 관영(灌嬰)이 영음후(潁陰侯)였으니, 한신은 이들 무장과 동등한 신분이 되었다.

　　　살아서 결국은 쾌(噲) 등과 같이 되었다.

며 그는 자조했다.

마침 양하후(陽夏侯)인 진희(陳豨)가 북방에 위치한 조와 대(代)의 변경에 있는 군대를 감독하기 위해 파견되었다가 거기서 스스로 대왕(代王)이 되어 모반을 일으켰다. 고조 10년(기원전 197)의 일이었다. 고조는 친정하여 진희를 토벌했다.

『사기』의 「회음후열전」에는 진희가 북방으로 출발할 때 한신과 모반에 대해 이야기를 나눴다고 되어 있다. 고조가 친정에 나설 때, 한신은 평소처럼 병을 칭하며 종군하지 않았고 몰래 진희와 연락하여 여후(呂后)와 태자를 습격하려 했다는 것이다. 그러나 사인(舍人, 가신)의 동생의 밀고로 소하의 계략에 빠져 유인을 당해 살해당했다고 한다.

조심성 많은 한신이 사인의 동생에게까지 모반의 계획이 새어 나갈 만한 행동을 과연 했을까?

이 위험한 군사의 천재를 빨리 숙청하지 않으면, 한의 천하가 위험해질 것이라 생각하고 소하와 여후가 모반의 죄를 한신에게 뒤집어 씌웠을 가능성이 있다. 진희와 공모했다는 증거는 사인의 동생이라는, 성명조차 분명하지 않은 인물의 말뿐이었다. 게다가 한신의 변명은 조금도 듣지 않았다.

그것은 계략에 빠뜨려 죽인 것이었다. 그 무렵 진희의 모반은 아직 평정되지 않았지만, 소하는 거짓으로 '진희는 토벌되었다'고 통보했다. 평정을 축하하기 위해 병상에 있는 자도 입궐하라는 명령이 있었기에 한신은 나갔다가 거기서 붙잡혀 장락궁(長樂宮)의 종실(鐘室, 종을 매달아 놓은 방)에서 칼을 맞았다.

이와 같은 속임수를 써서 죽였으니 그의 혐의는 매우 희박했다고밖에 말할 수 없다. 살려 두면 언제 그 군사적 재능을 발휘할지 모른다는 것이 진짜 이유였을 것이다.

> 나는 괴통의 계책을 쓰지 않았음을 후회한다. 그래서 아녀자의 계
> 략에 빠졌다. 어찌 하늘의 뜻이라 하지 않을 수 있으랴.

이것이 한신이 최후에 남긴 말이라고 『사기』「회음후열전」은 전하고 있다.

한나라의 공신 중 한신이 처음으로 숙청을 당한 것은 아니었다.

우선 연왕(燕王)이었던 장도(臧荼)가 숙청당했다. 그는 원래 연의 장군으로 항우를 따라서 관중으로 들어갔는데, 그 공에 의해서 연왕이 되었다. 같은 시기에 유방은 한왕이 되었으니, 말하자면 왕 동기생이었다. 원래는 항우 쪽 인맥이었지만, 한신이 한왕을 위해 북방을 평정했을 때 한나라로 돌아섰다. 대적하지 않았다는 것만으로는 한나라의 공신이라 할 수 없을지 몰랐다.

항우가 무너진 직후, 연왕 장도가 모반하였으며 고조가 친정하여 이를 격파했다. 고조는 태위(太尉, 국방부장관)인 노관(盧綰)을 새로이 연왕으로 임명했다.

고조 7년(기원전 200년)에는 한왕 신(韓王信)이 모반을 했다. 이는 모반할 수밖에 없는 상황에 내몰린 것이라 해야 할 것이다.

한왕 신은 한신(韓信)과는 다른 사람이다.

같은 시대에 살았던 동명이인이었고 또 모두 고조의 중신이었기 때문에 혼동을 피하기 위해 『사기』 열전에서는 회음후와 한왕 신이라고 나눠서 부르고 있다.

한왕 신은 한의 양왕(襄王, 재위 기원전 311~기원전 296)의 얼손(孼孫, 서자의 아들)이었다. 키가 8척 5촌이었다고 한다.

중국에서 척은 시대에 따라서 다르다. 최근의 중국 신문에 따르면, 천진(天津)에서 하나라 시절의 동척(銅尺)이 발견되었는데 그 길이는 23.1센티미터였다고 한다. 북경 역사박물관에 있는 전국동척(戰國銅尺)은 23센티미터였다.

한왕 신은 전국척으로 계산을 해보아도 거의 196센티미터가 되는 셈이다. 참고로 『사기』에 항우는 8척여, 『한서』에는 8척 2촌이라고 되어 있으니 그 역시도 190센티미터 정도 되는 거한이었다.

초와 한의 항쟁에서 처음에는 항우가 정창(鄭昌)이라는 사람을 한왕으로 세웠다. 그를 공격하여 항복시킨 것이 한나라에 붙은 한왕 신인데, 정창을 대신해서 한왕이 되었다. 이 한왕 신이 한나라에 붙은 것은 전국시대 한(韓)나라의 후예인 장량(유방의 군사)이 권했기 때문이었다.

고조 3년, 한왕 신은 남아 있는 부대를 이끌고 형양을 지켰지만, 항우가 공격해 들어왔기에 일단은 초에 항복을 했다. 그 뒤 탈주하여 다시 한으로 복귀했다.

또 다른 한신이 제나라의 가왕이 되겠다고 했을 때 고조는 격노했지만, 이 한신이 한왕이 되는 것에 대해서는 아무런 불만도 없었다. 첩이 낳은 얼손이라고는 하지만, 이 사람이 한(韓)나라 왕실의 후예였기 때문이리라.

한왕 신은 흉노에 대비하기 위해서 북쪽의 변경으로 파견되었다.

흉노는 이미 영걸 묵돌선우가 아버지를 죽이고 수장이 되어 있는 상태였다. 진나라 장군 몽염의 위압에 눌려 북방의 초원으로 쫓겨났던 예전의 흉노가 아니었다.

한왕 신은 마읍(馬邑, 산서성 태원시와 대동시 사이에 있는 삭현(朔縣))을 기지로 삼았지만 흉노의 대군에 포위당하고 말았다.

흉노는 동쪽의 동호를 멸망시키고 서쪽으로는 월지를 쳐서 패주케 했으며, 남쪽의 누번과 백양(白羊)을 합병하고 몽염에게 쫓겨난 옛 땅을 전부 회복한 상태였다. 진나라 말기의 동란 속에서 유방과 항우가 사투를 벌이고 있을 때, 흉노는 천천히 힘을 키워, 그들의 30만 강병은 근처에서 무적을 자랑했다.

포위를 당한 한왕 신은 어쩔 수 없이 흉노에게 사자를 보내 강화를 신청했다. 한(漢)에서는 한왕 신을 구원하기 위해서 군대를 보낸 상태였다. 그런데 한왕 신의 사자가 뻔질나게 흉노에게 파견되고 있다는 사실은 한(漢)나라 쪽에서도 알고 있었다. 마침 마읍으로 파견된 한(漢)나라의 사자가 그 사실을 책망했다.

아무리 변명을 한다 해도 이래서는 흉노와 내통했다는 이유로 주살을 당할 우려가 있었다. 한왕 신은 여러 가지로 생각한 끝에 흉노에게 항복하기로 했다. 그것이 한(漢)나라에 대한 모반이었음은 말할 나위도 없다.

고조는 스스로 군대를 이끌고 가서 한왕 신을 공격해, 이를 동제(銅鞮)

라는 곳에서 물리치고 그 부장인 왕희(王喜)를 베었다. 한왕 신은 흉노로 도망쳐 달아났다.

백토(白土)라는 곳에 있던 한왕 신의 부장 만구신(曼丘臣)과 왕황(王黃) 등은 조(趙)의 후예인 조리(趙利)를 세워 왕으로 삼고, 한왕 신 휘하의 패잔병들을 모아 하나의 군단을 만들었다. 그들도 한왕 신, 흉노와 손을 잡고 한(漢)과 맞서려 했다.

흉노는 좌현왕(左賢王)과 우현왕(右賢王)에게 만여 기의 병사를 주어 왕황 등의 군과 행동을 같이하게 했다.

이렇게 해서 한나라와 흉노가 격돌을 하게 되었다. 추위가 혹독했다. 흉노의 병사들은 추위에 익숙했지만, 한나라 병사들은 그렇지 못했다. 한나라 병사들은 동상에 걸려서 열 명 중 두어 명은 손가락을 잃는 형편이었다. 한나라 군은 방한 대책이 충분하지 않았다. 그와 같은 고생 끝에 고조가 직접 이끌고 나선 한나라 군은 간신히 평성(平城)으로 들어갔다. 오늘날 산서성 대동시(大同市)에 해당한다. 지금은 운강(雲岡)의 석굴사로 유명한데, 불교가 전파되기 전인 고조 시대에 그런 것은 물론 없었다. 그곳은 한나라 북방의 중요한 군사거점이었다.

누명 쓰고 숙청당한 개국 맹장들

평성 가까운 곳에 백등산(白登山)이라는 곳이 있는데, 고조와 한나라 군대는 그곳에서 흉노 군에게 포위를 당했다. 『사기』 「고조본기」에는,

흉노가 나를 평성에서 포위했다. 7일 만에 포위를 풀고 떠났다. 번

쾌를 머물게 하여 대(代) 땅을 다스리게 하고, 형 유중(劉仲)을 세워

대왕(代王)으로 삼았다.

라고 기록되어 있다. 7일 동안 포위를 하고 있던 흉노가 포위를 풀고 물러갔다는 것이다. 이 간단한 서술만으로는 자세한 내용을 알 수 없다. 같은 『사기』의 「흉노열전(匈奴列傳)」에 좀 더 자세한 내용이 실려 있다.

평성 백등산의 싸움에서는 사실 고조가 꾐에 빠진 것인 듯하다. 흉노의 묵돌선우는 거짓으로 패해 달아나는 것처럼 가장하여 정예군과 기름진 말은 숨겨 두고 노약한 사람과 빈약한 가축을 일부러 보여 주었다. 예상대로 한나라의 정찰대는 모두 '흉노를 쳐야 한다'고 보고했다.

고조는 전군을 들어 흉노를 뒤쫓았다. 고조는 선두집단에 있었다. 후속 보병은 아직 뒤따라오지 못했다. 묵돌선우는 이때를 놓치지 않고 4만 정병을 내보내 고조를 포위했다.

고조의 운명은 풍전등화와도 같았다. 이때 진평의 계략으로 매수 작전을 행했다.

고제(高帝, 고조)는 이에 사자로 하여금 몰래 연지(閼氏)에게 두터이

보내게 했다.

연지란 선우의 아내, 곧 흉노의 황후를 말한다. 한나라에서 보낸 선물을 받은 아내의 말만으로 선우가 병사를 물렸다고는 생각되지 않는다. 사실은 한왕 신의 부장이었던 왕황과 조리 등이 참전을 약속해 놓고 모습을 나타내지 않았기 때문에 흉노도 불안했다. 왕황과 조리가 한에 붙

고, 한나라의 후속 보병단이 도착한다면 오히려 흉노가 포위될 우려가
있었다.

흉노는 포위망의 한쪽을 풀었고, 한나라 병사들은 전부 활시위를 힘
껏 당긴 채 탈출했다. 그리고 간신히 대군인 보병과 합류했다.

> 그러자 묵돌은 드디어 병사를 물리고 떠났다. 한도 역시 병사를 물
> 리고 유경(劉敬)을 보내 화친을 맺었다.

이렇게 해서 전쟁이 끝났다. 한왕 신을 죽이겠다는 소기의 목적을 달성
하지 못했다. 무승부처럼 보이기도 하지만 틀림없이 흉노의 판정승이었다.

유경이 맺은 화친의 약속은, 한나라 왕족의 여성을 공주로 삼아 선우
의 아내가 되게 하고, 해마다 면, 비단, 술, 쌀과 여러 가지 식물을 보내
고, 한이 흉노의 곤제(昆弟)가 된다는 등의 내용이었다. 패전 이후 맺은
강화였음을 누가 봐도 알 수 있다.

백등산의 전투는 고조 7년(기원전 200)의 일이었다.

같은 해, 귀환 도중에 고조는 조(趙)에 들렀다. 조왕(趙王) 장오(張敖)는
장이(張耳)의 아들이자 노원공주(魯元公主, 고조의 장녀)의 남편이었다. 고조
는 사위 앞에서 아무렇게나 두 다리를 뻗고 앉아 욕설을 퍼부었다. 황제
가 되어서도 나쁜 성질은 고쳐지지 않았다. 자신들이 섬기는 조왕이 고
조에게 모욕당하는 것을 보고 조의 중신들은 크게 화를 냈다. 관고(貫高)
와 조오(趙午) 등과 같은 무리였다. 그들을 고조를 죽이겠다는 계획을 세
웠다. 아직 전국 시대의 살벌한 기운이 짙게 남아 있었다. 그러나 일이 발
각되고 말았다. 시살 계획은 중신들이 세운 것으로 조왕은 관여하지 않

았기에 목숨은 건졌지만, 왕을 폐하고 선평후(宣平侯)로 강등되었다.

고조가 총애하던 척부인(戚夫人)이 낳은 여의(如意)는 이때 아홉 살이었지만, 이미 대(代)의 왕이 되었다. 그 여의가 대왕에서 조왕이 되었다. 그리고 박(薄)부인이 낳은 항(恒)을 대왕으로 세웠다. 이 대왕이 바로 후에 즉위하여 문제(文帝)가 되는 인물이다. 앞에서도 이야기했듯이 사실은 고조의 형인 유중이 대왕이 되었지만, 나라를 버리고 낙양으로 돌아가 버렸기 때문에 그도 격하되어 합양후(合陽侯)가 되었다.

한나라가 왕으로 세운 것은 황족뿐이었으며, 다른 성을 쓰는 왕은 폐하는 쪽을 국책으로 삼았다.

한신은 제왕에서 초왕으로 옮겨졌는데, 그 후 제왕에는 고조의 장남인 유비(劉肥)를 세웠다. 한신이 초왕에서 회음후로 격하되자, 고조의 동생인 유문(劉文)이 초왕으로 세워졌다.

한신이 살해당한 고조 11년(기원전 196) 현재, 다른 성을 쓰는 왕은 회남왕(淮南王)인 경포(黥布), 양왕(梁王)인 팽월(彭越), 연왕(燕王)인 노관(盧綰), 이렇게 세 사람뿐이었다고 말해도 좋을 것이다. 사실 이 외에도 장사왕(長沙王) 오신(吳臣, 오예(吳芮)의 아들), 민월왕(閩越王) 무제(無諸, 월나라 왕구천의 후예), 남월왕(南越王) 조타(趙陀), 조선왕(朝鮮王) 위만(衛滿) 등 네 사람이 있었지만, 이는 아직 한나라의 힘이 실질적으로 미치지 않는 지방이었기 때문에 번왕이라는 형식으로 필요한 사람들이었다.

한신이 꾐에 빠져서 살해당한 해에 양왕 팽월도 모반했다고 한다.

팽월은 창읍(昌邑, 산동성) 사람인데, 어업과 도둑질을 겸하는 생활을 하던 중에 진나라 말기의 동란을 맞게 되었고 무리를 모아 유방 거병 초기에 도움을 준 적도 있었다. 위(魏)의 산졸(散卒, 소속할 곳이 없어진 병졸)을 모아 1만여 명의 병력을 갖게 되었고, 그 후 병력이 늘었으며, 이윽고 유방을 위해서 게릴라전을 전개했다. 한신의 별동대와 함께 초에 대한 팽월의 유격전은 유방의 패업에 커다란 공헌을 했다. 해하의 전투에도 전군을 이끌고 참가했는데, 왕으로 삼겠다는 약속을 받았을 것이다. 항우가 멸망한 뒤, 팽월은 양왕이 되었다.

진희가 북방에서 반란을 일으켜 고조가 친정에 나섰을 때, 팽월은 부하 장군만 보냈을 뿐 자신은 병을 칭하고 종군하지 않았다. 사자가 문책을 하기 위해 왔다기에 그는 스스로 나아가 진사(陳謝)하려 했지만, 부장인 호첩(扈輒)이 차라리 군사를 일으켜 반란하라고 권했다. 팽월은 망설였다. 여전히 병을 칭하고 움직이지 않았다. 그러는 동안에 '양왕이 모반했다'는 밀고가 있어 팽월은 어이없이 잡혀 버리고 말았다. 일단 목숨은 건져 촉(蜀)으로 유배되었지만, 결국에는 처형당하고 말았다.

고조는 다섯째 아들인 회(恢)를 양왕으로 세웠다.

고조가 해하에서 항우를 물리칠 수 있었던 것은 한신, 팽월, 경포 세 장수가 대군을 이끌고 참전했기 때문이다. 한나라의 입장에서 보자면 이 세 사람은 최고의 수훈자였다. 그러는 동안에 한신과 팽월이 살해당했으니, 경포는 다음엔 자기 차례라고 생각한 것도 당연했다.

경포는 원래 죄인으로 여산(驪山)에서 집단 탈출한 무리들의 우두머리 출신이었다. 항우에 속해 진나라 토벌전에서 커다란 공을 세웠기에 구강왕(九江王)이 되었다. 유방과 같은 시기에 왕이 된 셈이다. 항우 진영의 유력한 장군이었지만 한의 논객인 수하(隨何)의 설득으로 유방에게 붙었다. 유방의 운이 트인 것은 경포가 항우를 배반했기 때문이라도 할 수 있다.

한신과 팽월의 모반은 날조된 것일 가능성이 매우 높지만, 경포의 모반은 진짜였을 것이다. 왜냐하면 해하의 세 훈공자들 중 한신과 팽월이 살해당했으며 그 '해(醢, 고기를 소금에 절여 만든 젓갈)'가 경포에게도 보내졌기 때문이다. 마치 '너도 모반을 일으켜라'라고 말하는 듯하다. 모반을 일으키지 않아도 모반의 죄를 뒤집어씌웠을 것이다.

경포는 군사를 일으켜 동쪽에 있는 형(荊)을 쳤다. 형의 왕은 고조의 사촌인 유가(劉賈)였다. 형왕은 패해 달아나다 목숨을 잃었다.

고조는 이때도 친정에 나섰다. 기(蘄, 안휘성 숙현)에서 전투를 벌였는데, 이때 고조가 진지에서,

　　무엇이 괴로워 모반하는가?

라고 물었더니 경포는,

　　제(帝)가 되기를 바랄 뿐이다.

라고 대답했다고 한다. 전투에서는 경포가 대패하여 겨우 100여 명만을 데리고 강남으로 도망쳤다. 그러나 고조도 이 전투에서 화살을 맞았다.

고조는 경포의 추격을 다른 장군에게 맡기고, 장안으로 개선하는 도중에 고향에 들러 〈대풍의 노래〉를 지었다.

고조가 풍운을 타고 병사를 일으켰을 때, 처음부터 그를 따랐던 것은 패현의 서기였던 소하와 옥리였던 조참, 개백정이었던 번쾌 등이었다. 그 외에 주발, 노관, 하후영, 주창(周昌), 주하(周苛), 왕릉 등과 같은 사람들이 있었는데, 번쾌 외에 맹장이라고 할 만한 인물은 없었다. 번쾌도 지략이 있었다고는 말할 수 없었다. 조참에게는 야전에서의 공이 많았지만, 사마천도 평했듯이 이는 한신과 함께 행동을 했기 때문이었다. 아마 그 혼자였다면 어느 정도의 일을 할 수 있었을지, 약간은 고려를 해야 할 것이다.

고조 유방과 처음부터 함께한 사람들 중에 맹장은 없었다. 맹장이라

는 표현 속에는 야심이 왕성하다는 사실도 포함되어 있다. 유방의 직속 부하 중에는 야심을 품은 사람이 별로 없었다.

유방은 처음부터 함께한 부하들의 힘만으로는 천하를 잡을 수 없었을 것이다. 천하를 잡기 위해서는 한신, 팽월, 경포 세 맹장이 필요했다. 한왕 신과 같은 지방 세력의 도움도 얻어야만 했다. 그러나 일단 천하를 잡은 뒤에는 야심만만한 이들 맹장들에게 상당한 주의를 기울여야 했다. 고조는 결국 가장 간단한 방법, 즉 모반을 일으켰다는 누명을 씌워 주살하는 똑같은 패턴으로 그들을 정리했다.

죽마고우의 예정된 모반

위험인물을 제거하고 나니 고조는 '맹사'가 없다는 사실이 마음에 걸렸다. 〈대풍의 노래〉에는 맹사를 원하는 그의 바람이 나타나 있는 듯하다. 축을 치며 그 노래를 불렀을 때 그의 뇌리에는 예전의 맹사들인 한신, 한왕 신, 팽월, 경포 등의 얼굴이 떠올랐을 것이다.

그런데 경포가 몰락하고 난 뒤, 다른 성을 쓰는 왕은 연왕인 노관 한 사람만이 남게 되었다. 그를 제외하고 다른 성을 쓰는 왕은 전부 숙청당하고 말았다. 다른 성을 쓰는 왕을 용납하지 않는다는 원칙대로 하자면 연왕이라는 노관의 지위도 위험하게 보였다. 그러나 사람들은 '설마 노관만은……'이라는 마음을 가지고 있었다.

지금까지 숙청당한 사람들에게는 공통되는 점이 있었다. 처음이 아닌 도중부터 유방 진영에 가세했다는 점이다. 처음 거병의 기치를 올렸을 때부터 함께한 부하들이 아니었다. 바꿔 말하자면 고조 유방은 처음부터 자신과 함께한 부하들은 왕으로 세우지 않은 셈이다.

땅을 주고 왕으로 세운다. 이는 상대방의 협력을 얻기 위한 조건이다. 처음부터 함께했던 사람들에게 그런 미끼는 필요 없었다.

전쟁은 보급전이기도 하다는 입장에서 생각한다면, 한나라 군대가 후방에 대한 걱정 없이 싸울 수 있었던 이유는 보급본부를 맡고 있던 소하의 공이 가장 컸기 때문이다. 군사를 일으켰을 때부터의 동지라는 점은 조참도 마찬가지였다. 그러나 그들은 미끼가 없어도 분골쇄신, 열심히 일했을 것이다. 장량은 고조와 같은 고향 사람이 아니었지만, 인품 때문인지 고조는 그를 처음부터 함께한 사람이라고 보았던 듯하다.

왕으로 세웠던 공신들을 하나하나 숙청했다고 말했는데, 바로 왕이었기 때문에 숙청하지 않을 수 없었던 것이다. 미끼를 보고 아군이 된 사람들은 앞으로도 다른 미끼를 물 가능성이 있었다.

사람들이 왕 중에서도 연왕 노관만은 예외라고 생각한 이유는, 그가 고조와 죽마고우였기 때문이다. 고락을 함께한 부하라기보다 좀 더 가까운 관계에 있었다.

고조와 노관은 아버지들이 서로 친구였다. 게다가 두 사람은 같은 날에 태어났다. 당시 두 친구가 같은 날에 사내아이를 낳았다는 사실이 약간의 화제가 되어 동네 사람들이 양고기와 술을 가지고 두 집을 축복해 주러 갔었다. 이는 매우 보기 드문 관계였다.

항우를 멸망시킨 뒤 연왕 장도를 토벌했을 때, 고조는 신하들에게 명령을 내려 누군가 공로가 있는 자를 골라 연왕으로 세우고 싶다고 말했다.

물론 고조가 마음에 둔 사람은 노관이었다. 고조에게 있어서 소하와 조참은 '사(事)', 곧 업무적인 면에서 예우를 해야 할 사람들이었다. 그러나 '친행(親幸)'이라는 점에서는 그 누구도 노관을 따를 수가 없었다. 그와 는 와내(臥內, 침실)에까지 드나들 정도의 관계였기 때문이다.

여러 신하들도 모두 그 사실을 알고 있었다. 고조가 먼저 말을 꺼내는 것은 모양새가 좋지 않았기 때문에 신하들의 발의라는 형식을 취하고 싶 었다. 신하들은,

> 노관은 언제나 따라서 천하를 평정했습니다. 공이 가장 많습니다.
> 연의 왕으로 삼아야 합니다.

라고 대답했다.

다른 왕은 고조도 어쩔 수 없이 세웠지만, 노관만은 자신이 원해서 왕 으로 삼았다. 따라서 그만은 예외일 거라고 모든 사람들이 생각하고 있 었다.

그러나 예외는 아니었다.

노관은 모반을 일으킨 진희를 토벌하기 위해 파견되었다. 그는 진희를 빨리 토벌해 버리면, 자신은 한나라에 더 이상 필요 없는 인간이 되어 연왕의 지위를 오래 유지하지 못하는 것이 아닐까 걱정을 하고 있었다. 그는 범제(范齊)라는 부하를 진희에게 보내서 거짓으로 싸우는 척하자고 제의했다. 전투를 질질 끌 생각이었다.

고조 12년(기원전 195), 한나라는 번쾌에게 진희를 토벌케 했으며 거기 에 성공했다. 진희는 죽었지만, 항복한 그의 부장이 연왕 노관이 범제를 보내서 진희와 연락하고 있었다는 사실을 진술했다. 고조는 일의 진상을 밝히기 위해서 노관을 소환하려 했다. 노관은 일이 되어 가는 형세에 겁

을 먹어 병을 칭하고 거기에 응하지 않았다. 그 때문에 그에 대한 의심이 더욱 깊어졌다.

다른 성을 쓰는 왕들이 전부 숙청당했다는 사실이 노관을 더욱 겁먹게 만들었을 것이다.

노관은 장승(張勝)이라는 사람을 간첩으로 흉노에 보내 놓았는데, 보기에 따라서 그것은 그가 흉노와 함께 음모를 꾸몄다는 증거가 될 수도 있었다. 흉노에서 한나라로 투항한 사람이 장승에 관한 일을 이야기했고, 그것이 고조에게도 보고되었다. 병을 칭하여 환문에 응하지 않은 것이 오히려 모반의 증거처럼 되어 버렸다.

고조는 화를 내며 번쾌와 주발에게 노관을 치라고 명령했다. 물론 이때 노관은 연왕의 지위를 박탈당했다. 새로운 연왕으로는 고조의 막내아들(여덟 번째)인 건(建)을 세웠다.

노관의 문제는 고조가 〈대풍의 노래〉를 만들고 장안으로 돌아온 뒤에 일어났다.

> 고제(高齊, 유방)는 백마를 죽여 맹세하기를, 유씨가 아니면서 왕을
> 칭하면 천하가 이를 치리라, 라고 했다.

이는 우승상(右丞相) 왕릉의 말이라며, 『사기』「여후본기(呂后本紀)」에 실려 있다.

이 맹약이 언제 이루어졌는지는 잘 알 수 없다. 장사왕 등의 예외를 제외하고 다른 성을 쓰는 왕이 없었던 것은 고조가 죽기 직전의 몇 개월 뿐이었다.

한신이 초왕에서 회음후로 강등되어 번쾌 등과 같은 신분이 된 것을 부끄럽게 여겼다는 사실은 앞에서 이야기했다. 그렇다면 왕과 후는 어떻게 다를까? 양자 사이에는 커다란 차이가 있다.

군국으로 이뤄진 한 제국

한나라는 원칙적으로 진나라의 군현제도를 그대로 계승했다. 전국을 36개 군으로 나누고 그 밑에 현을 두어 중앙에서 그곳으로 장관을 파견하는 것이 진나라의 제도였다. 그러나 시황제가 세상을 떠나자마자 대제국은 붕괴되어 버렸다. 상앙, 이사 등 법가의 권위자들이 만들어 낸 제도에도 결함이 있었기 때문이라 생각된다.

진승과 오광이 군사를 일으키자 지방관들은 힘을 쓰지 못했다. 그들은 자신들이 부임한 지방에 애착심이 없었다. 언제 사령이 떨어져서 어디로 옮겨 가게 될지 알 수 없었기 때문이었다. 당연히 목숨을 걸고 그 지방을 지키겠다는 마음이 부족했다. 글을 할 줄 아는 사람이라면 지금의 제국이 멸망해도 다음 왕조에서 다시 고용해 줄 터였다. 현 정권과 존망을 같이하겠다는 마음은 그다지 강하지 않았다.

주나라 봉건제도의 결말은 춘추전국이라는 난세였으며, 진나라 군현제의 결말은 제국의 빠른 붕괴였다. 한나라에서는 두 개의 장점을 취하고 단점을 버려야겠다고 생각했다.

주나라에는 진(晉), 노, 위(衛)나라와 같이 왕족인 희(姬) 성의 나라와 제나라처럼 공신들에게 준 이성(異性)의 나라가 있었는데, 천하를 전부 제후들에게 나눠주었다. 그랬기 때문에 제후의 나라가 주 왕실을 능가해 버린 것이다.

그러나 봉건제를 폐하고 천하에 군현만을 두어 제후국을 없앤 진(秦)나라는 위험에 처했을 때 목숨을 걸고 지켜 줄 세력을 가지고 있지 못했다.

이른바 '번병(藩屛)'이다.

지금의 왕조가 멸망하면 자신들도 멸망할 수밖에 없는 사람들은 주어진 지방을 열심히 지키려 할 것이다. 그러나 그 지방, 즉 '제후국'은 너무 넓어서도 안 된다. 요소요소에 적당한 크기의 나라를 만들어 거기에 황족을 왕으로 세우는 것이 한나라의 국책이었다. 물론 천하의 대부분은 군현이었다. 군현제를 주로 하고 거기에 봉건제를 약간 가미한 절충적 제도라고 할 수 있을 것이다. 이를 일반적으로 군국제(郡國制)라고 한다.

한신이 강등된 뒤, 초를 둘로 나누어 회동(淮東)의 3군 53현에 형왕(荊王) 유가(劉賈)를 세웠으며, 설(薛), 동해(東海), 팽성(彭城) 3군 36현에 초왕 유문(劉文)을 세웠다. 제후국을 가능한 한 작게 하려 했다.

이들 나라에는 각각 상(相, 승상)을 비롯하여 중앙 정부 관료기구의 축소판이라고 할 수 있는 것이 존재했다. 독립성이 매우 강해서 한 제국은 후에 이들 때문에 골머리를 썩게 된다. 제왕은 당연히 그 나라에 머물면서 가끔 입조(상경)하게 되어 있었다.

황실의 번병이기 때문에 왕의 나라도 군대를 가지고 있었다. 그러나 그 군대를 움직일 수 있는 것은 왕이 아니라 황제뿐이었다. 또 나라의 상(相) 등도 중앙 정부가 임명하는 것이 원칙이었기 때문에 제도상으로는 독립 왕국이 되어 중앙에서 이탈할 수 없는 구조였다.

왕과는 달리 후는 진나라에게서 물려받은 24등 작위 중 최고 위였다. 바둑이나 장기의 단(段)과 마찬가지로 숫자가 높을수록 높은 위였다. 태산에 올랐다가 비를 만난 시황제가 비를 피한 소나무에게 '오대부(五大夫)'라는 작칭(爵稱)을 내린 것은 유명한 이야기이다. 오대부는 구작(九爵)이었다. 최고위인 20작의 작칭은 '철후(徹侯)'였다.

'철(徹)'은 '통(通)'과 마찬가지로 통하다는 뜻이다. 위로는 천자와 직접 통한다는 뜻이다. 20작인 사람은, 신하 중에서는 그 이상의 사람이 없어서 위로는 바로 천자와 연결되어 있기 때문에 그렇게 불렀다.

고조의 증손자인 무제(武帝)의 이름이 유철(劉徹)이었기에 천자의 이름을 피하는 습관에 따라서 철후를 '통후(通侯)' 또는 '열후(列侯)'로 바꾸었다.

초왕에서 강등된 한신은 회음후가 되었는데, 회음이란 현(縣)의 이름이다. 현에 봉해졌으며 그 현은 후국(侯國)이라 불렸다. 같은 국(國)이라 할지라도 왕의 국과 후의 국은 천지 차이였다. 초왕 시절의 한신은 6개 군 89개 현의 주인이었다. 그랬던 것이 1개 현으로 줄어들어 버렸다.

여러 가지 이름이 있지만 앞으로는 '열후'라고 통일하기로 하겠다. '열후'는 봉해진 현의 이름을 앞에 붙여 불렀다. 소하는 찬현(鄼縣)에 봉해졌기에 찬후(鄼侯)가 되었으며, 조참은 평양현(平陽縣)에 봉해졌기에 평양후가 되었다.

같은 열후라도 봉호(封戶)의 수가 달랐다. 유후(留侯)인 장량은 1만 호, 조참은 1만 600호, 소하는 8천 호, 번쾌는 5천 호, 오강에서 항우를 친 여마동(呂馬童)은 중수후(中水侯)로 1천500호, 연왕 장도의 모반군과 싸웠던 부장 선호(宣虎)는 남안후(南安侯)로서 900호였으니, 여기에도 커다란 차이가 있었다.

봉호에서 징수한 연공이 열후의 수입이 되기 때문에 호수가 많으면 많을수록 윤택한 생활을 할 수 있었다. 그러나 열후가 반드시 봉해진 현(곧 후국)으로 가서 그곳을 지배하지는 않았다. 소하, 조참, 장량 등과 같은 요인들은 언제나 고조 곁에 머물며 그를 보좌했다.

20작인 열후 다음인 19작의 작칭은 '관내후(關內侯)'였다. 열후가 봉해진 현의 이름을 앞에 붙여서 무슨무슨 후라고 불렸던 것과는 달리 관내후는 단지 관내후라고만 불렸다. 왜냐하면 봉지가 정해져 있지 않았기 때문이다. 관 내에 거주하며 500호가 됐든, 800호가 됐든 거기에 해당하는 조세를 관청으로부터 받았다. 개중에는 수천 호의 관내후가 있어서 수백 호의 열후보다 더 윤택해 보이는 경우도 있었다. 그러나 열후와 관내후 사이에는 커다란 격(格)의 차이가 있었다.

어떤 실수를 저질러서 봉호의 숫자는 그대로 둔 채 열후에서 관내후로 강등되는 경우가 있었다. 실수입은 줄지 않았는데도 장본인은 크게 탄식하며 슬퍼했다. 그와 같은 경우를 당하게 된 어떤 사람은 혁혁한 신분에서 미미한 신분으로 떨어졌다는 뜻의 시를 남기기도 했다.

제후라고 하면 제국의 왕들과 열후만을 가리키며, 관내후는 포함되지 않았다. 도쿠가와 시대의 일본과 비교하자면, 다이묘(大名, 1만 석 이상의 독립된 영지를 소유한 영주-옮긴이)와 하타모토(旗本, 쇼군 직속의 1만 석 이하 가신 무사단-옮긴이) 정도의 차이가 있었다.

『사기』에 따르면, 고조 때 열후에 봉해진 공신은 100여 명이라고 한다. 같은 책의 「고조공신후자연표(高祖功臣侯者年表)」에 따르면, 수봉(受封)한 공신이 137명이며, 거기에 외척과 왕자를 더하면 143명이었다고 한다. 왕의 아들 중에서 한 명은 왕위를 물려받지만, 다른 왕자들은 열후가 된다. 천하를 잡은 뒤 고조 6년부터 수봉이 시작되었으니, 그가 세상을 떠나기까지 대략 7년 동안의 일이었다.

고조가 '맹사'라고 인정한 것은 이 사람들이었다. 〈대풍의 노래〉를 지을 때 의식했던 맹사도 바로 그들이 원형이었다.

앞에서 이야기한 표 가운데는 회음후 한신이나 양하후 진희 등 〈대풍의 노래〉를 불렀을 때는 이미 사라진 맹사들도 포함되어 있다. 그보다 신분이 높았던 한왕 신, 팽월, 장도, 경포 등의 얼굴도 눈물을 흘리며 축을 치고 노래하는 늙은 고조의 뇌리를 스치고 지나갔을 것이다.

창업

장안 천도

진나라 말기에서부터 초와 한이 전쟁을 치르는 동안 천하의 백성들은 말할 나위도 없이 커다란 고통을 겪었다. 그러나 사서에 서민들의 목소리가 실리는 것은 극히 드물다. 군데군데에서 그 편린을 엿볼 수 있을 뿐이다.

유방과의 오랜 혼전에 화가 치민 항우가 일 대 일로 승부를 내자는 제의를 했다는 사실은 앞에서도 이야기했다. 그때 항우는 다음과 같이 말했다.

천하가 몇 년에 걸쳐서 흉흉(洶洶)한 것은 오로지 우리 두 사람 때문이다. 바라건대 한왕(유방)과의 싸움을 청하니, 자웅을 가리자. 쓸데없이 천하 백성의 부자(父子)를 괴롭히지 말자.

천하 백성의 부자(父子)가 자신들 두 사람 때문에 고통을 겪고 있다는 사실은 항우 자신도 잘 알고 있었다. 두 사람이 대결하여 서로 양보하지 않기 때문에 젊은이들이 군대에 동원되고, 남은 노인이나 아이들도 전(轉, 육상 수송), 조(漕, 수상 수송)에 내몰려 지칠 대로 지쳐 있었다.

일 대 일로 해결하려 했던 항우는 역시 젊었다고 할 수밖에 없다.

이에 대한 유방의 대답은 같은 『사기』라도 「항우본기」와 「고조본기」 사이에 서로 차이가 있다. 「항우본기」에 유방은 웃으며,

나는 오히려 지(智)를 겨루고 싶다. 힘을 겨룰 수는 없다.

라고 거절한 것으로 되어 있다. 「고조본기」에 유방은 항우의 죄를 열 가지 들고는 너는 대역무도(大逆無道)하고 자신은 의병을 들어 적을 주살하려는 것이니 대등한 싸움이 아닌 일 대 일 따위는 터무니없는 소리라고 대답한 것으로 기록되어 있다.

형여(刑餘)의 죄인으로 하여금 항우를 격살(擊殺)하도록 하겠다. 무엇 때문에 공(公)과의 싸움에 나서겠는가?

너와 같은 인간을 죽이는 데 내가 나설 필요는 없다, 형벌을 받았던 적이 있는 죄인에게 죽이게 하는 것으로도 충분하다고 말했다. 언제나 남들에게 욕설을 퍼붓는 유방은 온갖 악담의 명수였다.

진나라 병사 20만을 신안에 생매장하기도 하고, 진나라 수도 함양을 불태워 버리기도 한 항우조차도 백성들의 고통은 알고 있었다. 항우보다

도 훨씬 더 하층민 출신인 고조 유방이 그것을 몰랐을 리 없다.

고조 8년(기원전 199), 한왕 신의 잔당을 친정하고 장안으로 돌아온 고조는 소하가 조영 중인 미앙궁(未央宮)이 지나치게 크고 웅장한 것을 보고 화를 냈다.

천하가 흉흉하여 전쟁에 고통 받기를 수년, 성패를 아직 알 수 없다. 그런데 궁실을 짓는 데 어찌 도를 넘어섰는가?

이에 대해서 소하는 천하가 아직 안정되지 않았기에 장려한 궁전을 지을 필요가 있다고 변명했다. 우리의 지도자에게는 이 정도의 힘이 있다는 사실을 실물로 보여 주어서 사람들을 안심시켜 생업에 힘쓸 수 있도록 하자는 생각이었다.

고조가 항우를 물리치고 천하의 주인이 되었을 때, 어디를 국도로 삼느냐가 문제로 떠올랐다.

후보지는 주(周)나라의 수도가 있었던 낙양과 진(秦)나라의 수도가 있었던 관중(關中) 두 곳이었다. 고조의 부장들은 모두 중원이나 남방 출신으로 함곡관과 무관을 넘어 진나라를 공격한 사람들이었다. 낙양이 고향과 가까웠기에 당연히 낙양을 지지하는 사람들이 더 많았다. 그런데 누경(婁敬)이라는 자가 관중을 수도로 삼아야 한다고 진언했다.

주나라라고 하면 '덕(德)'이 진나라라고 하면 '무(武)'가 떠오르던 시절이었다. 덕으로 천하를 다스렸던 낙양이 인상은 훨씬 더 좋았다. 춘추전국 시대 500년 동안 이름뿐인 존재였다고는 하지만, 주나라는 계속해서 천하를 유지해 왔다. 그에 반해서 진나라는 무력과 모략으로 천하를 억지로 취했지만 눈 깜빡할 사이에 망하고 말았다. 이러한 사실도 낙양을 지지하는 하나의 근거가 되었다.

누경이 관중을 지지한 이유는 한나라가 천하를 취한 방법이 주나라의 그것과는 달랐기 때문이었다. 주나라는 수백 년 동안 여러 대에 걸쳐서 덕을 쌓아 온 왕조였다. 한나라의 고조는 민간에서 일어나 진나라를 멸망시키고 항우를 쓰러뜨려 천하를 취한 것이다.

덕으로 천하를 취한 것이 아니므로 요충지를 국도로 삼아야만 했다. 그러니 관중이 더 좋다는 것이다.

진언한 누경이라는 사람은 신분이 낮고 고조도 전면적으로 신용할 수 없었기에 이 일을 장량에게 물었다. 장량도 관중이 좋다는 의견을 가지고 있었다.

당시 천하에서 보자면 낙양은 그 한가운데 있었다. 제후들이 입조하거나 공물을 운반하기에 편리했다. 그러나 그것을 바꿔서 이야기하자면 어느 곳으로부터도 공격을 받기 쉬운 지점이라는 말과 같다. 게다가 사방 수백 리에 불과했으며 땅도 비옥하지 못했다.

그에 비해서 관중은 옥야천리(沃野千里)였다. 동쪽으로는 효산(殽山)과 함곡관이, 서쪽으로는 농산(隴山)이 있었으며, 남쪽으로 풍성한 파촉(巴蜀)의 땅을 가지고 있었고, 북쪽으로는 '호원지리(胡苑之利)'가 있었다. '호(胡)'란 북방민족이나 그 거주지를 말하고, '원(苑)'은 금수의 사육지를 말한다. 전쟁이 일어나면 말은 가장 유력한 무기가 되는데, 그 말의 산지와 방목지가 충분히 있었다. 위수로 천하의 산물을 옮길 수 있으며, 제후가 모반을 일으키는 등의 긴급사태가 일어날 때면 강을 타고 내려가기 때문에 수송에 편리했다. 따라서 관중은 금성천리(金城千里), 천부지토(天府之

±)라고 할 수 있었다. 장량은 이렇게 말하며 누경의 설에 찬성했다.

장량의 판단을 믿은 고조는 관중에 국도를 두기로 했다. 누경은 이 진언을 한 공으로 고조로부터 유(劉) 성을 하사받고, 이후 유경(劉敬)이라는 이름을 썼다. 후에 흉노와 화친조약을 맺을 때의 책임자였던 유경이 바로 이 누경이었다.

관중, 즉 오늘날 섬서성에 수도를 두려 해도 진나라의 수도인 함양은 항우에 의해서 전부 불타고 말았다.

함양은 위수 북쪽에 있었다. 함양의 궁전은 전부 소실되었지만 위수 남쪽에 만든 진나라의 이궁(離宮)은 파괴되지 않고 남아 있었던 모양이다. 적어도 약간의 보수만 가하면 살 수 있는 상태에 있을 정도였다. 그 이궁을 진나라에서는 흥락궁(興樂宮)이라고 불렀는데, 고조가 '장락궁'으로 이름을 고치고 우선은 거기서 살기로 했다. 이 장락궁은 둘레가 8킬로미터 정도였으며 그 안에 신궁(信宮), 장추전(長秋殿), 영수전(永壽殿), 영녕전(永寧殿) 등의 건물이 있었다.

그러나 진나라에서 쓰던 이궁만으로는 물론 만족할 수 없었다. 진나라는 아방궁이라는 거대한 궁전을 조영했지만 미처 완성하기도 전에 항우에 의해서 파괴되었다.

자신들의 궁전이 필요했기에 소하가 장려한 미앙궁을 만들었다. 장락궁보다 한층 더 커서 그 안에는 건물이 40여 채나 있었다고 한다. 물론 소하가 만든 것은 그중 일부로 전전(前殿)과 북궐(北闕, 문), 동궐(東闕), 그리고 무고(武庫, 무기고), 태창(太倉, 식량고) 정도였던 듯하다. 전전은 정면이 100여 미터, 옆면이 30여 미터, 높이가 80미터 가까이 됐었다고 기록되어 있다. 그러나 고조는 생전에 미앙궁에서는 살지 못했으며, 계속 장락궁에 머물렀던 듯하다.

한나라의 장안에는 장락궁과 미앙궁 두 개의 궁전이 각각 동남쪽과 서남쪽에 있었으며, 성벽 등은 나중에 만들어진 것이다. 고조가 살아 있는 동안에 장안은 아직 성벽으로 둘러싸여 있지 않았다.

참고로 이 한나라의 장안은 전한 말기의 전란으로 파괴되었으며, 수(隋)·당(唐)나라 때 조영된 장안과는 위치가 약간 다르다. 한나라의 장안은 당나라의 장안 서북쪽에 위치한다.

고조는 장락궁에서 세상을 떠났다. 역시 경포와의 전투에서 화살에 맞아 입은 상처가 악화되었기 때문이다. 여후는 명의를 불러 치료케 하려 했지만 고조는 그것을 완강하게 거부했다.

나는 포의(布衣, 서민)로서 세 척 검을 쥐고 천하를 취했다. 이는 천명이 아니겠는가. 목숨은 곧 하늘에 있다. 편작(扁鵲, 전설상의 명의)이라 할지라도 어찌 소용이 있겠는가?

참으로 고조 유방다운 말이다. 천하를 취한 것도 천명이라면 수명도 천명이니, 그 어떤 명의를 불러와도 아무런 소용이 없다며 달관했다.

허풍쟁이가 쏜 환영회비 1만 전

고조 유방은 출신조차도 분명치 않은 서민 중의 서민이었다. 오히려 그의 아내인 여 씨가 집안은 그나마 더 나은 편이었다.

유방의 장인인 여공(呂公)은 선보(單父)라는 지역 사람이었다. 당시 각지에는 호족, 또는 호협(豪俠)이라 불리는 사람들이 있었다. 전국 시대에는 전국사군처럼 식객을 두는 기풍이 있었기에 소규모로 그와 같은 무리를 형성한 사람들이 상당히 많았다. 여공도 그런 사람들 중 하나로 이름이 알려진 사람이었다. 호족이라기보다는 호협이라고 해야 할 사람이었다. 협객의 우두머리는 경쟁자로부터 원한을 사는 일이 흔히 있었다. 여공에게도 그러한 일이 있었기에 한동안 다른 땅으로 옮겨 갔다.

여공이 찾은 곳은 패(沛)였다.

단순한 떠돌이가 아니었다. 그 부근에 이름이 알려진 인물이었기에 패에서는 여공이 들르는 것을 명예라고 생각했다.

여공을 환영하는 모임이 열렸다. 패에서 여공은,

　　중객(重客, 귀빈).

이었다.

현의 주리(主吏), 즉 서기를 맡고 있던 소하가 여공 환영위원회의 접수를 맡게 되었다. 환영회에 참가하는 사람으로부터는 회비를 징수했다. 여공은 굉장히 인기가 있었던 듯 많은 사람들이 참가를 신청했다.

방 안은 벌써 사람들로 가득했다. 소하는 '회비를 1천 전(錢) 이하로 낸 사람은 정원에 앉아야 한다'며 정리를 하기 시작했다. 마침 그때에 유방이 나타나서,

　　하전만(賀錢萬)

이라고 말했다. 여공 환영을 위해서 회비로 만 전을 내겠다는 말이었는데 실제로 유방은 1전도 가지고 있지 않았다.

안내를 맡은 사람에게서 이 사실을 들은 여공은 만 전이라는 거금에 놀라서 문까지 나가 맞아들였다고 한다. 여공은 관상을 볼 줄 알았기 때

문에 유방의 얼굴을 보고 다시 한 번 놀랐다. 후에 황제가 됐기에 나중에 만들어진 이야기일 테지만, 어쩌면 유방은 범인이 가지고 있지 않는 무엇인가를 신변에 풍기고 있었기에 사람을 볼 줄 아는 사람은 그것을 알아볼 수 있었는지도 모른다. 보통 사람이 아니라고 생각한 여공은 유방을 정중하게 맞아들였다. 이때 접수를 맡고 있던 소하가 여공에게,

유계(劉季, 계는 자)는 원래부터 대언(大言)이 많고 성사(成事)는 적다.

고 주의를 주었다는 사실이 『사기』 「고조본기」에 실려 있다. 허풍만 떨 줄 알았지 변변한 일은 한 적이 없으니, 그렇게 정중하게 대하지 않아도 된다고 말한 것이다. 관청의 서기인 소하는 평소부터 이 허풍쟁이 유방을 못마땅하게 여기고 있었다.

한 왕조의 첫 번째 황제와 첫 번째 재상은 이런 정도의 관계였다.

안으로 들어간 유방은 한껏 거드름을 피우며,

모든 손님을 버릇없이 업신여겼으며, 마침내 상좌(上座)하고 사양
하는 바가 없었다.

이렇게 행동했다.

기껏해야 정장(亭長)이라는, 관청의 마을 출장소 주임 정도인 주제에 태도가 지나치게 건방졌다. 그러나 환영회를 마치고 여공은 유방에게 당신 정도의 관상을 가진 사람은 본 적이 없다, 부디 딸을 아내로 맞아 주었으면 한다고 청했다. 아무래도 얘기가 너무 잘 만들어진 것 같다는 느

낌이 든다.

여공은 원수를 피해서 패에 들렀더니 패 사람들이 환영회를 열어 줄 만큼 이름이 알려진 사람이었다. 틀림없이 여공은 호협이라 불리는 사람이었을 것이다. '원수를 피해서'라는 표현으로 봐서 그럴 가능성이 높다. 후세의 임협단체, 또는 비밀결사 등도 각지에 연락망을 가지고 있었다. 우두머리 중 한 사람이 왔기에 그 방면의 사람들이 잔치를 열 준비를 한 것이리라.

호협이니 수많은 부하들이 있었을 것이다. 여공은 자신의 뒤를 이어서 부하들을 통솔할 인물을 찾고 있었을지도 모른다. 학식이 많은 사람이나 온후, 독실한 사람이어서는 안 된다. 배짱이 두둑해야만 한다. 때로는 허세를 부릴 필요도 있을 것이다.

"하전일만"이라며 가지고 있지도 않으면서 큰소리를 치고 뻔뻔스럽게 상좌에 앉아서도 태연할 수 있는 사람. 여공은, 이거 정말 물건인데, 라고 판단했는지도 모른다.

여온(呂媼), 즉 여공의 부인은 어떻게 그럴 수 있느냐며 화를 냈다. 그들의 딸은 미인이었는지 패의 현령이 아내로 맞이하고 싶다고 했지만, 여공이 거절을 한 일이 있었다. 현의 장관에게조차 주지 않았던 딸을 어디서 굴러먹다 온 사람인지도 모르는 일개 정장, 그것도 뻔뻔스럽기 짝이 없는 사람에게 주다니 머리가 어떻게 된 게 아니냐며 남편을 마구 다그쳤다.

이는 아녀자가 알 바 아니다.

라며 여공은 상관도 하지 않은 채 그대로 딸을 유방에게 주었다. 그녀가 바로 고조의 본처이며, 여후(呂后)라 불리는 여성이다.

한신이 제왕(齊王)으로 있다가 초왕(楚王)이 되었을 때 제왕이 된 유비는 고조의 장남이었지만, 생모는 여후가 아니라 조(曹) 씨라는 여성이었다. 『사기』는 그녀를 외부(外婦)라고 기록했지만, 먼저 아들을 낳은 것을 보니 고조는 여후와 결혼하기 전에 조 씨와 동거를 하고 있었던 듯하다. 고조는 한나라의 사가들조차도 숨길 수 없을 만큼 호색한 중의 호색한이었던 듯하다.

여공이 유력한 호협이었으며 유방은 출신도 알 수 없는 무뢰한이었다면, 이 결혼은 아무래도 데릴사위를 맞아들이기 위한 것이라는 느낌이 들기도 한다. 여후에게는 오빠가 두 명 있었지만, 여공이 보기에는 부족하게 보였는지도 모른다. 아니면 식구가 많으면 많을수록 좋다고 생각했을지도 모른다.

진승과 오광의 거병을 신호탄으로 각지에서 모반의 무리들이 일어났다. 유방의 무리들은 수많은 모반의 무리 중 하나에 지나지 않았다. 그러나 정장에 지나지 않는 그가 우두머리가 될 수 있었던 것은 모반에 적합한 성격임을 인정받은 이외에 장인 여공의 세력을 등에 업고 있었기 때문인지도 모른다.

데릴사위였지만 너무나 훌륭해져서 데릴사위라고 말하지 못하게 되었을 가능성도 있다. 호협 여 씨를 위해서 일을 했는데, 유방 자신의 이름이 너무나도 높아져서 마침내는 유 씨의 한 왕조가 되었다고 생각할 수도 있다.

여후의 가슴속에는 원래대로 하자면 자신의 친정인 여 씨 일족이 좀 더 우대를 받아야 한다는 불만이 있었다. 극단적으로 말하자면 여 씨의 왕조라는 생각이 머릿속에 없었다고는 말할 수 없다.

실패로 끝난 태자 폐립

고조 유방은 만년에 척 부인을 총애했다. 척 부인이 낳은 여의(如意)는 조왕(趙王)이 되었다. 고조 만년이 되자 척 부인은 고조의 총애를 등에 업고, 여후를 뛰어넘어야겠다는 마음을 품었다.

척 부인은 자신이 낳은 여의를 태자로 삼아 달라고 고조를 졸랐으며, 고조도 그럴 생각이었다. 아들이 즉위하여 황제가 되면, 척 부인은 황제의 생모로서 권세를 마음껏 휘두를 수 있게 된다.

정말로 척 부인에게 권세욕이 있었는지, 단지 아들을 사랑하는 마음뿐이었는지 지금으로서는 알 길이 없다. 또 고조가 태자를 바꾸려 했던 것은 단지 척 부인에 대한 애정 때문만은 아니었다. 여후는 1남 1녀를 낳았다. 그녀가 낳은 아들인 유영(劉盈)은 성격이 유약했기 때문에 고조는 그에게 제국을 맡기기가 불안하다고 생각했다.

불초한 아들(유영)로 애자(愛子, 여의)의 위에 있게 할 수는 없다.

고조였기에 거침없이 이렇게 말했다. 그는 척 부인의 처소에 틀어박혀서 언제까지고 여의를 품에 안고 있었으니, 그가 애자임에 틀림없다. 불초한 아들이 즉위하면 애자는 그 신하가 된다. 그렇게 두지는 않겠다고 말한 것이다.

여후는 걱정이 돼서 견딜 수가 없었다. 오빠인 건성후(建成侯) 여석지

(呂釋之)와 상의하여 장량에게 뭔가 좋은 방법이 없겠느냐고 물어보았다. 처음 장량은 이는 황제의 집안문제이니 모든 신하들이 이야기해 봐야 소용없는 일이라고 완곡하게 거절했다. 그래도 건성후는 어떻게든 좋은 방법을 생각해 달라고 부탁했다. 계략에 있어서 장량은 신적인 존재로 인정받고 있었다.

고조가 여후의 아들인 영을 불초한 자식이라며 힐책한 것은 유약하기 때문이니 믿을 만한 인물이 보좌한다면 고조의 생각이 바뀔지도 몰랐다.

고조는 천하를 잡은 뒤 천하의 현자들을 전부 불러들이려 했지만, 산속에 숨어서 절대로 나오려 하지 않았던 나이 든 현자 네 명이 있었다. 이 네 명이 태자 영을 보좌하게 된다면 고조도 태자를 바꾸려 하지 않을 것이다. 장량의 책략은 그 네 현자를 불러들이는 것이었다.

태자 영이 편지를 보내서 네 현자를 맞아들였다. 원래 이 네 사람이 고조의 부름을 받아들이지 않은 이유는 고조의 성격이 좋지 않았기 때문이었다. 고조는 누구에게나 욕설을 마구 퍼부었다. 그것이 마치 취미가 아닐까 여겨질 정도였다. 사현(四賢)은 모멸당하면서까지 고조를 섬기고 싶은 마음은 없었다. 태자 영은 자신을 낮춰 정중하게 예를 다했기 때문에 사현은 태자라면 모셔야겠다고 생각하고 산에서 나왔다.

사현이란 동원공(東園公), 각리선생(角里先生), 기리계(綺里季), 하황공(夏黃公) 등 네 노인을 일컫는다.

어느 날 주연이 베풀어진 자리에서 태자 옆에 네 노인이 자리하고 있는 모습을 보고 고조가 누구냐고 물었더니 각자가 자신의 이름을 밝혔다. 자신이 아무리 불러도 오지 않았던 사현이 아닌가? 자신이 몇 년 동안 아무리 불러도 오지 않고 오히려 달아나 숨더니 지금 아들을 따르는 것은 무엇 때문인지를 묻자 네 명은 이렇게 대답했다.

> 폐하는 사(士)를 가벼이 여겨 곧잘 호통을 치십니다. 신들은 의로워
> 서 치욕을 받아들이지 못합니다. 이에 두려워 도망쳐 숨었습니다. 가
> 만히 들으니, 태자는 사람됨이 인효(仁孝), 공경(恭敬)하여 사(士)를 사
> 랑하기 때문에 천하가 목을 길게 빼고 태자를 위해 죽으려 한다고 합
> 니다. 이에 신들이 왔을 뿐입니다.

이 말을 듣고 고조는 깨달았다. 더 이상은 태자를 바꿔야겠다고 마음
먹지 않았다.

창업의 독재자 시대는 지났다. 고조가 경포마저 쳐서 제국의 기초를
흔들 만한 커다란 세력 같은 것은 더 이상 찾아볼 수 없었다. 앞으로의
황제는 명신의 보좌를 받아야만 비로소 명군이라 할 수 있으리라.

고조는 지나치게 유약한 아들 영이 늘 불만이었지만, 사현과 같은 인
물들이 곁에 있어 준다면 틀림없을 것이라 생각했다. 고조는 사현의 말
을 통해서 신하를 복종시키기 위해서는 힘만이 아니라 인효, 공경도 있
어야 한다는 사실을 깨달았다.

고조는 척 부인에게 태자를 바꿀 수 없다고 말하고, 그녀에게 초(楚)
의 춤을 추게 하고 자신은 초의 노래를 불렀다. 『사기』에 그 가사가 인용
되어 있다.

> 홍곡(鴻鵠, 커다란 새)이 높이 날아
> 날갯짓 한 번 하면 천 리.

날개가 이미 나서

사해를 힘차게 건너려 한다.

사해를 거침없이 건너는 것을

참으로 어찌하겠는가.

증격(繪繳, 실을 달아서 쏘는 화살)이 있다 한들

쏠 곳은 또 어딘가.

사현이 태자 영을 받들고 있었다. 이미 깃털이 나서 사해를 날아다니고 있으니, 이제는 그것을 쏘아 떨어뜨릴 수 없게 되었다. 태자 폐립에 관한 문제는 이제 단념해 달라는 것이 이 노래의 커다란 뜻이었다.

고조는 건강이 좋지 않았으며 기력도 쇠한 상태였다. 태자 문제를 자신의 뜻대로 밀어붙이지 않았다는 것은 그답지 않은 행동이었다. 역시 심신이 약해졌기 때문이리라.

경포를 토벌하고 돌아오는 길에 〈대풍의 노래〉를 부르며 눈물을 흘린 것도 고향에 돌아온 감상 때문만은 아니었다. 틀림없이 그는 죽음을 예감하고 있었을 것이다.

사실은 경포 토벌에 나서기 전부터 그는 병에 자주 걸리곤 했었다. 처음에는 태자 영을 총사령관으로 삼아 토벌에 내보낼 예정이었다. 패배하지는 않는다 할지라도 조금만 우물쭈물하면 태자를 폐할 좋은 구실이 된다.

태자의 출정에 반대한 것은 여후였다. 그러나 반대의 이유를 어떤 식으로 이야기할지를 가르쳐 준 자는 바로 사현이었다. 경포는 천하의 맹장으로 용병에 능한 인물이었다. 이 커다란 적에 맞서 각 장군들을 독려

하여 격파할 수 있는 자는 황제 유방밖에 없을 것이다.

> 상(고조)께서는 어렵다 하시지만, 처자를 위해서 스스로 힘쓰십시
> 오.

여후는 울며 이렇게 호소했다. 그녀가 울며 애원했기에 고조는 친정에
나서기로 했다.

병을 참아 가며 출정한 데다 화살을 맞았기 때문에 병상은 더욱 무거
워졌다. 앞에서도 이야기했듯이 명의가 와도 호통을 치며 쫓아 보낼 뿐이
었다.

여후는 후계자에 대해서 물었다. 후계자 문제라 해도 태자는 그녀의
아들인 영이니, 영이 황위를 잇는다는 사실은 잘 알고 있었다. 그녀가 물
은 것은 대신에 관해서였다. 재상인 소하도 이미 고령이었다. 소하가 죽
는다면, 누구로 그를 대신하면 좋을까?

> 조참이 좋을 것이다.

라고 고조가 지명했다. 그러나 원훈인 조참도 나이가 꽤 많았다. 여후는
그다음을 물었다.

고조는 왕릉의 이름을 들었지만 왕릉은 약간 우직한 면이 있으니, 진
평에게 보좌토록 하라는 조건을 붙였다. 진평은 지모가 뛰어난 선비였지
만 혼자서 국사를 담당할 수 있을 만한 그릇은 아니었다. 정치는 왕릉과
진평 두 사람에게 맡기고, 군사는 중후하고 소박한 주발에게 맡기라고
말했다.

여후는 다시 그다음을 물으려 했다.

그 뒤는 역시 그대가 알 바가 아니다.

라고 고조는 대답했다. 그다음, 그다음 하며 자꾸만 물어보는데, 너는 대체 몇 살까지 살 생각이냐고 말하고 싶었는지도 모른다.

황제의 권위를 되찾아 준 예법

고조 유방은 개성이 강한 인물이었지만, 그 이상으로 운이 매우 좋은 사람이기도 했다. 개성이 강하고 운이 좋은 것이 창업자의 조건이라고 할 수 있을 것이다.

형양의 전투에서 항우의 공격을 받아 간신히 도망치기는 했지만, 모든 사람들이 더 이상은 일어설 수 없을 것이라고 생각했을 것이다. 그런데 기적적으로 부활에 성공했다. 그 당시에는 본인조차도 거의 체념하고 있었을 것이다. 죽음을 앞에 두고 명의를 쫓아내며 모든 것을 천명에 맡기겠다고 한 고조의 마음은 그의 경험에서 온 것이다.

일본 고전군담집인 『태평기(太平記)』 속에 큐슈(九州)로 달아난 아시카가 다카우지(足利尊氏, 1305~1358, 무로마치 막부의 초대장군-옮긴이)에게는 겨우 300기(騎)밖에 없었는데, 4, 5만이나 될 것이라 여겨지는 기쿠치 다케토시(菊池武敏, 가마쿠라 시대 때의 무장, 생몰년 미상-옮긴이)에게 포위를 당하자,

덧없이 적에게 맞서기보다는 할복하겠다.

라며 자결하려 하자, 동생인 다다요시(直義, 1306~1352)가 간언을 하는 대목이 있다.

전쟁의 승부는 반드시 세력의 크고 작음에 달려 있는 것이 아니다. 이국(異國)의 한 고조가 형양의 포위를 빠져나올 때는 겨우 28기였지만, 마침내 항우의 백만 기에 이겨 천하를 쥐었다.

이것이 다다요시의 말이었다.

운이 좋은 사람의 이야기는 사람들에게 힘을 주고 희망을 준다. 유방의 형양 탈출은 인간 운명의 한 전형이 되었다.

『태평기』에 나오는 다다요시의 간언에 한 고조 탈출에 따른 자는 겨우 28기라고 되어 있지만, 『사기』에는 수십 기라고 되어 있을 뿐이다. 항우가 마지막으로 탈출하여 동성(東城)에 이르렀을 때가 28기였다고 「항우본기」에 기록되어 있다. 『태평기』의 저자가 잘못 기억하고 있었던 것 같다.

아무리 운이 좋은 고조 유방이라 할지라도 죽음만은 피할 수 없었다. 12년 여름 4월 갑진(甲辰)일에 장락궁에서 숨을 거두었다.

재위 12년이라고는 하지만 이는 한왕(漢王)이 된 때부터 헤아린 것이다. 항우를 물리치고 황제를 칭한 해를 원년으로 삼는다면 8년에 지나지 않는다. 새로운 정권은 이제 막 발족한 상태였다.

왕조라는 것을 어떻게 만들어야 하는 것인지 고조 주위에는 아는 사람이 없었다. 그를 비롯하여 대부분이 하층민 출신이었다. 군사인 장량이 전국 시대 한(韓)나라의 재상가 출신이라는 것만이 유일한 예외였다.

그 장량조차도 어른이 되었을 때는 이미 한나라가 멸망한 상태였기 때문에 관직에 오른 적은 없었다. 제후의 궁정에 나간 경험이 있는 자조차 없었다.

각 제도, 정부 기관 등 진나라의 것을 참고로 할 수밖에 없었다. 그러나 진나라가 멸망한 분명한 원인이 된 것은 계승할 수 없었다. 완전한 군현제를 쓰지 않고, 이른바 군국제라는 것을 쓴 것이 그중 하나였다. 또한 지나치게 번잡했던 진나라의 법률을 간단하게 했다.

진나라에는 군 밑에 현이 있었는데, 그 현의 서기를 맡고 있던 소하가 행정을 가장 잘 아는 인물이었다. 나머지는 미루어 짐작할 수 있을 것이다.

왕조를 만들면 예악(禮樂)을 정비해야 하는데, 그런 것을 잘 알고 있는 사람은 아무도 없었다. 경포와 팽월은 도둑의 무리였으며, 그 외의 사람들도 어슷비슷했다. 황제가 된 유방조차도 도둑의 무리의 우두머리 정도로밖에는 생각지 않는 사람들의 집단이었다.

'이 녀석들의 좋지 않은 성격을 어떻게 하면 좋을까?'

고조는 자신의 좋지 않은 성격은 잊은 채 이런 생각을 했다.

『사기』의 「숙손통열전(叔孫通列傳)」은 당시 유방 집단의 모습을 다음과 같이 기술했다.

> 군신들은 술을 마시며, 공을 다투고, 취하면 함부로 부르고, 검을 뽑아 기둥을 쳤다.

자신의 공적을 이야기하다 싸움이 나는 것이다. 내 공이 더 크다, 아니 나는 그때…… 하는 식으로 큰소리로 떠들다가 검을 빼어 들고 기둥을 찍는 일이 종종 있었다.

유방이 상의를 해 오자, 숙손통은 유생을 불러 예의범절을 정해야 한다고 진언했다. 숙손통은 문학으로 진나라에서 벼슬을 했으며 박사후보성(博士候補性)으로서 궁정에 나간 인물이었다.

진승과 오광이 거병했다는 소식이 들어왔을 때, 진나라의 2세 황제가 박사와 유생들을 불러 하문했다. 어떤 자가 "이는 모반이니 용서해서는 안 됩니다. 폐하는 군대를 동원하여 이를 쳐야 합니다"라고 대답하자, 2세 황제는 안색을 바꾼 듯했다. 재빨리 이를 간파한 숙손통은 "이는 도둑의 무리이니 직접 손을 쓸 필요는 없습니다. 지방관에게 체포케 하면 그것으로 충분합니다"라고 대답했다. 이에 2세 황제는 이것이 '반(反)'인지 '도(盜)'인지를 전원에게 물어 '반'이라고 대답한 자 모두를 취조하기 위해 담당자에게 넘겼다. 그리고 가장 먼저 '도'라고 말한 숙손통에게 상을 내려 정식 박사로 승격시켰다. 그러나 그는 진나라에서 도망쳤다. 이런 어리석은 황제 밑에 있다가는 언제 목숨을 잃게 될지 알 수 없는 일이기 때문이었다.

탈주한 숙손통은 우선 항량(項梁) 밑에서 일을 했으며, 항량이 죽은 뒤에는 항우에 속했지만 고조 2년(기원전 205)에 한나라로 투항했다.

복성(複姓)이라고 해서 성이 두 글자로 성이 숙손이고 이름이 통이다. 유가 중 한 사람이지만 평판이 그다지 좋지 못했다. 2세 황제의 안색을 살펴 기뻐할 만한 대답을 했기 때문에,

선생이 어찌 아첨하는 말을 했는가.

라고 나중에 동료들에게 비난을 받았다.

당시 유가 사람들은 유복(儒服)이라고 해서 낙낙한 옷을 입었다. 고조

는 그것을 매우 싫어했다. 하루는 고조가 유생 중 한 사람의 유모(儒帽)를 벗게 하고 거기에 오줌을 눈 적도 있었다. 긴 소매와 짐짓 의젓해 보이는 관(冠)을 보면 고조는 울컥울컥 화가 치민 모양이었다. 고조가 싫어한다는 사실을 알고 숙손통은 곧 복장을 바꿨다. 소매와 자락이 짧은 초(楚)의 옷을 입었기 때문에 고조도 그것으로 만족했다고 한다.

숙손통은 100여 명의 제자를 데리고 있었지만, 처음에는 고조에게 아무도 추천하지 않았다. 제자가 불만을 이야기하자 "지금은 전쟁 중이니 너희는 도움이 되지 않을 것이다. 머지않아 너희들에게도 좋은 시절이 올 테니 잠시 기다려라. 나는 너희를 잊지 않았다"라고 달랬다.

그 시절이 찾아온 것이다.

무릇 유(儒)는 함께 진취(進取)하기는 어려워도 함께 수성(守成)할

수는 있습니다.

라고 숙손통은 고조에게 말했다. 항우와 천하를 놓고 다툰 '진취'의 시대에 유생은 함께 일을 할 수 없지만, 취한 성과를 지킬 때는 함께 일을 할 수가 있다는 의미였다.

이렇게 해서 유명한 유생 30여 명을 노(魯)에서 불러와 조정의 의식, 예법을 정하게 되었다.

시험 삼아 그것을 만들어 보아라. 알기 쉽게 해라. 내가 능히 행할

수 있는 바를 가늠하여 그것을 만들어라.

라고 고조는 주문했다.

시험 삼아 예법을 만들어도 좋지만 알기 쉽게 하라. 내가 할 수 있는

지 없는지 그 점을 생각해서 만들어라, 라고 한 것이다. 천군만마를 호령하던 고조도 예의범절은 두려워했다는 사실을 알 수 있다.

노나라의 유생 중에 숙손통의 부름을 거부한 사람이 둘 있었다. 숙손통이 주인을 자주 바꿨다는 점, 그것도 모두 면유(面諛, 면전에서 아첨함)하여 출세했다는 점, 예악은 100년 동안 덕을 쌓아 일으켜야 하는 법이라는 점 등을 이유로 들고,

나는 공(公)이 하는 바를 할 수가 없다. 공이 하는 바는 옛날에 맞지 않는다. 나는 가지 않겠다. 공은 가라. 나를 더럽히지 말라.

라고 호되게 대답했다. 숙손통은 웃으며,

그대는 비유(鄙儒, 물정을 모르는 유생)다. 시변(時變, 시대의 변화)을 모른다.

라고 대답했다.

이렇게 해서 유생의 지도 아래 야외에서 특별 훈련하기를 1개월여, 고조에게 보여 줬더니, "이 정도라면 할 수 있겠다"며 허가를 내렸다.

고조 7년(기원전 200), 그해의 첫 번째 달인 10월, 수복된 장락궁에서 조하의 예식이 엄숙하게 행해졌다. 예법에 맞지 않는 동작을 한 자는 곧 지적을 받았다. 예식이 끝나고 주연이 베풀어졌지만, 예전처럼 술에 취해서 난동을 부리는 사람은 없었다.

고조도 만족하여,

나는 오늘에야 비로소 황제의 귀함을 알았다.

라고 말했다. 아마도 그 이전까지는 황제라 할지라도 여러 장군들과 빙 둘러앉아 술잔을 주고받았을 것이다.

이것도 창업에 관한 하나의 에피소드다.

여후의 시대

여자들의 전쟁

고조는 창업을 한 황제였지만, 그가 죽었을 때는 모든 일이 아직도 진행 중인 상태였다.

장안성에는 아직 성벽이 만들어지지 않았다. 흉노와의 관계는 해마다 선물을 보내서 굴욕적으로 얼버무리고 있었다. 유생들이 지도한 예악도 형식적인 것일 뿐으로 그 형식조차 정착되지 못했다. 거친 신하들도 열후(列侯) 등이 되고 예의작법을 배워 조금은 얌전해진 것처럼 보였다. 그러나 그런 기질이 완전히 없어졌다고 여겨지지는 않았다.

고조가 숨을 거둔 뒤, 여후의 천하가 되었다. 소리를 지르며 기둥을 찍어 대던 호걸들은 대체 무엇을 하고 있었을까?

태자 영이 즉위하기는 했지만 실권은 여후가 장악하고 있었으며, 그것은 누가 봐도 분명히 알 수 있는 사실이었다.

『사기』의 저자인 사마천은 냉철한 사가였다고 할 수 있다. 씩씩한 현실주의자였다. 그에 비해서 한나라의 역사 『한서』를 쓴 반고(班固)는 원칙을 중히 여기는 경향이 있었다. 『사기』와 『한서』 모두 기전체(紀傳體)라는 형식으로 기술되어 있다.

천하를 지배한 왕조, 제왕의 전기는 「본기(本紀)」에 기록했으며, 지방적 정권, 즉 제후의 전기는 「세가(世家)」에 기록했고, 그 밖의 인물의 전기는 「열전」에 기록했다.

태자 영은 즉위하여 혜제(惠帝)가 되었지만, 『사기』에 혜제의 본기는 없다. 「고조본기」 다음이 바로 「여후본기」다. 혜제의 재위는 8년에 이르렀지만, 그동안 모든 것을 여후가 도맡아 관리했다. 그래서는 천하를 지배한 제왕이라고 할 수 없기 때문에 사마천은 가차 없이 혜제를 본기에 넣지 않았다.

이에 비해서 반고는 이름뿐이라고는 하지만 제위에 있었으니 본기에서 뺄 수는 없다고 생각하여 『한서』에 「혜제본기」를 넣었다.

한편 『한서』는 항우와 진승도 열전에 포함시켰다. 한나라의 역사이니 그러는 것이 당연한 일일지 모르겠지만, 『사기』는 천하의 역사를 목표로 삼고 있었다. 따라서 사마천은 항우를 본기에, 진승을 세가에 넣었다. 한나라의 학자들 사이에서는 항우를 고조와 같은 열에 넣었다며 비난하는 목소리가 있었다. 그러나 사마천은 항우의 위령(威令)이 짧았다고는 하지만 천하에 미쳤다고 판단했다. 진나라 타도에 앞장섰던 진승은 제후라고 봐도 좋을 것이다. 사마천의 사관에서 보자면 혜왕은 실제로 천하를 지배하지 않았기 때문에 본기에 들어갈 자격이 없다. 한편 『한서』에는 세가가 없다.

고조 말기, 가장 격렬했던 정쟁(政爭)은 여후와 척 부인의 정쟁이었다.

여자들의 싸움이다. 척 부인은 고조 한 사람에만 의지하고 있었던 데 비해서, 여후는 많은 지지자들을 가지고 있었다. 여 씨 일족은 원래부터 호족으로 자신들의 힘을 가지고 있었다. 거병했을 때부터 그녀는 각 장군들과 친분이 있었다. 그녀의 동생은 번쾌의 아내가 되었다. 영이 태자의 자리를 위협받게 되면 지략에 뛰어난 장량과도 상의를 할 수 있는 입장에 있었다. 그에 비해서 척 부인은 고조 이외에는 이렇다 할 유력한 아군이 없었다. 단지 고조의 힘이 압도적으로 강했기 때문에 겉으로 보기에는 서로 대등하게 싸우고 있는 듯이 보였을 뿐이다. 물론 척 부인을 위해서 획책하는 사람도 조금은 있었다.

척 부인 쪽에서 보자면 가장 두려워해야 할 적은 여후의 동생의 남편인 번쾌였다. 척 부인이 자신의 아들인 여의를 세우기 위해서는 무엇보다도 먼저 여 씨와 깊은 관계를 맺고 있는 번쾌를 제거하지 않으면 안 되었다. 어떤 사람이 고조에게 번쾌를 참언(讒言)했다. 사서에는 '어떤 사람'이라고밖에 그 이름이 기록되어 있지 않다. 이름을 기록할 정도의 인물이 아니었던 것이다. 아니면 환관이었는지도 모른다.

번쾌는 고조가 환관의 무릎을 베고 누워 있는 모습을 보고 간언을 한 적이 있었다.

조강지처인 여후는 자유롭게 행동할 수 있었지만, 미모로 총애를 받았던 척 부인은 후궁에서 밖으로 나올 기회가 그다지 많지 않았다. 그렇다면 그녀가 의지할 수 있는 것은 환관뿐이었다.

참언은 다음과 같았다(『사기』「번력등관열전(樊酈滕灌列傳)」).

(번쾌는) 여 씨와 당을 이루었다. 황제가 죽으면, 곧 번은 병(兵)을

동원하여 척 씨와 조왕 여의의 무리를 주멸하려 들 것이다.

고조는 크게 화를 냈다. 그때 연왕(燕王) 노관이 모반을 일으켰기 때문에 그를 토벌하기 위해 번쾌는 출정 중이었다.

진평을 칙사로 삼아 주발을 데리고 연으로 가서 번쾌와 교체하도록 했다. 그리고 진평은 진중에서 번쾌를 베라는 명령이 있었다. 그런데 진평과 주발은 서로 상의하여, 번쾌는 고조와 오랜 친구이고 여후의 제부이기도 하니 일시적으로 화가 나서 베라고 명령했지만, 나중에 후회할지도 모르니 처형하지 않기로 했다. 체포하여 함거(檻車)에 싣고 일단 장안으로 데리고 가서 죽일지 어떨지는 고조의 뜻에 맡기기로 했다. 그런데 도중에 고조가 죽었다는 소식이 들어왔다.

말할 나위도 없이 함거로 장안에 돌아온 번쾌는 사면되고 명예를 회복했다. 실권은 여후의 손에 있었던 것이다.

딱하게 된 쪽은 척 부인이었다. 고조를 잃으면 혼자 고립되어 버린다. 태자 폐립과 번쾌 주살계획 등을 위해 척 부인이 움직였다는 사실은 여후 쪽에서도 알고 있었다. 여후의 입장에서 보자면 척 부인만은 용서할 수 없는 존재였다. 그것도 단번에 죽여 버려서는 그다지 마음에 들지 않는 일이었다. 보기 흉한 몰골로 한껏 괴롭히다 죽이기로 했다.

이 처형은 잔인함에 있어서 역사상 너무나도 유명하다.

척 부인의 두 팔과 두 다리를 자르고, 눈을 도려내고, 귀를 그을려서 청력을 빼앗고, 음약(瘖藥)을 먹여서 목소리를 빼앗은 다음, 변소 안에 두고,

인체(人彘, 인간 돼지)

라고 명명했다.

이것을 보고 혜제는 충격을 받아 1년 이상이나 몸져누웠으며, 그 후에도 정치를 할 마음을 잃었다.

> 이는 사람이 할 짓이 못 된다. 신은 태후의 아들이지만 마침내 천하를 다스리지 못하겠다.

라고 그는 어머니 여후에게 말했다.

혜제는 정치에 관여하지 않고 주색에 빠져서 6년 뒤(기원전 188)에 24세라는 젊은 나이로 세상을 떠났다.

너무나도 나약한 인물이었다. 고조가 태자를 바꾸려 한 것은 반드시 척 부인에 대한 애정 때문만은 아니었을지도 모른다.

황제의 시호는 사후에 정해진다. 시황제는 신하가 주군을 평론하는 일이라며 시법(諡法)을 폐지하고 번호제(番號制)로 했다는 사실은 앞에서도 이야기했다. 한나라는 시법을 부활시키고 초대 유방을 위해서는 '고(高)'라는 자를 골랐다. 원래대로 하자면 고제(高帝)라고 불러야 할 테지만 한 왕조의 시조이기 때문에 일반적으로는 고조라 불린다.

2대째인 유영을 위해서는 '혜(惠)'라는 자를 골랐다. 『예시법(禮諡法)』이라는, 시호의 해설이라 할 수 있는 책에는,

> 유질(柔質)하며 백성을 사랑하는 것을 혜(惠)라고 한다.

라고 되어 있다.

백성을 사랑했는지 어땠는지는 모르겠지만 혜제 유영이 유질, 그러니까 섬세한 사람이었다는 점만은 확실하다. 척 부인이 인체(人彘)가 된 모

습을 보고 몸져누웠다는 것은 인간적인 감정이 풍부하다는 사실을 증명한다. 그러나 그 후 중요한 정무를 포기하고 주색에 빠졌다는 점은 납득이 되지 않는다.

여후의 복수는 척 부인의 아들인 조왕에게까지 미쳤다. 여의가 장안으로 불려 왔다는 소식을 들은 혜제는 동생을 위해서 패수(覇水) 부근까지 마중을 나갔으며 그 뒤에도 침식을 같이했다. 어머니의 잔인한 성격을 알고 있었기 때문에 여의를 보호하지 않으면 위험하다고 생각했다. 그런데 어느 날 이른 아침, 혜제가 어린 여의를 침상에 놓아둔 채 사냥에 나갔더니, 여후가 그 틈을 타서 여의를 독살해 버리고 말았다.

혜제 2년(기원전 193), 제왕(齊王) 유비가 장안으로 돌아와 입궐했다. 유비는 고조의 장남으로 혜제의 이복형이다.

궁정은 궁중(宮中)과 외조(外朝)로 나뉘어 있다. 외조란 신하들이 드나들며 정치를 행하는 곳이다. 궁중은 황제 일족이 생활하는 사적인 장소였다. 『자치통감(資治通鑑)』을 주해(註解)한 13세기 남송의 역사학자 호삼성(胡三省, 1230~1302)의 주에 따르면, 당시 황족은 외조에서는 황제에 대해 군신의 예를 지켜야 했지만, 궁중에서는 나이에 의한 서열에 따랐다고 한다. 따라서 제왕 유비는 외조에서는 동생에게 신하의 예를 지켜야 했지만, 궁중에서는 혜왕보다 상석에 앉게 된다. 사서에는 혜제가 형에게 상석을 권했다고 전한다. 제왕은 황제인 동생이 권했기에 상석에 앉았던 듯하다.

이것이 여태후의 기분을 상하게 했다. 아무리 권했다 할지라도 제왕은 상석에 앉아서는 안 된다며 화를 냈을 것이다. 그 자리에서 독살하려 했다. 독주가 든 잔을 제왕 앞에 놓았다. 혜제는 어머니가 무슨 짓을 하려는지 대충은 짐작하고 있었던 모양이다. 그는 그 독배를 집어 들었다. 당황한 여태후는 자기 아들의 손을 쳐서 그 잔을 떨어뜨리게 했다. 사태를 알아차린 제왕은 취한 척하며 자리에서 일어났다.

그 자리는 벗어났지만, 어떻게 해야 여태후의 화를 풀 수 있을까. 제왕은 가신과 상의한 끝에 성양군(城陽郡)을 노원공주(魯元公主)에게 탕목(湯沐)의 읍[邑, 그곳에서 거두어들인 세수(稅收)를 일상생활에 필요한 경비로 충당하기 위한 토지]으로 헌상하기로 했다.

여태후에게는 혜제와 그의 누나인 노원공주 두 자식이 있었다. 노원공주는 장이(張耳)의 아들인 장오(張敖)에게 시집을 갔다. 장오는 조왕(趙王)이었지만, 재상의 모반 때문에 선평후(宣平侯)로 강등되어 있었다. 공주로서 탕목의 읍을 몇 개 가지고 있었지만, 남편의 봉지와 합쳐 봤자 그리 대단한 것은 되지 못했다. 제왕 유비는 6개 군(73개 현)의 주인이었다. 『한서』「지리지(地理志)」에 따르면, 성양군은 문제(文帝) 때 국(國)이 되었을 당시 호수 5만 6천여, 군내에 4개 현이 있었다고 한다. 제왕은 조그만 군 하나를 버리고 위험에서 벗어날 수 있었다.

척 부인이나 여의에게 한 일도 있었기에 제왕 역시 두려움에 떨었으리라.

우단이냐 좌단이냐

조왕 여의가 살해되어 공석이 된 조왕 자리에 여태후는 회양왕 유우(劉友)를 옮겨 앉혔다. 유우는 고조의 아들이지만 어머니의 이름은 알 수가 없다. 『사기』도 『한서』도 그를 제희(諸姬)의 아들로만 기록해 놓았다. 후궁에 있는 수많은 여인 중 누군가가 낳은 것이다.

척 부인처럼 고조에게 총애를 받아 자신에게 대립했던 여자와 그 아들을 여태후는 용서하지 않았다. 그러나 같은 후궁의 여자라 할지라도 고조의 사랑을 그다지 많이 받지 못한 이른바 제희의 아들에게는 그녀도 그다지 적의를 품지 않았다.

예를 들어서 조왕이 된 유우도 그렇다. 여태후는 여 씨 일족의 딸을 유우에게 주어 자신의 세력권 안에 넣으려 했다.

그런데 조왕 유우는 여태후에게 적의를 품고 있었다. 그럴 만도 했다. 형제인 여의가 살해당하고 비도 하마터면 목숨을 잃을 뻔했다. 그녀 때문에 황족인 유 씨 일족의 존재감이 떨어졌으며, 여 씨 일족이 제 세상을 만난 것처럼 기세를 올리고 있었다. 비(妃)라며 준 여 씨의 여자를 사랑하지 않았다. 여 씨의 비가 이 사실에 원한을 품고 여태후에게 일러바쳤다.

왕이 말하기를, 여 씨가 어찌 왕이 될 수 있겠는가. 여태후가 백 세가 된 후(죽은 후)에 나는 반드시 이를 치겠다.

여태후는 이미 여 씨 일족을 왕으로 세웠다. 다른 성(유 씨가 아닌 사람)은 왕으로 세우지 않겠다는 고조의 말에 반하는 것이었기 때문에 유우는 분개했다.

여 씨 여자의 고자질로 조왕 유우는 장안으로 소환되어 감금되었다. 먹을 것도 주지 않았다. 그는 결국 굶어 죽고 말았다.

굶어 죽기 전에 그는 다음과 같은 노래를 불렀다.

제여(諸呂, 여 씨 일족)가 실권을 잡으니 유 씨가 위태롭다.

왕후(王侯)를 협박하여 억지로 내게 비를 주더니,

나의 비가 이미 질투해서 악으로 나를 속이고,

참녀(讒女)가 나라를 어지럽히는데, 황제는 아직 알지 못한다.

내게 충신이 없으나, 어찌 나라를 버리겠는가.

들판 가운데에서 자결하자, 창천(蒼天)은 정직한 자를 받들 것이니.

아아, 후회하지 말자, 오히려 일찍 자살할 것을.

왕이 되어 굶어 죽다니, 누가 이를 불쌍히 여기겠는가.

여 씨는 이(理)를 끊었으니, 하늘에 의지해 원수를 갚으리라.

　유우의 죽음으로 공석이 된 조왕으로 이번에는 양왕(梁王)으로 있던 유회(劉恢)를 옮겨가게 했다. 그리고 양왕으로는 여태후의 큰오빠의 손자인 여산(呂産)을 세웠다.

　새로운 조왕 유회에게도 역시 여 씨 일족의 여자를 주었다. 여산의 딸을 왕후로 삼지 않을 수 없었다. 게다가 그 여자는 수많은 동족의 가신들을 데리고 조로 갔다. 왕후(王后)의 가신들은 마치 왕을 감시하러 온 것 같았다. 유회에게는 애첩이 있었는데 왕후가 그녀를 독살해 버렸다. 유회는 4장으로 된 가시(歌詩)를 지어 악인에게 부르도록 했다. 이 노래는 전하지 않는다. 슬픔과 분개 때문에 제정신이 아니었던 듯 유회는 자살하고 말았다.

　조왕이 되었던 유 씨 세 명이 모두 죽고 말았다. 유여의는 독살 당했으며, 유우는 유폐되어 굶어 죽었고, 유회는 자살했다. 이 세 사람은 왕에 세워진 순서대로 은왕(隱王), 유왕(幽王), 공왕(共王)이라고 불렸다.

　재위 중 혜제는 완전히 허수아비였다. 혜제의 황후는 그의 누나인 노원공주의 딸이었다. 조카를 정실로 삼은 것인데, 성이 장(張)이기는 했지만 황후도 역시 여 씨 일족이었다. 그런데 이 부부사이에서는 결국 아이가 태어나지 않았다. 그래서는 병약한 혜제가 죽은 뒤의 일이 걱정이었기에 여태후는 두 사람 사이에서 남자아이가 태어난 것처럼 꾸몄다. 후궁의 여자 중에서 아들을 낳은 자가 있었기에 그 아이를 혜제의 아들로 키우기로 했다. 이 가짜 황자(皇子)를 낳은 여자는 입막음을 위해서 살해되었다고 한다.

혜제가 24세에 죽자 그 아들이 황제가 되었다. 소제(少帝)라 불렸으며, 물론 어렸지만 일찍부터 황후를 세웠다. 여태후의 작은 오빠의 아들인 여록(呂祿)의 딸이었다.

여태후는 차근차근 여 씨 일족의 천하를 구축해 나갔다. 무력 이외에 정권을 지킬 수 있는 것은 없다는 생각에서 조왕인 여록을 상장군으로 삼아 북군을 지휘토록 했으며, 여왕(呂王)인 여산으로 하여금 남군을 통솔케 했다. 조왕과 여왕(양(梁)을 개명하여 여라 칭했다)은 영국(領國)이 있으면서도 그곳으로는 부임하지 않고 장안에서 군대를 장악했다.

그러나 여태후가 있었기에 여 씨 일족이 득세할 수 있었다. 혜제가 재위했던 8년 동안을 포함해서 여태후가 집권한 것은 거의 15년 동안이었다. 여후 일족의 천하는 여태후의 죽음과 함께 막을 내렸다. 혜제의 죽음 이후 명목상의 황제는 있었지만, 여태후가 만들어 낸 가짜였기 때문에 사가들은 이 15년 동안의 후반을 어떻게 불러야 할지 고민한 끝에 고후(高后) 몇 년이라고 부르기로 했다.

고후 8년(기원전 180), 그녀는 세상을 떠났다.

그녀가 마지막으로 한 일은 연왕인 유건의 죽음을 계기로 그 나라를 없애고 일족인 여통(呂通)을 새로운 연왕으로 세운 것이다. 유건에게 아들이 없다는 이유에서였다. 사실은 애첩에게 아들이 있었지만 여태후가 그 아이를 암살해 버렸다.

이처럼 여태후는 여 씨 천하를 위해서 실행 가능한 모든 포석을 두었다. 그러나 별로 도움이 되지는 않은 듯했다. 그녀가 죽자 제왕(齊王)인 유양(劉襄)이 군사를 일으켰다. 노원공주에게 1개 군을 헌상해 위기를 모면했던 유비의 아들이다.

재상인 여산은 관영(灌嬰)을 파견하여 제왕의 군을 토벌하기로 했다. 그런데 형양까지 간 관영이 제왕에게 밀사를 보내, 여 씨를 궁지에 몰아 그들이 난을 일으키기를 기다렸다가, 제후왕(諸侯王)들과 연합하여 공격하자는 여 씨 주멸(誅滅) 책략을 알려주는 꼴이 되었다.

여록과 여산이 군대를 장악하고 있었기 때문에 그 지휘권을 어떻게 빼앗느냐가 반여(反呂) 진영 작전의 핵심이었다. 장군의 인수(印綬)를 차고 있지 않으면, 설령 태위(太尉, 국방부장관)라 할지라도 병사를 움직일 수 없는 제도였다. 태위 주발은 여록에게서 장군의 인수를 빼앗아 군문에 들어가서는 유명한 명령을 내렸다.

여 씨를 편들 자는 우단(右袒)하라. 유 씨를 편들 자는 좌단(左袒)하라.

옷의 어깨를 벗는 것을 단(袒)이라고 한다. 여 씨를 편들 자는 오른쪽 어깨를 벗고 유 씨를 편들 자는 왼쪽 어깨를 벗으라고 명령한 것이다. 여 씨 장군은 보이지 않고 한 왕조 창업자 중 한 사람인 주발이 장군으로서 명령을 했으니 누가 봐도 형세를 쉽게 짐작할 수 있었다.

전군 모두가 왼쪽 어깨를 벗었다. 이 일에서 한쪽에 편드는 것을 '좌단'이라 부르게 되었다.

여 씨 일족은 철저하게 주살당했다. 난전 속에서 여산은 변소로 도망갔다가 칼을 맞았다. 장락궁의 위위(衛尉, 사령관)인 여갱시(呂更始)도 전사했다. 여록은 붙들려 칼을 맞았으며, 여태후의 여동생이자 번쾌의 아내였던 여수(呂嬃)는 채찍에 맞아 비명횡사하고 말았다. 남녀를 불문하고 여 씨 일족은 살해당했다.

너무나도 간단한 정변이었다. 관영에게 때를 기다리라는 말을 듣고 물러났던 제왕이 다시 군대를 움직일 나위도 없었다.

여후 앞에 몸사린 개국 공신들

소하, 조참, 장량, 번쾌 등과 같은 건국 원훈들은 모두 혜제 재위 중에 이 세상을 떠났다.

살아남은 역전의 호걸들이 어째서 여 씨 일족의 전횡을 용납한 채 침묵을 지키고 있었는가 하는 문제로 되돌아가자. 가장 큰 이유는 여 씨 일족 진영에는 그리 대단한 인재가 없었기에 그들의 전횡도 어차피 여태후가 죽고 나면 끝이라는 마음이 모두에게 있었기 때문이라고 여겨진다. 나이 많은 여태후의 죽음을 가만히 기다리고만 있으면 되는 일이었다.

예를 들어서 꾀가 많은 진평은 여후 시절에는 술만 마셨다. 자신의 지혜 때문에 여태후가 꺼려할까 두려워했기 때문이다. 저 녀석은 술에 빠져서 이제는 쓸모가 없다고 여겨지는 편이 안전했다.

군웅(群雄)들에게 있어서 두려운 것은 여후 한 사람뿐이었다. 그녀의 무시무시함은 누구나가 잘 알고 있었다. 한신과 팽월 등과 같이 건국에 크게 공헌한 사람들을 차례차례로 숙청한 것은 주로 여후의 계략에 의한 것이었다.

한신을 주살한 것은 고조의 친정 중에 일어난 일이니 틀림없이 여후가 획책한 일이다. 양왕인 팽월은 고조가 이미 처분을 결정했다. 그것은 서민으로 강등시켜 촉의 청의(靑衣)라는 곳으로 유배시키는 것이었다. 낙양에서 촉으로 유배를 가는 도중 팽월은 장안에서 낙양으로 가는 여후를 만나 눈물로 무고함을 호소했다. 그리고 촉으로 가기보다는 고향인 창읍(昌邑, 산동)으로 물러나고 싶다고 청했다. 여후는 "당신의 말을 받아들이겠습니다"라며 그를 데리고 낙양으로 갔다. 그녀는 낙양에서 고조에게 팽월을 죽여야 한다고 진언했다.

> 팽왕(彭王, 팽월)은 장사입니다. 그를 지금 촉으로 보낸다면 스스로 우환을 남기는 것입니다. 따라서 그를 죽임만 같지 못합니다. 첩(妾, 자신을 말함)이 삼가 그와 함께 왔습니다.

이것이 그녀가 한 말이었다(『사기』「위표팽월열전(魏豹彭越列傳)」). 팽월을 되돌아오게 한 것은 그의 말을 전하기 위해서가 아니라 죽이기 위해서였다.

신하에 대해서는 고조보다도 여후가 엄격하고 과감한 처분을 내렸다. 살아남은 사람들은 그 실례를 신물이 날 정도로 보아 왔다.

소하와 조참 등과 같이 처음부터 고조와 함께했던 사람들도 그녀를 두려워했다. 10여 년 동안 화합을 가장 중히 여기는 정치를 펼쳐 사람들의 마음을 사로잡았던 소하가 고조 말년에 느닷없이 이상한 행동을 하기 시작했다. 타인의 밭을 싼 가격에 매점하고 그 돈도 제때 지불하지 않고 자꾸만 미루는 추태를 부린 것이다. 이는 자신의 평판을 떨어뜨리기 위해 일부러 취한 행동이었다. 백성들 사이에서 평판이 너무 좋으면 경계를 받게 된다. 소하의 이런 변화가 고조 말년에 있었다는 것은 그가 두려워했던 대상이 고조가 아니라 머지않아 태후로서 모든 실권을 장악하게 될 여후였다는 사실을 이야기해 주고 있다.

소하가 죽은 뒤, 상국(相國)의 자리를 물려받은 조참은 밤낮 향기로운 술만을 마실 뿐이었다. 혜제가 제위에 있었지만 여태후의 시대에 다름 아니었다. 조참이 너무나도 정치를 게을리 하기에 혜제도 이상히 여기고 조참의 아들에게, 너희 아버지는 대체 어떻게 된 거냐고 물었을 정도였다.

『사기』「조상국세가(曹相國世家)」에서는 조참에 대해서,

> 한의 상국이 되었는데 극히 청정(淸靜)하고 말이 도리에 맞았다. 그러므로 백성들은 진(秦)의 가혹함에서 벗어난 후에 참(조참)과 함께 무위하며 휴식했다. 이에 천하가 모두 그 아름다움을 칭찬했다.

라고 기록해 놓았다. 도가의 사상에 따라서 무위로 백성을 교화하는 정치를 펼쳤다는 뜻이다. 아무것도 하지 않았기에 백성이 쉬게 되었고 자신도 함께 쉬게 되었다고 해석하고 있다. 그러나 아무것도 하지 않은 것은 도가의 사상을 실천하기 위한 것뿐만 아니라 여태후를 안심시키기 위해서였을지도 모른다.

독살, 아사(餓死), 자살 등 세 조왕의 비참한 사건이 있었다. 여태후의

죽음 직후 반여(反呂) 쿠데타로 인해 그녀의 시대는 막을 내렸다. 이 15년 동안은 소란스러운 시대처럼 보이지만, 소란스러웠던 것은 사실 궁정뿐이었다. 폭풍이 몰아친 듯 보이지만 사실은 컵 안에서만 분 것에 지나지 않았다. 궁정 안의 권력 투쟁은 격렬하게 진행되었지만, 일반 사람들까지 끌어들이지는 않았다. 사마천도 말했듯이 백성들은 진나라의 혹정에서 벗어나 천천히 휴식을 취할 수 있었다.

마치 거짓말처럼 전쟁이 사라졌다. 흉노가 북방의 국경을 넘은 적이 몇 번 있기는 했지만 전쟁다운 전쟁은 벌어지지 않았다.

혜제 3년(기원전 192), 흉노로부터 여태후에게 무례한 편지가 왔다.

> 고분(孤僨)의 군(君, 고독으로 몸부림치는 군주인 자신)이 저택(沮澤, 습지)에서 태어나, 평야 우마(牛馬)의 지역에서 자랐으며, 종종 변경으로 가 중국에서 놀기를 바랐다. 폐하(여태후)도 고립되어 고분 독거한다. 두 주인이 낙이 없어 스스로 즐길 것이 없다. 바라건대, 있는 바로 하여 그 없는 바를 바꾸려 한다.

『춘추좌씨전』에 '장맥분흥(長脉僨興)'이라는 말이 있다. 혈맥이 부풀어서 그것이 움직여 일어나는 것이니 욕정이 일었음을 의미하는 것이다. 나도 욕정이 일었지만, 과부가 된 당신도 마찬가지일 테니 둘이 한번 잘 해보자는, 일종의 조롱하는 편지였다.

여태후는 화가 머리끝까지 나서 순간 사자를 베고 흉노를 치려 했다. 번쾌도 10만의 무리로 흉노를 짓밟겠다고 호언장담했지만, 계포(季布)가 이를 말렸다(『사기』「계포란포열전(季布欒布列傳)」).

번쾌를 참(斬)해야 한다. 그 고제조차 병력 40여만의 무리를 이끌고 도 평성에서 어려움을 겪었다. 지금 쾌가 10만의 무리로 흉노 속을 횡행(橫行)하겠다 한다. 면전에서 속이는 것이다. 또한 진나라가 호(胡, 흉노)를 일로 삼음으로 해서 진승 등이 일어났다. 지금 전란의 여독이 아직 아물지 않았는데, 쾌는 다시 거짓으로 아첨하여 천하를 요동치게 하려 한다.

고조가 40여만의 대군을 이끌고 갔어도 평성에서 고전을 면치 못했던 상대였다. 그것을 10만으로 짓밟겠다니 거짓말임을 바로 알 수 있다. 계포는 번쾌에게 목을 베어야 할 만큼의 죄가 있다고 격렬하게 논박했다. 평성에서 번쾌는 상장군으로 출진했기 때문에 패전의 책임자 중 한 명이었다. 여태후의 분노에 영합해서 이제 간신히 안정을 되찾은 천하를 다시 뒤흔들어 놓을 생각이냐는 계포의 말은 매우 과격했다.

생각해 보면 진나라가 멸망한 것은 흉노와의 일에 대비해서 북방 수비군대를 징용했고, 기일에 맞출 수 없었던 진승과 오광이 거병을 한 것이 원인이었다.

냉정하게 생각한다면 지금은 싸울 때가 아니었다. 여태후도 그 사실을 알고 있었기 때문에 더 이상 흉노 징벌에 대한 말은 꺼내지 않고 화친정책을 진행시켜 나갔다.

손놓은 정치로 천하가 평온했다

고후 5년(기원전 183), 남월왕(南越王)이 장사국(長沙國)의 몇 개 현을 침범한 사건이 일어났다. 성이 다른 사람을 왕으로 세우지 않는다는 것이 한나라의 원칙이었지만, 남방 소수민족의 지도자에 대해서는 예외를 인정하고 있었다. 남월과 장사 모두 그런 나라였다.

일의 원인은 한나라가 남월과의 교역을 금하려 했기 때문이다. 남월왕인 조타(趙佗)는 이를 장사왕의 책모라고 생각했다. 남월과의 교역이 끊기면 장사가 중계 무역으로 번영하기 때문이었을까? 어쩌면 남월의 힘을 약화시켜서, 장사가 합병하려 한다고 의심했던 것일까? 어쨌든 남월은 장사에게 원한을 품고 군대를 보냈다. 그러나 그것도,

> 몇 개 현을 빼앗고는 마침내 떠났다.

는 정도의 소규모 전쟁이었다. 잠깐 괴롭히는 정도의 수준이었다.

고후 3년(기원전 185), 각 하천이 범람하여 장강과 한수에서는 4천 호가 유실되었고, 이수와 낙수에서는 1천600호가 손해를 입었다. 이 외에 여후 시대에는 커다란 자연재해도 없었다.

혜제 6년(기원전 189)에는 여자 중에서 15세 이상 30세까지 시집을 가지 않은 자에게 벌금으로 5산(算)의 세를 부과하는 법령이 시행됐다. 1산은 120전이다. 이런 법령이 나온 배경은 인구가 급격하게 감소했기 때문일 것이다. 낳아라, 늘려라, 곧 출산장려의 시대였다.

고후 원년(기원전 187)에 '삼족죄(三族罪)'와 '요언령(妖言令)'이 폐지되었다. '삼족죄'란 죄가 삼족에게 미치는 것을 말한다. 삼족에 대해서는 여러 가지 설이 있는데,

첫 번째 설―부모, 형제, 처자.

두 번째 설―부(父), 자(子), 손(孫).

세 번째 설―부족, 모족, 처족.

이 외에는 여러 가지로 설이 있지만, 어쨌든 연좌제를 말한다. 이것이 폐지됨으로 해서 죄를 저지른 사람만 벌을 받았다.

'요언령'이란 옳지 못한 말을 한 사람을 벌하는 법령이다. 옳고 그름은 주관적인 것이기 때문에 이것은 누구에게라도 죄를 뒤집어씌울 수 있는 법령이라고 할 수 있다. 요언령의 폐지로 언론이 약간은 자유로워졌다.

삼족죄와 요언령 등은 법률지상주의, 엄벌주의였던 진나라 제도의 잔재와도 같은 것이었다. 진나라의 색채가 점차 사라지면서 그것이 백성의 휴식에도 도움이 되기도 했다.

이 두 개의 악법이 폐지되었을 때, 특히 그것이 혜제의 유지(遺志)임이 강조되었다.

혜제 유영은 나약하기는 했지만 인도주의자 휴머니스트였다. '혜'라는 시호에 어울린다는 생각이 든다. 그러나 그가 유약했기 때문에 여후가 위험한 공신들의 숙청에 목숨을 걸다시피 열을 올렸는지도 모른다.

이 시대에 대해서 사마천은 『사기』 「여후본기」 속에서,

여민(黎民, 서민)은 전국(戰國)의 고통에서 벗어났고, 군신(君臣) 모두가 무위하게 휴식하기를 바랐다. 따라서 혜제는 팔짱을 낀 채 아무것도 하지 않았으며, 고후는 여주(女主)로서 제(制, 칙서)를 칭하고, 정(政)은 방호(房戶, 후궁의 문)를 나서지 않아 천하가 평온했다. 형벌을 드물게 썼고, 죄인 역시 드물었으며, 산업에 힘써 의식은 더욱 늘었다.

라고 높이 평가했다.

궁정 안에서는 컵 속의 폭풍이 일었지만, 서민에게는 나쁜 시대가 아

니었다.

한 왕조의 수뇌부는 이 컵 속의 폭풍에 어지간히도 넌덜머리가 난 듯했다. 여 씨 일족을 쓰러뜨린 뒤, 누구를 황제로 삼느냐가 문제가 되었을 때 무엇보다도 가장 중요한 포인트는 외척(그 사람의 어머니와 처 일족)이 좋은가 나쁜가 하는 점이었다.

고조의 아들로 건재한 것은 대왕인 유항(劉恒)과 막내인 회남왕 유장(劉長) 두 사람뿐이었다. 서열과 성격을 고려해서 두 사람 중 대왕인 유항을 뽑자는 데 반대 의견은 없었다.

그런데 여 씨 일족을 토벌하는 데 가장 먼저 군사를 일으킨 제왕 유양은 고조의 손자이기는 하지만 아버지 유비가 장남이었다. 제왕은 고조의 적장손(嫡長孫)으로 이른바 유력한 황제 후보자였다. 단지 제왕의 외가쪽 사람인 사균(馴鈞)이 악려(惡戾, 호학)해서,

　　　호랑이가 관을 쓴 것 같은 자

라는 평판이 있었다. 본성은 호랑이처럼 무시무시한데 관을 쓰고 있다는 뜻이다.

여 씨의 전횡에 진절머리가 난 수뇌진은 대왕과 제왕 중 하나를 택할 때도 역시 대왕을 선택했다.

대왕 유항의 외가인 박(薄) 씨는 '군자장자(君子長子)'로 평판이 높았다. 대왕이 맞아들여져 즉위하여 문제(文帝)라는 명군이 되었다. 다시 유 씨의 시대가 되돌아온 것이다.

마왕퇴는 말한다

장사국의 재상 이창

호남성 장사시 동쪽 외곽에 마왕퇴(馬王堆)라는 마을이 있다. '퇴(堆)'란 흙이 높이 쌓인 곳을 이르는 말이다. 1971년 말에 그곳 사람이 마왕퇴에서 고묘의 묘갱을 발견하고, 이듬해 1월부터 호남성 박물관의 전문가가 발굴 조사를 시작했다.

이 마왕퇴 고묘가 단번에 유명해진 이유는 거기서 마치 살아 있는 것 같은 부인의 유체가 발견되었기 때문이다. 2천 년도 더 전에 매장된 사람이 관 속에서 썩지도 않고 피부도 탄력성을 유지하고 있었다니 참으로 놀라운 일이라 하지 않을 수 없다. 당시 텔레비전에도 방송되어 상당한 화제를 불러 일으켰다.

백화(帛畵, 비단에 그린 그림)를 비롯하여 수많은 유물이 출토되었으며, 피장자가 누구인가도 역사에 관심이 있는 사람들 사이에서 화제가 되어 논의되었다.

출토된 칠기 중에 '대후가(軑侯家)'라는 글이 적혀 있는 것이 있었고, 또 봉니(封泥)에 '대후가승(軑侯家丞)'으로 추측되는 글자가 있었다.

이로 해서 피장자는 대후 집안과 관계가 있는 여성이라는 사실이 거의 확실해졌다.

열후에 대해서는 앞에서 이야기했다. 20등작(等爵)의 최고위다. 고조 때 소하, 조참, 장량 등 140여 명이 후(侯)에 봉해졌다. 2대째인 혜제 때는 건국 공신에 대한 논공행상이 거의 끝난 때문인지 겨우 세 사람만이 후에 봉해졌다. 여후가 득세한 8년 동안에는 31명이 열후가 되었다. 말할 나위도 없이 여 씨와 관계된 사람들이 많았다. 그에 이은 문제 23년 동안에는 29명, 경제(景帝) 16년 동안에는 30명이었다. 제후왕의 왕자로 왕위를 잇는 자 외에 제대로 된 혈통을 가진 황족을 후로 삼았다.

사마천에 따르면, 인신(人臣)의 공에는 5품(品, 종류)이 있었다고 한다. 종묘를 세우고 사직을 정하는 데 덕으로 한 것을 '훈(勳)'이라고 하며, 언(言, 언론, 진언(進言) 등)으로 한 것을 '노(勞)'라 하며, 힘으로 한 것을 '공(功)'이라고 하며, 등급의 높음으로 한 것을 '벌(伐)'이라고 하고, 날을 쌓음(연공(年功))으로 한 것을 '열(閱)'이라고 했다.

혜제 때에 봉해진 세 열후 중 한 명이 대후(軑侯)였다.

대(軑)라는 현은 강하군(江夏郡)에 속해 있었다. 지금 이 지명은 없다. 회하 지류에 있어, 지금의 하남성 남부라고 추정되고 있다.

『사기』의 「혜경간후자연표(惠景間侯者年表)」에 따르면, 혜제 2년(기원전 193) 4월에 이창(利倉)이라는 인물이 장사의 상(相, 대신)이라는 연유로 열후가 되어 식읍 700호를 받았다고 한다. 등급의 높음에 따라서 열후되었으니, 앞에서 이야기한 5품의 공 가운데 '벌'이라는 공에 해당된다.

장사왕은 당시 유일하게 다른 성을 쓰는 왕이었다. 그 외에도 광동에 남월왕, 복건에 민월왕(閩越王)이라 칭하는 왕이 있었지만, 이들은 한나라의 직접적인 지배는 받지 않았다. 한나라의 종주권을 인정하기는 했지만, 한나라의 판도에는 들어가 있지 않았다. 한나라가 실질적으로 지배한 범위 내에서 유 씨가 아닌 왕은 장사왕 오(吳) 씨뿐이었다.

한나라 초기에는 다른 성을 쓰는 왕이 8명 있었다. 한신(제왕, 후에 초왕), 또 다른 한신(한왕), 노관(연왕), 팽월(양왕), 장이(조왕), 경포(회남왕), 장도(연왕) 그리고 장사왕인 오예(吳芮)였다.

고조 치세 12년 동안 그중 7명의 모습이 사라졌으며, 오직 한 사람 장사왕만이 남아 있었다.

오예는 진나라 시절에 파양(鄱陽, 강서성, 포양)의 현령이었다. 진나라 말기의 동란 때는 항우를 따라서 관중에 들어간 공을 인정받아 형산왕(衡山王)이 되었다. 유방이 한왕이 되었을 때와 같은 때였으니, 오예는 왕으로서는 고조와 동기생인 셈이다. 고조가 황제가 된 뒤에 오예는 형산왕에서 장사왕으로 옮겨졌다. 그러나 그는 고조에 의해서 왕이 된 것이 아니었다.

다른 성을 쓰는 여덟 왕 가운데 왜 장사왕만이 남았을까? 이는 흥미로운 문제가 아닐 수 없다.

오예는 장사왕으로 옮겨진 해(기원전 202)에 세상을 떠났고, 아들인 오신(吳臣)이 왕위를 물려받았다. 그리고 5대 동안 이어지다 후사(後嗣)가 없어서 끊기고 말았다.

장사의 영지가 좁아 한 왕조의 위협이 될 염려가 없었기 때문일지도 모른다. 그러나 여기서는 초대 오예의 공적을 기록한 『사기』의 내용을 다시 한 번 살펴보기로 하겠다.

파군(鄱君) 오예는 백월(百越)을 이끌고 제후를 도왔으며, 또 관(關)
에 따라 들어갔다.

오예가 이끈 것은 남방 월족의 군대였다. 당시 중국 남부의 각 부족은
중원 사람들로부터 야만족이라 취급을 받고 있었다. 작은 그룹으로 나뉘
어 있었기에 '백월'이라고 표현되었다.

백월을 규합하여 복종시킨 것은 오예에게 인덕이 있었기 때문이라고
생각된다. 다른 사람에게는 불가능한 일이었다. 한나라도 남방의 각 부
족을 포섭하기 위해서는 아무래도 오예 및 그 자손의 힘을 빌리지 않을
수 없었다. 인덕이라고 말했는데, 그가 흠모를 받은 것은 그에게 복종하
면 이익이 된다는 사실도 커다란 이유 중 하나였을 것이다. 틀림없이 오
씨는 남북 교역의 중계를 하고 있었을 것이다. 남방의 물산을 오 씨에게
가져가면 좋은 가격에 사주었고, 또 북방의 물산도 오 씨를 통해서 손에
넣을 수 있었다. 백월은 오 씨에게 의지하고 있었다.

여후의 시대는 평화로워서 전쟁이라고 해 봐야 남월이 장사의 몇 개
고을을 공격한 정도가 전부였다고 앞에서도 이야기했다. 남월이 공격한
이유는 장사가 교역의 이권을 지나치게 독점하고 있었기 때문이다. 장사
는 교역이 번성한 나라로 그를 위한 특수한 기술과 조직을 가지고 있었다
고 생각된다. 한나라는 그것을 이용할 수 있었다. 위협이 되지 않을 뿐만
아니라 편리한 존재이기도 했기 때문에 장사국은 살아남을 수 있었다.

그 밖에도 다른 이유를 생각해 볼 수 있다.

오예는 항우를 따라서 관중으로 들어갔지만, 그의 부장인 매현(梅鋗)은 고조와 힘을 합쳐 남양을 공격하고 행동을 함께했다. 고조는 매현에게 많은 도움을 받았다. 부하의 공적도 있었기에 오 씨는 출세할 수 있었다.

장사왕 2대째인 오신의 시대가 되었지만 경포를 살해했다는 공로도 가산되었다.

경포는 오예의 딸을 아내로 맞이했다. 고조의 공격을 받아 패주한 경포를 장사왕 오신이 교묘하게 유인해서 살해했다. 경포의 입장에서 보자면 장사왕은 자기 아내의 형제이기에 믿고 있었던 것이다. 장사왕은 자기 누이의 남편을 살해함으로 해서 한나라의 신임을 얻으려 했다. 수많은 신하들을 거느리고 있는 장사왕이 장사의 국익을 사사로운 정보다 우선시 하는 것은 당연했다.

이처럼 장사는 특수한 나라였다. 『한서』에 따르면, 장사국은 13개 현, 호수 4만 3천여, 인구는 23만 정도였다고 한다. 결코 큰 나라는 아니었지만, 한나라 입장에서는 소중히 여기며 비위를 맞춰 주고 싶은 존재였을 거라고 짐작된다.

장사국에는 백월과의 교역, 외교 등 여러 가지 정무가 있었다. 유능한 신하가 그것을 처리해야만 했다. 장사국의 재상이 그 신하들의 장관이었다. 신하들 중의 우두머리라는 표현이 적절할지도 모르겠다.

대후가 된 이창은 장사국의 신하들 중 우두머리였다. 이 이색적인 나라의 실력자였다고 생각된다. 전국 시대의 실력주의 풍조가 아직 짙게 남아 있던 시대였다. 어쩌면 이창의 실력이 장사왕의 그것을 능가했는지도 모른다. 경포를 속임수에 빠뜨려 살해한 것도 이창이 지휘한 작전일 가능성이 있다.

썩지 않고 발견된 대후 부인

혜제 원년(기원전194), 장사왕 오신이 죽고 왕자였던 오회(吳回)가 3대째 장사왕이 되었다. 이때 한나라는 오회의 형제인 오천(吳淺)을 열후로 삼았다. 그가 바로 편후(便侯)로 식읍은 2천 호였다.

그리고 그 이듬해에 장사국의 신하인 이창을 대후로 삼았다. 연표에는 아주 간단하게 장사의 재상이기 때문에 후로 삼았다고만 기록되어 있다.

제후왕의 나라의 재상이기 때문에 열후가 되었다는 것은 아마도 전례가 없었을 것이다. 예를 들어서 조참은 대국인 제(고조의 장남인 유비가 제왕)의 재상이 되었지만, 그때 그는 이미 1만 600호의 식읍을 가진 평양후였다.

1천300호의 북평후가 된 장창(張蒼)은 대(代)와 조(趙)의 재상이 되기는 했지만, 고조를 따라서 패상(覇上)까지 가기도 했고, 상산(常山)에서도 군무를 맡았다. 군공이 있었기 때문에 상이 되고 열후가 된 것이다.

연(燕)의 재상이었던 온개(溫疥)라는 인물은 1천900호를 가진 순후(栒侯)가 되었다. 그러나 그는 당시의 연왕이었던 장도가 모반했다는 사실을 밀고한 공적으로 열후가 된 것이다. 초(楚)의 재상인 냉이(冷耳)가 2천 호의 하상후(下相侯)가 된 것은 팽성을 견고히 지켜 경포의 군대를 막은 군공 때문이다.

『사기』의 연표에는 이러한 사실들이 기록되어 있다. 단지 나라의 재상이라는 이유만으로 열후가 된 사람은 이창 이전에는 없었던 것 같다.

장사국의 재상을 지내는 것을 곧 공적으로 인정받았다는 느낌이 든다. 장사국의 재상을 지낸다는 것은 그만큼 힘겨운 직무였을지도 모른다.

또는 이창이 커다란 실력을 행사하며 장사국을 실제로 꾸려 나가고 있었기 때문에 그를 열후로라도 삼지 않으면 모양새가 좋지 않다는 사정이 작용했다고도 추측해 볼 수 있다. 어쨌든 오신의 죽음, 오회의 즉위, 오천의 봉후에 이은 이창의 봉후는 이례적인 인사라 여겨진다.

마왕퇴의 고분에서 마치 살아 있는 것 같은 중년 부인의 유체가 발견되었을 때, 피장자가 누구인지가 굉장한 화젯거리가 되었다.

'대후가'라는 명문과 '대후가승'이라는 봉니가 있었으니, 대후가와 관계된 자라는 사실에는 거의 틀림이 없다. 그러나 대후가는 6대나 계속되었다.

대후가는 기원전 193년에 탄생했으며 그 이전일 가능성은 없다.

부장품은 참으로 호화로운 것이지만, 금, 은, 동, 옥 등은 없다. 이것이 마왕퇴 고분의 한 특징이라고 할 수 있다. 훌륭한 묘에는 청동기가 한두 개 정도는 부장되어 있기 마련이다. 그것이 없다니 오히려 이상하다는 생각이 든다.

그와 관련해서 전한의 문제(재위 기원전 180~157)가 패릉(覇陵, 자신의 무덤)을 만들 때,

> 패릉을 만드는 데 전부 기와로 하고, 금은동석(金銀銅錫)으로 꾸미지 말고, 분(墳, 흙을 높이 쌓아 올리는 것)을 만들지 말고, 절약해서 백성을 괴롭히지 않기를 바랐다.

라고 했다는 사실이 『사기』에 기록되어 있음을 지적하는 학자도 있다. 이러한 절약은 문제 시대의 일로 그다음인 경제 때는 원래대로 되돌린 듯하다. 따라서 이 묘의 피장자가 문제 시대에 죽었다고 추측하는 설도 있

다. 초대 대후인 이창은 여후 초년(初年)에 죽었으며, 2대인 희(豨)는 문제 15년(기원전 165)에 죽었다. 피장자는 여성이니 대후의 부인일 테지만, 그녀들의 몰년(沒年)은 기록되어 있지 않다. 나이는 오십 전후일 것이라 추정되기 때문에 초대 대후 부인이 아니라 2대 대후 부인이라는 설이 상당한 설득력을 가지고 있다.

이 묘에서는 이전(泥錢)이 출토되었다. 이는 죽은 자가 저승에 가서도 돈을 쓸 수 있도록 점토로 화폐 모양을 만들어 그것을 구운 것이다. 출토된 이전은 두 종류였다. 하나는 영칭(郢稱)이라 불리는 것이고, 또 하나는 반냥(半兩)이라 불리는, 네모난 구멍이 뚫린 둥그런 화폐다. 영칭은 전국 시대 초나라의 금화였다. 초나라는 진나라의 시황제에 의해서 멸망되었지만 그 금화는 한나라에 들어서도 유통되었다.

크기로 봐서 출토된 반냥의 이전은 여후 시대의 팔수(八銖)의 반양과 문제 5년(기원전 175)에 주조된 사수(四銖)의 반양이다. 무제 원수(元狩) 4년(기원전 119)에 오수전(五銖錢)이 제정되어 그 이전의 것이 폐지되었으니, 이 고묘의 연대의 하한선은 그 무렵이 된다.

피장자에 대해서 대후 부인이 아닐 것이라고 보는 설까지도 있었다. 대후는 겨우 700호의 열후였다. 그보다 작은 열후는 얼마 되지 않을 정도의 영주였다. 그러니 이렇게 호화로운 묘를 만들었을 리가 없다는 것이 부정설의 근거다.

또한 후국(侯國)인 대현은 장사에서 수백 킬로미터나 떨어져 있으니, 대후와 관계된 인물이 장사에 매장된다는 것은 납득하기 어려운 일이라는 설도 있었다. 그렇다면 어째서 대후가라는 명문과 대후가승이라 적힌 봉니가 있었을까 하는 것이 문제가 된다.

묘의 규모나 내용으로 봐서 이는 700호를 소유한 열후의 부인이 아니라 장사왕의 비를 매장한 묘가 아닐까라고 주장하는 설도 있었다. 장례를 관장한 것이 신하들의 우두머리였기 때문에 부장품 가운데서 그런 문자가 발견되었을 것이라는 상당히 억지스러운 설명도 있었다. 한편으로는 장사국 왕비가 대후가 출신이 아니었을까 하는 설도 있어, 이쪽이 더 설득력이 있는 것처럼 느껴진다.

그런데 피장자에 관한 문제는 이 묘의 서쪽에 있는 또 다른 고묘의 발굴로 완전히 해결되었다.

마왕퇴에는 구릉(丘陵)이 두 개 있다. 지역 사람들의 구전에 따르면, 그것은 오대(五代) 시절의 마왕(馬王)의 묘라고 불렸다고 한다. 10세기 초에 당나라가 멸망하고 송나라가 다시 천하를 통일하기까지의 약 반세기가 오대였다. 여기저기서 단명한 지방정권들이 난립하였다. 그 무렵 이 장사에 마은(馬殷)이라는 인물이 초왕(楚王)을 칭하며 할거했다. 언제부터 잘못 전해지게 되었는지는 모르겠지만, 그 마은의 묘라고 전해졌고 지명도 '마왕퇴'가 되어 버렸다. 사실은 오대보다도 1천200년이나 더 전에 만들어진 전한시대의 고묘였다.

동쪽과 서쪽으로 두 개의 묘가 나란히 있는데, 동쪽의 것이 먼저 발굴되어 썩지 않은 부인의 유체가 나타났다. 이것이 1호 묘라고 불리게 되었다. 부인의 유체의 출현이 너무나도 충격적이었기 때문에 서쪽의 묘도 발굴하게 되었다. 이것을 2호 묘라고 부른다.

이 두 기의 묘는 그것이 늘어서 있는 모습으로 봐서 비익총(比翼塚), 즉 부부를 매장한 묘처럼 보인다.

2호 묘에는 도굴의 흔적이 있었다. 그래도 200점의 부장품이 남아 있었는데 1호 묘에는 없었던 동기와 옥기가 출토되었다. 단지 유골은 이미 찾아볼 수가 없었다. 결정적인 발견은 세 개의 인장이다. 하나는 옥인(玉印)이고 나머지 두 개는 동인(銅印)이었다. 옥인에는 '이창(利蒼)'이라는 두 글자가 새겨져 있었으며 동인에는 '대후지인(軑侯之印)'과 '장사승상(長沙丞相)'이라는 글자를 읽을 수 있었다.

2호 묘의 주인은 초대 대후인 이창(利蒼)이며, 1호 묘의 여성은 초대 대후 부인이라는 사실이 확정되었다.

그런데 또 다른 한 기의 묘가 있었다. 1호 묘의 남쪽에 있는데 도굴을 당하지 않았다. 이것을 3호 묘라고 부른다. 관 안의 유체는 이미 뼈만 남아 있었다. 유골을 과학적으로 조사해 본 결과, 30대 남성이라는 사실이 밝혀졌다. 부장품은 1천 점이 넘었다.

3호 묘에서 출토된 중요한 부장품은 백서(帛書), 백화(帛畫), 죽간, 목간 등과 같은 것인데 『역(易)』, 『노자』, 『전국책』 등 10만 자가 적힌 비단이 옻칠을 한 상자에 접힌 채 담겨 있었다. 그 외에 지도 같은 것도 있었다. 죽간 중에는 의학에 관한 책이 있었다. 목간의 한 조각에서,

12년 2월 을사삭(乙巳朔)……

이라는 글을 볼 수 있었다. 이는 문제 12년(기원전 168)일 것임에 틀림없다. 그해 2월 1일이 을사였기 때문이다. 또한 고조를 제외하면 전한에 두 자릿수 기년(紀年)은 문제 시대밖에 없었다. 무제는 오십몇 년 동안이나 재위했지만 자주 개원(改元)했는데, 그것이 6년 이상 이어진 적이 없었다. 이 3호 묘는 대후 부인이 낳은 아들일 것이다. 2대 대후를 물려받은 희는 문제 15년에 죽었으니 이 묘의 주인은 아니다.

세 개의 묘 중에서 1호 묘가 가장 나중에 만들어졌다. 1호 묘를 위해

서 2호 묘와 3호 묘의 봉토를 깎아 냈기 때문에 그 사실을 분명하게 알 수 있다.

대후 부인은 남편과 사랑하는 자식을 먼저 보냈는데, 유체를 해부해 본 결과 다발성 담석증에 시달렸으며, 추간판(椎間板) 헤르니아로 고생을 했고, 기생충을 가지고 있었다는 사실까지 알게 되었다.

한편 1호 묘의 유체만이 썩지 않고 남은 사실에 대해서는 여러 가지 설이 있다. 관곽은 거의 비슷하게 목탄층(木炭層)과 찰흙층으로 덮여 있었다. 단지 1호 묘가 가장 깊이 파여 있었다는 것이 하나의 이유일지도 모르겠다.

1호 묘에 구멍을 뚫었을 때 가스가 분출되었다. 지역 사람들은 이것을 '화동자(火洞子)'라고 부른다. 옛 문서에도 이장을 위해서 무덤을 파자 불이 분출하여 작업원이 죽었다는 기록을 종종 볼 수 있다. 가스가 가득 차 있다는 것은 그것이 새지 않은 것이니 완전히 밀폐되어 있다는 뜻이다. 가스는 지방 등의 발효, 분해에 의해서 형성되는 것이다. 매장 당시에 어느 정도 부패가 진행되지 않으면 가스는 발생하지 않는다. 여성이었기 때문에 대후 부인은 피하지방이 남성보다 많았을 것이다. 일단 가스가 발생하여 묘실에 가득 차면 온도가 일정해지니, 그것이 세균의 발생을 막았는지도 모른다. 옻이나 목탄이나 하얀 찰흙, 또는 진사(辰砂)와 향료 등도 방부에 도움이 되었을 것이다.

우연히도 좋은 조건들이 모두 갖춰졌기 때문에 우리를 놀라게 한 현상이 일어난 것이다.

후한을 일으킨 장사왕의 후예

마왕퇴의 1호 묘가 발굴된 것은 일본에서 다카마쓰즈카(高松塚, 나라 현 아스카촌에 있는 6세기 후반의 고분. 1972년 발굴조사 실시-옮긴이) 벽화가 발 견된 것과 같은 해였다. 우리를 흥분시킨 고대 유물이 많이 발견된 해다.

사체가 썩지 않고 2천여 년 동안이나 남아 있었다는 기적만이 아니라 마왕퇴의 발굴은 우리에게 많은 것들을 가르쳐 주었다. 1호 묘가 발굴된 뒤 피장자에 대해서 여러 가지 의견이 나온 것은 지금 와서 생각해 보면 의미 있는 일이었다. 처음부터 피장자가 누구인지 분명했다면 여러 가지 설이 나올 여지가 없었을 것이다. 많은 설들이 분분했기 때문에 그 시대 에 대한 일들을 여러 가지로 잘 알 수 있게 되었다.

장사는 고묘(古墓)가 많은 곳인데, 장사의 사자당(砂子塘)에서 1961년에 발굴된 M1호 묘는 오예로부터 헤아려서 5대째 장사왕인 오저(吳著)의 묘 가 아닐까 여겨지고 있다. 오저는 기원전 178년에서부터 기원전 157년까 지 20여 년 동안 재위했다. 후사가 없었기 때문에 그가 마지막 왕이 되 었으며 장사국은 국(國)에서 제외되었다. 오저는 문제와 같은 해에 세상 을 떠났다.

이 M1호 묘는 마왕퇴의 고묘보다 규모가 작고 부장품도 적었다고 한 다. 재상가의 묘가 이 주군의 묘보다 더 크다. 그렇다고 해서 대후가(軑侯 家)가 장사의 왕가를 능가했다고 섣불리 결론을 내리는 것은 위험하다. 후사가 없어서 국에서 제외된 오저의 묘가 그다지 성대하게 만들어지지 않았던 것은 당연하다.

오 씨의 장사국이 없어진 후에도 대후가는 계속 이어졌다.

사실 장사국이 국에서 제외된 이듬해, 즉 경제 원년(기원전156)에 다시 부활이 결정되었으며 그다음 해에 새로운 왕이 세워졌다. 부활하기는 했지만 왕은 오 씨가 아니었다. 경제가 자신의 아들을 장사왕으로 삼은 것이다. 그 이후의 장사왕은 유 씨(劉氏)의 왕이다. 다른 성을 쓰는 왕은 이제 사라져 버렸다.

경제에게는 아들만 14명이라는 많은 자식이 있었다. 그들이 모두 제후왕이 되었다. 왕(王) 황후가 낳은 유철은 교동왕(膠東王)이 되었으며, 나중에 제위에 올라 무제라 불리웠다. 장사왕은 당희(唐姬)가 낳은 유발(劉發)이 되었다. 당희는 원래 정희(程姬)의 시녀였다.

> 그 어머니가 미천하고 총(寵)이 없었기에 비습빈국(卑濕貧國)의 왕
> 이 되었다.

라고 『사기』에 기록되어 있으니, 장사는 그저 이름뿐인 가난한 나라였다는 사실을 알 수 있다.

그런 가난한 나라의 중신이 마왕퇴와 같은 훌륭한 묘를 만든 것이다. 장사 401호 묘는 장사 왕가인 유 씨의 묘일 것이라 여겨지고 있는데, 이는 마왕퇴보다 훨씬 더 커다란 규모를 가지고 있다. 마왕퇴 1호 묘의 묘실은 7.6미터×6.7미터이고, 장사 401호 묘는 20.34미터×13.7미터다.

전한 왕조는 왕망의 찬탈에 의해 일단 멸망한다. 그것을 부흥시켜 후한 왕조를 세운 광무제 유수(劉秀)는 이 장사왕 유발을 시조로 하는 인물이었다. 전한 왕조 때 장사는, 처음에는 다른 성을 쓰는 왕의 나라였으며 유 씨 성의 나라가 되어서도 그다지 총애를 받지 못했던 여자가 낳은

황자가 왕으로 세워졌다. 그렇게 중요시되지 않았던 지역이었다. 그러나 그런 장사왕의 계통에서 한 왕조를 재흥시킨 인물이 나왔으니 약간 아이러니하다는 생각도 든다.

초대 대후(軑侯)의 이름이 『사기』에는 이창(利蒼)이라 되어 있으며, 『한서』에는 여주창(黎朱蒼)이라고 되어 있다. 200년 가까이 나중에 지어진 『한서』는 『사기』의 잘못을 바로잡을 수 있었을 테니 보다 정확할 것이라 여겨져 왔다. 그러나 마왕퇴 2호 묘에서 출토된 옥인에 '이창(利蒼)'이라고 되어 있어, 글자 머리에 풀 초가 있기는 하지만 『사기』가 더 정확함을 알 수 있다. 이와 같이 알게 된 사실도 발굴의 부산물이라 할 수 있을 것이다.

대후의 묘가 장사에 있다는 점은 적어도 초대인 이창은 후국인 대로 가지 않고 예전과 마찬가지로 장사의 재상을 맡고 있었다는 사실을 이야기해 준다. '장사승상'이라 새겨진 동인의 출토가 이 사실을 분명하게 해 주었다.

특별한 임무를 맡고 있는 자 이외에 열후는 자신의 영국(領國)으로 가야 한다는 명령이 내려진 것은 문제 2년의 일이었다. 이듬해에는 다시 한 번 이를 강조하기 위해서 강후(絳侯)인 주발(周勃)이 승상의 자리에서 물러나 영국인 강(絳)으로 가는 일이 있었다.

초대 대후는 이미 죽었지만, 2대 대후인 이희는 아마도 영국으로 가지 않을 수 없었을 것이다.

군주와 재상이 이런 사치스러운 묘를 만들었으니, 일반 서민들에게 커다란 피해를 주었을 것이다. 한 집안의 일꾼들이 보수도 받지 못하는 공사 터로 내몰렸을 것이다.

백화(帛畵)를 보고 있으면 장사는 역시 굴원적(屈原的)인 분위기를 가진 지방이라는 사실을 알 수 있다. 북방과는 달리 환상적인 경향이 강하다.

오 씨 장사국을 폐한 것은 한 왕조가 이제는 자신들의 힘으로 남방 각 부족을 통제할 수 있게 되었다는 사실을 이야기해 준다.

각지의 문화는 난세에는 전쟁을 통해서 서로 교류하고, 평화로울 때는 평화에 의한 교류가 이루어져 천천히 한(漢)의 문화가 형성되어 갔다.

전한과 후한을 합쳐서 400년 동안이나 '한(漢)'이라는 이름을 쓰는 왕조가 계속되었다. 진나라의 소전(小篆)을 바탕으로 문자가 '한자(漢字)'라 불리게 되었으며, '한문(漢文)', '한시(漢詩)', '한족(漢族)' 등과 같이 한(漢)이라고 하면 곧 중국을 떠올릴 정도가 되었다. 그럼에도 불구하고 한을 중국의 국명으로 의식하는 곳은 일본을 비롯한 한자권뿐이다. 서방 사람들은 한(Han)이라는 명칭에 익숙하지 못하다.

한이 일어나기 전에 진(Chin)이라는 나라가 있었는데, 그 이름이 먼저 서방 세계에 알려진 것이다. 영어의 China는 말할 나위도 없이 '진(秦)'에서 나왔다. 인도와 이란에서는 Chin 자체가 지금도 중국을 의미한다.

진나라가 천하를 통일하기는 했지만 채 20년도 지나지 않아서 멸망했음에도 불구하고 그 이름이 한보다 잘 알려져 있는 이유는 무엇일까?

시황제가 통일하기 이전부터 진이라는 국명이 서방 세계에 알려져 있었다. 전국칠웅 가운데서도 진나라는 가장 서쪽에 위치해 있었다. 서방 사람들이 동쪽과 교역을 하려면 가장 먼저 만나는 것이 바로 진나라였다. 한나라는 진나라의 뒤를 이었지만 이미 잘 알려진 '진'이라는 국명을 '한'으로 고칠 정도의 힘은 가지고 있지 못했다. 기록되어 있지는 않지만, 서방과 진 사이의 실크로드를 통한 교역의 역사는 상상 이상으로 오래

되었다는 사실을 알 수 있다.

온전히 출토된 부장 유물

1호 묘에서 출토된 백화에 대해서 잠깐 이야기해 보기로 하겠다.

그 백화는 내관(內棺)의 뚜껑에 씌워져 있었다. 관의 덮개라고 하기에는 윗부분이 넓어서 두루마기 같은 모양을 하고 있다는 점이 기묘하다. 게다가 위쪽 끝에는 대나무 막대기가 끼워져 있었으며 비단 끈이 달려 있다. 관 덮개로 쓰기 전에는 어딘가에 매달아 두었던 것인 듯한 느낌이다.

그것은 녹색으로 염색한 비단 위에 주로 광물성 안료를 사용하여 그림을 그린 것이다.

가장 위쪽 중앙에는 인신사미(人身蛇尾)의 모습을 한 상(像)이 그려져 있다. 인간의 몸은 허리까지 있는데 똬리를 틀고 있는 뱀 위에 앉아 있는 것처럼 보인다. 그러나 뱀의 머리가 없기 때문에 자세히 살펴보면 사람과 뱀이 붙어 있다는 사실을 알 수 있다.

인면사신(人面蛇身)의 신이라고 하면 복희(伏姫)와 여왜(女媧)인데, 그들은 부부신인데도 여기에는 신이 하나밖에 없다. 투루판에서 출토된 복희·여왜의 모습이 담긴 백화도 관의 덮개였다.

신이 하나뿐이고 사신(蛇身) 부분이 붉게 칠해져 있기 때문에 『산해경』에 나오는 촉룡(燭龍)일지도 모른다고 생각하는 학자도 있다. 『사기』에 등장하는 축융(祝融)도 같은 신으로 불을 관장했다고 한다.

이 기묘한 신의 좌우에 태양과 달이 그려져 있다. 오른쪽 태양 안에는 검은 까마귀가 있다. 왼쪽은 초승달 위에 섬여(蟾蜍, 두꺼비)와 토끼가 그려져 있다. 제1권에서도 인용했지만『회남자(淮南子)』에,

해 속에 준오(踆烏)가 있으며, 그리고 달 속에는 섬여(蟾蜍, 두꺼비)가 있다.

고 소개되어 있는데 그대로 그린 것인 듯하다. 원래 준오는 다리가 세 개인 까마귀라고 주석가는 설명했지만, 이 백화에 있는 새의 다리는 두 개뿐이다. 달 속의 두꺼비는 남편을 배신하고 불사의 약을 훔쳐 달로 달아난 항아(姮娥, 혹은 상아(常娥))가 변신한 모습이다.

해와 달 밑에는 각각 용이 그려져 있다. 태양 밑의 용 사이에 여덟 개의 붉은 원이 그려져 있는데, 이것은 영웅 신인 예(羿)가 아홉 개의 태양을 쏘아 떨어뜨렸다는 전설과 관계가 있는 것 같다. 용은 나무를 감고 있는 것처럼 그려져 있다. 그 나무는 틀림없이『산해경』에 나오는 부상(扶桑)일 것이다. 열 개의 태양 중 한 개는 부상 위에 있고, 나머지 아홉 개는 나무 밑에 있다고 여겨져 왔다. 열 개의 태양이 번갈아 가면서 나무 위로 오르게 되어 있는데, 한번은 열 개가 전부 나무 위로 올랐기에 살아 있는 모든 생물들이 더위에 고통을 받았다. 예가 그들을 구하기 위해서 하나만을 남겨 두고 아홉 개의 태양을 쏘아 떨어뜨렸다고 전해진다. 전설과 비교를 해 보면, 백화 속의 태양은 하나가 부족하다.

용 밑에 두 인물이 서로 마주보고 앉아 있으며, 그 뒤쪽의 기둥에 붉은 표범이 달라붙어 있다.『초사』의 〈초혼(招魂)〉에 있는,

혼이여, 돌아오라. 그대여, 하늘에 오르지 마라. 호표(虎豹)가 구관

(九關)에서 하인(下人)을 탁해(啄害)한다.

라는 구절이 떠오른다. 초(楚) 지방의 초혼을 위한 노래인데, 하늘에 있는
아홉 개의 관문에는 호표가 있어서 하늘로 오르려는 하계(下界) 사람을
물어 죽이니 빨리 돌아오라는 의미다.

여기가 천문이라고 한다면 그 밑은 현세일 것이다. 좌우로 용이 그려
져 있는데 그것이 아래쪽에서는 교룡이 되어 있다. 중앙에 지팡이를 짚
은 부인이 있는데, 그가 바로 1호 묘의 주인이다. 그녀는 막 승천하려는
참이다. 뒤쪽에 따르고 있는 것은 틀림없이 시녀일 것이다. 앞쪽에 무릎
을 꿇고 앉아 있는 것은 하늘에서 데리러 온 사자일까?

부인의 머리 위 화개(華蓋)에는 봉황이 한 쌍 있으며, 밑으로는 사람의
얼굴을 한 기괴한 새가 떠받쳐 있는 듯이 날고 있다.

아래쪽에는 제사상의 모습이 그려져 있고, 그릇을 늘어놓은 상을 벌
거벗은 사람이 받들고 있다. 『초서』〈초혼〉에 토백(土伯)이라는 유도(幽都,
저승)의 괴물에 대한 기록이 있는데, 어쩌면 그에 해당하는 것일지도 모
른다.

그 괴물 아래에 물고기가 두 마리 얽혀 있고, 꼬리 부분에 기다란 뿔
을 가진 짐승이 서 있다.

너무 어지러운 느낌이지만, 이것은 그야말로 『초사』를 그림으로 그린
것이라 할 수 있을 것이다. 전국 시대에 초나라의 국도는 좀 더 북쪽인
영(郢)에 있었으며, 장사는 굴원이 추방되어 자살한 멱라(汨羅)와 가깝다.
아마도 초나라 문화의 변경지역이었을 것이다. 백화에는 지방색이 반영되

어 있는지도 모른다.

어떤 사람이 그 그림을 그렸을까? 화공은 그림만으로 생활을 할 수 있었을까? 백화에게 물어보고 싶은 점들이 많다.

〈천문(天問)〉이라는 시는 굴원이 종묘의 벽화를 보고 지었다고 한다. 그 백화를 확대하면 종묘의 벽화를 상상해 볼 수 있다.

고조 이후 혜제, 여후, 문제, 경제로 이어지는 한나라 초기의 중국은 무거운 병에서 회복하기 시작한 시기와 비슷하다. 충분한 휴식을 취한 것이다.

한나라 초기에도 숙손통과 같은 유자(儒者)들이 등용되었지만 그것은 의전(儀典)을 위한 것일 뿐, 유(儒)의 사상은 아직 주류가 아니었다. 무제 시절에 들어서야 유교가 국교화되었지만, 그것도 그렇게 깊숙이까지는 스며들지 못한 듯하다. 한나라 초기 사람들의 정신적인 면에 커다란 영향을 준 것은 오히려 노장적인 사고였다.

한나라의 궁정에도 노장적인 분위기가 짙었다. 당시는 '황로지술(黃老之術)'이라고 해서 그 원류를 황제(黃帝)에서 찾았다. 문제의 황후인 두(竇) 씨는 황로를 믿었다기보다는 오히려 유학을 싫어했다고 말하는 편이 옳을지도 모르겠다.

경제 시절, 두 씨는 황태후(皇太后)였다. 궁정에 박사(博士) 벼슬의 원고생(轅固生)이라는 유학자가 있었는데, 두 태후가 그에게 노자에 대해서 물었다.

　　이는 가인(家人)의 말일 뿐이다.

라고 원고생은 대답했다. 가인이라는 것은 하인이라는 정도의 뜻이다. 하인, 하녀들이 이러쿵저러쿵 말하는 정도의 수준이라고 『노자』를 비방한 것이다. 노자를 숭배하던 두 태후는 크게 노하여 원고생을 멧돼지가 들어 있는 울타리 안에 가두었다. 그런데 이 유생을 가엾게 생각한 경제가 날카로운 칼을 그에게 주었다. 원고생이 멧돼지를 한칼에 찔러 죽여 무사했다는 내용이 『사기』의 「유림열전(儒林列傳)」에 기록되어 있다.

'가인의 말'이라고 유생이 경멸한 것처럼 황로지술은 차원이 낮은 민간신앙이나 미신 등과 쉽게 결합했다. 견해를 달리하자면 민간에 든든한 지반을 가지고 있었다고도 말할 수 있다.

한나라 초기의 정치가인 소하와 조참은 아무런 일도 하지 않았다고 전해진다. 이것도, 무위(無爲)로 화(化)한다는 노장사상을 따르고 있었다고 해석할 수 있다.

위정자가 아무것도 하지 않았다는 것은, 백성들에게 있어서는 다행스러운 일이었다. 시황제의 전체주의 체제에 끊임없이 간섭을 받아 왔던 백성들은 오랜만에 휴식을 취할 수 있었다. 물론 가끔 문을 두드리며 '자, 무덤 만들기에 나가야 한다'는 목소리가 들려오기는 했다. 그러나 그것은 기껏해야 마왕퇴 정도에 불과했지, 시황제의 능이나 아방궁이나 만리장성처럼 어마어마한 규모의 대공사는 아니었다.

의전을 전문직으로 삼고 있던 유학자들이 정치 면에서도 실제로 강한 영향력을 발휘하기 시작한 것은 앞에서 이야기했듯이 무제 시절이 된 뒤부터다. 예교(禮敎) 체제는 오래지 않아 곧 중국 사람들을 그 속으로 감싸 안아 버렸다. 그 가운데는, 중국은 옛날부터 유(儒)의 예교 체제 속에 있었을 것이라고 생각하는 사람들도 적지 않았다. 그러나 마왕퇴 1호 묘의 백화에서 유교의 그림자는 조금도 찾아볼 수가 없다. 2호 묘에서 비단에 적힌 『노자』가 출토되었지만, 『논어』나 『시경』 등 유학과 관계된 책은 들어 있지 않았다.

유학의 색채가 중국에서 강해지고, 그것이 사상의 주류가 되자, 거기에 반발한 노장 계열의 사람들은 예전의 초(楚) 지방으로 모여들게 되었다.

마왕퇴의 문화유산은 우리에게 한나라 초기의 상황과 초의 지방적인 성격을 분명하게 말해 주고 있다.

휴식의 시대

유항이 총애한 두 씨

유생인 원고생을 멧돼지 우리 안에 넣어 버린 두(竇) 태후는 불가사의한 운명의 상징이라고 할 수 있는 여성이었다.

그녀가 태어난 고향은 청하군(淸河郡) 관진(觀津)이다. 지금의 하북성남부로 조(趙)나라의 도읍이었던 한단(邯鄲)에서 그리 멀지 않은 곳이다.

여태후 시절, 각지 양가의 자녀들을 불러 모아 여태후의 시녀로 삼은적이 있었다. 그녀는 그때 뽑혀서 장안의 궁전에 들어갔다.

어느 날, 여태후는 궁정의 시녀들을 다섯 명씩 각지에 있는 왕에게 내리기로 했다. 시녀의 숫자가 늘어나서 인원을 정리하기 위해서였을까? 종종 언급했지만, 고조가 세상을 떠난 뒤 무제가 등장하기까지는 무리를하지 말자는 것이 국시였다. 궁정도 사치스럽지 않았다. 인원이 지나치게늘어나면 이런 식으로 정리를 했으리라 여겨진다.

여태후 시대에 제후왕(諸侯王)은 자주 바뀌기는 했지만 언제나 열서너

명 정도는 되었다. 정리 대상이 된 시녀는 어디로 가게 될지 알 수 없었다.

두 씨도 제후왕에게 보낼 시녀 중 한 명이었다. 그녀는 자신의 고향과 가까운 조(趙)나라로 가기를 희망했다. 후궁의 서무를 환관이 담당하고 있었다. 그녀는 환관에게 부탁하여 자신이 조나라로 가는 무리에 넣어 달라고 부탁했다. 그런데 그 환관이 그만 깜빡하고 그녀에게 부탁받은 일을 잊고 말았다. 그녀의 이름은 대왕(代王)에게로 가는 무리 속에 들어가게 되었다.

대(代)라는 나라도 지금까지 자주 등장했던 지명이다. 산서성 북쪽에 있으며 흉노와의 경계에 가까운 변방지방이다. 전국 시대에는 조나라의 판도였는데 진나라의 시황제가 조나라의 수도인 한단을 함락하고 조나라 왕을 포로로 잡자, 조나라의 공자(公子)가 탈출해 대로 가서 왕을 칭한 적이 있었다. 망명 정권을 세웠을 정도이니 틀림없이 외진 곳이었을 것이다.

두 씨는 그런 곳으로 가기가 죽기보다 싫었다. 그러나 여태후의 명령이었기에 거역할 수가 없었다. 울며 겨자 먹기로 대로 향했다.

대왕은 고조의 넷째 아들인 유항이었다. 어머니는 박(薄) 부인이다.

대왕은 장안에서 보내온 다섯 시녀 중 두 씨만을 사랑했다. 대왕에게는 정처가 있었지만 일찍 세상을 떠나 버렸다. 두 씨는 2남 1녀를 낳았다. 정처와의 사이에도 자식이 넷 있었지만, 어떻게 된 일인지 전부 병으로 죽고 말았다. 위생상태가 좋지 않고 의약도 발달되지 않았던 시대였기에 유아가 연속해서 죽는 것도 그렇게 이상한 일은 아니었다.

여태후의 죽음으로 최고의 권세를 자랑하던 여 씨 일족이 멸망하고 다시 유 씨의 한 왕조 천하가 되었다. 그리고 대왕 유항을 맞아들여 황제로 세웠다. 울며불며 장안을 떠나 대로 갔던 두 씨는 이번에는 장안으로 돌아와서 황후가 되었다. 애초에 환관이 그녀의 희망대로 그녀의 이름을 조로 가는 무리에 넣었다면 이런 일은 없었을 것이다.

고조 유방의 황자, 황손 가운데서 대왕인 유항이 황제로 뽑힌 것은 앞에서도 이야기했듯이 그의 어머니인 박 씨가 어질고 선하며 친정도 근직(謹直)했기 때문이다. 한 왕조는 여 씨 일족에게 당한 것이 있었기 때문에 외척에 대해서 매우 예민했다.

박 부인에 대해서도 재미있는 이야기가 전해진다. 그녀는 처녀였을 때 관(管) 부인, 조자아(趙子兒)와 사이가 좋았기 때문에,

우리 셋 중에서 누가 출세를 하든 다른 사람들을 잊지 말기로 하자.

하고 약속했다고 한다. 관 부인과 조자아는 유방의 총애를 받았는데, 우스갯소리로 소녀 시절에 했던 약속을 이야기했다. 그녀들의 이야기를 들은 유방은 박(薄)이라는 여자를 가엾게 여겨 딱 한 번 불러들여 총애했던 것이다. 하룻밤이었지만 아기를 갖게 되어 낳은 것이 유항이었다.

여태후가 권세를 쥐게 되자, 척 부인처럼 고조로부터 깊은 총애를 받았던 여성들이 시달림을 받게 되었다. 그러나 박 씨는 총애가 깊지 않았기 때문에 여태후도 관대하게 봐주어 대왕이 된 아들과 함께 대로 가도 좋다는 허락을 받을 수 있었다.

황제를 고르는 과정에서는 대왕의 어머니와 그 친정뿐만 아니라 대왕의 부인인 두 씨도 문제가 됐을 것이다. 시녀로 장안에 있던 시절의 두 씨는 인원정리의 대상이 되었을 정도이니 틀림없이 눈에 띄지 않는 존재였을 것이다. 다른 사람들 눈에 띌 정도의 여성이었다면 환관이 부탁받은 일을 깜빡 잊는 일도 없었을 것이다. 다른 사람들의 눈에 띄지 않는다는

것은 얌전하다는 뜻이니, 두 씨에 대해서도 합격점이 주어졌을 것이다.

대왕 유항이 문제(文帝)가 되었다. 조용하고 검소한 성격이었다. 묘를 조영하는 데 금은동석(錫)이나 옥을 사용하지 못하게 했으며, 오로지 와기(瓦器)만을 사용하게 했다는 사실은 앞에서도 이야기했다. 검소했다는 점은 여태후의 방침을 물려받았다고도 할 수 있다.

문제 시절에 흉노가 때때로 국경을 넘어와 약탈을 한 적이 있기는 했지만 대규모 침공은 없었다. 문제는 흉노에 대해서 화친을 제일 정책으로 삼고 변경의 수비를 엄중하게 하였고, 원정 준비를 한 적은 있었으나 흉노가 군대를 거두었기에 실제로 원정을 행한 적은 없었다.

천하는 잘 다스려졌다. 천하태평을 가져다준 천자에게는 태산에서 봉선의 의식을 행할 자격이 주어진다. 그러나 문제는 사양하며 그것을 행하지 않았다.

아아, 어찌 인(仁)이 아니겠는가.

라며 사마천도 문제를 칭찬했다.

재위 23년 만에 문제는 미앙궁에서 숨을 거뒀다. 기원전 157년의 일이었는데 당시 46세였다고 한다. 그의 유조(遺詔)는 천하 관민(官民)의 복상을 3일 동안으로 하라는 참으로 그다운 내용이었다.

복상 규정을 엄수하고 후장(厚葬)하는 것은 유가적인 사고방식이다. 문제의 정치는 오히려 반유가적(反儒家的)이었다고 할 수 있다.

무위(無爲)로 화(化)한다.

라는 노장의 이념에 따르고 있다. 문제의 황후인 두 씨가 유학자에 대해서 혐오감을 가지고 있었던 것도 당연했다. 그녀의 사고방식이 이상했던 것은 결코 아니다. 유교가 국교화된 뒤의 유교적 가치관에서 보자면 유학자를 싫어했던 그녀가 정상이 아닌 것처럼 여겨질지도 모른다. 그러나 당시에는 노장적 사상이 주류였고, 그녀와 같은 사고방식을 갖는 게 상식이었다고 생각할 수 있다.

청정무위(淸靜無爲).

고조의 죽음 이후 무제가 등장하기까지의 50여 년을 사가는 이렇게 표현하고 있다. 오랜 전란에서 온 피로를 조용히 치유하고 있었던 것이다. 이 휴식은 참으로 유익했다. 『사기』「고조공신후연표」의 서(序)에서 사마천은 다음과 같이 말했다.

천하가 처음으로 안정되었다. 이에 대성(大城)과 명도(名都)는 산망(散亡)하여 셀 수 있는 호구는 열에 두엇에 지나지 않았다. 그러므로 대후(大侯)는 만 가(萬家)에 불과했으며 작은 자는 오륙백 호였다. 그후 몇 년이 흘러 백성이 모두가 향리로 돌아가니, 호는 더욱 늘었다. 소(蕭)·조(曹)·강(絳)·관(灌)은 4만에 이르렀으며 소후(小侯)조차 저절로 두배가 되었다. 부후(富厚)가 이와 같았다.

난세가 끝난 후, 천하가 간신히 평정되었을 때는 대도시 주민들도 산산이 흩어져 호수와 인구가 예전의 2, 30퍼센트로 줄어 버렸다. 이에 고조가 140여 명의 공신을 열후에 봉했지만, 그중에서 가장 커다란 열후도

1만 호에 지나지 않았다. 소후는 5, 600호였다. 대후는 700호였다. 그랬던 것이 이 휴식기를 거치면서 호수와 인구가 더욱 증가하여 소하, 조참, 강후(주발), 관영의 자손은 실질적으로 4만 호의 대후(大侯)가 되었다는 것이다. 처음 고조로부터 봉해졌을 당시의 호수는 다음과 같다.

소하(찬후) 8천 호

조참(평양후) 1만 600호

주발(강후) 8천100호

관영(의후(懿侯)) 5천 호

이들 열후가 전부 4만 호가 되었다. 공신 중에서도 주요한 자들에게는 풍요로운 지역이 식읍으로 주어졌다. 그러나 소후라도 두 배로는 늘어나 있었다.

열후들만이 휴식기의 은혜를 입은 것은 아니었다. 그만큼 국력이 회복되고 충실해진 것이었다.

중앙과 지방의 군고(軍庫) 모두가 세금으로 거둬들인 동전으로 가득차 있었다. 식량창고도 넘쳐 나서 곡식을 창고 밖에 쌓아 두었기 때문에 썩어서 먹을 수 없을 정도가 되었다. 곡식만이 썩은 게 아니라 구멍이 뚫린 동전은 구멍에 끈을 넣어 뭉텅이로 모아 두었는데, 너무 오랫동안 저장만 해 둔 채 사용하지 않았기 때문에 그 끈이 썩어서 동전이 흩어져서 셀 수 없게 되었다고 한다.

문지기를 하는 사람조차도 맛있는 음식을 배불리 먹었다. 말의 사육이 성행해서 조정이 소유한 6개의 방목장에서는 30만 마리의 말이 방목되고 있었다. 민간에서도 조금만 돈이 있는 사람이라면 목장을 소유하고 있었다.

이렇게 얘기하면 좋은 일들만 있었던 것처럼 들리지만, 사실은 여러 가지 모순이 발생하고 있었다.

사회는 전반적으로 풍요로워졌으나, 그 배분은 결코 균등하지 않았다. 빈부의 격차가 커졌기에 그것이 사회 불안요소를 부르게 되었다.

한나라 초기의 세제는 물건을 납부하는 전조(田租)도 있었지만, 그 이외의 대부분은 동전으로 납부를 했다. 그랬기 때문에 동전을 꿴 끈이 썩어서 셀 수 없게 되는 현상도 일어났다.

화폐 경제는 원래 상업 활동에 의해서 진전하는 법이지만, 화폐로 납입하는 세제에 의해서 상업 활동이 촉진되는 면도 있다. 상업이 활발해져서 상인은 부유해졌으나, 농민의 경제력이 그것을 따라가지 못했다. 상인이 부유하고 농민이 가난한 상태를 전국적으로 볼 수 있었다.

잘 알 수 없는 부분도 있지만 당시의 세제에는 아무래도 비정기적인 것도 있었던 듯하다. 어떤 필요가 있을 때마다 임시로 징수한 것 같은 내용이 『한서』의 「식읍지」에 실려 있다.

전(錢) 삼천 문(文)을 바쳐라.

하는 명령이 떨어져도 평소 동전을 사용하던 상인은 바로 납세를 할 수 있다. 그러나 농민은 동전을 가지고 있지 않았다. 하는 수 없이 물건을 팔아야만 했다. 납세에는 기한이 정해져 있기 때문에 아무래도 내다팔 수밖에 없다. 때로 그것은 곡식인 경우도 있고 택지인 경우도 있고 논밭인 경우도 있었다. 또 때로는 아이를 노예로 파는 경우까지 있었다고 한다. 징세가 일제히 부과되었기 때문에 농민들이 일제히 물건을 팔아야 하니 말할 나위도 없이 수요보다 공급이 많아졌다.

정부가 세금을 징수하는 기간이 상인들이 한몫을 잡는 기간이 되었다. 팔 물건이 없는 농민은 상인들로부터 높은 금리로 돈을 빌릴 수밖에 없었다. 다음 수확을 담보로 한다 할지라도 빌리는 쪽의 입장이 약하기 때문에 불리한 조건을 받아들일 수밖에 없었다. 논밭을 담보로 하면 그 논밭은 곧 상인의 것이 되었다.

상인들은 더욱 부유해졌고 더욱 사치스러워졌다. 약간 부자가 되면 몸을 치장하게 된다. 의상이나 장신구, 소지품, 마차 등에 신경을 쓰게 되는 것이다. 커다란 부자가 되면 하인과 노비까지도 치장을 하게 했다. 옛날에는 황후밖에 입지 않았던 의상이나 장식을 상인의 처첩이나 하인들이 소유하게 됐다.

당시 부호, 호상의 집에서 연회가 열리면 집의 담 등에 호화로운 의상을 걸어 놓고 사람들에게 보여 주는 풍습이 있었다. 요즘에도 유명 상품의 마크를 은근슬쩍 보이게 하는 멋쟁이들을 볼 수 있다. 슬쩍 내보이고 싶어 하는 것이야 인지상정이라고 할 수 있지만, 담에 걸어서 전시했다니 너무나도 노골적이라고 하지 않을 수 없다.

봐야 하는 쪽에서는 여러 가지 생각이 들었을 것이다. 1년 내내 땀과 흙에 범벅이 되어서 밭을 기어 다니며 일하는 농민이 이것을 보면 일하는 것이 한심하다고 느끼게 될지도 모른다. 경작을 하기보다는 도시로 나가서 상인의 하인을 하는 편이 낫겠다고 생각했다 할지라도 그들을 비난할 수는 없을 것이다. 농촌에서 도시로의 인구 유출이 눈에 띄게 되었다.

호상들이 물 만난 고기처럼 세상을 휘젓고 다니던 무렵 협객들도 화려한 생활을 했다. 『사기』 「유협열전(游俠列傳)」에는 주가(朱家), 전중(田仲), 극맹(劇孟), 왕맹(王孟), 곽해(郭解) 등 한나라 초기 협객들의 이름이 열거되어 있다. 약한 자를 돕고 강한 자를 꺾는다는 등 멋들어진 말을 하지만, 그들은 이마에 땀 흘리며 일은 하지 않았다. 예나 지금이나 그런 사람들은 외모를 꾸민다.

어깨에 힘을 주고 돌아다니는 유협의 무리들을 볼 때도 농민들은 여러 가지 생각이 들었을 것이다.

혜제 이후 50년 동안 커다란 전쟁과 공사 없이 천하가 잘 다스려졌다고는 하지만, 이와 같은 사회의 뒤틀림이 점점 퍼져 나갔다. 언제까지고 '청정무위'에 의지하여 아무것도 하지 않는 것이 좋은 것이라며 방치해 둘 수만은 없게 되었다.

태평을 구가하는 시대라 할지라도 날카로운 관찰력을 가진 사람은 다른 사람들에게는 보이지 않는 뒤틀림을 알아보기 마련이다.

노장의 사상에 경도되어 있는 사람이라면 설령 그것을 깨달았다 할지라도 세상은 흐름에 맡길 수밖에 없다고 생각할지도 모른다. 그러나 유가나 법가 사람들은, 이제 '무위'만으로는 세상의 흐름이 막혀 버릴 것이라는 위기의식 갖기 시작했다. 문제에서부터 경제까지의 시대에 그런 세상을 걱정하는 인물이 나타났다.

농사는 본업이요, 상업은 말업이다

가의(賈誼, 기원전 201~168)는 낙양 사람이다. 젊었을 때부터 준재라는 평판이 높았기에 최연소로 문제의 궁정에 들어가 박사가 되어 이로정연 (理路整然)한 변론으로 여러 가지 일들을 진언했다고 한다. 그는 예악을 일으킬 것 등을 정열적으로 주장했다. 문제도 그의 열의에 마음이 움직여 그를 중용하려고 했다.

여기에 불만을 품은 것은 승상인 주발과 태위(국방부 장관)인 관영 등과 같은 무리였다. 그들은 고조를 따라서 진나라를 치고 항우와 싸워서 천하를 취하는 데 공헌을 한 건국 원훈들이었다. 건국한 지 20년이 지났는데 스물 남짓한 풋내기가 이러쿵저러쿵 건방진 소리를 해 댔다. 그 치열했던 전쟁이 있었을 때 그는 아직 태어나지도 않은 인간이었다. 가의는 고조가 황제를 칭한 지 2년째 되던 해(기원전 200)에 태어났다. 건국 원훈들의 입장에서 보자면 자신들이 만들어 낸 나라에 대해서 가의 같은 사람이 참견한다는 것 자체가 못마땅한 일이라고 생각했다. 그런데도 가의는 지금까지의 방법으로는 안 된다고 말하면서 새로운 계획을 차례차례로 진언했다. 주발 등은 가의를 비방하는 말을 문제에게 했다.

> 낙양 사람(가의)이 연소하고 초학(初學)함에도 오로지 권력을 휘둘러 모든 일을 분란시키려 한다.

문제는 가의의 재능을 인정하고 있었지만, 원래가 무리를 하지 않는다는 생각을 가지고 있었기 때문에 중신들에게 이처럼 미움을 받고 있는 사람의 등용을 포기했다. 그리고 가의를 장사왕의 태부(太傅)로 삼았다. 태부란 후견인을 말하는 것인데, 당시 장사국은 국왕인 오우(吳右)가 죽고 어린 오저(吳箸)가 그 뒤를 이은 직후였다. 장사의 재상인 대후 이창은 이미 죽었고, 그의 아들인 희가 그 자리에 있었다. 마왕퇴 무덤에서 마치 살아 있는 것 같은 유체로 발견되어 이 세상에 모습을 드러냈던 대후 부인인 이창의 미망인은 아직 건재했다. 당연히 가의는 대후 부인과도 만난 적이 있었을 것이다.

왕의 대부라고 하면 듣기에는 좋지만, 장사는 가난하기로 유명한 나라였다. 말할 나위도 없이 이는 좌천이었다. 세상을 근심하고 백성을 구하겠다는 젊은 가의의 심정을 이해해 주는 사람은 아무도 없었다. 황제 주변에 있는 노신들이 그를 좌절케 했다. 임지인 장사로 가려면 멱라강을 건너야 했다.

가의는 지금 자신의 처지가 그곳에서 투신자살한 굴원과 비슷하다는 생각을 했을 것이다. 굴원은 참언 때문에 추방당했으며, 가의 역시 노신들로부터 소외되어 이렇게 좌천되었다.

가의가 굴원을 애도하며 지은 부(賦, 운문)가 잘 알려져 있다.

공손히 가혜(嘉惠, 은명(恩命))를 받들어 죄를 장사에서 기다린다.
얼핏 듣기에 굴원은 스스로 멱라에 빠졌다고 한다.
지금에 와서 상류(湘流)에 의락하여 삼가 선생을 조문한다.
극(極, 중도(中道))이 없는 세상을 만나 곧 그 몸을 망치게 되었다.
아아, 슬프구나. 상서롭지 못한 때를 만나,
난봉(鸞鳳, 영조(靈鳥))은 엎드려 숨고, 올빼미는 날고 있다.
부족한 사람은 존귀함을 받고, 아첨하는 사람은 뜻을 얻는다.
현성(賢聖)은 거꾸로 내리게 되고, 옳은 사람은 거꾸로 서게 되었다.
세상은 백이(伯夷)를 탐(貪)이라 말하고, 도척(盜跖, 악당의 이름)을
염(廉)이라 한다.
막야(莫耶, 명검)를 무디다 하고, 연도(鉛刀)를 날카롭다 한다.
아아, 선생은 묵묵히 이유 없이 화를 당했다.
주정(周鼎, 주나라의 국보)을 버리고, 강호(康瓠, 커다란 표주박)를 보

배로 삼는다.

지친 소를 멍에를 씌우고, 절뚝발이 나귀를 예비 말로 삼는다.

준마는 두 귀를 드리우고, 소금 수레에 매어진다

장보[章甫, 은나라의 관(冠)]를 신발 밑에 깐다.

이래서는 오래가지 못할 것이다.

아아, 괴롭구나. 선생이여, 홀로 이 마음을 만났으니.

2천여 년 동안, 자신이 옳다고 믿고 있음에도 좌천되거나 추방당한 사람들은 가의의 이 부를 중얼거리곤 했다.

사마천은 『사기』에서 가의의 전기를 「굴원열전」과 같은 항목에 두었다. 가의의 손자인 가가(賈嘉)와 편지를 주고받았던 적도 있었던 사마천은 가의를 높이 평가했다.

예악을 일으켜야 한다고 주장하고 『시(詩)』와 『서(書)』를 읽은 것으로 봐서, 가의는 유가(儒家)에 넣어도 좋을 듯하다. 그러나 그가 가르침을 받은 스승 오공(吳公)은 진나라 이사(李斯)와 같은 고향 사람으로 이사에게서 배웠다고 하니 법가 계통이었을 것이다.

장사에 머문 지 약 4년 만에 가의는 다시 부름을 받아 돌아왔고, 이번에는 문제의 막내아들인 양왕(梁王) 유읍(劉揖)의 태부가 되었다. 유읍은 두 씨가 낳은 아들은 아니었지만 문제가 매우 사랑한 아들이었다. 궁정의 정무회의에 참석하면 여러 가지로 선배들의 마음에 들지 않는 말을 하지만, 교사로서는 적격이라고 생각했을 것이다.

가의는 양왕의 태부가 되어서도 종종 상서를 하여 정치를 논했다. 그는 세상이 사치스러워지고, 농민들이 도시로 흘러 들어와 상공업에 종사하는 것을 걱정했다. 그의 말에 따르자면, 농(農)이 인간의 본업(本業)이며, 상공은 말업(末業)에 지나지 않는다.

> 지금 본(本)에 등을 돌리고 말(末)을 좇는다. (땅을 갈지 않고) 먹는
> 자가 많음은 천하의 대재해이다.

그는 청정무위의 이면 속에 숨겨진 나쁜 결과를 이렇게 간파하고 그 대책을 진언했다.

> 지금 백성을 몰아 농(農)으로 돌아가게 해서 모두 본(업)에 종사하
> 게 하여, 천하로 하여금 각자 그 힘(의 성과)을 먹게 하고, 떠돌이 상공
> 업자로 하여금 남무(南畝, 남쪽으로 향한 밭)로 모이게 한다면, 곧 풍족
> 하게 축적되어 사람들이 그곳을 즐거워할 것이다.

강제 귀농을 권한 것이다.

가의의 진언이 어느 정도 받아들여졌는지 자세히는 알 수 없다. 그러나 농본주의는 한나라의 건국이념이었다. 그것으로 돌아가자는 주장이었다. 건국 당초 고조는 상인에게 농민들보다 무거운 세금을 매겼으며 비단의 착용을 금지했다. 그런데 문제 시절에는 상인들이 연회를 열면 화려한 비단옷을 담장에 걸었다고 하니, 상인들에 대한 차별조치는 폐지되었거나 아니면 유명무실해졌을 것이다. 그렇게 된 것은 상인들의 경제력 때문이었을지도 모른다.

어쨌든 문제는 가의의 말에 감동을 받아, 처음으로 '적전(籍田)'을 만들

고 친히 경작하여 권농의 모범을 보였다고 『한서』에 기록되어 있다.

천자가 몸소 농사를 짓는 적전 의식은 예로부터 있었다고 하는데, 주나라의 선왕(宣王) 때 폐지되었다고 한다. 그것을 부활시킨 것이지만, 600년 동안이나 행하지 않아 그 형식을 알 수 없었을 테니 부활이라기보다는 창설이라고 해야 옳을 것이다.

양왕인 유읍은 말에서 떨어져 죽었다. 태부 가의는 그것을 자기 책임이라고 한탄하며 눈물로 세월을 보내다 1년여 만에 죽었다고 한다. 그의 나이 겨우 32세였다.

제후왕의 기세를 꺾어라

농본주의 외에 가의가 문제에게 진언한 것은, 제후왕들의 세력이 너무 강하니 그것을 축소해야 한다는 것이었다.

문제가 즉위했을 당시 오왕(吳王) 유비(劉濞)는 장년이었지만 나머지 제왕(諸王)은 나이 어린 자가 많았기 때문에 그다지 문제될 것은 없었다. 한나라에서 태부와 재상이 파견되었기에 한나라 중앙정부의 의도대로 이끌어 나갈 수 있었다. 그러나 장차 제왕이 성장하여 적당한 구실을 만들어 한나라에서 파견한 관료를 내몰고 자신의 뜻대로 나라를 운영한다면 우환이 되지 않을 수 없다.

그때가 되어 치안을 유지하려 한다면 요순(堯舜과 같은 성인)이라 할지라도 다스릴 수 없을 것이다.

라고 가의는 근심했다.

이에 대한 대책으로 가의는 제후왕의 나라를 가능한 한 분할할 것을 간언했다. 예를 들어서 어떤 왕에게 다섯 명의 아들이 있다면, 지금까지는 한 왕자가 왕위를 계승했지만 이것을 다섯 왕자가 평등하게 분할 계승토록 하자는 것이었다. 왕의 숫자는 늘어나지만, 나라는 작아져 커다란 힘이 되는 것을 막을 수 있다.

가의는 서른세 살에 죽었기 때문에 이 제후왕 대책은 조조(鼂錯)라는 사람에 의해서 추진되었다.

고조가 세상을 떠난 뒤 40년 동안의 휴식기가 있었기 때문에 사회에 모순은 있었다 할지라도 국력은 크게 증강되었다. 제후왕과 열후의 나라들도 역시 부강해지기는 했지만, 중앙정부는 규모에 있어서도 그들의 성장이 문제가 되지 않을 정도로 힘을 키웠다.

정권에는 생물과도 같은 면이 있다. 강해지면 더욱 강해지려 하는 법이다. 한나라의 중앙정부는 부강해짐에 따라서 중앙집권을 더욱 강화하려 했다. 그것은 제후왕의 힘을 약화시키는 것이나 같았다. 이에 대해서 제후왕은 당연히 저항하려 했다.

황족의 장로인 오왕 유비가 중앙에 대한 저항의 리더가 되었다.

유비는 고조 유방의 형인 유중(劉仲)의 아들이었다. 문제의 사촌형이었다. 문제는 재위 23년 만에 세상을 떠났으며, 그의 아들인 유계(劉啓)가 즉위하여 경제(景帝)라 불리웠다.

유비는 숙부인 고조의 마지막 친정이 된 경포 토벌작전에 종군했으며, 그 공을 인정받아 약관 20세의 나이에 오왕이 되었다. 이는 아버지의 불명예를 만회하는 일이기도 했다.

고조 유방은 젊었을 때 무뢰한이었기에 아버지를 어지간히도 애먹였다. 아버지인 태공(太公)은 언제나 유방 때문에 한숨을 지었다. 유방에 비하자면 형인 유중은 농사와 가사에 힘쓰는 착한 아들이었다. 형인 중을 본받아 조금은 착실해지면 좋겠다는 것이 태공의 입버릇이었다.

그런데 그 무뢰한이었던 유방이 황제가 되었다. 황제가 된 유방이 아버지에게,

처음에 대인(大人, 아버지)은 언제나 신(臣)은 무뢰하고 산업에 힘쓰지 않아 중(仲, 형의 이름)만 같지 못하다 여겼습니다. 그런데 업을 이룬 일이 중과 나 어느 쪽이 더 많았습니까?

라고 말했다는 에피소드를 『사기』에서 볼 수 있다. 언제나 형과 비교를 당했던 것이 유비에게는 매우 마음 상했던 모양이다. 아버지는 제가 형에 미치지 못한다고 생각하셨는데, 자 지금 제가 한 일과 형이 한 일 가운데 어느 쪽이 더 많습니까?

전상(殿上)의 군신(群臣)은 모두 만세를 부르고 크게 웃으며 즐거워했다.

앞의 이야기에 이와 같은 기술이 덧붙여져 있다. 신하들이 여기서 웃은 이유는 황제 유방의 형인 유중이 그 전해에 추태를 보였기 때문이었다.

대왕(代王) 유중은 나라를 버리고 도망쳐 스스로 낙양으로 돌아왔
다. 왕을 폐하고 그를 합양후(合陽侯)로 삼았다.

라는 사건이 있었다.

황제의 형인 유중은 원래 대왕으로 세워졌다. 앞에서도 가끔 이야기했
지만 대는 군사상 북방의 요지였다. 그런 곳의 왕이 되었는데 임무를 수
행하지 못하고 낙양으로 도망쳐 온 것이다.

그에 대한 처벌로 제후왕에서 열후로 격하되었다.

가업에 힘쓰는 일에 있어서는 동생보다 뛰어났지만 제후왕으로서는
실격이었다.

고조가 경포 토벌에 형의 동생인 유비를 데리고 간 것은 아버지의 불
명예를 만회할 기회를 주기 위해서였다. 어떤 활약을 했는지는 알 수 없
지만, 공을 인정받은 유비는 오왕이 되어 아버지가 잃었던 제후왕의 지
위를 되찾았다.

경제가 즉위했을 무렵, 유비는 오왕에 오른 지 40년 가까이 되어 있었
다. 게다가 그는 오랫동안 장안으로 들어오지 않았다. 입조하지 않은 데
는 나름대로의 이유가 있었다.

문제 시절, 오왕의 아들이 입조하여 당시 황태자였던 경제와 박혁(博
奕, 주사위 놀이의 원형으로 알려진 놀이)을 하던 중에 말다툼을 하게 되었는
데, 경제가 던진 판에 맞아서 죽은 사건이 있었다.

그 이후 오왕은 병을 칭하며 입조하지 않았다. 자신의 아들에게 잘못
이 있었기에 문제도 굳이 오왕의 결례를 탓하려 하지 않았다.

아들의 원수인 그 경제가 즉위했다.

게다가 장안의 중앙정부는 문제 시절에 이어서 제후왕의 힘을 약화시키기 위해 이런저런 트집을 잡아 귀찮게 했다. 경제가 즉위하자, 그의 측근이었던 조조(鼂錯)가 중용되어 어사대부(御史大夫)가 되었다. 이는 부총리(副總理)에 해당하는 자리였다. 그런데 그 조조는 가의의 제후왕 봉지 삭감론을 이어받아 그것을 강행한 인물이었다.

가장 먼저 공격의 대상이 된 것은 초왕(楚王)인 유무(劉戊)였다. 박 태후의 상중에 여성을 가까이했다는 이유로 사죄를 면해 주는 대신 동해군(東海郡) 38개 현을 몰수했다. 교서왕(膠西王) 유앙(劉卬)은 매작(賣爵) 사건 때문에 6개 현을 삭감당했다. 조왕(趙王) 유수(劉遂)에게도 죄가 있다는 명목으로 상산군(常山郡) 18개 현을 바치게 했다.

이렇게 되자 당연히 박혁 사건으로 입조하지 않게 된 오왕이 문제가 되었다. 문제는 관용을 베풀어서 이 사촌형이 병이라고 하자 지팡이를 보내기도 했다. 그러나 경제는 아버지만큼 조용하지가 않았다. 게다가 조조라는 냉철하고 현실적인 정치가가 곁에 있었다.

유비는 40년 동안이나 오(吳)를 경영해 왔다. 동과 소금을 국영화했기 때문에 백성들은 세금을 낼 필요도 없었다. 정치가 잘 행해지고 있었다. 오왕은 자신의 영지에 애착심을 품고 있었다. 그것을 삭감당한다는 것은 견딜 수 없는 일이었다.

그 외에도 봉지를 삭감당하거나 삭감 직전까지 내몰린 제후왕이 있었다. 가의가 걱정했던 것처럼 그들은 이미 성인이 되었으며 혈기왕성한 자들이 적지 않았다.

그때 황족의 최고 장로인 오왕으로부터,

이대로 두면 우리 제후왕은 점점 빈곤해져 가다 결국에는 멸망하

여 한나라에 먹힐 수밖에 없을 것이다. 앉아서 멸망하기를 기다리기
보다는 일어나서 활로를 모색하자.

라는 꼬드김이 있었다.

난을 일으키는 데도 명분이 필요했다. 누가 뭐래도 제후왕에게 있어서
한나라의 황제는 종가(宗家)였다. 대놓고 한나라를 치겠다고는 할 수 없
었다. 이럴 때 모반을 일으키는 사람들은 언제나 똑같은 말을 한다.

황제 곁의 간인(奸人)을 없애야 한다. 그들이 황제로 하여금 잘못
을 저지르게 하고 있다.

오초칠국의 난

오왕의 권유에 처음에는 9개국 연합이 성립되었지만, 나중에 2개국이
빠져나가 결국 거병한 것은 7개국이었다. 이것을 '오초칠국(吳楚七國)의
난'이라고 부른다.

거병은 경제 3년(기원전 154)의 일이었다.

사실 이해 정월에 오나라의 자금원으로 소금의 산지인 회계군(會稽郡)
과 동의 산지인 예장군(豫章郡)을 삭감하겠다는 결정이 유비에게 전달되
었다.

동산의 개발과 제염업의 진흥 모두 오왕 유비에 의해서 이루어진 것이
다. 그것을 가로채겠다는 것이니 오왕의 입장에서 보자면 이보다 더 불
합리한 일도 없었다. 자신의 아들을 주사위놀이 판으로 때려서 죽인 경
제가 상대였다. 그는 일어섰다.

빠져나간 것은 제왕(齊王) 유장려(劉將閭)와 제북왕(濟北王) 유지(劉志)였

다. 오왕 유비 이외에 반란에 참가한 여섯 왕은 다음과 같다.

초왕(楚王) 유무(劉戊)

조왕(趙王) 유수(劉遂)

교서왕(膠西王) 유앙(劉卬)

교동왕(膠東王) 유웅거(劉雄渠)

치천왕(菑川王) 유현(劉賢)

제남왕(濟南王) 유벽광(劉辟光)

맹주인 오왕은 자신의 영국(領國)에 동원령을 내렸다. 그는 62세였다. 그리고 14세가 된 막내아들도 종군했다. 이에 나라 안의 14세 이상 62세까지의 남자들을 전부 모아 군대를 편성했다. 20만 명이었던 것으로 알려져 있다. 이 숫자를 바탕으로 역산해 보면, 오나라는 제후왕의 나라로 3군 53개 현이라는 대국이었지만, 인구는 의외로 많지 않았던 듯하다. 인구는 장안을 중심으로 한 관내(關內)와 낙양(洛陽)을 중심으로 한 중원에서 급격히 증가했으나, 오와 같은 남방에서는 그처럼 많이 증가하지 않았는지도 모른다.

오왕의 부름에 응한 나머지 6개국은 동과 소금으로 부강해진 오의 재력을 믿고 있었다. 문제는 병력이었는데, 오는 한나라의 외번(外藩)인 민월(閩越)과 동월(東越)에 원병을 요청했다. 동월은 지금의 절강성, 민월은 복건성에 있던 나라다. 동월은 군대를 보냈지만 민월은 협력을 거부했다. 조(趙)도 북방의 흉노와 연락을 취했다.

내전인데도 외국의 힘을 빌렸다.

한나라는 건국 이후 가장 어려운 국면을 맞이했다. 말할 나위도 없이 경제의 궁정은 동요했다.

경제는 즉위한 지 얼마 되지 않았기 때문에 궁정에서의 세력관계도 아직 안정되어 있지 않았다. 문제 시절의 중신들과 경제가 즉위한 뒤에 기용된 대신들 사이가 그렇게 밀접하지 않았다. 경제가 발탁한 것은 조조였다. 조조는 '태자가령(太子家令)'이라고 해서 경제가 황태자였을 때 비서실장과 같은 역할을 맡았던 사람이니 최측근이라고 할 수 있었다.

즉위 당시 승상은 신도가(申屠嘉)였으며, 부총리에 해당하는 어사대부는 도청(陶靑)이었다. 발탁된 조조는 내사(內史)가 되었다. 내사란 경사(京師, 수도)의 장관으로 지금의 특별시장에 해당하는 요직이었는데, 그의 권세가 승상의 권세를 능가하고 있었다. 경제는 자신과 흉금을 털어놓고 지내는 조조의 말만을 듣고 승상의 의견은 그다지 받아들이지 않았다.

내사가 된 조조는 출입이 편리하도록 관아의 남쪽에 문을 냈는데, 그것은 태상황(太上皇, 유방의 아버지) 묘의 담장이었다. 승상 신도가는 불경죄로 그를 베어야 한다고 경제에게 말했지만, 경제는 오히려 그를 감쌌다. 묘의 담장이라고는 하지만 외벽에 지나지 않으며, 그것은 자신이 시킨 일이니 내사에게는 죄가 없다고 말했다. 승상은 분해서 견딜 수가 없었다. '먼저 베고 불경을 말씀드릴 걸 그랬다'며 후회했고 그 때문에 피를 토하며 죽었다.

도청이 승격되어 승상이 되었고, 공석이 된 어사대부 자리에 내사였던 조조가 임명되었다. 그의 권세는 더욱 강해졌다. 의욕적인 인물이었기 때문에 정적을 쓰러뜨리는 데도 열을 올렸다. 그랬기 때문에 문제 시절부터의 오랜 중신인 신도가 두영(竇嬰) 등과 같은 무리들로부터도 미움을 샀다.

그를 미워했던 중신들 가운데 원앙(袁盎)이라는 사람이 있었다. 씩씩하고 용기가 있는 사람으로 중랑장(中郎將)을 거쳐서 제(齊)와 오(吳)의 상(相)을 역임한 적이 있었다. 하고 싶은 말은 분명하게 하고 싫은 것은 싫다고 솔직하게 말하고 또 그대로 행동하는 사람이었다. 제후왕의 힘을 약화시켜야 한다고 문제 시대에 가장 먼저 말한 것이 바로 이 원앙이었다. 같은 정견을 가지고 있었고 또 성격도 비슷했겠지만, 바로 그랬기 때문에 이 두 사람은 견원지간처럼 지냈다. 원앙은 조조가 있는 곳에는 가려 하지 않았다. 원앙이 있는 자리에는 조조가 나가려 하지 않았다. 조조는 '원앙은 오왕으로부터 뇌물을 받았다'라는 혐의를 뒤집어씌워 끝내 원앙을 해임하고 서민으로 만들어 버렸다. 어사대부의 권한으로 처분한 것이었다.

오초칠국의 난이 일어나자 이번에는 원앙이 보복을 했다. 서민이 되었기 때문에 황제를 알현할 자격은 없었지만, 소개자가 있으면 불가능한 일도 아니었다.

피를 보지 않고 이번 난을 평정할 방책이 있습니다.

그는 두영을 소개자로 삼아 알현하고 경제에게 이렇게 진언했다. 두영은 두 태후의 조카로 구신(舊臣)이었기에 조조를 싫어했다.

칠국의 거병은 황제 곁의 간신을 없애야 한다는 이유를 내걸고 있습니다. 간신으로 지목한 조조를 벤다면 난을 평정할 수 있을 것입니다.

경제는 천하의 주인이었다. 조조는 그의 심복이자 의지하고 있는 인물이지만, 천하를 위해서 아까워해서는 안 된다고 생각했다.

10여 일 후, 부름을 받은 조조는 조의(朝衣, 입궐할 때 입는 대예복)를 입고 나섰는데, 그 수레는 궁전으로 가지 않고 형장인 동시(東市)로 향했다. 그는 거기서 칼을 맞았다.

『사기』와『한서』의 「조조전(鼂錯傳)」을 읽어 보면, 그가 상당한 인물이었으며 뛰어난 정론가였다는 사실을 알 수 있다. 그가 논하는 바를 보면 매우 훌륭하다. 굳이 정론가라고 하고 정치가라고 하지 않은 이유는 대인관계에 문제가 있었기 때문이라 여겨진다. 그의 정책을 읽어 보면, 원앙과는 동지가 될 수 있었을 텐데도 오히려 원수가 되었고 그 때문에 목숨을 잃고 말았다.

자신의 포부에 지나친 자신감을 가지고 있었으며 그것을 수행하기 위해서는 독재자적인 실권을 얻을 필요가 있다고 생각했을 것이다.

조조의 논책 가운데 농민이 가난해지고 상인이 부유해지는 사회 모순을 해결하는 방법을 논한 부분이 있다. 그것은 국가에 곡물을 대량으로 헌납한 사람에게 작위를 주자는 제도였다. 세금을 화폐로 납부해야 하기 때문에 농민이 곡물을 팔 때는 공급이 수요를 넘어서는 시장이 형성된다는 사실은 앞에서도 이야기했다. 이것을 시정하려는 제도였다. 작위를 원하는 부호가 있으니 곡물은 언제라도 수요가 발생하기 때문에 농민은 터무니없이 싼 가격으로 팔지 않아도 된다. 이 건언(建言)이 채용되었으니 농민들은 혜택을 받았을 것이다.

『사기』와『한서』모두 조조와 원앙 두 사람의 전기를 같은 권에 실었다. 살아 있는 동안에는 서로가 원수였던 이 두 사람이 사후 사서 속에서 나란히 사이좋게 늘어서 있다는 것도 보기 딱하다는 생각이 든다. 조조는 처형당했고 원앙도 후에 암살당했으니, 두 사람 모두 불행한 최후를 맞았다고 할 수 있겠다.

자멸한 제후왕들

조조가 처형당했지만, 오초칠국은 병사를 물리지 않았다. 모반이라는 중대한 일을 감행했으니 대단한 각오가 있었을 것이다. 황제 곁의 간신을 없애겠다는 것은 그저 구실에 지나지 않았다.

원앙은 봉상(奉常, 후에는 태상(太常))이라는 구경(九卿) 중 한 사람에 등용되어 조조의 주살을 알리기 위해 오로 파견되었다. 그는 오의 재상으로 이 나라에 한 번 부임한 적이 있었기 때문에 오왕인 유비와도 잘 아는 사이였다. 관계가 너무 밀접했던 탓인지 뇌물을 받았다는 의심을 받아 조조에 의해서 해임된 적도 있었다.

오왕은 오로 들어온 원앙을 만나려고도 하지 않았다.

나는 이미 동제(東帝)다. 그러나 누구에게 절하겠는가?

라고 오왕은 말했다. 천하를 동서로 나누어 각각 제(帝)로서 분할 군림하겠다는 사상은 전국 시대 때부터 있었다. 제나라가 동제가 되고 진나라가 서제(西帝)가 되기로 했는데, 아무래도 제후(諸侯)들의 저항이 심했던 듯 제나라는 동제라는 호칭을 바로 취소했다.

장안에서 황제가 보낸 사자가 오면, 황제의 신하인 자는 설령 제후왕이라 할지라도 그 칙사에게 절을 해야 한다. 오왕이 원앙을 만난다면 무릎을 꿇고 절을 해야 할 의무가 있었다. 만나지 않겠다는 것은 절을 하지 않겠다는 것이니, 오왕이 장안의 황제를 서제로 인정하고 동제인 자신을 그와 대등하게 생각하고 있었다는 사실을 이야기해 준다.

한나라가 진나라의 군현제를 답습하지 않고 제후왕의 나라를 두는 군국제로 바꾼 것은 만약의 경우에 황실의 번병(藩屏, 울타리)이 되어 반란군을 막아 줄 것이라고 생각했기 때문이었다. 번병이 없었던 진나라가 너무나도 간단하게 무너져 버린 사실에서 얻은 교훈을 되살릴 의도였다.

번병이 되어 장안의 황실을 지켜야 할 황족의 제후왕이 지금은 반란군이 되어 버린 것이다. 7개 국이니 모든 제후왕의 나라 가운데 절반이 중앙에 반기를 든 셈이었다. 지도를 보면 알 수 있듯이 한나라 판도의 동남부를 차지하고 있던 제후왕의 반란이었다. 오왕이 '동제'라고 자칭한 것을 보면, 장안을 무너뜨리지는 못한다 할지라도 천하이분지계(天下二分之計)를 생각하고 있었는지도 모른다.

그러나 군국제가 아무런 효과도 없었던 것은 아니다. '번병'의 역할을 훌륭하게 수행한 제후왕도 있었다.

양왕(梁王)인 유무(劉武)가 바로 그였다. 유무는 경제의 동생인데 더구나 둘 모두 두 태후가 낳은 아들이었기 때문에 가장 가까운 관계에 있었다. 막내였기 때문에 두 태후는 양왕을 매우 사랑했다.

어머니가 같은 황제의 동생이었기 때문에 반란군의 맹주인 오왕도 물론 처음부터 그를 끌어들이려 하지 않았다. 은밀하게 꾸민 계획이 새어 나갈 것이 분명했기 때문이다.

반란군이 장안을 노리려면 우선은 양을 격파해야만 했다. 양을 그대로 내버려 두면 배후를 습격당할 우려가 있었기 때문이다. 오와 초의 연합군은 회수를 건너 극벽(棘壁)이라는 곳에서 양의 군대를 격파했지만, 양의 국도인 수양(睢陽)은 도무지 떨어뜨릴 수가 없었다. 양왕 유무는 오초 연합군의 서진을 막아 훌륭한 번병임을 보여 주었다.

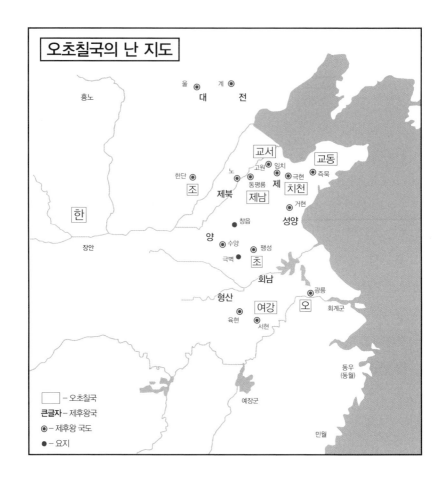

오초칠국의 난 지도

수도 장안으로부터 주발의 아들인 주아부(周亞夫)가 태위(太尉)로서 토벌군을 이끌고 창읍으로 들어왔다. 그곳을 기지로 삼아 오초군과 그 본국과의 연결로를 끊었다. 오왕은 서둘러 창읍으로 공격해 들어갔지만, 주아부는 성문을 굳게 걸어 잠그고 싸우려 하지 않았다. 보급로를 끊었기 때문에 시간을 끈 것이다. 시간을 끌면 반란군은 식량이 부족해서 장병이 굶주릴 것이라는 사실을 알고 있었다.

오초 양군에서 굶어 죽는 자가 많아지기 시작했다. 참지 못하고 탈주하는 장병들도 속출했다. 어쩔 수 없이 군대를 물리는 것을 주아부가 정예병을 이끌고 나가 추격했다. 군대를 버린 오왕은 친위대만을 데리고 야밤에 도주를 했다. 초왕인 유무(劉戊)는 자살했다.

교서, 교동, 치천의 왕들은 제(齊)의 국도인 임치를 포위했다. 제는 반란군에 가담했다가 빠져나갔었다. 제도 제후의 병사를 맞아서 성을 견고하게 지키며 물러서지 않았다.

조로부터 도움을 요청받았던 흉노도 반란군의 형세가 좋지 않은 것을 보고 출병을 뒤로 미루기로 했다.

단번에 뒤집어엎으려던 오왕 유비의 계획은 크게 빗나가고 말았다. 오초 양군이 주아부에게 패했다는 소식이 반란 동맹을 붕괴시켰다. 제의 국도를 포위하고 있던 제후의 군은 군대를 철수했으며, 한나라 군의 추격을 받았기에 제왕은 자살을 할 수밖에 없었다.

조왕인 유수는 홀로 한단에 거점을 두고 저항했지만, 한나라 장수인 역기(酈寄)의 공격을 받아 역시 자살하고 말았다.

도망친 오왕 유비가 장강을 건너서 강남으로 돌아가자 응원을 약속하고 달려온 동월(東越)군이 맞아 주었다. 그러나 형세를 살핀 동월군은 이미 한나라와 연락을 주고받고 있었다. 동월은 패군(敗軍)인 오왕을 유인하여 죽이고 그 수급을 한나라로 보냈다. 오의 태자인 유구(劉駒)는 민월(閩越, 복건)로 달아났다고 한다.

조왕은 한단을 굳게 지키며 10개월 동안이나 버텼지만, 맹주인 오왕의 죽음으로 난이 끝났다고 본다면 거병으로부터 겨우 3개월 만에 끝나버리고 만 셈이다.

여 씨 일족 토벌은 궁정 안에서만 일어난 싸움이었지만, 오초칠국의 난은 상당히 넓은 범위에 걸쳐 있었다. 그러나 아주 짧은 시간에 끝나고 말았다.

주아부가 적절하게 대처했으며, 노장인 오왕의 작전 실패도 있었다. 그러나 이 거병이 3개월 만에 평정된 것은 그런 문제보다 민중들에게 전혀 지지를 얻지 못했기 때문이라고 생각된다. 물론 힘든 일도 있었겠지만, 전반적으로 보자면 민중들에게 있어서 당시 상태는 평온한 휴식기였다. 그것이 혼란스러워지기를 바라지 않았다. 제후왕의 나라가 삭감되고 나라가 없어진다 해도 민중에게는 그다지 커다란 영향을 끼치지 않았다.

고조 말년에 경포를 토벌한 이후 40년 동안 전쟁다운 전쟁은 없었다. 오왕 유비는 대 경포전에 20세의 나이로 출진했으며, 오초칠국의 난을 일으켰을 때는 60세가 넘어 있었다. 대부분의 장병에게 있어서 이 난은 첫 번째 전쟁 경험이었다.

일곱 명의 제후왕이 자멸하여, 제후왕의 힘을 약화시켜야 한다는 조조의 정책이 그가 처형을 당해 죽은 뒤에야 실현되었으니 얄궂은 운명이라 하지 않을 수 없다.

'여성의 힘'으로 등극한 무제

오초칠국의 난은 한나라의 휴식기에 유일하게 일어난 일대 파란이었으나 다행스럽게도 단기간에 끝났다. 전화위복이라는 말처럼 오히려 제후왕의 힘이 감소되었다. 군국제는 그 후에도 계속 유지되었지만, 몇 개의 군, 몇십 개의 현을 가진 대국은 없어졌으며 기껏해야 열몇 개의 현만을 소유하게 되었다. 이전까지 제후왕의 나라에는 중앙에서 대신이 파견되는 정도였지만, 난 이후 중앙에서 파견하는 관료가 늘어 이름은 나라지만, 실질적으로는 군현과 다름없게 되었다. 징세를 비롯한 대부분의 행정을 중앙에서 온 관료들이 장악했으며, 왕은 그저 거기에 앉아만 있을 뿐인 존재가 되었다.

난을 평정하는 데 가장 커다란 공을 세운 사람은 주아부와 양왕 유무였다. 난이 끝나고 4년 뒤, 승상이었던 도청이 해임되고, 태위였던 주아부가 승상이 되었으며, 국방장관에 해당하는 태위의 관은 폐지되었다. 태위의 관은 무제 때 다시 설치된다.

양왕 유무는 득의양양했다. 전공을 세운 데다 어머니 두 태후의 총애도 이만저만한 것이 아니었다. 경제도 어머니의 환심을 사려 했던 것인지 "내 다음으로는 무가 제위에 오르면 좋을 것이다"라는 말을 한 적이 있었다. 그런 상황에서 세운 전공이니 양왕 자신은 물론 그 측근들도 제위에 한걸음 더 다가섰다는 느낌을 받았을 것이다.

서슴없이 직간(直諫)을 하는 원앙은 격렬하게 반대했다.

춘추 시대 송(宋)나라의 선공(宣公)이 아들을 세우지 않고 동생을 후계자로 세웠기에 화란(禍亂)이 일었고, 그것이 5년 동안이나 계속되었다는 사실을 알고 계시겠지요?

원앙의 반대로 동생 양왕을 후계자로 삼겠다는 건에 대한 논의는 중단되었다. 경제에게는 14명의 아들이 있었으니, 진심으로 동생에게 위를 물려주겠다고 생각하지는 않았다. 두 태후가 너무나도 양왕을 사랑했기 때문에 그 뜻에 영합하기 위해 한 발언이었다고 짐작된다. 두 태후는 그 이야기가 나왔을 때 매우 기뻐했다.

이는 얼핏 이상한 이야기처럼 들린다. 그러나 고대 궁정에서 '여성의 힘'은 우리가 상상하는 것 이상으로 강했다. 경제의 궁정에서 두 태후의 실권은 매우 강한 것이었기에 경제는 어머니를 의식하지 않을 수 없었다. 원앙의 맹렬한 반대에 경제는 내심 마음을 놓았을지도 모른다. 그 대신 원앙은 양왕과 그 측근 모사들의 미움을 사서 암살당하고 말았다.

두 태후는 경제와 양왕 외에도 표(嫖)라는 딸을 낳았다. 장녀였다. 그녀는 장(長) 공주라 불렸다. 당읍후(堂邑侯) 진오(陳午)라는, 신분의 격이 아래인 사람에게 시집을 갔는데, 종종 궁정에 나타나서 어머니 두 태후와 함께 '여성의 힘'을 발휘하곤 했다. 경제는 어머니와 누나 두 여성에게 휘둘렸다고 할 수 있다.

당읍후 진오의 할아버지 진영(陳嬰)은 원래 항우의 대신이었는데, 항우가 멸망하고 난 뒤에는 한나라에 속하게 되었고 한나라를 위해서 예장과 절강을 평정한 공을 인정받아 1천800호를 소유한 열후가 된 인물이다. 진오가 봉국으로 부임했는지 어땠는지는 알 수 없지만, 아내인 장 공주는 궁정에서 이래저래 바쁘게 움직였다.

경제는 할머니의 친정인 박 씨 집안의 여자를 맞아 황후로 삼았지만, 별로 마음에 들지 않았던 모양이다. 할머니가 세상을 떠나자 결국에는 박 황후를 폐하고 말았다. 따라서 한동안 황후의 자리가 비어 있었다. 박 황후에게는 자식이 없었다. 따라서 여섯 명의 여성이 낳은 열네 명의 황자는 후계자가 될 가능성에 있어서는 원칙적으로 모두 평등한 조건에 있었다.

나이라는 면에서 보자면 율희(栗姬)가 낳은 유영(劉榮)이 가장 위였다. 유영은 인물도 그리 나쁘지 않았다. 오초칠국의 난이 평정된 이듬해(기원전 153)에 경제는 영을 황태자로 삼았다.

경제의 누나인 장 공주는 자기의 딸인 교(嬌)를 황태자 영과 결혼시키자고 제의했다. 황태자비는 곧 미래의 황후였다. 그런데 율희는 장 공주에게 그다지 좋은 감정을 가지고 있지 않았다. 왜냐하면 장 공주가 동생인 경제에게 미녀들을 여럿 추천했기 때문이었다. 경제 후궁의 여성들은 모두 장 공주가 주선한 사람들이라고 알려져 있다. 율희는 기가 센 여성이었던 듯하다. 분명하게 "거절하겠습니다"라고 장 공주의 요청을 거절했다.

장 공주는 마음이 상했다. 율희의 쌀쌀맞은 태도에 격노했을 것이다. '괘씸한 여자, 황후도 아니면서.' 장 공주는 복수를 위한 계책을 세웠다. 율희는 성격적으로 결점이 많았던 듯하다. 기가 셀 뿐만 아니라 신경질적인 면이 있었다. 어느 날 경제의 몸이 좋지 않아져 만일의 경우에 대비해서 "만약 내게 무슨 일이 생기면 아이들 모두를 잘 돌봐주구려"라고 말했더니, 율희는 "다른 여자가 낳은 아이들까지 돌볼 수는 없습니다"라고 대답했다. 이에 경제도 마음이 상했다.

이 틈을 이용해서 장 공주는 왕(王) 부인과 손을 잡고 율희를 몰아내기로 했다. 왕 부인은 경제의 아홉 번째 아들인 유철(劉徹)을 낳은 여성이었다. 장 공주는 자신의 딸을 유철과 결혼시키고 유철을 황태자로 세우기 위한 공작을 시작했다. 아마도 두 태후도 딸인 장 공주의 편을 들었을 것이다.

경제도 율희를 좋지 않게 생각하고 있던 때였으므로, 장 공주의 작전이 효과를 발휘했다. 율희도 초조함을 느꼈는지 자신을 황후로 세우도록 대신을 통해서 운동을 펼쳤는데, 그것이 오히려 경제를 격노하게 만들었다.

7년(기원전 150) 11월, 경제는 태자태부(太傅)인 두영의 맹렬한 반대를 무릅쓰고 황태자 영을 폐한 뒤 임강(臨江)왕으로 삼았다.

그리고 왕 부인을 황후로 삼았으며, 그녀가 낳은 교동왕 유철을 황태자로 삼았다. 말할 나위도 없이 황태자비는 장 공주의 딸인 교였다.

경제는 기원전 141년에 미앙궁에서 세상을 떠났으며, 황태자인 철이 즉위했다. 나이는 겨우 열여섯이었다. 이 사람이 바로 한나라의 무제(武帝)다.

전한 왕조에 황금시대를 가져다준 황제였지만, 그 등장은 '여성의 힘'에 의한 것이었다.

여자들의 싸움에서 패한 율희는 화병으로 죽었다고 한다.

황태자 자리를 빼앗긴 유영은 어머니의 이름을 따서 율태자(栗太子)라고 불린다. 율태자를 폐하는 것에 반대한 것은 두영뿐만이 아니었다. 승상인 주아부도 반대했다. 궁정에서 일을 하다 보면 이와 같은 일들이 여자들의 싸움에서 비롯된 일이라는 사실을 알게 된다. 태자를 세우는 국가의 가장 중요한 일이 여성들의 감정적인 의사에 따라서 좌우되어서는 안 됐다. 주아부는 불쾌하게 생각했다.

마음속에만 품고 있다면 문제될 것이 없지만, 주아부는 감정이 금방 밖으로 드러나는 성격이었던 모양이다. 이 사람에게는 지나치게 자신만만한 면도 있었다. 오초칠국의 난을 평정한 것도 전부 자신의 힘 덕분이라고 생각하고 있었다.

한나라 초기에 왕조를 뒤흔든 두 개의 커다란 사건은 여 씨의 전횡과 오초칠국의 난이었다. 전자를 해결한 것은 주아부의 아버지인 주발이었다. 부자 2대에 걸쳐서 흔들리는 왕조를 지탱한 것이었다. 자기들 부자가 없었다면 이 왕조는 멸망했을 것이라는 자부심이 있었으며, 그것이 태도로도 드러났다.

경제는 마음에 들지 않았다. 그의 입장에서 보자면 태자를 세우는 문제는 황실 가정 안의 일이지 승상이 참견할 일은 아니었다. 태자를 세우는 문제뿐만 아니라 다른 일에 있어서도 주아부는 일일이 경제의 뜻을 거슬렀다.

왕 부인이 황후가 되어 그의 오빠인 왕신(往信)을 후로 봉할 때도 주아부는 반대했다.

> 고조의 서약은 유 씨가 아닌 자는 왕이 될 수 없다. 공이 없는 자는
> 후가 될 수 없다.

였는데, 왕신은 지금 황후의 오빠라 할지라도 공이 없다, 그러니 후로 삼는다는 것은 약(約)을 어기는 것이라고 말했다.

경제는 불쾌했다. 황후의 오빠를 후로 삼자는 것은 사실 두 태후의 의견이었다. 두 태후의 오빠인 두장군(竇長君)은 황후의 오빠인데도 후(侯)가 되지 못하고, 그의 아들인 두팽조(竇彭祖) 때가 돼서야 간신히 열후에 봉해졌다. 두 태후는 그것을 불만으로 여기고 있었는데, 아들의 황후에게 같은 불만을 맛보게 하고 싶지 않았기 때문에 왕신을 후로 삼으라고 권했다.

경제는 주아부의 반대로 그때는 후로 삼지 않았지만, 주아부가 죽고 난 뒤에 왕신을 개후(蓋侯)에 봉했다. 식읍은 2천890호였다.

그 무렵, 흉노의 제후왕에 해당하는 사람들 여섯 명이 한나라에 투항

했다. 경제는 그들을 열후로 삼고 우대해 주려 했다. 이에 대해서도 주아부는 반대했다.

> 그들은 군주를 배반하고 폐하에게 항복했습니다. 폐하께서 이들을 후로 삼는다면, 어찌 인신(人臣)들 중 절개를 지키지 않는 자를 탓할 수 있겠습니까?

틀림없이 이론적으로는 맞는 말이었다. 그러나 흉노 대책은 한나라의 사활이 걸린 문제였다. 투항해 온 사람들을 우대하면, 흉노의 간부 중에서 그 뒤를 잇는 자가 나올지도 몰랐다. 피를 흘려 흉노를 굴복시키기보다는 이 고등정책이 더 국가의 이익이 되었다.

주아부의 반대에도 불구하고 경제는 흉노에서 투항해 온 자들을 후로 삼는 일을 단행했다. 화가 난 주아부는 병을 칭하고 입궐하지 않았기에 결국 해임되고 말았다.

주아부의 아들이 아버지를 위해서 상방(尚方, 소부(少府)에 소속된 관청으로 기구류를 만드는 공방)의 갑옷과 방패를 500개씩 구입했다. 이는 실용품이 아니라 부장(副葬)을 위한 물건이었다. 그러나 이것이 문제가 되었다. 상방은 황실용 물품을 제작하는 곳이다. 주아부의 아들은 아버지의 장례에 대비해서 좋은 부장품을 손에 넣으려 했는데, 그것은 법을 어기는 일이었다. 취조를 받은 결과 아버지까지 일에 휘말리게 되었다. 그런데 관리의 취조에 주아부는 대답을 하려고도 하지 않았다. 그것을 들은 경제는 "대답 따위는 필요 없다"라며 정위(廷尉, 법관)에게 넘기라고 명령했다.

체포당할 때 주아부는 자살을 하려 했지만 부인이 이를 말렸으며, 정위에게 끌려가서 5일 동안 음식을 끊은 끝에 피를 토하고 죽었다.

자신을 족하다 여겨 배우지 않고, 절(節)을 지켰어도 불손하여 끝내 궁지에 몰렸다. 슬프구나.

이것이 주아부에 대한 사마천의 평이다.

젊은 무제와 여인들

유가를 좋아한 소년 황제

무제는 16세에 즉위했는데, 궁정에는 어머니와 할머니가 있었다. 그리고 아내의 어머니이자 자신의 고모이기도 한 장 공주, 즉 관도(館陶)공주도 있었다. 그가 즉위하게 된 것은 그녀들 덕분이었다. 소년 황제는 여자들에게 둘러싸여 약간은 답답함을 느꼈을 것이다.

할머니인 두 태후는 여전히 '황로지술'의 신자였다.

무제가 즉위했을 때 승상은 위관(衛綰)이었지만, 얼마 지나지 않아서 두영으로 바뀌었다. 두영은 황태자의 자리에서 밀려난 율태자의 태부를 맡은 적도 있었으며, 경제가 태자를 폐립할 때 반대를 했던 인물이다. 유가의 학문을 좋아했기 때문에 명분에 집착했다. 경제가 동생인 양왕을 후계자로 삼겠다고 말했을 때, 가장 강력하게 반대한 것도 그였다. 그 때문에 양왕을 끔찍이도 아끼던 두 태후에게 커다란 미움을 받았다. 두영은 두 태후의 사촌오빠의 아들이니 일족임에는 틀림없었지만, 사이가 그렇게 좋지는 않았다. 두 태후가 끔찍이도 싫어하던 유가의 학문에 마음을 뒀다는 점이 문제였다.

부총리 어사대부로는 조관이 추천되었다.

국방부 장관에 해당하는 태위의 관은 한동안 폐지되었다가 이때 부활하여 무안후(武安侯)인 전분(田蚡)이 그 자리에 앉았다. 전분은 무제의 어머니인 왕 태후의 동생이었다. 오누이면서도 성이 다른 것은 왕 태후의 어머니가 왕중(王仲)이라는 자의 아내가 되어 왕 태후를 낳았고, 미망인이 된 후 전 씨와 재혼하여 분을 낳았기 때문이다.

한나라의 제도에서는 삼공구경(三公九卿)은 각료급 고관이었다.

삼공이란 승상, 어사대부, 태위를 말한다.

구경을 다음에 열거해 보기로 하겠다. 시대에 따라서 호칭이 다른 경우가 있으니 무제 시절을 기준으로 삼겠다.

1. 태상〔太常, 경제 중기까지 봉상(奉常)이라 불렸다〕

구경의 첫째로 종묘의 제사를 관장하고 음악, 의약, 점복, 천문, 기록, 수리(水利) 등도 관할했다. 책력과 기록을 관장하는 태사령(太史令)은 이 태상 밑에 있었는데, 사마천이 그 직에 있었다는 사실은 잘 알려져 있다.

2. 낭중령〔郎中令, 무제 후기부터 광록훈(光祿勳)이라 개명〕

궁전의 문호(門戶)를 관장했는데, 숙위(宿衛), 경비, 의장, 근위부대도 여기에 속해 있었다. 또한 논의도 관할했으며 고문관도 두었다.

3. 위위(衛尉)

낭중령이 문호를 담당한 데 비해서, 이 직책은 문 안의 숙위, 경비를 관장했다.

4. 태복(太僕)

거마(車馬)를 관장하던 곳인데, 이 시대에 마정(馬政)은 국가의 중요한 문제였다.

5. 정위〔廷尉, 경제 후기부터 무제 초기에 걸쳐서는 대리(大理)라고 불렸다〕

형벌을 관장했다. 죄안(罪案)의 심리에서부터 형 집행까지를 관할했다.

6. 대행령〔大行令, 원래는 전객(典客)이라 불렸는데 무제 중기에서부터 대홍려(大鴻臚)라 개칭〕

귀순한 만이(蠻夷)를 관장했다. 대외관계를 관할한 것이다.

7. 종정(宗正)

천자의 종실을 관장했다.

8. 대농령〔大農令, 무제 후기에 대사농(大司農)이라 개칭〕

곡물, 화폐 외에 전매 등 경제와 관련된 부분을 주관했다.

9. 소부(少府)

산해지택(山海池澤)에 대한 세금을 관장하여 천자의 봉양비를 공급하던 관리이다. 상소(上疏)를 취급하던 상서령(尚書令)과 어새(御璽)를 보관하던 부절령(符節令) 등도 여기에 속해 있었다. 황제 신변에 관한 일, 선부(膳部), 의복, 시의 등 외에도 환관을 감독하는 일도 맡았다. 직기(織機)와 병기 제작, 능묘(陵墓)용품 등의 공방도 소부에 속해 있었다. 상서령은 소부에 속한 곳이었지만, 후에는 이것이 구경 이상, 또는 삼공 이상의 실권을 가졌다. 상소를 황제에게 제출할지 말지를 결정하는 것이 상서령의 권한이었기 때문이다.

무제 즉위 당시의 삼공은 두영, 조관, 전분이었는데 모두 유가 계열의 사람들이었으며, 낭중령에 기용된 왕장(王臧)도 역시 열성적인 유자(儒者)였다. 이로써 유(儒)에 기초한 정치를 행하려 했다는 사실을 알 수 있다.

이것이 무제의 뜻이었는지 아니면 승상인 두영의 뜻이었는지 분명히 알 수는 없다. 16세 소년에게 그런 확고한 의사가 있었을까 하는 점도 문제가 될 것이다. 그러나 그 뒤에 취한 무제의 행동을 보면 그 자신의 뜻이었을지도 모른다는 생각이 든다. 의욕적인 인물이었다.

무제는 즉위하자마자 삼공구경 등 2천 석의 관리와 열후, 제후왕의 재상 등에게 현량방정(賢良方正), 직언극간(直言極諫)의 인물을 추천하라고 명령했다.

동중서(董仲舒)는 『춘추』를 연구한 유학자로 이때 추천을 받아 무제의 책문에 응했는데, 그것이 뛰어났기 때문에 강도국(江都國)의 재상으로 발탁되었다. 강도국의 유비(劉非)는 무제의 이복형이었다. 흉노 토벌에 장군으로 출정하고 싶다고 청원할 정도로 용맹한 인물이었지만 굉장히 교만했다. 그것을 제어해 줄 만한 인물이라 여겨졌던 것이다.

이때 추천을 받은 사람들 중에서 상앙(商鞅)과 한비(韓非) 등의 법가와 소진(蘇秦), 장의(張儀) 등의 종횡가(縱橫家, 유세변론술자) 계통의 사람들은 채용되지 않았다. 아무래도 처음부터 유가 계열의 인재를 채용할 목적이었다.

어사대부인 조관(趙綰)과 낭중령인 왕장(王臧)은 모두 예전에 노(魯)의 신공(申公)으로부터 『시경』을 배운 적이 있었다. 신공은 고조를 알현한 적이 있었다고 하니 당시에는 나이가 상당히 많았을 것이다. 대관이 된 제자들은 스승인 대유(大儒)를 '안거포륜(安車蒲輪)'으로 맞아들였다. 당시는 도로가 울퉁불퉁했기 때문에 수레가 흔들리지 않도록 부들로 바퀴를 싼 특별한 수레였다. 물론 중요한 사람이 아니면 탈 수 없었다.

새로운 황제 주변의 유학자들은 단번에 유교적 체제를 만들려 했던 듯하다. 그것은 젊은 무제가 유학에 공감하여 찬동해 줄 것을 알고 있었기 때문이다.

그러나 즉위했다고는 하지만 무제는 국가의 체제를 독단적으로 바꿀 수 있을 만큼 힘을 가지고 있지는 않았다. 할머니 두 태후가 후견인으로 버티고 있었다. 일흔 살이 넘었지만 기력은 아직도 충분했으며, 원고생을 멧돼지 우리 속에 넣었다는 이야기를 통해서도 알 수 있듯이 그녀는 유학을 이만저만 싫어한 것이 아니었다.

어사대부인 조관은 두 태후가 유교적 체제를 구축하려는 일에 반드시 반대할 것이라고 예상하고 있었다. 따라서 유교적 시설을 계획할 때는 두 태후에게 감출 수 있도록 배려를 했다.

예를 들어서 명당(明堂)을 세우는 것과 같은 일이 그랬다. 명당이란 임금이 정치를 펼치던 당으로 상제와 조상을 기리고 국가의 전례(典禮)를 거행하는 곳이다. 유교의 이상주의와 관계가 있다. 이 외에도 책력을 개정하는 일이나 순수(巡狩), 복색(服色) 등의 일도 유교적인 시책이었다.

그러나 이와 같은 일을 황제의 후견인 역할을 맡고 있는 두 태후에게 언제까지고 숨길 수는 없었다. 이 사실을 알게 된 두 태후는 불같이 화를 냈다. 그리고 조관과 왕장 두 사람의 과실을 들춰내 관리에게 넘겨주었다. 두 사람은 자살을 할 수밖에 없었다. 이제 막 시작한 유교적 시책은 모두 폐지되었다.

승상 두영과 태위 전분도 해임되었으며, 멀리 노에서 특제수레인 '안

거포륜'으로 모셔 온 신공도 병이라는 이유로 돌아가고 말았다. 보수파인 두 태후가 실권을 휘둘러 혁신파에게 뼈아픈 일격을 가한 셈이었다.

평양공주가 들여보낸 여가수

두 태후는 골칫덩어리 할머니였다. 그녀의 남편인 문제와 아들인 경제는 틀림없이 노장사상에 마음을 빼앗겨 '무위', 즉 아무것도 하지 않는 것을 최상으로 삼았다. 그녀도 그것이 정치의 참된 길이라고 믿고 있었다. 그것으로 모든 일을 잘 처리해 왔다.

무엇인가를 한다는 사실에 그녀는 불쾌감을 품고 있었다. 유교의 논설은 '이렇게 해야 한다', '이렇게 하지 않으면 안 된다'며 매우 간섭적이다. 그녀의 눈에 그것은 자연스러운 흐름을 거스르는 것처럼 보였다.

그러나 아무것도 하지 않아도 되는 시대는 이미 끝나 버렸다. 휴식기간 중에 쌓아 놓은 힘이 한 제국 안에서 분출되기를 기다리며 부글부글 끓어오르고 있었다. 국가도 생물과 같아서 언제까지고 그 안에 에너지를 가둬 둘 수만은 없는 법이다.

문제와 경제 시절이라고 해서 전혀 아무것도 하지 않았던 것은 아니다. 제후 왕의 힘을 깎아내려 했기에 오초칠국의 난이 일어났으며 그것을 평정했다. 가의, 원앙, 조조 등처럼 무엇인가를 해야 한다고 주장한 사람들도 있었다. 국가가 멸망할지도 모를 때에 '행해서는 안 된다'고 진언하는 자가 있다는 사실에 대해서 가의는,

장탄식을 해야 할 자는 이들이다.

라고 한탄했다.

　한나라 무제는 국가 속에서 꿈틀거리고 있는 힘을 자기 몸속의 것처럼 느꼈을 것이다.

　소년 무제는 우선 자신을 둘러싸고 있는 여성들과의 싸움부터 시작했다. 그의 아내인 진(陳) 황후 교(嬌)가 첫 번째 상대였다. 고모(아버지의 누나)의 딸이니 사촌지간이라는 관계도 있었으며, 무제가 태자가 되는 과정의 일도 있었다. 그가 제위에 오를 수 있었던 데는 진 황후의 어머니인 관도공주의 힘이 매우 컸다. 그런 마음이 진 황후에게 있었고 무제는 그것이 싫었던 것일 수도 있다.

　진 황후와의 사이에서는 아이가 태어나지 않았다. 9천만 전을 써서 명의를 불러 봤지만, 아무래도 아이는 생기지 않았다. 이런 사실도 진 황후를 초조하게 만들었다. 그녀는 더욱 신경질적이 되었고 무제는 그녀가 더욱 싫어졌다.

　무제에게 동정한 것은 그의 누나인 평양(平陽)공주였다. 왕 태후는 경제의 자식을 넷 낳았는데, 아들은 무제뿐이고 나머지는 모두 딸이었다. 그중 장녀가 평양공주였는데, 건국 원훈인 조참의 증손자 조시(曹時)(『한서』에는 조수(曹壽))에게 시집을 갔다. 한 어머니에게서 난 형제 중 남자는 무제 한 사람뿐인데 자식이 생기지 않는다는 것은 누나에게도 걱정스러운 일이었다. 무제는 누나의 집에도 종종 찾아갔기 때문에, 그녀는 양가의 여성 10여 명을 모아 동생이 왔을 때 치장을 하고 보여 주었다. 한 명이 10여 명의 상대와 맞선을 본 셈인데, 무제의 마음에 드는 여성은 없었던 모양이다.

　그런데 무제는 잔치에서 노래를 부르는 구자(謳者, 가수)가 마음에 들었다. 이 여성 가수는 양가의 자녀가 아니었다. 그녀의 성은 위(衛), 이름은 자부(子夫)였다. 어머니는 평양공주 집의 하녀로 위온(衛媼)이라 불렸다. 그러나 아버지는 알 수 없다. 위자부에게는 남동생이 있었는데, 그는 위온이 평양현의 말단 관리직에 있던 정(鄭) 모와 은밀히 정을 통해 낳은 아들이었다. 그러나 정 모와의 관계는 정식 혼인에 의한 것이 아니었기에 태어난 아들은 어머니의 성인 위를 썼으며 이름을 청(靑)이라고 했다.

> 이날 무제는 일어나 옷을 갈아입었다. 자부는 상의(尙衣)의 시중을 들어 헌중(軒中)에서 행(幸)을 얻었다. 상(上, 무제)은 자리로 돌아와 매우 기뻐하며 평양공주에게 금 천 근(斤)을 내렸다.

라고 『사기』 「외척세가(外戚世家)」에 기록되어 있다.

이 시대에 '옷을 갈아입었다'는 것은 지금의 볼일을 본다는 것과 같은 말로 용변을 말한다. 귀인이 용변을 볼 때는 옷을 전부 갈아입었다. 그런 번거로움이 있었으므로 하녀가 한 명 따라가야만 했다. 동생의 표정을 보고 이 가수에게 마음이 있다는 사실을 간파한 평양공주가 신경을 써서 위자부에게 따라가라고 지명했는지도 모른다. 헌중이란 변소를 말한다. 변소라고는 하지만 열후에게 시집을 간 공주의 저택이었으니, 대기실과 편의실 등도 있고 넓었을 것이다. 위자부는 거기서 총애를 받았다.

무제는 그대로 위자부를 데리고 궁중으로 돌아갔다. 평양공주는 헤어질 때 그녀의 등을 쓰다듬으며,

> 가거라. 잘 먹어라. 이를 힘써라. 만약 귀히 되어도 서로 잊지 마라.

라고 말했다. 밥을 잘 먹고 건강하게 잘 모셔라, 출세해도 나를 잊지 말라는 의미였다.

평양공주가 예상한 대로 무제는 위자부를 총애하여 그녀와의 사이에서 3녀 1남이 태어났다. 말할 나위도 없이 진 황후는 질투심에 불타올랐다.

> 위자부가 매우 사랑받는다는 사실을 알고, (진 황후는) 화가 나 거의 죽을 뻔한 적이 몇 번이나 됐다. 상(황제)도 드디어 화가 났다.

사촌형제이자 부부인 두 사람의 사이가 결정적으로 나빠졌다. 진 황후의 어머니인 관도공주도 화를 내며 여자를 소개해 준 조카 평양공주를 원망했다. 평양공주도 지지 않았다. '아이를 낳지 못하기 때문'이라고 되갚아 주었다.

관도공주는 화풀이를 하기 위해 위자부의 동생인 위청을 잡아다 죽이려 했다. 위청은 평양공주 집의 기노(騎奴)로 있었다. 말을 타고 평양공주의 수레를 돌보는 일이었으리라. 일단 위청을 잡아들이기는 했지만, 친구인 공손오(公孫敖)라는 사람이 그를 구출해 냈다. 이 사실을 알고 민간에 두는 것은 위험하다고 생각한 무제는 그를 궁중으로 불러들여 태중대부(太中大夫)로 삼았다. 이는 낭중령에 속한 고문관인데 봉록은 1천 석이었다.

위자부가 궁중에 들어간 것은 건원(建元) 2년(기원전 139)의 일이었는데, 그로부터 10년 뒤인 원광(元光) 6년에 거기장군(車騎將軍)이 되었다. 그 이듬해인 원삭(元朔) 원년(기원전 128)에 위자부가 기다리고 기다리던 남자아이를 낳았다. 그해에 위자부를 황후로 세웠다.

진 황후는 원광 5년(기원전 130)에 폐위되었다. 미도(媚道)를 행했다는 이유에서였다. 미도란 나무로 만든 인형을 땅 속에 묻고 저주하는 것을 말한다. '무고(巫蠱)'라고도 한다. 우리 나라에서는 지푸라기로 만든 인형에 못질을 하는데 이것과 비슷한 것이다. 미신을 믿었던 때로 그 효험이 있다고 인정되었기에 법률로 엄금하고 있었다. 진 황후가 그것을 행했다고 되어 있다.

이 사건을 심리한 것은 어사(御使) 장탕(張湯)이라는 사람이었다. 혹리(酷吏)로 유명하다. 가차 없이 법률을 엄중히 적용하는 관리를 혹리라고 하는데, 이 장탕이라는 사람이 황제의 뜻에 따라 심리한다고 정평이 나 있었다. 무제가 진 황후를 싫어한다는 사실을 알고 황후에게 유죄 판결이 떨어지도록 계략을 썼을지도 모른다. 땅 속에 인형을 묻어 두고 그것이 증거라고 하면 타인을 손쉽게 모함할 수 있었던 것이다.

무당인 초복(楚服)이라는 사람이 황후를 꼬드겼다는 사실이 밝혀져 관계자 300여 명이 죽었다. 초복은 효수형에 처해졌다. 이와 같은 결과를 보면 기가 센 진 황후였으니 실제로 미도를 행했을지도 모른다. 그러나 날조된 사건일 가능성도 있다. 나중에 이야기하겠지만, 후에 날조된 사건임이 판명되는 무고에 의한 대사건이 무제 말년에 있었다.

무제도 황후를 처형하는 일만은 하지 않았다. 대신 황후를 장문궁(長門宮)에 은거케 하고 행차 따위는 예전대로 해도 좋다는 결정을 내렸다.

장문궁이라는 궁전은 진 황후의 어머니인 관도공주가 헌상한 것으로 장안성 동남쪽에 있었다. 원래는 어머니의 별장인 '장문원(長門園)'이었으니 폐후에 대한 무제의 최소한의 배려였다. 어쩌면 위자부를 황후로 삼기 위해서는 진 황후를 폐해야만 했기에 그런 이유로 사건을 조작했다는 사실을 무제 자신도 알고 있었는지도 모른다.

두영과 전분의 파워 게임

두 태후는 건원 6년(기원전 135)에 죽었다. 위자부가 궁중에 들어온 것은 그보다 4년 전의 일이었다. 진 황후의 어머니인 관도공주는 화가 났겠지만, 관도공주의 어머니 두 태후는 그렇지만도 않았을 것이라 여겨진다. 손자에게 자식이 없다는 사실이 걱정되어 여자를 들이는 일에 그다지 반대하지 않았다. 두 태후의 남편인 문제는 소박하고 조용한 인물이었지만, 그래도 한단의 신(愼) 부인, 윤희(尹姬) 등과 같은 측실을 두었다. 그것은 당연한 일이라고 생각했을 것이다.

두 태후가 죽자 무제도 서슴없이 유교 체제를 정비할 수 있었다. 그 이듬해에 동중서의 진언으로 각 군국(郡國)에서 효성스러운 사람과 청렴한 사람을 한 사람씩 추천하라는 명령이 내려졌으며, 현량(賢良)하고 문학에 뛰어난 사람에게 황제 스스로가 책문하는 일이 있었다.

사서에는 기록되어 있지 않지만, 두 태후의 죽음에 가장 안심한 것은 왕 태후였을지도 모른다. 왕 태후는 남편 경제의 누나인 관도공주와 손을 잡고 율희와 싸워, 율희의 아들을 황태자의 자리에서 끌어내리고 자신의 아들을 황태자로 세웠다. 아들이 황태자가 되었으므로 그녀는 황후가 되었다. 9년 동안 황후의 지위에 있었지만 궁정에서는 두 태후의 권세가 강했기 때문에 황후의 영향력은 약했다. 자신의 아들이 황제가 되어 그녀는 황태후가 되었지만, 태황태후(太皇太后)로서의 두 태후가 아직 그

위에 있었다.

드디어 그 위가 없어졌다.

왕 태후의 오빠인 왕신은 열후가 되었으나, 술만 마실 뿐 그다지 도움이 되지는 않았던 모양이다. 왕 태후의 씨 다른 동생인 전분은 무안후에 봉해졌지만, 탐욕스러워서 평판이 그다지 좋지 않았다. 게다가 그는 두 태후의 조카인 두영과 사사건건 대립했다.

전분은 사서에도 문사(文辭)에 능했다고 기록되어 있는 것처럼 유학을 좋아한 인물이었다. 그것은 두영도 마찬가지로 예전에는 승상과 태위의 자리에 있으면서 함께 유교체제를 구축하려다 두 태후의 호통에 두 사람 모두 면직되고 말았다. 두 태후는 자신의 조카라도 용서하지 않았다. 그러나 모든 사람들이 두영의 뒤에서는 두 태후의 그림자를 느꼈다.

두 태후의 죽음으로 두영의 영향력이 단번에 약화되었다. 그 이전부터,

천하에서 이사(吏士)의 세리(勢利, 권세와 이익)를 추구하는 자는 모두 두영을 떠나 전분에게로 갔다.

이런 상태였다. 나이가 많은 두 태후를 등에 업고 있는 두영보다 아직은 오래 살아갈 왕 태후에게 의지하고 있는 전분 쪽이 더 유리하다고 생각했을 것이다. 세리를 추구하는 사람들은 타산적인 법이다.

서로 으르렁거리던 두 중신의 역학관계가 두 태후의 죽음으로 단번에 한쪽으로 기울었다. 서로의 비방이 계속되었고 결국에는 전분이 승리하고, 두영은 처형되고 말았다. 그런데 그 직후 전분은 병으로 세상을 떠났

다. 사람들은 두영의 원령이 저주를 내린 것이라 믿었던 모양이다.

　두 사람의 다툼은 참으로 한심한 것이어서 일일이 기록하고 싶은 마음도 생기지 않는다. 어사대부인 한안국(韓安國)이 그것에 대해서,

　　고수(賈豎, 풋내기 장사치)나 여자들의 언쟁과 같다.

고 평했는데 참으로 옳은 말이다.

　두 중신이 죽은 것은 원광 4년(기원전 131)의 일로 진 황후가 폐위되기 1년 전, 그리고 두 태후가 죽은 지 4년 뒤의 일이었다. 아마도 젊은 무제에게 있어서 이 두 사람은 모두 귀찮은 존재였다. 한 사람은 할머니, 또 다른 한 사람은 어머니와 관계가 있는 사람이었다. 어머니 왕 태후는 전분 때문에 곧잘 눈물로 무제에게 호소하곤 했다. 그다지 권위는 없지만 『한무고사(漢武故事)』라는 책에 따르면, 전분이 두영과 다툴 때 누나인 왕 태후에게로 가서 자살하겠다고 강다짐했기에 왕 태후가 식음을 전폐했으며, 그 때문에 하는 수 없이 무제가 두영을 처형했다고 기록되어 있다.

　전분이 죽자 왕 태후는 슬퍼하며 한탄했겠지만, 26세의 무제는 속이 후련했으리라 여겨진다. 전분은 꽤나 한심한 짓을 많이 했다. 호화로운 저택을 짓고 제후로부터 뇌물을 받았으며, 첩의 숫자가 100명을 넘었다고 하니 지나쳤다고 하지 않을 수 없다. 무제는 옛날부터 이 외삼촌을 싫어했다.

　이제 무제는 누구의 간섭도 받지 않는 몸이 되었다. 어머니와 관계된 자로는 아직 왕신(王信)이 있었지만, 그는 술만 마실 수 있으면 그만인 인물로 정치무대에는 나오지 않았기에 다행이라 할 수 있었다.

무제는 사랑하는 위 부인과 관계된 인물을 자신의 뜻대로 등용했다. 위자부의 남동생인 위청, 그리고 후에 조카인 곽거병 등을 등용했다. 비천한 신분 출신이라고는 하지만 그녀와 관계된 사람들은 모두 뛰어난 인물들이었다.

황후가 된 위자부의 언니 중에 소아(小兒)라는 여성이 있었다. 이 위소아와 곽중유(霍仲孺)라는 사람 사이에서 태어난 아이가 바로 후에 표기장군이 되는 곽거병이다.

위자부가 궁중에 들어왔을 때, 동생인 위청은 이미 여주인인 평양공주의 기노로 일하고 있었다. 하인으로서 고생을 했기 때문에 그는 장군이 되어서도 겸손하고 부하를 배려할 줄 알았다.

곽거병은 두 살 때 어머니의 여동생이 궁중에 들어갔기 때문에 철이 들었을 무렵에는 이미 귀족의 자제라는 신분이었다. 그는 용맹한 장군이었지만 부하들의 고충은 알지 못했다.

대장군, 거기장군, 표기장군, 위장군(衛將軍) 등은 삼공(三公)과 맞먹는 자리였다. 삼공의 하나인 태위가 국방부 장관에 해당하지만, 실제로 군대를 지휘하는 것은 이들 장군이었다.

여 씨를 토벌할 때도 태위인 주발이 여록으로부터 인수를 빼앗고 나서야 비로소 군대를 지휘할 수 있게 되었다.

문제 시절에는 박소(薄昭)가 거기장군이었으며, 경제 시절에는 두영이 대장군이었다. 전부 황제의 어머니와 관계가 있는 사람들이었다. 군대를 지휘하는 장군으로는 가족, 그것도 외척을 삼는 편이 좋았다. 황족인 같은 유 씨를 장군으로 삼으면 병권을 잡은 그 인물이 황제를 대신할 우려가 있었다.

무제는 아내와 관계가 있는 사람을 장군으로 삼았다.

황실 내의 여성들의 싸움 자체는 컵 속의 폭풍에 지나지 않는다. 그러나 그것은 군대 지휘권의 소재와 관계가 있으니 역시 무시할 수는 없다.

한 왕조는 유 씨의 것이었다. 국가가 사유물이었다. 그것을 지키는 군대는 당연히 황제가 개인적으로 신임하는 인물이 지휘를 해야만 했다. 중국의 역사를 이야기할 때는 아무래도 인물을 축으로 할 수밖에 없다.

한편, 무제 때에 처음으로 연호[年號, 원호(元號)]가 등장했다. 즉위한 이듬해가 건원(建元) 원년이다. 건원이 6년 동안 이어지다 원광(元光)이 되었고, 원삭(元朔), 원수(元狩), 원정(元鼎), 원봉(元封)으로 6년마다 개원되었다. 이에 대해서는 여러 가지 설이 있지만, 아무래도 보정(寶鼎)을 얻어 '원정'이라는 연호를 사용한 것이 최초인 듯하다. 그 이전의 연호는 추명(追命)이라고 해서 나중에 붙여진 이름이다. 따라서 원정 6년의 이듬해를 원봉 원년이라 삼은 것이 개원의 시초인데, 기원전 110년에 해당한다. 당시 무제는 47세로 태산에서 봉선을 거행한 해이다.

넘쳐 나는 힘

남방과 서방 개척

오초칠국의 난의 맹주였던 오왕 유비는 자신의 편으로 끌어들였던 동월 때문에 목숨을 잃고 말았다. 『사기』와 『한서』 모두에 이 대목은 동월이라고 기록되어 있지만, 이후는 동우(東甌)라고 되어 있다.

월왕 구천의 월나라는 전국 시대에 멸망했지만, 그 후에도 월이라는 부족은 중국의 남동부에 몇 개의 그룹으로 나뉘어 할거했다. 그 월 부족 중에서 동쪽에 있던 것을 동월, 민강(閩江, 복건) 연안에 있던 것을 민월, 광동 방면에 있던 것을 남월이라고 불렀다. 편의상 동월이라고 불렀지만, 후에 정식으로 동월이라는 나라가 생겼기에 동우〔절강성 우강(甌江)연안에 있는 온주(溫州)지구〕에 도읍을 둔 부족을 동우라고 고쳐 불렀다고 생각된다.

중원 사람들은 남방에 관해서는 잘 알지 못했지만, 하나의 정권 밑에 있는 것 같지는 않았기에 막연하게 백월(百越)이라고 불렀다. 진나라 말기의 난 때, 그들은 파군(鄱君)인 오예(吳芮)에게 귀순하여 진나라 토벌을 위한 응원군을 보냈다.

앞에서도 이야기했지만 오예가 다른 성을 쓰면서도 장사왕으로 세워지고 다른 성을 쓰는 왕들이 모두 사라진 뒤에도 나라를 계속 이어 갈 수 있었던 것은 월 부족을 회유하고 있었기 때문이라 생각된다.

진나라 토벌작전에 종군했던 월 부족의 수장은 무제(無諸)와 요(搖) 두 사람이었는데, 두 사람 모두 월왕 구천의 자손을 칭하고 있었다. 무제가 민월왕이라 불렸으며, 요가 동우왕이라 불렸다.

오왕은 제후왕 중에서도 가장 남쪽에 있었으며 월 부족과 국경을 접하고 있었다. 반란이 일어났을 때도 민월과 동우에 도움을 청했다. 민월은 모반에 가담하는 것을 거부했지만, 동우는 1만 명 정도의 군대를 보냈다. 무슨 좋은 일이 있을까 싶어서 장강 남쪽에 위치한 단도〔丹徒, 강소성 남경의 동쪽에 있는 진강시(鎮江市) 부근〕까지 갔는데, 맹주인 오왕이 패해 도망쳐 왔다.

한나라는 은밀하게 동우에게 뇌물을 보내 매수공작을 펼쳐 놓았다. 그런 줄도 모르고 오왕은 병사들을 위로하기 위해 밖으로 나갔다가 동우 군의 창에 맞아 죽고 말았다.

오왕의 아들인 유구(劉駒)는 민월로 망명했는데, 아버지를 속여 죽인 동우가 미워서 견딜 수가 없었다. 망명지인 민월의 왕을 설득하여 동우를 치도록 했다. 민월왕은 출병하여 동우를 포위했으며, 동우는 한나라 황제에게 다급함을 알리고 원병을 요청했다.

건원 3년(기원전 138), 당시 무제는 19세였다. 그는 이 일에 관해서 태위인 전분에게 하문했다. 『사기』와 『한서』 모두에 그렇게 기록되어 있지만, 전분은 자신이 펼치려 한 유교 정책 때문에 두 황후의 화를 사서 그 전해에 태위에서 해임되어 있던 터였다. 전 태위로서 하문을 받았을 것이다. 전분은 원군을 보내지 않아도 된다는 의견을 가지고 있었다. 월 부족이 서로 다투는 것은 언제나 있었던 일이며, 또 언제나 반복되는 일이니 일일이 청을 들어줄 필요는 없었다. 전에는 오왕을 죽이기는 했지만, 1만 명의 병사를 이끌고 단도까지 진출한 것은 원래 오왕 쪽에 가담하여 한나라를 배신할 생각이었기 때문이었다. 전분의 이러한 말에도 일리는 있었다.

그러나 중대부(中大夫, 고문관) 장조(莊助)가 거기에 반대했다. 궁지에 몰린 소국이 도움을 청해 왔는데, 천자가 구하지 않는다면 어디에 호소하란 말인가, 또 그래서 어찌 만국을 아들로 삼을 수 있겠는가 하는 것이 그 이유였다.

무제는 장조의 의견에 따르기로 하고, 그에게 절(節, 부절수명(符節受命)의 증거로 삼음)을 주고 회계군(會稽郡)에서 병사를 내게 하도록 했다. 장조는 회계군 출신이므로 현지 사정에 밝았다. 해로를 따라 동우로 향했지만, 민월이 그전에 병사를 퇴각시켰기 때문에 전투는 벌어지지 않았다.

참고로 후한 시대에 씌어진 『한서』는 후한의 명제(明帝) 유장(劉莊)의 이름을 피해서 장(莊)이라는 글자를 전부 엄(嚴)이라는 글자로 대신했다. 따라서 『한서』에서는 장조를 전부 엄조(嚴助)라고 표기했다.

포위에서 풀려난 동우는 한숨을 돌렸지만 언제 다시 민월의 공격을 받게 될지 알 수 없었다. 불안했기에 이주를 청원해서 허락을 받았다. 동우는 나라를 들어 장강과 회하 사이로 이주했다.

이 무렵의 민월은 매우 호전적인 지도자가 있었다고 생각된다. 동우를 포위한 지 3년 뒤, 이번에는 광동에 위치한 남월로 병사를 냈다. 남월왕은 장안의 천자에게 위급함을 알렸고, 한나라는 왕회(王恢)와 한안국(韓安國) 두 사람을 장군으로 삼아 구원군을 보냈다.

이때도 전투는 없었다. 민월에서 내분이 일어난 것이었다. 호전적인 민월왕 영(郢)은 백성과 대신, 종족들과도 긴밀한 관계를 유지하지 못했다. 왕의 동생인 여선(餘善)이 왕을 죽여 그 수급을 한나라의 장군 왕회에게 보냈다. 민월왕의 수급을 손에 넣은 한나라 군은 그 이상 군대를 전진시키지 않았다.

민월은 이렇게 해서 멸망했지만, 난에 참가하지 않았던 왕족 축(丑)을 요왕(繇王)으로 삼아 조상들에 대한 제사는 계속해도 좋다는 허락을 받았다.

민월왕 영을 죽인 동생 여선이 민월의 실질적인 후계자가 되었는데, 요왕인 축도 그것을 막을 수가 없었다. 여선은 원래 형과 공모하여 난을 꾀했는데 나중에 형을 죽여 자신의 죄를 면하기는 했지만, 한나라로서는 그의 자립을 인정하고 싶지 않았다. 가능하다면 요왕 축의 지배하에 두고 싶었으나 축의 힘이 거기까지는 미치지 못했다. 그렇다고 해서 군대를 일으켜 여선을 칠 정도의 일도 아니었다. 하는 수 없이 여선의 자립을 인정하고 동월왕으로 인정했다. 동월이 정식 국명이 된 것은 건원 6년(기원전 135)의 일이었으며, 그 이전에 편의적으로 동월이라 불렀던 나라는 사실 동구였다는 점은 앞에서도 이야기했다.

피를 흘리지 않고 민월을 물리친 장조는 말할 나위도 없이 남월에서 환영을 받았다. 장조와 함께 남월로 갔던 당몽(唐蒙)이라는 사람이 장안으로 돌아와서,

> 남월왕은 황옥좌도(黃屋左纛, 누런 유리 기와로 지붕을 잇고 수레 왼쪽
> 에 기를 세우는 것. 모두 천자만의 특권)하고, 땅은 동서 만여 리, 이름은
> 외신(外臣)이지만, 실은 한 주(州)의 주인이다.

라고 보고하고(『사기』 「남월열전(南越列傳)」), 언젠가는 토벌해야 한다고 말한
뒤 지금 알려져 있는 것 외에도 다른 길이 있을 가능성을 이야기했다.

당몽은 파양의 현령으로 중국 남부의 풍습과 물산에 대해 잘 알고 있
는 사람이다. 그는 남월에서 구장(枸醬)이라는 것을 먹었다. 구(枸)란 식물
의 과실이고 그것으로 된장을 만든 것이 장(醬)이다. 구는 촉(蜀, 사천)에
서만 생산되었다. 그가 그것은 어디에서 온 것이냐고 물었더니, 북서쪽에
있는 장가강(牂柯江)의 상류에서 배로 날라 온다는 대답이었다. 장안으로
돌아가 촉의 상인에게 물으니, 촉의 구장이 야랑국(夜郎國)에 대량으로
팔린다는 사실을 알 수 있었다.

이렇게 해서 장가강 상류가 야랑국이며, 그곳에서 배를 타고 남월로
갈 수 있는 길이 있다는 사실을 추측해 낼 수 있었다.

장차 군대를 움직일 길을 조사하기 위해서 당몽을 대장으로 하는 천
명의 사절단 겸 탐험대가 파견되었다.

문제와 경제 시절에 이러한 적극성은 상상할 수도 없는 일이다. 그 시
절에는 해야만 하는 일도 가능한 한 하지 않으려 했다. 무제 시절에는 지
금 당장 하지 않아도 될 일이라도 미래에 필요할지도 모른다고 생각되면
바로 착수하려는 기풍이 있었다.

당몽이 야랑국으로 간 것은 진 황후가 무고 사건으로 실각한 원광 5
년(기원전 130)의 일이었다.

이렇게 해서 한나라와 전혀 관계가 없었던 서남 각 지방도 드디어 한나라 문화의 영향을 받게 되었다. 서남의 소국인 야랑에서는 한나라에 대해서 아는 것이 전혀 없었다. 한나라의 사절에게,

　　　　한나라와 우리 야랑국 중 어느 쪽이 큰가?

라는 질문을 했을 정도였다. 자신의 분수도 모르고 거만한 태도를 취하는 것을 '야랑자대(夜郎自大, 야랑은 스스로를 크다고 한다)'라고 하는 것은 이 고사에서 유래하고 있다.

이들 서남의 군소국에서 한나라로 사절이 파견되자, 드디어 한나라의 실정을 알게 되었다.

흉노, 화친이냐 정벌이냐

한나라의 대외문제에 있어서 중요도는 남방과 서남보다 북방과 서북쪽이 훨씬 더 높았다.

적극적인 무제에게 고조 때 흉노와 맺은 굴욕적인 강화조약은 참을 수 없는 일이었다.

민월의 내분으로 싸우지 않고 민월왕의 수급을 얻어 돌아온 건원 6년(기원전 135), 두 개선장군, 즉 왕회와 한안국이 어전회의에서 흉노 문제를 놓고 대립했다.

왕회는 강경책을 주장하며 흉노를 쳐야 한다고 말했다. 한편 한안국은 계속 화친할 것을 주장했다. 어전회의에 참석한 신하들 대부분이 한안국의 화친책에 찬성했기 때문에 무제도 한동안은 화친을 계속하기로 했다. 그러나 마음속으로는 언젠가는 이 굴욕을 반드시 씻어야겠다고 생

각하고 있었음이 틀림없다.

한안국은 강경책에 반대하는 이유 중 하나로,

> 예로부터 (흉노는) 사람에 속하지 않았다.

라는 점을 들었다. 흉노는 인류에 속하지 않는다는 말이다. 금수와 같은 마음을 가지고 있는 무리들을 상대할 필요는 없다. 흉노는 한나라 세계의 바깥에 있다는 사고였다.

민월에 포위당한 동우가 구원을 요청했을 때, 거기에 응하는 것을 반대했던 전분이,

> 이에 중국이 번거롭게 가서 도울 필요가 없다. 진나라 때부터 버려두고 속하지 않았다.

라고 했던 말이 떠오른다. 민월과 동우의 일은 한나라의 세계 바깥의 일이니 구원군을 보낼 가치가 없다는 것이다. 진나라의 시황제처럼 영토 확장욕이 강했던 인물도 이 지방을 판도에 넣으려 하지 않고 내버려두지 않았는가 하는 논법이었다.

그러나 앞에서도 이야기했듯이 시대가 바뀌었다. 휴식기를 마친 한 제국은 창고에 전(錢)과 양식이 넘쳐 나듯 그 에너지도 제방을 무너뜨릴 것 같은 기세였다.

두 태후가 죽은 해에 열린 어전회의였으므로, 아직도 '무위'의 전통이 사라지지 않고 남아 있었다. 2년 뒤인 원광 2년(기원전 133), 왕회는 다시

흉노 격파책을 진언했다. 지난번에 한안국이 반대했던 이유 중에,

> 한나라가 수천 리에서 이를 다툰다면, 곧 인마 피로하고, 여(慮, 흉
> 노)는 온전함으로 그 피로를 제압할 것이다.

라는 것이 있었다. 한나라가 흉노를 치려면 먼 길을 원정해야만 했다. 흉
노는 만반의 준비를 갖추고 있다가 피로한 한나라 군에 맞설 수 있다. 당
연히 한나라에게 불리했다.

이에 왕회는 새로운 계책을 진언했다. 흉노에게 원정에 나서게 해서 이
쪽에서 맞아 싸우면 된다는 것이다.

왕회의 계책은 다음과 같았다.

안문군(雁門郡) 마읍현(馬邑縣)의 호족 가운데 섭일(聶壹)이라는 자가 있
었다. 그가 거짓으로 흉노에 투항하여 흉노의 선우(單于)에게,

> 나는 마읍의 영(令, 현령), 승(丞, 현승), 이(吏, 현의 관리)를 베고, 성
> 을 들어 (흉노에게) 투항하겠다. 재물을 모두 얻을 수 있을 것이다.

라고 말하는 것이다. 섭일이 마읍현의 실력자라는 사실은 흉노도 알고
있었다. 마음만 먹으면 그 정도의 일은 가능한 인물이었다. 연기가 뛰어
났던지 흉노는 섭일의 말을 믿었다.

흉노의 선우는 영걸 묵돌(冒頓)의 손자인 군신선우(軍臣單于)였다.

군신선우는 10만 기를 이끌고 마읍으로 원정을 나가기로 했다. 흉노의
밀사가 미리 마읍을 정찰했을 테지만, 섭일이 죄인들의 목을 성벽에 걸

어 놓았기 때문에 성 안에서 반란에 성공한 것이라 생각했다. 한나라 군은 마을 가까이에 있는 계곡에 30만 병력을 매복해 두었다.

장성을 넘어 약탈을 하며 전진하던 흉노 군은 이상한 점을 발견했다. 소, 말, 양 등 가축은 초원에 방목되어 있었지만 사람이라고는 그림자도 보이지 않았다. 이를 이상히 여긴 군신선우는 장성 가까이에 있는 봉화대를 공격해서 위사(尉史)를 붙들어다 신문했다.

현령 밑에는 현승과 현위(縣尉)가 있었다. 현승은 서기, 현위는 경찰서장이라고 할 수 있다. 위사는 현위에 속한 관리로 경찰지서 주임 정도의 자리였으니 하사관에 해당할 것이다. 고급간부는 아니었지만 제일선의 지휘자였기 때문에 계획을 알고 있었다. 이 위사가 복병에 대해서 말해 버렸다. 말할 나위도 없이 군신선우는 전군을 돌려 물러났다. 복병으로 치겠다는 계획은 실패로 돌아갔다.

30만의 한나라 병사들이 기다렸지만 허사였다. 사실은 왕회가 이끄는 또 다른 한나라 군대 3만이 흉노의 보급부대를 습격하기로 되어 있었다. 군량과 화살, 칼 등과 같은 무기를 나르는 보급부대는 흉노의 본대와는 떨어져 있었다. 그러나 왕회는 보급부대 습격을 그만두었다. 흉노의 정병이 마을 공격을 그만두었으니, 자신들의 보급대가 습격받았다는 사실을 알면 모든 병력을 동원해 이를 구하려 할 것이 틀림없었다. 3만 명만으로는 중과부적으로 패전의 굴욕을 맛보게 될 뿐이었다. 왕회는 그렇게 생각했다.

　　신은 돌아가면 목이 잘릴 것을 이미 알고 있었다. 그러나 폐하의
　　사(士) 3만은 온전할 수 있었다.

이것이 왕회의 변명이었다. 전멸했어야 할 3만의 병사를 무사히 귀환시켰다는 것이다.

정위(廷尉)는 왕회를 참형에 처한다고 결정했다. 왕회는 승상 전분에게 천금을 보내 형에서 벗어나려 했다. 전분은 형세를 읽고 있었다. 무제에게 부탁을 해 봐야 헛일이라는 사실을 알고 있었다. 무제가 어려워하는 어머니 왕 태후에게 손을 썼다. 전분에게는 누나이니 말하기도 쉬웠다.

24세가 된 무제는 이미 완전히 독립해 있었다. 왕 태후의 청에 대해서도 무제는 분명하게 대답했다.

지금 회를 주(誅)하지 않으면, 천하에 사죄할 길이 없다.

계획이 새어 나간 것은 왕회의 책임이 아니었을지도 모른다. 30만의 복병은 적군이 오지 않았기 때문에 어떻게 해 볼 수도 없었다. 그러나 본대에서 떨어져 있는 흉노의 보급부대는 왕회가 이끄는 한나라의 3만 병사가 있는 곳까지 왔었다. 그 공격을 중지하게 했다는 점을 무제는 용서할 수가 없었다. 왕회를 주살하지 않으면, 천하에 대해서 할 말이 없다고 판단한 것이다.

이 말을 들은 왕회는 포기하고 자살했다.

마읍에서의 전투는 한나라의 커다란 치욕이 되었으며, 한나라와 흉노의 관계를 더욱 악화시켰다.

흉노를 물리친 위청과 곽거병

이때의 치욕은 4년 뒤, 거기장군 위청에 의해 설욕하게 되었다.

원광 6년(기원전 129), 위청, 공손오, 공손하(公孫賀), 이광(李廣) 등 네 장군이 각각 1만 기의 병력을 이끌고 네 갈래로 나뉘어 출격했다. 이 중에서 공손하는 흉노와 만나지 않았으며, 공손오는 흉노에게 패해 7천 기를 잃었다. 이광은 패했을 뿐만 아니라 포로까지 되었다가 간신히 탈출해서 돌아왔다. 원래대로 하자면 공손오와 이공(李公)은 참형을 받아야 했지만, 속죄금을 내고 서민이 되었다. 한나라 시절에는 거액의 헌금을 내면 죽을 죄를 면제받을 수 있었다.

네 명의 장군 중에서 오직 위청만이 상곡(上谷)에서 출격하여 흉노가 하늘을 제사하는 용성(龍城)까지 공격해 들어가, 목을 베고 포로로 사로잡은 사람이 700명이라는 전과를 올렸다. 숫자만 놓고 보자면 그리 대단할 것도 없는 것처럼 여겨진다. 그러나 용성까지 공격해 들어갔다는 데는 매우 커다란 의미가 있었다. 한나라의 조야(朝野)는 흥분했다. 건국 70여 년, 한나라 군대가 장성을 넘어 그 북쪽으로 공격해 들어간 것은 실로 이것이 처음이었다.

쾌거였다. 다른 세 장군들의 실패가 위청의 성공을 더욱 빛나게 했다. 무제는 매우 만족했다. 다름 아닌 위자부의 동생의 손으로 이루어 낸 쾌거였다.

이듬해 위자부가 아들을 낳은 것을 축하하기라도 하듯 위청은 3만 기를 이끌고 안문(雁門)을 나서 수천 명의 적을 베는 전과를 올렸다.

다시 그 이듬해인 원삭 2년(기원전 127), 위청은 운중(雲中)에서 북쪽으로 나가 장성 밖을 서쪽으로 돌며 진나라 말기에 흉노에게 빼앗겼던 오르도스 지방을 회복했다. 그리고 감숙의 농서(隴西)에서 나가 흉노의 백양왕(白羊王), 누번왕(樓煩王)을 패주시켰다. 목을 베고 포로로 사로잡은 자가 수천, 그리고 전리품으로 가축 수십만을 빼앗았다.

황하가 크게 꺾어져 흐르는 지역의 안쪽이 오르도스인데, 여기에 삭방군(朔方郡)을 두고 한나라의 직할령으로 삼았다.

이 세 번의 전공으로 위청은 장평후(長平侯)가 되었으며, 식읍은 3천 800호였다.

위청은 원삭 5년(기원전 124)에 드디어 대장군이 되었다. 그는 원정군을 이끌고 일곱 번 흉노와 싸웠는데, 후반은 조카인 곽거병의 눈부신 전공 때문에 그의 존재감이 조금은 약해진 듯한 느낌이 든다.

그런데 위청과 곽거병이 그토록 뛰어난 장군이었을까? 한나라는 오랫동안 흉노와 굴욕적인 강화조약을 맺고 있었다. 설욕할 수 있었던 것은 두 명장의 등장만으로 이루어졌던 것은 아니다.

한나라의 국력이 충실해지기 시작했다. 시대를 막론하고 국가와 국가의 전쟁은 총력전이다. 한나라는 인구가 몇 배로 늘었으며 국가 재정도 풍부해졌다.

흉노는 묵돌선우 시절이 절정기였다. 그의 손자인 군신선우는 위청의 세 번째 원정 이듬해에 세상을 떠났다. 그리고 내분이 일어났다. 군신의 동생인 이치사(伊稚斜)가 군신의 태자인 어단(於單)을 쳐서 물리치고 선우의 자리에 올랐다. 패한 어단은 한나라에 항복했다. 흉노의 활력은 이미 내리막길을 걷고 있었다.

그런데 다른 역전의 장군들은 그다지 전과를 올리지 못하고 어째서 위 황후와 관계가 있는 두 사람만이 눈부신 군공을 세웠을까? 위청과 곽거병은 틀림없이 뛰어난 장군이었다. 그런데 무제는 이 두 사람에게는 가리고 가려서 뽑은 정예병을 주었던 것이다.

고조의 유훈(遺訓)에 따라서 원칙적으로 전공이 없는 자는 열후가 될 수 없었다. 사랑하는 황후의 동생과 조카를 열후로 만들기 위해서는 전쟁에서 이길 기회를 주어야만 했다. 기회가 주어졌다 하더라도 그것을 반드시 살릴 수 있는 것은 아니다. 두 장군은 그 기회를 살렸다. 범용한 재능을 가진 사람은 아니었을 테지만, 최고의 장비와 최강의 정예병을 받았으니 군사적 천재라는 평가는 약간 지나친 면이 있다.

곽거병이 젊은 표기장군으로 등장하면서부터 위청의 군사 행동이 빛을 잃게 되었다는 사실은 앞에서도 이야기했다.

무제가 기질적으로 위청보다 곽거병을 더 좋아했다. 평양공주의 저택에서 하인 생활을 했던 위청은 그때 노예적인 기질이 몸에 배어 누구에게나 겸손했다고 한다. 겸손의 도가 지나쳐서 아첨하는 것 같은 부분이 있었기에 무제는 그런 점이 마음에 들지 않았을지도 모른다. 무제에게는 태어날 때부터 귀족이었던 곽거병 쪽이 더 시원스럽게 느껴졌을 것이다. 한나라 군의 최정예 군단을 곽거병에게 주었으며, 그것이 전공에 영향을 주었다고 생각된다.

평양공주는 남편인 조시(曹時)가 죽어 미망인의 몸이었으나, 위청이 그녀의 재혼 상대가 되었다. 예전에 위청은 평양공주의 기노로서 말을 타고 따르던 자였다. 그러던 사람이 남편이 되었으니 이상한 만남이라고 하지 않을 수 없다.

위청이 무제의 매형이기도 한 셈이었다.

원수 2년(기원전 121)은 곽거병을 위한 해였다고 할 수 있다. 이해에 그는 세 번이나 원정을 했다. 그런데 나이는 겨우 스무 살이었다.

제1차 원정 때는 우선 농서를 출발하여 흉노의 절란왕(折蘭王)을 죽이고, 노후왕(盧侯王)의 목을 베었다. 그해의 첫 번째 원정이었지만 모두 합치자면 그의 세 번째 원정이었다. 혼야왕(渾邪王)의 아들을 사로잡아 목을 베고 포로로 삼은 자가 8천900명, 휴도왕(休屠王)이 하늘을 제사하기 위해 만든 금인(金人)을 전리품으로 가지고 돌아왔다.

다음은 여름의 원정이었다. 거연택(居延澤), 기련산(祁連山)까지 공격해 들어갔다. 이 원정에서 박망후(博望侯) 장건(張騫)과 합기후(合騎侯) 공손오는 곽거병의 군단과 만나기로 한 기일에 늦어 참수를 당할 형편이었으나, 속죄금을 내고 서민이 되었다. 이는 곽거병의 군단이 독주했던 이유도 있었을 것이다. 젊은 기운에 독주하는 것은 좋지만, 너무 폭주를 하는 바람에 다른 장군들이 곤란해졌다.

> 각 숙장(宿將)들이 이끄는 사(士), 마(馬), 병(兵)도 역시 표기(驃騎, 곽거병)만 못했다. 표기가 이끄는 군은 언제나 정예를 골랐다. 그러나 또한 군이 깊이 들어가 언제나 장기(壯騎)와 함께 그 대군에 앞장섰다. 군(軍)에도 역시 천행(天幸)이 있다.

라고 『사기』에 기록되어 있다. 곽거병이 독주하기도 했지만 천운도 따랐던 것이다.

세 번째는 가을의 원정이다. 원정이라기보다는 혼야왕의 항복을 받아들이기 위해서 하서(河西)로 파견되었다.

계속되는 패전에 흉노의 이치사선우는 혼야왕과 휴도왕에게 책임을 물으려 했다. 두 왕은 겁을 먹고 한나라에 투항하려 했다. 그런데 휴도왕이 도중에 망설였기에 혼야왕이 그를 죽이고 그 무리를 빼앗았다.

이처럼 흉노는 내부가 흔들리고 있었다. 막상 항복을 하려고 하니 혼야왕의 군중에도 거기에 따르지 않는 자가 있었다. 곽거병은 항복에 반대한 흉노의 병사 8천 명을 베었다. 항복한 자는 4만여 명이었다.

13년만에 돌아온 장건

한나라의 흉노 대책은 성공했다고 볼 수 있다. 충실해진 한나라의 국력, 명장의 활약, 흉노의 약화 등 여러 가지 원인을 생각해 볼 수 있다. 그러나 한나라가 흉노의 사정을 정확하게 파악하고 있었다는 점도 성공에 커다란 공헌을 했다.

그런 의미에서 장건의 서역 여행은 중요한 사건이었다고 하지 않을 수 없다.

무제가 즉위할 무렵에 항복한 흉노가,

> 흉노는 월지왕(月氏王)을 격파하고, 그 머리로 식기를 삼았다. 월지는 달아나 언제나 흉노를 원망하며 원수로 생각하고 있지만, 함께 이를 칠 자가 없었다.

라고 진술한 적이 있었다(『사기』「대완열전(大宛列傳)」).

월지족은 돈황 지방에 있던 부족으로 틀림없이 유목과 농경을 겸했던 스키타이족의 일파일 것이라 여겨진다. 묵돌선우도 태자 시절 월지에 인질로 보내진 적이 있었다. 이는 월지가 얼마나 강성했는지를 이야기해 준다.

그다지 비옥하지 않은 돈황에 거점을 두고 있으면서 흉노의 태자를 인질로 잡을 정도로 강했던 것은 월지가 옥(玉)의 교역을 독점하고 있었기 때문일지도 모른다. 중국인들이 그토록 사랑했던 옥의 주요 산지는 곤륜산 기슭의 호탄(和田) 부근이다. 중국어에서는 옥(玉)과 월(月)의 발음도 비슷하다. 옥의 교역으로 풍요로워진 월지는 너무 사치스러워져서 흉노에게 패한 것일까? 월지와 흉노는 기록을 하는 일에는 그다지 관심이 없는 민족이었다. 월지왕이 죽은 연대도 정확하게는 알 수 없지만, 무제가 즉위하기 20년 전쯤의 일로 추측한다.

흉노에게 패한 월지는 돈황에서 북쪽으로 도망쳤다. 죽은 월지왕의 미망인을 세워 군주로 삼았다고 한다. 월지는 흉노에게 깊은 원한을 품고 있었을 것이다. 그 월지와 동맹을 맺어 흉노를 협공하자는 것이 무제의 생각이었다. 그리고 월지로 보낼 사자를 모집했다. 거기에 응한 것이 한중 출신으로 봉록 200석을 받는 숙위관(宿衛官)이었던 장건이었다.

출발하기 전에 무제는 고모인 관도공주의 남편 당읍후 진오에게 저택에서 부리는 노예 감보(甘父)라는 자를 부탁하여, 그를 장건에게 하인으로 붙여 주었다. 감보는 흉노 출신이기 때문에 장성 바깥의 사정을 잘 알고 있었다.

장건은 100여 명을 데리고 장안을 출발했지만, 황하 서쪽의 기다란 복도처럼 되어 있는 곳에서 흉노에게 잡혀 선우에게로 보내졌다. 건원 초년의 일이었으니 흉노의 선우는 군신(軍臣)이었다. 신문을 한 결과 월지로

가는 사자라는 사실이 밝혀지자 군신선우는,

> 월지는 우리의 북에 있다. 한나라는 무슨 까닭으로 사절이 가기를
> 원하는가. 내가 월로 사절을 보내려 하면, 한나라는 나를 굳이 허락하
> 지 않을 것이다.

라고 말하며 장건을 억류했다. 당연한 일이었다. 흉노를 치려고 군사 동
맹을 맺기 위해 월지로 가는 사자를 흉노가 허락할 리 없었다. 흉노가
한나라를 치기 위해서 남쪽에 있는 월과 동맹을 맺으려 한다고 가정을
한다면, 그것을 위해서 가는 흉노의 사자의 통행을 한나라에서 허락하겠
는가?

　장건은 흉노에 10년 정도 억류되어 있었다. 흉노의 여성과 결혼을 하
고 자식을 낳아 그는 흉노 사람이 된 것처럼 보였다. 그랬기에 그에 대한
흉노의 감시가 느슨해졌고 그는 틈을 엿보다 탈출에 성공했다. 흉노 사
람인 아내와 자식 그리고 충실한 하인 감보도 함께 탈출했다. 그들은 서
쪽으로 수십 일을 여행한 끝에 대완(大宛, 우즈베크 공화국 페르가나 시 부근)
에 도착했다.

　월지는 흉노의 북쪽으로 달아났지만 역시 흉노에 의해 쫓겨난 오손(烏
孫) 때문에 망명지에서 서남쪽으로 옮기지 않을 수 없었던 것이다. 오손은
터키 계열의 부족으로 지금의 카자흐족의 조상이 아닐까 생각된다.

　도망에 도망을 거듭했지만, 오손에게 내쫓겨 가야 했던 이주는 월지에
게 다행스러운 일이었다고 하지 않을 수 없다. 이주한 사마르칸트 부근
은 비옥한 땅이었으며 부근에 강한 부족도 없었다. 남쪽의 대하(大夏)라

는 나라의 주민들은 상업민족이었다. 대하는 무력을 가진 월지를 신하처럼 따랐다. 토지는 비옥하고 속국까지 거느리게 되었다. 장건은 그런 월지의 나라에 대완에서 강거국(康居國)을 거쳐서 들어갔다. 그러나 장건이 아무리 설득을 해도 월지는 한나라와의 동맹에 찬성하지 않았다.

> (월지는) 대하를 이미 신하로 두고, 땅은 비옥하고, 적도 적고, 마음
> 이 안락하다. 또한 스스로 한나라와 멀다고 생각했다. 조금도 흉노에
> 게 보복할 마음이 없었다.

라고 『사기』는 기록했다. 흉노에게 패해 전 부족이 고난의 도피행을 거듭하다 간신히 안락한 환경에 머물게 된 월지는 평화주의 국가가 되어 있었다.

남편을 잃은 월지왕의 미망인이 월지 부족을 영도하고 있었으니, '그런 비참한 전쟁은 두 번 다시 되풀이하고 싶지 않다'는 그녀의 뜻이 비동맹 정책이 되어 반영되었는지도 모른다.

이는 나의 섣부른 추측이지만 당시 그 부근에는 불교가 이미 전파되어 있었으니, 월지의 여왕이 그 영향을 받았을 가능성도 있다.

어쨌든 월지의 비동맹 정책으로 인해서 장건은 군사동맹 체결이라는 목적을 달성하지 못했다.

돌아가는 길로는 곤륜의 남쪽 기슭을 따라 이어진, 이른바 서역 남로를 택했다. 천산(天山)의 남북 두 길은 흉노의 세력권 안에 있었다. 소륵(疎勒, 카슈가르), 사차(莎車, 야르칸드), 우전(于闐, 호탄), 누란(樓蘭, 크로라이나)에서 차이다무 분지를 거쳐 농서(감숙)로 들어가는 길을 택했다. 누란에

서 돈황으로 빠지는 길이 있었지만, 돈황은 흉노의 지배하에 있었다. 장건이 월지에서 얻은 정보에 따르면, 차이다무 분지의 야강족(婼羌族)은 독립해 있었다. 그러나 이 티베트 계열의 야강도 이미 흉노에게 복속하고 있었다. 장건은 여기에서도 억류되었다. 억류되어 있던 1년여 만에 장건이 탈출할 수 있었던 것은 군신선우가 죽자 태자인 어단을 옹립하려는 자들과 군신의 동생인 이치사를 옹립하려는 자들 사이에서 내분이 일어난 덕분이었다. 후계자 쟁탈전에서 승리한 것은 이치사로 야강 중에서도 태자의 편에 속했던 사람들은 도망을 치지 않을 수 없었다. 장건은 그런 소란을 틈타 탈출에 성공했다.

원삭 3년(기원전 126), 장건은 13년 만에 장안으로 돌아왔다. 월지와의 동맹에는 실패했지만, 그의 보고로 서역의 정세를 자세히 알 수 있었다. 오랜 억류생활 덕분에 장건은 흉노의 내정을 훤히 꿰뚫고 있었다. 억류당하기는 했지만 유목국가였기 때문에 장건도 흉노의 세력권 안을 여기저기 이동했을 것이다. 물이 있는 곳, 물산, 초원, 사막, 산악, 도로 등이 뛰어난 기억력을 가진 그의 머릿속에 지도가 되어 각인되어 있었다. 서역 각국의 사정, 정치, 외교, 군사 문제 등 모든 것들이 분명해진 것이다. 장건의 보고가 그 후 한나라의 흉노 대책에 얼마나 커다란 도움이 됐는지는 이루 헤아릴 수도 없을 정도였다.

원삭 6년(기원전 123)에는 그 자신이 교위(校尉, 장관)가 되어 흉노와의 전쟁에 참여했다. 지리에 대한 그의 지식 덕분에 한나라 군은 물이나 군량 부족에 시달리지 않아도 됐다. 개선 후 그는 열후가 되었다.

박망후(博望侯)였다. 박망은 남양군(南陽郡)에 있는 현의 이름으로『한서』「지리지」에서도 이름을 볼 수 있다. 그런데『한서』의 주(註)를 만든

안사고(顔師古, 581~645)는,

> 광박첨망(廣博瞻望, 널리 세상을 관찰했다)

에서 취한 미명(美名)이라고 해석하고 있다. 후명(侯名)은 대부분 봉해진 땅의 이름에서 취했지만, 표기장군 곽거병을 따랐던 조파노(趙破奴)가 종표후(從驃侯)가 된 것과 같은 예외도 있었다.

지명에서 취한 것이 옳을 테지만 의식적으로 장건에게 어울리는 지명을 고른 것 같다는 느낌이 든다.

장건이 세상을 떠난 후, 외국으로 떠나는 사자는 박망후 장건을 칭송하고 장건을 인용함으로써 외국의 신임을 얻었다고 한다. 『사기』 가운데,

> 그 후 사자로 가는 자 모두 박망후를 칭(稱)하고, 그로써 믿음을 외
> 국에게서 얻었다.

라는 대목이 있는데, 이는 사절들이 모두 박망후를 자칭했다고 해석할 수도 있다.

원수 2년, 곽거병의 원정 때 장건이 기일을 지키지 못해 죽을 죄를 사면받고 서민이 됐다는 사실은 앞에서도 이야기했다. 그러나 그 후에도 무제는 그를 자주 불러들여 서역의 사정을 물었다. 마침내 그의 명예는 회복되었다.

오손으로 시집간 공주들

장건의 여행으로 한나라의 세계에 대한 지식이 놀라울 정도로 넓어졌

다. 앞에서도 이야기한 것처럼 한나라 초기에도 야랑 등에 대한 서남이 (西南夷) 공작은 어느 정도 있었다. 그 후, 비용이 드는 데 비해서 그다지 효과가 없었을 뿐만 아니라 흉노대책에 중점을 두어야 했기 때문에 중지 되었던 것을 장건의 진언으로 재개하게 되었다. 그것은 그가 대하에서 촉 (蜀)의 물산, 공(邛)의 죽장(竹丈)과 촉포(蜀布)를 보았는데, 상인들로부터 신독(身毒)에서 들여온 것이라는 말을 들었기 때문이다. 신독이란 바로 인도를 가리킨다.

상업국가인 대하가 중국과 교역을 원하고 있다는 사실을 장건은 현지 에 가서 알았다. 그러나 당시 서역으로 가는 길은 전부 흉노에 의해서 막 혀 있었다. 그렇다면 중국 서남부에서 인도를 경유하는 교역로를 개척한 다면 한나라의 물산을 대하나 대완으로 가져갈 수 있었다. 실제로 촉의 물산이 인도를 경유해서 들어가고 있었다.

이렇게 해서 서남이 공작이 재개되었다.

이것은 단지 교역을 통한 이득만을 얻기 위한 것이 아니었다. 흉노의 세력권을 경유하지 않는 경로를 확보해 두면, 대하, 대월지, 강거, 오손 등 과의 동맹 공작이 훨씬 더 손쉬워지는 셈이다. 장건은 거기까지 생각하 고 있었을 것이다.

외교가로서의 장건이 취한 흉노대책 중 하나로 오손을 이용하는 것이 있었다. 지금의 이리(Ili) 지방에 있던 오손을 원래의 거주지인 동쪽으로 옮기게 하여 한나라와 동맹을 맺게 하면 흉노의 오른쪽 팔을 끊는 것과 같은 효과가 있을 것이라 생각했다. 그래서 그는 스스로 오손으로 가는 사절단장이 되어 오손으로 들어갔다.

그러나 당시의 오손은 영명하기로 유명했던 곤모왕(昆莫王)도 나이 들어 나라가 세 개의 세력으로 분열되어 있었다. 태자가 일찍 죽어 그의 아들인 잠추(岑陬)가 후계자로 지목되었지만, 태자의 동생인 대록(大祿)이 할아버지에서 손자로의 계승에 반대해 형제들과 함께 반란을 일으켰던 것이다. 한나라와의 동맹은 생각할 여유도 없었다. 장건은 부근의 각국으로 부사들을 파견한 뒤 곧 귀국했다. 귀국을 할 때 오손의 사절 수십 명이 동행했다.

장건은 귀국 후 1년쯤 지나 세상을 떠났지만, 그의 노력이 드디어 열매를 맺기 시작했다. 오손과 야랑은 한나라의 실정을 알지 못했었다. 그런데 장건과 함께 장안으로 들어온 오손의 사절이 한나라의 강성함을 그들의 눈으로 직접 보고 돌아간 것이 커다란 자극이 되었다. 흉노의 압박에 대항하는 데 한나라와의 동맹이 도움이 되리라는 사실을 알았다. 이번에는 오손 쪽에서 한나라와 동맹을 맺고 싶다고 제의해 왔다. 대완과 월지 등의 각국이 한나라와 외교관계를 맺고 있다는 사실을 알고 오손이 고립될 것을 두려워했다는 사정도 있었다.

오손으로 보내기로 한 황족 여성의 이름은 세군(細君)이었는데 강도왕(江都王)의 딸이었다. 혼수는 명마 1천 필이었다.

그녀의 아버지인 유건(劉建)은 무제의 형인 유비(劉非)의 아들로 강도왕을 이었는데 악학무도(惡虐無道)했다. 아버지의 애희(愛姬)뿐만 아니라 자신의 친동생과도 좋지 않은 관계를 맺은 적이 있었다고 한다. 믿기 어려울 정도의 사디스트로 사람이 물에 빠지는 장면을 보는 것을 좋아했다. 커다란 바람이 부는 날이면 조그만 배에 사람을 태워 그것이 뒤집어져서 사람이 뱃전을 붙든 채 물속으로 잠겨 가는 모습을 웃으며 지켜봤다고 한다. 궁중에서 잘못을 저지른 사람이 있으면 발가벗겨 북을 치게 하거나 나무 위에 올려놓았다. 늑대로 하여금 사람을 물어뜯게 하고, 궁녀를 짐승과 관계 맺게 하는 등 그 음학(淫虐)함은 차마 들을 수 없을 정도였다. 강도왕이 된 지 6년째 되던 해에 모반죄로 문책당해 자살을 했는데, 부인인 성광(成光)까지 주살당해 시체가 길거리에 버려졌다. 한나라의 중신회의에서,

(하의) 걸, (은의) 주라 할지라도 악은 여기에 미치지 않았다.

라고 단정지었을 정도로 무도했다.

강도왕 유건의 죽음은 원수 2년(기원전 121)의 일이었으며, 그의 딸인 세군은 아버지의 죽음으로부터 16년 뒤인 원봉 6년(기원전 105)에 오손으로 보내졌다. 한나라의 황족 여성이라고는 하지만 부모는 모두 죄를 짓고 처형당했다. 박복한 운명에 눈물짓던 여성이었다.

곤모왕은 늙었고 말도 통하지 않았다. 오손공주 세군이 다음과 같은 노래를 지은 것으로 알려져 있다.

우리 집에서 나를 하늘 저 멀리 시집보내,
멀리 이국의 오손왕에게 맡겼다.
천막을 방으로 삼고, 양탄자를 벽으로 삼고,
고기를 밥으로 삼고, 젖을 음료로 삼는다.
언제나 고향 생각에 마음이 아프니,
황곡(黃鵠)이 되어 고향으로 돌아가고 싶다.

정략결혼의 희생자인 셈인데 한나라에서는 관리, 환관, 하인 등 수백 명을 그녀에게 딸려 보냈다. 앞에서 소개한 노래에서는 천막을 방으로

삼았다고 했지만, 그것은 오손의 풍습이며, 그녀는 한나라의 풍습대로 궁전을 세워 거기에서 살았다.

흉노에서도 여자를 보내왔다. 오손의 곤모왕은 흉노의 여자를 좌부인으로, 한나라의 공주를 우부인으로 삼았다.

곤모왕은 자신의 나이가 많았기에 손자인 잠추에게 한나라의 공주를 아내로 주려 했다. 할아버지의 아내가 손자의 아내가 되다니 한나라의 인륜으로는 있을 수 없는 일이었다. 그녀는 그것이 싫어서 장안에 있는 황제에게 호소했다. 무제의 대답은,

그 나라의 풍속에 따르라. 오손과 함께 흉노를 쓰러뜨리려 한다.

는 것이었다. 오손뿐만 아니라 흉노와 같은 유목민족의 풍속에서는 아버지가 죽으면, 그 처첩을 생모만을 제외하고 아들이 물려받게 되어 있다. 오손은 흉노 토벌을 위한 중요한 동맹자이니, 참고 그 나라의 풍속에 따르라는 것이 그녀 조국의 뜻이었다.

한나라의 공주 세군은 젊은 잠추의 아내가 되어 딸을 하나 낳았지만, 그 후 세군은 곧 세상을 떠나고 말았다. 오손과의 동맹이 중요했기 때문에 한나라에서는 죽은 세군 대신에 초왕 유무의 손녀딸인 해우(解憂)라는 여성을 보내 잠추의 아내로 삼게 했다.

그녀 역시 오초칠국의 난 때 모반했다가 자살한 초왕의 손녀딸로 그 처지는 세군과 비슷했다. 두 사람 모두 황족 여성임에는 틀림없지만 황실 내에서 제후왕으로서는 단절된 계통에 속했다.

두 번째로 들어간 한나라의 공주 해우는 3남 2녀를 낳았다. 그 가운

데는 사차왕이 된 사람도 있으며, 구자왕(龜玆王)의 아내가 된 딸도 있었다. 오손과 한나라의 유대관계를 강화한 것 외에도 그녀들은 한나라의 문화를 전파하는 역할도 수행했다.

남월의 정복

원수 4년(기원전 119)에 위청의 일곱 번째, 곽거병에게는 여섯 번째가 되는 원정이 있었다. 한나라 군이 승리를 거두었다. 한때는 흉노의 선우의 행방을 알 수가 없어 죽었다는 정보가 있었기에 흉노의 우곡려왕(右谷蠡王)이 자립하여 선우를 칭했을 정도였다. 생존이 확인되자 우곡려왕은 선우라는 칭호를 거두었다.

그 싸움에서 입은 흉노의 손해는 8, 9만이라고 알려져 있지만, 한나라도 수만의 사졸(士卒)을 잃었다. 그러나 흉노는 멀리 막북(漠北)으로 물러났고, 이후 약 20년 동안 흉노와의 대규모 전쟁은 없었다.

전쟁이 사라진 것은 아니었다. 한나라의 활력을 아직은 안에 가두어 둘 수가 없었다. 흉노는 멀리로 물러났지만, 전쟁은 남쪽과 동쪽에서 계속되었으며 또 서쪽에도 미쳐 있었다.

남쪽에는 남월(南越)이 있었다. 반우(番禺, 오늘날 광주시)를 국도로 삼았던 남월국은 한나라의 외신(外臣)을 가장하고 있었지만, 그곳의 왕이 천자인 양 행세한 것은 예전에 사자로 그곳에 다녀온 장조(莊助)가 보고한 대로였다.

남월은 개성적인 국가였다. 천하를 통일한 진나라의 시황제는 그 지방에 계림(桂林), 남해(南海), 상(象)이라는 세 군을 두었다. 월부족의 땅이었는데, 당시 인구가 매우 적었기 때문에 죄수들을 이주시켜 월나라 사람들과 함께 살게 했다.

진나라 말기의 전란 때 남해군 용천현(龍川縣)의 현령으로 있던 조타(趙佗)라는 자가 관(關)을 닫고 진나라 관리를 살해한 뒤 자립하여 계림, 상 두 군까지도 합병해, 남해의 무왕(武王)을 칭했다.

한나라 고조는 항우를 쓰러뜨리고 중원을 견고히 하는 데 바빴기에 남방까지는 손길이 미치지 못했다. 고조 11년(기원전 196)에 육가(陸賈)를 파견하여 조타를 남월왕으로 인정했다. 제후왕으로 한나라에 복속하는 형식을 취했지만, 실질적으로는 독립국이었다. 한나라는 남월의 내정에 간섭하지 않았으며, 남월은 봄가을로 입공(入貢)하여 신하를 칭했다.

한나라에 사절을 파견할 때는 왕이라 칭했지만, 남월국 안에서 조타는 의연히 제호(帝號)를 썼다.

호전적인 민월이 남월을 공격했을 때 한나라가 원군을 보낸 사건이 있었는데, 그때 이와 같은 남월의 이중인격적인 국정을 한나라에서도 알게 되었다.

한나라의 무제 시절, 남월의 왕은 조타의 손자인 조호(趙胡)였다. 앞에서 이야기한 사건 이후, 남월왕은 태자인 영제(嬰齊)를 한나라에 인질로 보냈다. 왕인 호가 죽자 영제가 왕위에 올랐다. 영제는 인질로 장안에 있을 때 한단(邯鄲)의 규(樛) 씨를 아내로 맞아 흥(興)을 낳았다.

한나라에서는 종종 남월왕 영제에게 입조할 것을 촉구했지만, 그는 좀처럼 장안으로 가려 하지 않았다. 입조를 하면 한나라의 제후왕처럼 되어 독립성을 잃게 될 것이라 생각했기 때문이다. 언제나 병이라는 구실로 결국에는 한 번도 입조하지 않았다. 정말로 병약했었는지 그는 젊은 나이에 세상을 떠났다.

원정 4년(기원전 113), 영제의 아들 흥이 남월왕이 되었다. 흉노를 북쪽으로 쫓아낸 한나라는 남쪽에 조금 더 힘을 쓸 수 있었다. 한 번도 입조하지 않은 왕의 존재를 인정할 수는 없었다. 사절을 파견하여 남월왕에게 다른 제후처럼 3년에 한 번 입조함과 동시에 변경의 관문(關門)을 없앨 것을 요구했다.

한나라에서 파견된 사절은 안국소계(安國少季)라는 인물이었다. 성이 안국, 이름이 소계였다. 이 안국소계라는 사람은 사실 남월의 태후인 규 씨가 인질로 장안에 온 영제에게 총애를 받기 전에 정을 통하던 남자였다. 옛 연인이었다. 한나라에서도 그 사실을 알고 그를 뽑았을 것이리라. 남월왕 흥은 아직 어려서 태후가 후견인 역을 맡고 있었다.

원래 중원의 한단 출신인 태후 규 씨는 남월이 한나라에 신속(臣屬)되어 제후왕의 나라가 되는 것에 반대하지 않았다. 수도 장안의 생활이 그리웠기 때문에 오히려 서둘러 입조할 준비를 했다. 게다가 맞으러 온 것은 예전의 연인이었다.

태후의 바람과는 상관없이 승상을 비롯한 남월 출신의 대신들과 관리들은 자기 나라의 독립이 손상되는 것에 반대했다. 승상인 여가(呂嘉)가 결국 모반을 일으켰다. 나라 전체에 격문(檄文)을 뿌렸다.

왕은 나이 어리고 태후는 중국 사람이다. 또한 사자인 안국소계와 간통하고, 오로지 속국이 되어, 선왕의 보기(寶器)를 모두 가지고, 들어가 천자에게 바침으로 스스로 아첨하려 한다. 많은 사람들을 데리고 가서 장안에 이르면 포로로 팔아 노예로 삼으려 한다.

매우 선동적인 말을 늘어놓았다.

여가의 무리들은 나이 어린 왕과 태후 및 한나라의 사자를 죽였다.

한나라의 무제는 단호하게 대군을 동원했다.

노박덕(路博德)은 복파장군(伏波將軍)이 되고, 양복(楊僕)은 누선장군(樓船將軍)이 되어 남하했다. 이처럼 그때그때에 따라서 이름이 붙여지는 장군을 잡호장군(雜號將軍)이라고 한다. 위의 이름을 통해서도 알 수 있듯이 광동 공격에는 수군이 많이 동원되었다.

20년 전에 장조가 예언한 것처럼 장가강은 야랑에서 남월을 공격하는 데 더없이 좋은 경로가 되었다. 그가 광주에서 구장을 먹은 덕분이었다. 단지 남월은 매우 빨리 평정되었기 때문에 야랑에서의 군대가 남월의 국도인 반우(番禺)에 도착도 하기 전에 전쟁이 끝나 버리고 말았다.

남월의 승상인 여가 일당은 일단 바다로 도망을 쳤지만 바로 잡혀 싱겁게 막을 내리고 말았다. 조타가 왕이 된 이후 5대 93년 만에 남월국은 멸망했다. 사마천은 여가를 '소충(小忠)'한 사람이라고 평가했다.

한나라는 남월에 9개 군을 두고 직할령으로 삼았다. 담이(儋耳), 주애(珠崖), 남해(南海), 창오(蒼梧), 울림(鬱林), 합포(合浦), 교지(交阯), 구진(九眞), 일남(日南) 등의 군이다. 이 중에서 담이와 주애는 해남도(海南島)에 있고, 교지, 구진, 일남 3개 군은 베트남 북부에 속해 있다.

남월은 월나라 부족과 이주해 온 한족의 잡거지(雜居地)로 당시는 이중 구조를 가진 사회였을 것이라 추측된다. 남월국의 관리 중에는 한족이 많았는데 여가를 사로잡은 것도 한나라 군이 아니라 남월의 낭(郎, 관)이었던 도계(都稽)였다. 도계는 공로를 인정받아 한나라의 임채후(臨蔡侯)가 되었다. 남월의 평정이 의외로 빨랐던 것은 지방정권으로서 독립성을 유지하는 메리트가 그다지 많지 않았기 때문일 것이다. 남월의 관리는 그대로 한나라의 관리가 되고, 의욕이 있는 사람에게는 활약의 무대가 넓어지니, 그러는 편이 더 장래성이 있다고 생각한 셈이다. 남월국을 사수하려 했던 것은 여가 등 일부 소충한 사람들뿐이었다.

동월의 여선도 이때 멸망했다. 한나라가 남월로 출병할 때, 한나라를 도와 여가를 치겠다고 말해 놓고 실제로는 병사를 내지 않고 남월로 밀사를 보내 내통하고 있었다. 이때 여선은 황제를 칭했다고 한다. 그러나 부하에게 살해당하고 말았다.

기록에는 그렇게 되어 있지만, 흉노에 대한 준비를 예전처럼 할 필요가 없게 된 한나라가 그 힘을 합병정책에 쏟아부은 결과일 것이다.

조선 원정으로 벌 받은 장군

남쪽으로 향한 힘이 남월과 동월을 집어삼켰다. 그리고 동쪽으로 향한 힘은 조선을 빨아들이려 했다.

『사기』「조선열전」에 따르면, 한나라 초기에 연왕(燕王) 노관(盧綰)이 흉노로 망명했을 때, 연나라 사람 위만(衛滿)이 무리 1천여 명을 이끌고 패수(浿水)를 건너 주민이 없었던 조선으로 들어가, 연과 제의 망명자를 부하로 삼아 왕이 되었다고 한다. 수도인 왕검(王儉)은 지금의 평양이라는 설이 가장 유력하다. 패수는 압록강을 말한다.

조선왕 위만은 한나라의 요동군 태수와 협상을 해서 조선은 한나라의 외신(外臣)이 되어 변경에서 침략을 하지 않고, 각 만이(蠻夷)의 수장이 한나라로 가서 천자를 알현하려 할 때는 그것을 방해하지 않겠다는 등의 약속을 했다.

한나라의 무제 시절에 조선왕은 위만의 손자인 우거(右渠)였다.

흉노가 강성했을 때, 조선은 한나라의 압박을 받지 않았다. 남월과 마찬가지로 조선은 한 번도 입조한 적이 없었다. 주위의 소국이 한나라의 천자를 만나고 싶다고 청해도 그 상서를 전부 묵살했다고 한다. 이것은 어쩌면 한나라의 트집이었을지도 모른다.

흉노의 힘이 후퇴하자, 조선도 드디어 한나라의 간섭을 받게 되었다.

한나라는 섭하(涉何)라는 자를 사자로 보내서 조선왕 우거를 회유하려 했다. 회유의 내용은 자세히 알 수 없지만, 남월에 대한 것과 거의 비슷했을 것이다. 제후와 마찬가지로 3년에 한 번은 입조를 하고, 한나라로 통하는 길을 막지 말라는 등의 내용이었을 것이라 생각된다. 조선왕은 그것을 거부했다. 할아버지가 어떤 약속을 했는지는 모르겠으나, 조선은 독립국으로 할아버지조차 입조한 적이 없지 않은가, 각 만이에게 길을 내주는 것은 우리들이 알아서 할 일이라는 이유였을 것이라고 추측된다.

섭하는 사자로서는 목적을 달성하지 못했다. 그러나 뭔가 체면을 세워서 점수를 딸 수 있을 만한 일을 해야겠다고 생각했다. 이에 패수까지 배웅을 나온 조선의 비왕(裨王, 부왕)인 장(長)이라는 자를 죽이고,

　　　황제의 명령을 듣지 않았기에 조선의 장군을 죽였다.

고 장안에 보고했다. 섭하는 그 공으로 요동 동부의 도위(都尉, 봉록 2천 석의 군관)로 임명되었다. 조선과의 국경에서 가까운 부서였다. 조선에서는 당연히 섭하에 대해 원한을 품었다. 출병하여 섭하를 죽였다.

이것이 한나라에서 조선으로 원정을 떠난 이유였다.

원봉 2년(기원전 109년) 가을, 2년 전에 남월을 정벌한 누선장군 양복이

5만의 병사를 이끌고 산동반도에서 해로를 따라 조선으로 향했다.

한나라의 좌장군 순체(荀彘)는 요동에서 육로를 따라 조선으로 쳐들어 갔다.

바닷길과 뭍길 두 갈래로 펼쳐진 조선 공격은 남월 토벌 때처럼 순조롭지가 못했다. 두 갈래의 군 모두 고전을 면치 못했을 뿐만 아니라 누선장군은 패주하여 10여 일 동안이나 산속에 숨어 있어야 했을 정도였다.

그 뒤 칙사 위산(衛山)이 조선으로 파견되어 항복에 대한 이야기가 거의 매듭지어졌다. 그러나 병기를 휴대하느냐 마느냐의 문제로 패수를 건널 때 얘기가 뒤틀어져서, 사죄를 위해 장안으로 가려 하던 조선의 태자가 그대로 발걸음을 돌리고 말았다.

다시 전쟁이 시작되어 한나라의 두 장군이 왕검성을 포위했다. 조선왕 우거가 굳게 지켰기에 성은 몇 개월이 지나도록 떨어지지 않았다. 그런데 한나라의 좌장군과 누선장군은 서로를 시기하고 서로를 의심했다.

좌장군은 강경파였으며, 누선장군은 화목파였다. 좌장군이 누선장군과 합동으로 공격을 하려 했지만, 누선장군은 화담(和談)이 깨질 것이 두려워서 거기에 협력하지 않았다. 좌장군은 누선장군이 조선군과 연합하여 자신을 공격할지도 모른다는 의심까지 품게 되었다.

조선왕 우거가 부하에게 살해당했지만 왕검성은 그래도 떨어지지 않았다. 대신(大臣)인 성이(成已)라는 자가 대신 사수하고 있었던 것이다. 좌장군은 우거의 아들인 장과 항복한 대신 노인(路人)의 아들 최(最) 등에게 백성을 타이르게 해서 간신히 성이를 죽일 수 있었다.

이렇게 해서 조선은 평정되었으며, 진번(眞番), 임둔(臨屯), 낙랑(樂浪), 현토(玄菟) 4개 군이 설치되었다.

중국 남부의 외번

□ – 외번
□ – 제후왕국
● – 요지

족
회수
회남
단도
오
회계군
장강
장사
파양
구강
촉
동우
야랑
민월
진
서강
남월
반우

조선 원정 후의 뒤처리는 매우 쓸쓸했다. 전쟁이 끝난 뒤, 한나라의 두 장군 모두가 군법회의에 회부되었다.

공을 다퉈 서로 시기하고 계획을 위반했다.

는 죄목으로 좌장군 순체는 목이 베어져 시체가 길가에 버려졌다.

누선장군은 육로군의 도착을 기다리지 않고 왕검성을 공격했다가, 그 때문에 패주한 죄로 주살당할 처지였지만 속죄를 받아 서민이 되었다.

조선을 평정했지만 원정군의 군관 중에서 공을 인정받아 열후에 봉해진 사람은 단 한 사람도 없었다.

한나라의 4개 군은 한반도 남부까지는 미치지 못했다. 기원전 1, 2세기 무렵의 한반도 남부는 일본의 큐슈(九州)와 같은 세력권 내에 있었다는 설이 있다. 그렇다면 이 무렵 한나라의 힘은 일본의 바로 옆에까지 왔던 셈이다.

추풍사

신선을 동경한 무제

추풍이 일어 백운이 날고,

초목 누렇게 떨어져 기러기 남으로 돌아간다.

난에 꽃이 있고 국화에 향기가 있으니,

가인이 생각나 잊을 수 없다.

누선(樓船)을 띄워 분하(汾河)를 건너,

중류에 누우니 하얀 물결이 인다.

소고(簫鼓)가 울리고 뱃노래가 들린다.

환락이 끝나 애정(哀情) 가득하니,

젊음은 언제였던가, 늙음을 어찌하리.

秋風起兮白雲飛 草木黃落兮雁南歸 蘭有秀兮菊有芳 懷佳人兮不能忘

泛樓船兮濟汾河 橫中流兮揚素波 簫鼓鳴兮發棹歌 歡樂極兮哀情多

少壯幾時兮奈老何

『문선(文選)』에도 실려 있는 한 무제의 유명한 〈추풍사(秋風辭)〉다.

원정 4년(기원전 113)에 무제가 분음(汾陰, 산서성 분하의 남쪽)으로 가서 후토(后土, 토지신)를 제사했을 때 지은 노래라고 한다.

당시 무제는 44세였다. 가장 믿고 있던 무장 곽거병은 24세라는 젊은 나이로 이미 4년 전에 세상을 떠났다. 관도공주는 그보다 1년 전, 그리고 무제의 생모인 왕 태후는 그보다 2년 전에 세상을 떠났다.

44세에 '늙음을 어찌하리'라고 한 것은 약간 이른 느낌이 들지만, 당시의 평균 수명을 생각해 보면 특별히 이상할 것은 없다. 아버지 경제는 48세, 할아버지 문제는 46세에 세상을 떠났다.

한편 이해에 위 황후가 낳은 황태자 유거(劉據)가 15세가 되어 사(史)라는 집안의 딸을 아내로 맞아들였다. 친한 사람의 죽음과 마찬가지로 자녀의 결혼도 부모에게는 나이를 피부로 느끼게 했을 것이다.

흉노의 선우인 이치사가 죽은 것은 1년 전의 일이었다. 적의 죽음도 무제의 감상을 자극했을지도 모른다. 흉노는 멀리로 물러난 것일 뿐, 아직 숨통이 끊긴 것은 아니었다.

분음으로 갈 무렵에는 아마도 남월에 대한 방책도 이미 결정되어 있었을 것이다. 남월 태후의 옛 연인인 안국소계가 광동으로 간 것은 이해였다. 그 밖에도 해야 할 일이 아주 많았다. 조선 문제도 그중 하나였다.

분하에 누선을 띄워 놀 때도 무제의 머릿속으로는 여러 가지 생각들이 오고 갔다. 누선이란 2층 이상으로 된 대형 선박을 말한다. 퉁소와 북의 선율, 그리고 뱃노래도 들려왔다. 분하는 술의 고장인데 '분주(汾酒)'는 명주로 지금도 사람들에게 사랑받고 있다. 배 위에서의 잔치에는 술도 나왔을 것이다. 거나하게 취해서 노래를 읊조렸는지도 모른다.

그런데 가인이란 누구를 말하는 것일까? 굴원 등 초나라의 시인들이 물가에서 부른 노래 속의 가인은 순(舜) 임금을 따라 죽은 상군(湘君), 곧 상부인(湘夫人)을 말한다. 또 노래에 따라서는 군주를 암시하는 경우도 있다. 가인을 언제나 생각하는 모습은 밤낮으로 군주를 그리는 충성스러움의 형용으로 해석되었다. 그러나 무제 자신이 군주이니 여기서의 가인은 수도 장안에 있는 신하라고 해석하는 주석가도 있다. 또 후궁의 여자들이라는 설도 있는데, 이쪽이 더 자연스러운 듯하다.

누나인 평양공주의 집에서 가수인 위자부를 데리고 왔을 때 무제는 18세였다. 위자부가 몇 살이었는지는 알 수 없지만 무제와 나이 차가 그렇게 많이 나지는 않았을 것이다. 아무리 생각해 봐도 이때는 마흔은 되어 있었을 것이다. 마흔을 넘긴 가인이 있다 해도 이상할 것은 없지만, 위 황후는 이미 무제의 총애를 한 몸에 받고 있는 여성은 아니었다. 후궁에서는 왕 부인과 이희(李姬, 뒤에 나오는 이 부인과는 다른 사람)가 무제의 아들을 낳았다.

여기에서 말한 가인은 현실 속의 인간이 아니라 신선이라고 생각하는 편이 이 시기의 무제에게는 어울릴 듯하다.

독재자는 자신을 초인이라고 생각하기 쉽다. 누구도 이루지 못했던 일을 자신의 힘으로 이루어 내고 나면 자신을 특별한 사람이라고 생각하게 된다. 진나라의 시황제가 그랬다. 자기 자신을 '진인(眞人)'이라고 칭했다. 안타까운 일이지만 초인이라도 나이를 먹으면 죽을 수밖에 없다. 시황제는 불로불사의 약을 얻기 위해 서복(徐福)에게 돈을 주어 동해 바다를 항해토록 했다고 전해지고 있다. 신선의 술법을 믿었기 때문이다.

한나라의 무제도 신선을 믿었다. 현실 정치가로서 그는 유가 체제를 정비했지만 그것은 신선을 믿는 것과 모순되지 않는다.

나는 괴(怪), 역(力), 난(亂), 신(神)을 이야기하지 않았다.

라는 말이 『논어』에 있다. 괴란 괴이한 것, 유령의 이야기 등과 같은 것이다. 역(力)이란 힘으로 부리는 기술, 난이란 음란과 불륜을 말하며 신이란 신선을 가리키는 말이다. 공자는 이러한 것들에 대해 이야기하기를 좋아하지 않았을 뿐 부정은 하지 않았다. 노장은 철학이나 사상이지, 종교는 아니었다. 나중에 민간신앙, 주술 등과 결합하여 이른바 도교가 되지만, 한나라 초기에는 아직 그렇지 않았다. 문제와 경제 두 황제 시절에는 노장이 사상의 주류였다는 점은 앞에서도 종종 이야기했다. '무위'를 이상으로 삼고 있었기 때문에 지나치게 야단스러운 행사를 싫어했다. 문제 시절에 한때 신원평(新垣平)이라는 방사가 신선에 대해서 이러쿵저러쿵 이야기했지만 후에 거짓이었음이 드러났다. 그 일 이후 제사에 관한 일은 대부분 사관(祠官)에게 맡겨졌으며, 문제 자신은 관여하지 않았다. 경제도 아버지가 하던 방법을 답습했다.

무제는 아버지나 할아버지에 비해서 신선에 훨씬 더 커다란 관심을 가지고 있었기에 제사에도 열심이었다. 그랬기 때문에 신원평과 같은 방사들이 무제의 궁정에 끊임없이 모습을 드러냈다. 이소군(李少君), 제(齊)의 소옹(少翁), 난대(欒大) 등과 같은 무리들이다.

즉위 당초에는 두 태후가 눈을 번뜩이고 있었기 때문에 황로(黃老)의

도에서 어긋나는 제사나 의식을 거행할 수 없었다. 무제가 처음으로 옹(雍)이라는 곳에서 오치(五畤)를 제사한 것은 두 태후가 죽고 난 뒤인 원광 2년(기원전 133)이었다.

옹은 섬서성 봉상현(鳳翔縣)에 있다. 장안에서 서쪽으로 200킬로미터 못 간 지점의 구릉에 하늘을 제사하는 제단이 있었다. 치(畤)란 제사를 지내는 정월을 말하는 것인데, 오치라 부른 것은 오제(五帝)를 제사했기 때문이다.

진나라 때까지는 사제였지만, 고조가 제(帝) 하나를 늘려 오제가 되었다는 이야기가 『사기』 「봉선서(封禪書)」에 실려 있다.

하늘에는 오제가 있는데 백(白), 청(靑), 황(黃), 적(赤), 흑(黑)이다. 이 중에서 고조가 늘린 것은 흑제(黑帝)였다. 각 제의 이름에 붙여진 색은 방위와 계절을 나타내며 짐승이 배치되어 있었다.

색	방위	계절	짐승
청제	동	춘	용
적제	남	하	봉(새)
백제	서	추	호랑이
흑제	북	동	무(武, 거북)
황제	중앙		

우리가 흔히 사용하는 '청춘'이라는 말도 색과 계절을 조합한 것이다. 일본의 씨름인 스모(相撲)의 씨름판에서 청방(靑房), 적방(赤房)이라 부르는 것도 이 방위에서 온 것이다. 궁전의 남문을 주작문(朱雀門)이라 부르

는 것도 주(朱, 빨강)가 남쪽을 나타내고 방위를 나타내는 짐승이 새이기 때문이다. 북문은 현무문(玄武門)인데, 현(玄)은 검정을 의미한다. 1972년 일본 나라현에서 발굴된 다카마쓰 고분의 벽에도 동서북 세 벽면에 각각 청룡, 백호, 현무가 그려져 있었다. 남벽은 도굴을 위한 구멍 때문에 무너졌지만 거의 틀림없이 주작이 그려져 있었을 것이다.

무제는 이 첫 번째 오치 제사 이후 3년마다 친교(親郊, 친히 교외로 나가 제사를 지내는 것)했다. 원정 4년이 그 친교의 해에 해당했는데, 무제는 문득 떠오른 생각이 있어,

지금, 상제는 짐이 친히 교외로 나가 제사를 지낸다. 그러니 후토
(后土)를 제사하지 않는다면 이는 예(禮)에 답하지 못하는 것이다.

라고 말했다. 하늘만 제사하고 있는데 후토, 즉 토지신을 제사하지 않는다면 공평하지 않다는 말이다. 답한다는 것은 쌍이 되어 균형을 유지한다는 뜻이다. 예의 균형이 무너진 것이 아닐까 걱정을 한 것이다.

이에 분음에 후토사(后土祠)를 짓고 무제가 처음으로 친교를 갔을 때, 이 〈추풍사〉를 지었다.

땅을 제사 지낸 효과는 바로 나타났다. 후토사에 친교를 한 지 7개월 뒤, 분음에 있는 후토사의 경내 땅속에서 커다란 정(鼎)이 출토되었다. 조사해 본 결과, 작위적인 상황은 아니었기에 이 대정(大鼎)을 가져다 종묘와 상제에게 바치고 감천궁(甘泉宮)에 비장했다.

다목적 봉선 여행

한나라의 무제는 55년 동안 제위에 머물렀다. 후토사를 친교한 것은 즉위 29년째 되던 해였다. 전반기가 끝나고 후반기로 들어가려 할 때였다.

재위 전반기에 무제는 약 200킬로미터 떨어진 옹으로 오치 친교를 가는 것 외에 멀리 나간 일이 한 번도 없었다. 그러나 후반기에 분음의 후토사를 다녀온 이후부터는 여행을 자주 했다. 그것도 태산 봉선 등과 같이 긴 여행이었다.

유가의 이상에 따르자면, 천자는 천하를 순수하여 민정을 시찰해야 한다. 진나라의 시황제도 여행을 많이 했지만, 그것은 유가의 사상과는 관계없는 일이었으며 천하에 자신의 위세를 보이기 위한 여행이었다. 한나라 무제의 여행은 양쪽 모두를 염두에 두고 거행한 것 같다.

무제는 문제와 경제도 하지 않았던 봉선을 거행하기로 결정했다. 후토사 친교를 행한 지 3년 뒤의 일이었다.

진나라의 시황제 시절에조차 봉선 의식의 절차를 정확히 알지 못했다. 노(魯)의 유학자들에게 물었지만 그들의 대답이 제각각이었기에 시황제는 그답게 자기 멋대로 봉선을 거행했다. 그 봉선의 절차를 기록한 것은 봉해져서 후세에 전달되지 않았다. 틀림없이 옹에서 상제를 제사할 때의 의식을 기초로 했을 것이다. 시황제는 태산에 오를 때 폭풍우를 만났다. 유가 사람들은 시황제가 사실은 봉선을 행하지 못했다는 소문을 만들어 퍼뜨렸다. 시황제는 이에 대해서도 그답게 그런 소문이 일 것을 예상이라도 했다는 듯 증거로 산 정상에 석비를 세워 놓았다.

무제 전반기에 활약했던 명문가 사마상여(司馬相如)는 자신의 유고 속에서 무제에게 봉선 의식을 거행할 것을 권했다고 한다.

유가적 사상을 가지고 있으며 신선에 대해 동경심을 품고 있던 무제가 성천자(聖天子)에게만 허용되는 봉선을 거행하는 것은 자연스러운 흐름이라고 해도 좋을 것이다.

원봉 원년(기원전 110).

흉노는 더 이상 변경 지방에서 소란을 피우지 않았으며, 남월도 평정되어 한나라의 세력권 안에 들어왔다. 보정(寶鼎) 출토라는 상서로운 조짐도 있었으니 드디어 봉선을 거행할 때가 온 것이다.

이해의 연초인 10월에 무제는 운양(雲陽)에서 북쪽으로 상군(上郡), 서하(西河), 오원(五原)을 순력하고, 또한 장성 밖으로 나가 선우대(單于臺)에 오르고, 삭방(朔方)에 이르는 대대적인 여행을 했다. 흉노에게 위세를 보이기 위한 목적도 있었겠지만, 이는 사실 봉선을 위한 예비행동이었다. 무제가 듣기로는 고대의 봉선에서는,

> 진병석려(振兵釋旅)

가 조건이었다. 이는 병사를 정비하고 군대를 해산하는 것을 의미한다.

천하태평을 가져다준 성천자이기 때문에 봉선을 할 수 있는 것인데, 그런 시대에 대규모의 군대가 있다는 것은 이상한 일이다. 적어도 그것을 줄일 필요가 있다는 생각일 것이다.

이 여행에서 무제는 삭방의 군대 10여만을 철수시키고 수여(須如)라는 곳에서 해산시켰다.

정월에는 구씨현(緱氏縣)으로 가서 중악(中岳) 태실산(太室山)을 제사했다. 중악이란 숭산(嵩山)을 말한다. 그리고 신하들을 이끌고 동쪽으로 가서 해변을 둘러보고 팔신(八神)을 순례했다. 그런 다음 4월에 드디어 태

산에 올랐다.

봉선은 비의(秘儀)다. 무제는 단 한 사람만을 데리고 태산에 올라 봉선 의식을 행했다. 무제를 따라 태산에 오른 사람은 봉거도위(奉車都尉) 곽자후(霍子侯)였다. 곽거병의 아들인데 틀림없이 소년이었을 것이다. 곽거병이 그해까지 살아 있다 할지라도 나이는 서른한 살에 지나지 않는다. 그의 아들이니 성인이었을 리가 없다.

모든 일이 극비에 부쳐졌다.

유일하게 무제를 따라갔던 곽자후는 그 직후에 죽고 말았다.

돌아오는 길에는 갈석(碣石)에서 요서(遼西)로 갔다가 거기서 구원(九原)까지 돌아 5월에 감천궁으로 돌아왔다. 1만 8천 리의 여정이었다고 한다. 여러 신하들을 이끌고 여행을 했는데 긴 여정이었기에 수행하는 인원은 한정되어 있었다.

봉선이라는 커다란 행사에 수행할 수 있다는 것은 더할 나위 없는 영광이다. 그리고 수행하지 못한 사람들은 그것이 분하고 원통했을 것이다.

태사령(太史令)으로서 기록을 담당하고 있던 사마담(司馬談)은 직무가 직무였기에 반드시 수행하게 될 것이라 생각하고 있었지만, 선발 인원에서 빠져 낙양에 남게 되었다. 결국 그는 그 일이 분통해서 세상을 떠나고 말았다. 이 사마담이 바로 『사기』를 저술한 사마천의 아버지다.

> 이해에 천자 비로소 한가(漢家)의 봉선을 거행했다. 그런데 태사공인 사마담은 낙양에 체류하여 일에 따르지를 못했다. 이에 분함이 터져서 그야말로 죽으려 했다. 그런데 아들 천(遷)이 마침 심부름을 갔다 돌아오는 길에 하락(河洛, 황하와 낙수)의 사이에서 만났다. 태사공

천의 손을 잡고 울며 말했다.

사마천은 『사기』의 〈자서(自序)〉에서 이와 같은 사연을 밝히고 아버지의 유언을 소개했다.

태상(太常, 구경의 으뜸)의 속관인 태사령은 박사와 마찬가지로 봉록 600석의 관직이었다. 사마 가는 주나라 때부터 기록을 맡았다고 한다. 천문과 기록을 담당했는데, 사마담은 이 가업을 자랑스럽게 여기고 있었다. 특히 봉선의 의식 등은 기록으로 남겨 보관하고, 머릿속에 고대의 관례를 가득 기억하고 있는 태사령이 가장 중요한 역할을 수행해야 한다고 믿고 있었다. 그런데도 봉선의 수행원으로 태사령은 필요하지 않다는 통지를 받은 것이다.

> 지금 천자는 천세의 통(統)을 이어 태산을 봉선했다. 그런데 나는 그 봉선에 따르지 못했다. 이것도 천명이로다, 천명이로다. 내가 죽으면 너는 반드시 태사가 될 것이다. 태사가 되면 내가 논저(論著)하고자 한 바를 잊지 마라.

이것도 운명이라는 말을 두 번이나 반복하고 있는 것을 보니 어지간히도 분했던 모양이다. 사마담은 유언을 다음과 같은 말로 맺고 있다.

> ……획린(獲麟, 공자는 '기린을 잡는다' 는 뜻의 이 말로 『춘추』의 끝을 맺었다)으로부터 400여 년. 그런데 제후가 서로 다투어 사기(史記, 역사의 기록)가 방절(放絶)되었다. 지금 한나라 흥하여 해내(海內)를 통일

했고, 명주현군(明主賢君), 충신(忠臣), 의로 죽은 선비가 있었다. 나는 태사가 되었지만, 논재(論載)하지 않고, 천하의 사문(史文, 사관이 기록한 글)을 폐(廢)했다. 나는 심히 두렵다. 너는 이를 생각하라.

『춘추』는 공자가 편찬한 것으로 알려진 노(魯)나라의 편년사다. '기린을 잡았다'라는 내용으로 끝을 맺었는데, 그로부터 한나라의 무제 시절까지 400여 년이 지났다. 그동안에 제후는 상대방을 아우르기 위한 투쟁만을 했을 뿐, 역사 기록은 방치되어 끊기고 말았다. 한나라가 통일을 이룬 뒤에도 기록으로 남길 만한 명군, 충신, 의사(義士)가 출현했다. 그런데도 기록관인 자신은 그것을 기술하거나, 논평하지 않고 천하의 사문을 폐지한 것에 대해 세상에 미안한 마음을 품고 있다며 자식에게 뒷일을 부탁한 것이다.

사마담은 어째서 사문을 중단했을까? 그것은 태사령이라는 관직의 성격이 천문 쪽에 편중되어 역사 기록을 소홀히 했기 때문이다. 태사령이라고 하면 책력을 만드는 전문가였다고 생각된다.

명군, 충신, 의사에 관해 기술하려 했지만, 책력 제작에 바빠서 그렇게 하지 못했다. 목간이나 죽간에 글자를 적어 그것을 묶어야 했기에 저술의 속도도 생각처럼 빠르게 진행되지 못했다.

네가 하라는 아버지의 말에 사마천은 분발하여 『사기』를 저술하기로 했다. 그 밖에도 사마천을 분발케 한 것이 있었는데, 그것에 대해서는 뒤에 기술하기로 하겠다.

무제의 태산 봉선에는 이처럼 무제 자신도 모르는 에피소드가 있었다.

대완으로 원정 간 이사장군 이광리

태산에서의 봉선이라는 크고 성대한 행사가 있은 후, 무제의 운명과 한 제국의 운명 모두 내리막길을 걷기 시작했으니 참으로 얄궂은 일이라 하지 않을 수 없다.

봉선 직전의 전쟁과 직후의 전쟁에도 그것이 잘 나타나 있다. 직전의 전쟁은 남월 평정이었으며, 직후의 전쟁은 조선 침공이었다. 이 두 개의 전쟁에 대해서는 이미 이야기했다. 양쪽 모두에서 이기기는 했지만, 그 내용에는 커다란 차이가 있었다. 조선에서는 장군들의 불화라는 추한 면을 드러내 보였다. 앞선 해에 거행된 봉선의 축하에는 어울리지 않는 전투 모습이었다.

조선이 평정되고 2년 만에 대장군 위청이 세상을 떠났다. 오랜 시간 동안 잠잠하게 있었지만 그의 죽음은 하나의 시대의 완전한 끝을 알리는 사건이었다고 해도 좋을 것이다.

한나라의 활력을 상징한다고도 할 수 있는 위청, 곽거병 그리고 위 황후의 시대는 지났다.

위 황후는 황태자의 생모로서 무제의 궁정에서 건재를 과시했다. 그러나 더는 무제의 총애를 받을 만한 나이는 아니었다. 〈추풍사〉에 등장하는 가인에 대해서 주석가들이 여러 가지로 설을 세웠지만, 그것을 위 황후라고 보는 설은 거의 찾아볼 수 없다.

위 황후는 춘풍에 어울리는 가인(佳人)이었다.

추풍 속에 서 있는 가인이 따로 등장했다.

중산(中山) 출신의 이(李) 부인이다. 중산은 북경에서 남서쪽으로 약간 떨어진 곳에 있는데 전국 시대에 백적족(白狄族)이 중산국(中山國)을 세웠다. 한나라에 들어서 무제의 형인 유승(劉勝)이 그곳의 왕으로 세워졌다. 만성(滿城)이라는 곳에서 1968년에 훈련을 받던 해방군 병사가 우연히 발견한 고묘가 바로 이 유승의 무덤임이 밝혀져, 마왕퇴의 고묘와 함께 화제가 된 적이 있다. 유승은 향락주의자로 자식을 120명이나 낳았다고 전해진다.

이 부인의 출신은 가수였던 위 황후와 비슷하다. 그녀의 일가는 창(倡)이었다. 창이란 가수, 배우 등을 일컫는 말이다. 그녀의 오빠인 이연년(李延年)은 음악가로서 궁정에 출입했다. 무제의 궁정에 이와 같은 사람을 추천하는 사람은 예에 따라 황제의 누나인 평양공주였다.

이연년은 가무에 능했을 뿐만 아니라 '신성변곡(新聲變曲)'이라고 해서 이전까지는 없었던 곡을 만들어 듣는 사람을 감동케 했다고 전해지고 있다. 어느 날, 그는 무제 앞에서 춤을 추며 다음과 같은 노래를 불렀다.

북방에 가인 있는데 절세(絶世)지만 혼자구나.
한 번 돌아보면 사람의 성(城)을 기울이고,
두 번 돌아보면 사람의 나라를 기울인다.
어찌 경성(傾城)과 경국(傾國)을 모르겠는가.
가인은 다시 얻기 어렵지.

北方有佳人 盡世而獨立 一顧傾人城 再顧傾人國
寧不知傾城與傾國 佳人難再得

어떤 곡이었는지 지금으로서는 알 길이 없다. 성이나 나라를 기울이게 할 것을 알면서도 가인에게 끌린다고 하니 가사에는 퇴폐적인 느낌이 있다.

　　좋구나. 세상에 어찌 이런 사람이 있겠는가.

　무제는 자신도 모르게 한숨을 내쉬며 가사에 나오는 것과 같은 가인이 이 세상에 있겠는가 하고 중얼거렸다. 곁에 있던 평양공주가 이연년에게는 여동생이 있다는 사실을 알려주었다. '아름답다'고 넌지시 일러주었을 것이다. 이 부인은 이렇게 해서 궁중으로 불려 갔고, 무제의 총애를 받게 되었다.

　이연년은 협률도위(協律都尉)가 되었다. 궁정 음악장에 해당하는 것이리라. 이 부인에게는 아광리(李廣利)라는 오빠가 한 명 더 있었다. 무제는 이광리도 등용하고 싶었지만, 고조의 유훈에 따라 공이 없는 자는 열후로 삼을 수가 없었다. 이에 무제는 예전에 위청에게 한 것처럼 이광리에게도 전공을 세울 기회를 주었다.

　이광리는 이사장군(貳師將軍)이 되어 서역으로 원정을 떠나게 되었다.

　이사장군도 잡호장군 중 하나였다. 바다를 건너 가는 원정군의 장군을 누선장군이라고 불렀듯이, 이광리는 이사성(貳師城)을 공격하는 원정군을 이끌어야 했기에 이사장군이라는 칭호가 내려졌다.

　사실 이광리가 이사장군에 임명되었을 때, 동생인 이 부인은 벌써 이 세상 사람이 아니었다. 그런데도 무제는 이 부인을 잊지 못해 미심쩍은 방사(方士)에게 부탁하여 저승에서 이 부인을 불러다 만나려 한 적도 있었다. 잊을 수 없는 죽은 가인을 위해서 그 오빠에게 공명을 세울 기회를 준 것이었다.

후세 사람들은 무제의 이러한 공사를 혼동하는 행위를 비난했다. 그러나 무제에게는 공(公)도 사(私)도 없었다. 그 자신이 곧 국가였다. 후세 사가들이 이광리의 등용을 비난한 것은 그가 장군으로서 유능하지 못했기 때문이다. 위청을 등용한 것은 누구도 비난하지 않았다. 위청도 무제가 사랑했던 위 황후의 동생이었다. 그러나 뛰어난 장군으로 흉노와의 전쟁에서 전과를 올렸기 때문에 누구에게도 비난을 받지 않았다.

위청은 어렸을 때 북방에서 양치기를 했었다고 한다. 평양공주의 집에서도 기노(騎奴)로서 말을 타고 그녀를 따랐다. 그에 비해서 이광리는 예능인의 집안에서 나고 자랐다. 가무 속에서 자란 인물이었기에 야전의 장군이라는 자리는 그에게 벅찼을 것이다.

이사성이란 장건이 월지에 사자로 갈 때 들렀던 대완국(大宛國)의 한 성이다. 그 위치에 대해서는 여러 가지 설이 있어 일정하지가 않지만 명마의 산지로 유명한 곳이었다. 옛 소련의 중앙아시아 지방이니, 당시 그런 곳으로 가는 원정은 정신이 아득해질 정도로 어려운 일이었다.

무제의 목적은 명마를 얻는 데 있었다. 국방력의 중요한 부분을 말에 의존하고 있던 시대이니 무제가 명마를 원했던 것은 한나라의 주인으로서 당연했다. 그러나 무제가 개인적으로 말을 좋아했다는 이유도 이 원정에 영향을 주었다.

장건의 서역 여행으로 인해 한나라와 서역 간의 길이 열려 교역도 점차로 활발해졌다. 대완으로부터의 주요한 수입품은 말이었는데, 아무래도 가장 좋은 말은 이사성이라는 곳에 숨겨 두고 밖으로 내놓지 않았다. 무제가 사절을 보내 이사성의 말을 청해 봤지만, 대완의 왕은 이를 거절했다. 이때 한나라의 사절이 욕을 하며 비난을 하는 등 그 태도가 매우 좋지 않았다. 그 때문에 한나라의 사절은 돌아오는 길에 욱성성(郁成城)이라는 곳에서 대완 군의 습격을 받아 목숨을 잃고 말았다.

이것이 대완 원정의 원인이었다.

이광리는 태초 원년(기원전 104)에 출발했다. 앞에서도 이야기했지만 이 해에 책력의 개정이 있었다. 10월을 연초로 삼았던 것을 지금처럼 정월로 고치고 2년부터 실행했다.

대완에 사자로 다녀온 요정한(姚定漢) 등의 보고에는 대완의 군대는 약하기 때문에 한나라 병사 3천 정도면 평정할 수 있다고 했다. 그것을 실증하기라도 하듯 원봉 3년(기원전 108)에 조파노(趙破奴)가 경기병(輕騎兵) 700으로 누란을 공격하여 누란왕을 사로잡았다. 흉노와는 달리 누란이나 대완 등 서역의 나라들은 상업민족이 많았기 때문에 군대가 그렇게 강하지 않았던 것만은 틀림없는 사실이다.

무제는 약한 나라를 상대하는 것이니 죽은 애인의 오빠를 보내 공을 세우게 하려 했을 것이다. 군대는 약했지만 그 나라에 이르기까지의 여정이 참으로 힘들었다.

대완 원정군의 주축은 속국의 6천 기(騎)였다. 속국이라 했으니 항복해 온 군대였다. 거기에 각지의 '악소년(惡少年)' 수만 명이 더해졌다. 소년이란 젊은이라는 뜻이다. 일정한 직업이 없는 젊은 불량배, 그리고 아마도 죄인들도 포함되어 있었을 것이다. 약탈로 한밑천 잡아야겠다고 생각하고 있는 질이 좋지 않은 집단이었다.

약탈군이라는 소문이 실크로드의 오아시스 국가에 곧바로 퍼졌다. 어느 오아시스에서나 성문을 굳게 걸어 잠그고 지켰다. 한나라 군은 그것을 공격했다. 함락시키면 약탈하여 식량을 얻을 수 있었지만, 며칠을 포위한 채 공격해도 함락되지 않을 때는 앞길을 서둘렀다. 그 소식도 각지로 빠르게 전파됐다. 교역로의 정보 전달은 매우 빠르다. 어쨌든 며칠만 버티면 상대가 포기한다는 사실을 알았기 때문에 결사적으로 지켰다. 대완이라는 목적지가 있었으므로 한나라 군은 하나의 조그만 성에 언제까지고 매달릴 형편이 못되었다. 원정군은 굶주렸다.

간신히 대완의 동쪽 경계에 위치한 욱성성에 이르렀다. 원정의 원인이 된 한나라 사자가 살해당한 곳이었다. 그곳까지 따라온 병사는 겨우 수천에 불과했다. 욱성은 대완국의 조그만 외성이었다. 한나라의 원정군은 국경의 이 조그만 외성조차도 아무리 공격해도 함락시킬 수가 없었다. 뿐만 아니라 약한 줄만 알았던 욱성성의 대원 군이 출격하여 한나라 군을 크게 격파하여 사상자가 속출하는 형편이었다. 이러니 이사성까지 간다는 것은 불가능했다. 물러설 수밖에 없었다.

길은 멀고 먹을 것은 부족하다. 게다가 사졸(士卒)은 싸움을 근심하지 않고 굶주림을 근심한다.

원정군의 사자는 이처럼 비참한 글을 늘어놓은 문서를 장안의 궁정으로 보내 퇴각을 알렸다.

화가 난 무제는 옥문관(玉門關)으로 들어오는 자는 베라는 엄명을 내렸다. 이광리 이하 원정군은 하는 수 없이 돈황에 머물렀다.

천마를 얻고 기뻐한 무제

두 번째 원정을 위해서는 면밀한 준비를 했다. 첫 번째의 실패에 진저리가 났기 때문에 식량을 충분히 준비했다. 소를 10만 마리나 끌고 갔는데 이는 식량의 일부에 지나지 않았다. 병력은 6만이었다. 그러나 여기에 '사종자(私從者)'는 포함되어 있지 않다. 전공을 세우기 위해서 스스로 식량을 짊어지고 종군하는 자를 말한다.

한나라의 결의가 어떤 것이었는지는 동원한 숫자를 보면 알 수 있다. 연도의 각국은, 이번에는 문을 열어 환영하고 식량을 공급했다. 저항하면 무슨 일을 당할지 알 수 없었다. 윤대성(輪臺城)만이 저항을 했다. 한나라 군은 며칠에 걸친 공격 끝에 성을 함락시키고,

　　　　이를 도(屠)했다.

고 사기에 간단히 기록되어 있다. 도성(屠城)이란 모두를 죽이는 것을 말한다. 남녀노소 모두 죽였다.

대완국은 두려움에 떨었다. 왕이 명마를 숨기고 한나라의 사자를 죽인 것이 한나라의 노여움을 샀다. 한나라는 멀리 떨어져 있으니 손을 쓸수 없을 것이라고 판단한 것은 왕이었다. 대신들은 왕에게 책임을 물어 왕을 죽이고 명마를 헌상하는 것 외에 대완국이 살아남을 길은 없다고 생각했다.

대완국의 국도는 귀산성(貴山城)이다. 이 귀산성의 위치에 대해서 호젠트(Khojent)일 것이라 추정한 일본의 동양사학자 구와바라 지쓰조(桑原隲藏, 1871~1931)와 카산(Kasan)일 것이라 추정한 시라토리 구라키치(白鳥庫吉, 1865~1942)의 논쟁이 일본의 사학계를 떠들썩하게 한 적이 있었다.

이 국도의 약점은 물에 있었다. 성 안에는 우물이 없었으며 성 밖의 하천을 이용하고 있었다. 장건 이후에도 한나라의 사절이나 대상들이 왕래했기 때문에 그런 사정을 알고 있었다. 이에 이광리의 원정군은 수공(水工)을 데리고 가서,

그 수원(水源)을 결(決, 차단)하여 이를 옮겼다.

물로 공격을 한 것이다. 대원의 도성이 의존하고 있던 하천의 수로를 바꾸어 멀리 옮겼다고 해석할 수 있다.

구와바라와 시라토리의 논쟁에서는 이 점이 문제가 되었다. 호젠트 옆에는 틀림없이 하천이 흐르고 있지만, 시르다리야라는 거대한 강으로 그 강의 수로를 바꾼다는 것은 도저히 불가능하다는 점이 시라토리가 호젠트를 부정하는 하나의 근거가 되었다. 이에 대해서 구와바라 지쓰조는 시르다리야는 지금도 물이 탁해서 마실 수 없기에 거기로 흘러드는 세류를 이용하고 있다는 사실을 들어, 그 세류라면 수공(水工)이 수로를 바꿀 수 있다고 반론했다.

수공을 시작한 지 40여 일이 지났을 때, 대완국의 대신들이 왕의 목을 이광리에게 보내고 이래도 항복을 받아 주지 않는다면 명마를 전부 죽이고 강거(康居)의 구원을 기다렸다가 죽기로 싸울 뿐이라고 전달했다. 이광리는 대완의 항복을 받아들이고 친한파인 매채(昧蔡)라는 자를 대완의 왕으로 삼은 뒤 병력을 철수했다.

개선하는 도중, 오아시스에 위치한 각국은 모두 왕의 자제를 한나라 군에 딸려 장안으로 보냈다. 스스로 인질을 보낸 것이다.

이 공으로 이광리는 해서후(海西侯)에 봉해졌다. 대완의 명마는 피땀을 흘리는 '한혈마(汗血馬)'로 유명하다. 말을 좋아하는 무제는 그것을 얻

어 매우 기뻐하며 노래를 짓게 했다. 작사의 명인인 사마상여는 이미 없었지만, 작곡한 것은 틀림없이 이광리의 형제인 이연년이었을 것이다.

천마가 왔다, 서녘 끝에서
유사(流沙)를 건너 구이(九夷, 모든 오랑캐)를 복종시키리.
천마가 왔다, 샘물을 나와
호랑이 등의 양(兩, 두 색)은 화(化)해서 귀신 같다.
천마가 왔다, 풀 없는 곳을 지나
천리를 건너 동도(東道)에 이르렀다.
천마가 왔다, 집서(執徐, 경진(庚辰)을 말함, 태초 4년)의 때에
바야흐로 높이 오르려는데 누구와 함께할까.
천마가 왔다, 멀리 문을 열었으니
나는 몸을 높이 하여 곤륜에 가겠다.
천마가 왔다, 용이 올 조짐이니
창합(閶闔, 하늘의 문)에서 놀며 옥대(玉臺)를 보겠다.

天馬徠 從四極 涉流沙 九夷服 天馬徠 出泉水 虎脊兩 化若鬼
天馬徠 歷無草 徑千裏 循東道 天馬徠 執徐時 將搖擧 誰與期
天馬徠 開遠門 竦予身 逝昆侖 天馬徠 龍之媒 遊閶闔 觀玉臺

'천마가 왔다'라는 말의 반복은 무제의 기쁨을 나타내고 있는 듯하다.
그러나 이 대완 원정에도 어두운 그림자가 있었다. 개선한 자들은 1만여 명에 지나지 않았다. 전사자들이 많았던 것은 아니었다. 그렇게도 식

량을 많이 준비했고 연도의 각국들도 식량을 제공했는데도 굶어 죽은 자가 많았다. 장교들이 암암리에 식량을 가로챘기 때문이었다. 원래대로 하자면 문제로 삼아야 할 일이었지만, 무제는 그러한 일을 일체 불문에 부쳤다.

이사장군의 원정군에 수속도위(搜粟都尉, 경리관)로 종군하여 대완의 조그만 외성인 욱성성을 공격하고 그 성의 성주를 강거국까지 쫓아가 잡아다 목을 벤 상관걸(上官桀, 성은 상관, 이름은 걸)은 공을 인정받아 발탁되어 소부(少府)가 되었다. 앞에서도 이야기했듯이 소부는 구경 중 하나로 경제 각료라 할 수 있는 직무였다. 상관걸은 이때의 전공을 계기로 승진하여 후에 무제로부터 후사를 부탁받을 정도로 신임을 얻었다.

대완 원정의 승리는 물량공세에 의한 것이라고 해도 좋을 것이다. 총사령관 이광리의 재능에 의한 것이 아니었다. 그러나 개선한 장군에게는 과대한 기대를 하게 되는 법이다. 궁정의 장식과도 같은 유명무실한 자리에 있었으면 좋았을 텐데, 무제는 그를 계속해서 군직에 머물게 했다. 그것도 한나라와 흉노의 관계가 다시 험악해진 시기였다.

이광리가 제1차 대완 원정에 실패한 태초 원년 무렵부터 이상 기후가 계속되었다. 그보다 앞선 해에 큰 가뭄이 들었으며 해마다 메뚜기에 의한 피해가 있었다. 메뚜기 떼는 농작물뿐만 아니라 식물이라는 식물은 전부 먹어치운다. 비축이 없는 유목민인 흉노에게 있어서 이러한 천재(天災)는 농경민 이상으로 고통스러웠다. 가축들이 픽픽 쓰러져 죽어 극심한 식량난을 겪었다. 이런 때는 내분이 일어나기 쉽다.

마침 아선우(兒單于)라는 젊은 흉노의 총수(總帥)가 폭군이었던 듯 사람을 자주 죽였다. 테러로 사람들을 위압하여 그 지위를 지키려 했다. 당연히 반대파가 생겼다. 흉노의 좌대도위(左大都尉)가 반대파의 수령이었다. 그는 선우를 죽이고 한나라에 항복하려고 한나라에 밀사를 보냈다.

한나라는 좌대도위의 반란을 돕기 위해서 장성 바깥에 기지를 만들고 그곳에 수항성(受降城)이라는 이름을 붙였다. 그리고 조파노(趙破奴)에게 2만여 기의 군대를 주어 흉노 땅으로 들어가게 했다.

좌대도위의 반란은 실패로 돌아갔으며 오히려 아선우에게 살해당하고 말았다. 내응할 사람을 잃은 조파노는 적지에서 고립된 채 8만의 흉노 군에 둘러싸여 결국 포로가 되고 말았다.

이듬해에 아선우가 죽고 숙부인 구리호(呴犁湖)가 선우가 되었다. 그런데 구리호도 이듬해에 죽고 동생인 차제후(且鞮侯)가 선우가 되어 억류하고 있던 한나라의 사자들을 송환하고,

> 한나라의 천자는 우리 장인과 같은 항렬이다.

라는 뜻의 국서를 사자에게 들려주었다. 아무래도 관계를 회복할 수 있을 것 같았으므로, 한나라도 중랑장 소무(蘇武)를 사절단장으로 삼아 흉노의 사자를 돌려보내고 막대한 재물을 선우에게 보냈다. 그런데 흉노는 소무를 억류해 버렸다.

흉노에게도 흉노 나름대로의 사정이 있었을 것이다. 5년 동안에 선우가 세 명이나 즉위했으니 정상이라고는 할 수 없다. 불안정한 때에 한나라의 공격을 받으면 곤란했기 때문에 겸손한 국서를 보낸 것이라 여겨진다. 그러나 국인(國人)들 앞에서 한나라에 약한 모습을 보일 수는 없었다. 차제후선우의 입장도 참으로 미묘했을 것이다.

흉노에 항복한 이릉

천한(天漢) 2년(기원전 99)에 이사장군 이광리는 3만 기를 이끌고 주천(酒泉)에서 천산(天山)으로 출격했다.

한나라 군은 천산에서 우현왕(右賢王)의 흉노 군과 싸워 1만여 명의 적을 쓰러뜨렸지만, 돌아오는 길에 흉노의 대군에 포위되어 궁지에 빠지고 말았다. 조충국(趙充國)이라는 맹장의 결사적인 항전으로 간신히 포위를 뚫고 탈출에 성공하기는 했지만 전군의 6, 7할 정도를 잃고 말았다.

그 무렵, 기도위(騎都尉, 녹봉 2천 석의 무관) 이릉(李陵)은 보병 5천을 이끌고 거연(居延)을 출발하여 북으로 향해 30일 만에 준계산(浚稽山)에 도착했다.

이릉은 장군이었던 이광(李廣)의 아들이다. 이광은 예전에 흉노와 대전할 때 길을 잘못 든 부하를 감싸기 위해 자결한 맹장이었다. 그의 조상은 진나라의 명장 이신(李信)이었다. 진나라가 초나라를 쳤을 때, 노장 왕전(王翦)과 젊은 이신이 힘을 합쳐 싸웠다는 것은 잘 알려진 사실이다. 무사 집안의 자손으로 이릉은 자부심을 가지고 있었다.

무제는 원래 이릉에게 보급부대를 지휘토록 할 생각이었다. 그러나 이릉이 그런 후방에서의 일보다도 전선에 서서 싸우기를 소망했다. 무제가 "더는 네게 줄 기병이 없다"고 말했지만, 이릉은 보병이면 충분하다고 대답했다.

이릉이 이끄는 보병 5천은 준계산에서 선우의 본대 3만과 맞닥뜨렸다. 이릉은 고군분투했다. 8일 동안에 걸친 사투로 이릉은 부하의 대부분을 잃었으며 원군도 오지 않았다. 결국에는 기진맥진하여 흉노에게 항복하고 말았다.

이릉의 항복을 알게 된 한나라에서는 신하들이 그의 죄를 논했다. 신하들은 틀림없이 무제의 눈치를 살폈을 것이다. 무제는 이릉에 대해서 불쾌함을 품고 있었다. 항복도 항복이지만 이릉이 이광리의 군에 속해서 보급을 담당하려 하지 않고, 독립 보병부대를 이끌었다는 점이 무제의 마음에 앙금으로 남아 있었다. 무제는 이광리에게 공을 세우게 해 주고 싶었다. 이릉은 거기에 협력하지 않았다.

'비천한 광대의 집안에서 태어난 이광리다. 유서 깊은 무가 출신인 이릉이 그 밑으로 들어갈 수 있겠는가.'

이릉은 틀림없이 이렇게 생각했을 것이라 무제는 짐작했고 그것이 표정에도 나타나 신하들은 거기에 영합했을 것이다. 어쨌든 이릉은 항복을 했기 때문에 스스로 변명을 할 수가 없었다. 모든 신하들의 유죄론에 대해서 오직 한 사람 이릉을 변호한 사람이 바로 사마천이었다.

능(陵)은 어버이를 섬김에는 효, 사(士)와 함께할 때는 신(信)하고, 언제나 용맹하여 몸을 돌보지 않고 나라의 다급함에 순(殉)했다. 그 근본에 축적된 바에는 국토의 기풍이 있다. 지금, 일이 한때 불행해지자 제몸을 지키고 처자를 보전하려는 신하는 그 죄를 함께 만들고 있다. 참으로 애통한 일이다. 또한 능은 5천도 되지 않는 보졸을 이끌고 깊이 융마(戎馬)의 땅을 밟았으며, 수만의 사(師)를 억눌렀다. 흉노는 죽어 가는 자를 구하고 상처 입은 자를 돕기에 여념이 없었기에 화살을 들고 싸울 수 있는 백성들을 전부 동원하여 함께 포위하고 공격했다. 전투(轉鬪, 전전(轉戰))하기를 천 리, 화살이 다하니 도리가 없었다. 병사는 빈손으로 칼에 맞서 북쪽을 향해 싸우다 적에게 죽었다. 사람의 사력 (死力)을 얻기는 옛날의 명장이라 할지라도 거기에 미치지 못했다. 몸은 항복했다 하지만, 그가 적을 깨뜨린 일 역시 천하에 밝힐 만하다. 그가 죽지 않았음은 좋을 때를 봐서 한나라에 보답하려 함이다.

『한서』「이광소건전(李廣蘇建傳)」은 이 대목을,

　　천(遷)은 힘써 말했다.

라고 썼으니 사마천이 열변을 토했을 것이다. 아마 그것도 무제의 기분을 상하게 했다고 생각된다.

사마천의 말 가운데는, 이릉은 5천의 보병으로 흉노의 본대(선우의 군)에 맞서 사투를 벌였지만 이광리는 3만의 기병을 이끌고 흉노의 별동대 (우현왕의 군)와 싸워 6, 7할의 병사를 잃고 목숨만 간신히 건져 도망치지 않았는가, 라는 내용이 암시되어 있었다.

무제는 사마천이 이광리의 공적을 깎아내릴 생각으로 이릉을 위해 변명한 것이라 여기고 부형(腐刑)에 처하기로 했다. 부형이란 궁형(宮刑), 즉 거세를 말한다. 사대부에게 이보다 더한 굴욕도 없었다.

원래대로 하자면 사마천은 거기서 사대부로서 자살을 해야만 했다. 그런데도 그는 거세라는 형을 받고 계속 살아갔다. 틀림없이 그도 죽고 싶었을 것이다. 무제가 불쾌하게 생각할 것이라는 사실을 알면서도 굳이 이릉을 위해 열변을 토한 이유는 그것이 옳다고 믿었기 때문이다. 궁정의 같은 신하로서 얼굴을 마주친 적은 있었지만 사마천은 특별히 이릉과 친하게 지내던 사이는 아니었다.

믿고 있는 바를 이야기하고 그 때문에 굴욕을 받게 된다면, 죽음을 선택하는 것이 아마도 그의 생사관(生死觀)이었을 것이다. 그러나 그는 죽을 수가 없었다. 아직 아버지 사마담의 유언을 지키지 못했기 때문이었다.

역사를 논재한다. 임종의 순간에 그의 손을 잡고 눈물로 그것을 부탁한 아버지의 모습이 그의 머릿속에 떠올라 죽으려 하는 그의 마음을 질타했을 것이다.

사마천이 궁형을 받은 것은 48세 때의 일이었으며, 그로부터 2년 뒤 감옥에서 나왔다. 그가 태어난 해에 대해서는 『사기정의(史記正義)』의 경제 중원(中元) 5년(기원전 145)설과 『사기색은』의 무제 건원(建元) 6년(기원전 135)설이 있다. 지금은 『사기정의』의 설을 따랐다. 『사기색은』의 설을 따른다면 38세에 궁형을 받은 것이 된다.

사마천이 고집한 역사의식

무제는 한때의 화를 참지 못해 사마천에게 굴욕을 주었지만, 가만히 생각해 보니 그의 말이 옳다는 사실을 깨달았다. 그때 이릉에게 원군을 보냈더라면 흉노의 주력부대를 격파하고 어쩌면 선우를 사로잡을 수 있었을지도 몰랐다. 이전까지 전황에 대한 수많은 보고를 숙독했기 때문에 무제도 그 사실을 알 수 있었다.

사실 무제는 복파장군이 되어 남월로 원정을 떠났던 노박덕을 이릉의 원군으로 보낼 생각이었다. 그런데 노박덕이 가을은 말이 기름진 계절이라 흉노 군이 강할 터이니 봄까지 출격을 기다려야 한다는 상서를 올렸다. 무제는 이릉이 출격하기 싫어서 노박덕으로 하여금 위와 같은 상서를 올리게 한 것이라고만 생각했다. 무제는 감정에 휩싸여 이릉에게 원군을 보내지 않았다. 나중에 조사해 봤더니 노박덕과 이릉은 담합한 적이 없다는 사실이 밝혀졌다.

후회한 무제는 장군 공손오에게 병을 이끌고 흉노의 땅 깊숙이 들어가서 이릉을 구출하라고 명령했다. 공손오의 군대는 임무를 수행하지 못하고 돌아왔는데 그때,

> 흉노의 포로가 진술한 바에 따르면, 이릉은 선우에게 군사를 가르
> 치고 한나라 군에 대비하고 있다.

고 보고했다.

이 말을 들은 무제는 이릉의 가족인 어머니, 동생, 처자를 모두 죽여 버렸다.

흉노의 포로가 진술한 이(李)라는 말에서 온 착각이었다. 선우에게 군사를 가르친 것은 원래 한나라의 새외도위(塞外都尉)로 흉노에 항복한 이서(李緒)라는 인물이었다. 일찍부터 흉노에 항복했기 때문에 선우의 왕정에서의 서열도 이서가 이릉보다 위에 있었다. 이서는 이릉처럼 분투를 거듭한 끝에 항복한 것이 아니라 해후성(奚侯城)이 포위되자 항복한 것이다. 선우의 어머니인 대알(大閼) 씨의 마음에 들었던 듯, 선우도 이서를 빈객으로 대접했다. 이릉은 여자의 비위를 맞춰 가며 천연덕스럽게 살아가고 있는 이서를 원래부터 싫어했을 테지만, 다름 아닌 그 이서 때문에 자신의 가족이 몰살당했다는 사실을 알고 이릉은 절망했다.

분을 참지 못한 이릉은 사람을 보내서 이서를 사살했다. 화가 난 선우의 어머니가 이릉을 죽이려 했지만, 이릉의 무인다운 성격을 좋아했던 선우가 그를 몰래 북방으로 숨겼다. 머지않아 대알 씨가 죽자 이릉은 부름을 받고 돌아왔으며, 선우의 딸을 아내로 삼고 우교왕(右校王)이 되었

다. 모든 것을 포기하고 흉노 사람이 되었다.

이사장군 이광리는 그 후에도 전진(戰塵)에 휩싸여서 흉노와의 싸움을 계속하게 된다.

사마천은 하옥된 지 2년 만에 사면을 받은 후 문서를 취급하는 중서령(中書令)으로 일하는 한편으로『사기』의 저술에 힘썼다. 사마천이 받은 치욕은 비할 데 없는 것이었다. 마음의 상처는 말로 표현할 수 없이 커다란 것이어서 한시도 잊을 수가 없었다. 사마천은 마음의 상처를 받은 자만이 저술을 할 수 있는 것이라고 생각하게 된 듯하다.

친구인 임안(任安)에게 보낸 편지 속에 다음과 같은 내용이 있다.

……무릇 주나라 문왕은 사로잡혀서『주역(周易)』을 풀었고, 공자는 재액을 만나『춘추』를 지었고, 굴원은 방축(放逐)되었기에 <이소>를 지었고, 좌구(左丘)가 실명하였기에『국어』가 있으며, 손자는 다리를 잘렸기에『병법(兵法)』을 편찬했으며, 여불위는 촉으로 좌천되었기에 세상에『여씨춘추』를 전했으며, 한비가 진에 사로잡혔기에 <설난(說難)>, <고분(孤憤)>(『한비자』를 말함)이 있고, 시 300편은 무릇 성현이 발분(發憤)하여 만들어 내었다. 이 사람들은 모두 뜻한 것에 막힘이 있어 그 길이 통하지 못했기에 옛일을 이야기하고 미래를 생각했다.

저술가에게 있어서 사마천의 이 말은 가슴 깊은 곳에 묵직하게 울려 퍼진다.

봉선의 의식에 참여하지 못했던 아버지의 굴욕을 이어받았고, 거기에 자신이 받은 굴욕적인 마음과 육체의 상처를 곱씹으며 사마천은 붓을 쥐었다.

사마천은 역사상의 인물을 평론했는데, 그도 반고의 『한서』 속에 평론되어 있다. 『한서』 「사마천전(司馬遷傳)」 끝부분에 비난을 한 부분이 있는데 내용은 다음과 같다.

> 대도(大道)를 논함에 황로(黃老)를 앞세우고, 육경(六經)을 뒤로 했다. 유협(遊俠)을 내세우면서 처사(處士)를 물리쳤으며, 간웅(姦雄)을 앞세웠다. 화식(貨殖)을 이야기하면서 곧 세리(勢利)를 숭상하고 빈천을 부끄러워했다. 이것이 그의 결점이다.

육경(유가의 학문)보다도 황로(노장)의 학문을 우선하여 이야기했다는 것이다. 유(儒)가 점차로 국교화되어 가고 있기는 했지만, 사마천의 시대에는 노장이 아직 사상의 주류를 양보하지 않았다. 유의 전성기였던 후한에 씌어진 『한서』가 이와 같은 비난을 한 것은 당연했다. 그러나 『사기』는 한나라 무제 시절의 시대정신을 올바로 반영한 것이다.

유협을 이야기한 것도 그 시대가 협기(俠氣)를 존중했다는 사실을 반영하고 있다. 처사란 벼슬길에 나서지 않은 문화인을 가리키며, 말하자면 은자나 같은 것이다. 은일의 선비를 새삼스레 존경하게 된 것도 후한 무렵부터이니, 이 비평에도 전한과 후한의 차이가 드러나 있다.

『사기』에도 은자 같은 사람들이 종종 등장하는데, 그들은 역사의 무대에서 숨어 있기를 바란 사람들이었으니, 사마천도 그들의 의향을 존중한 것이 아니었을까? 장량의 설득으로 혜제(惠帝)를 보좌하기 위해 산에서 나온 네 명의 노인들도 은자였다. 황태자 시절의 혜제를 보좌했을 때만 그들은 역사의 무대에 모습을 드러냈다. 사마천은 그때의 그들만을 언급했다.

간웅을 앞세웠다는 것은 항우를 본기에 넣어 고조와 동격으로 삼은 일 등을 지적한 것이다. 또한 간웅을 그다지 비판하지 않았다는 점도 근엄한 후한 사람에게는 불만이었을지도 모른다. 간(姦)인지 아닌지에 대한 평가 기준도 유가의 사상 하나에만 의존했던 후한과 사마천의 시대와는 당연히 차이가 있었을 것이다.

『사기』의 「화식열전(貨殖列傳)」이 실업가, 부호를 칭찬하고 있다는 점이 후한 사람들에게는 매우 불만이었던 모양이다.

> 포의필부(布衣匹夫, 관직이 없는 평범한 사람)가 정치를 해치지 않고, 백성을 방해하지 않고, 때에 따라 물건을 사고 팔아 재부를 증식했다. 지자(智者)도 취한 바 있다.

이것이 사마천의 부호관이었다. 『한서』의 「화식전(貨殖傳)」에서는 『사기』가,

> 성일(誠壹, 한결같은 성의)로 일관했던 바,

라고 시인했던 곡숙(曲叔, 무덤을 파는 업), 옹락성(雍樂成, 행상인) 등을,

> 한편 치열(齒列, 보통 사람과 나란히 함)함은 교화를 상하게 하고, 풍속을 깨고, 대란(大亂)의 길이다.

라고 호되게 단언했다.

그러나 사마천은 재부를 존중해야 한다는 사실을 뼈저리게 느끼고 있

었다. 지금까지도 종종,

      죽음을 속죄 받고 서민이 되었다.

라는 사실을 기술했다. 장건도 그랬다. 죽을죄라는 판결이 내려져도 돈을 내면 그것을 면죄 받을 길이 있었다.

목숨조차도 돈으로 살 수 있었다. 부형은 사형보다 가벼운 죄다. 사마천이 이릉을 변호하다 무제의 노여움을 사서 형을 언도받았을 때도 돈으로 거세를 면할 길이 있었다. 그러나 안타깝게도 사마 가에 그렇게 커다란 돈은 없었다. '돈만 있었다면……' 그는 안타깝기 짝이 없었을 것이다. 정치를 해하지 않고 백성을 방해하지 않는다면 돈을 모으는 것도 좋다, 아니 이식(利殖)은 적극적으로 꾀해야 한다는 것이 그의 의견이었다.

『사기』열전은 제1권이 의인이었던 「백이열전(伯夷列傳)」이었다. 그리고 마지막 권이 재부를 늘린 실업가에 대해 기술한 「화식열전」이다. 사마천은 이러한 권의 순서를 의식적으로 배열했는지도 모른다.

겨울을 향하여

황실을 뒤흔든 '무고의 난'

태시(太始) 원년(기원전 96)에 대사면으로 출옥한 사마천은 50세(『사기색은』에 따르면 40세)였다. 그리고 무제는 이미 61세가 되었다. 16세에 즉위했으니 재위는 이미 46년을 넘기고 있었다.

무제는 재위 55년, 70세로 세상을 떠났다. 그의 만년은 어두운 시대였다. 그 어두운 시대에 사마천은 『사기』를 완성했다.

이 시대를 어둡게 했던 것은 앞에서도 이야기한 '무고(巫蠱)'였다. 나무 인형을 땅속에 묻고 저주하면 미워하는 사람을 죽일 수 있다고 믿었다. 진(陳) 황후가 실각한 것도 앞에서 이야기한 것처럼 무고에 관계했기 때문이었다.

사마천이 출옥한 태시 원년 춘(春) 정월, 공손오가 요참형(腰斬刑)으로 죽었다.

아내가 무고를 한 데 연좌되었다.

라고 『자치통감』에 기록되어 있으니, 이는 그 후에 일어난 처참하기 짝이 없는 '무고의 난'의 시초라 해도 좋을 것이다.

공손오는 위청이 관도공주에게 붙잡혀 살해당할 위기에 처했을 때 장사(壯士)를 이끌고 가서 구출한 인물이다. 장군이 된 뒤 한 번은 7천의 부하를 잃어, 또 한 번은 약속한 기일을 지키지 못해서, 모두 두 번씩이나 참죄(斬罪)에 처해졌으나, 속죄를 받아 서민이 된 적이 있었다. 7천의 장병을 잃었다는 것은 패전이나 다름없다. 그런데도 목숨은 건졌다.

그러나 무고에 관계되면 목숨을 건질 수 없었다. 그것도 자신이 아니라 아내가 한 일에 연좌되어 받게 된 사형이었다. 이는 무고라는 요술을 행하는 것이 패전보다 더 무거운 죄라는 사실을 이야기해 준다.

무고가 유행했던 것은 틀림없는 사실인 듯하다. 그것도 여성들 사이에서 많았다는 점은 공손오가 아내의 무고에 연좌되었다는 사실을 통해서도 상상해 볼 수 있다. 남을 저주하여 죽일 수 있을 뿐만 아니라 무고를 행함으로 해서 자신의 소망도 이뤄질 수 있다고 알려지고 있었다. 누구라도 해 보고 싶었을 것이다.

패전 이상의 엄격한 형으로 처벌되었는데, 바로 그런 위험을 무릅써야 하기 때문에 오히려 효과가 있다고 여겨졌는지도 모른다.

문답의 절차가 생략되는 극형이었기 때문에 이것을 무기로 삼아 자신의 몸을 지키거나 정적을 함정에 빠뜨리려는 사람이 나타난 것도 어쩌면 당연한 일이었다.

한나라 때는 유협(遊俠)이 횡행하던 시대였다는 사실은 앞에서도 이야기했다. 양릉(陽陵)의 대협(大俠)인 주안세(朱安世)라는 사람이 법을 어겼는데도 좀처럼 잡아들일 수가 없었다. 협객 사회에 비밀 상호조직이 있었는지도 모르겠지만, 주안세가 체포되지 않았던 이유는 아무래도 무고의 비밀을 알고 있었기 때문인 듯하다. 자신의 몸을 지키는 무기로 삼았던 케이스라 할 수 있을 것이다.

비밀리에 유행했다고는 하지만 나무 인형을 만들고 구멍을 파고 무당에게 주문을 걸게 하고 땅에 술을 뿌리는 등의 비법은 여성 혼자서 할 수 있는 일이 아니다. 그 일을 거드는 사람은 목숨을 걸고 하는 일이니 막대한 보수를 받았을 것이다. 그런 무리들은 정상적인 직업에 종사하고 있는 사람들이 아니다.

암흑세계의 두목이었기 때문에 주안세는 누가 누구에게 부탁하여 무고를 행했는지를 아주 잘 알고 있었다.

무고의 특징은 조작이 가능하다는 점에 있다. 죄 없는 사람을 죄인으로 모는 데 이보다 더 편리한 것도 없다. 주안세는 실제로 무고에 관해서도 잘 알고 있었을 테지만, 만약 자신을 붙잡는 사람이 있다면 그를 함정에 빠뜨리는 농간도 부렸을 것이다. 만약 자신을 붙잡아 넣으면 좋지 않은 일이 일어난다고 관리를 공갈 협박하고 다녔는지도 모른다.

그런데 이런 대협 주안세가 체포당하는 사건이 일어났다.

일의 발단은 승상 공손하의 아들 공손경성(公孫敬聲)의 부주의 때문에 시작되었다.

공손하는 위 황후의 큰언니인 군유(君孺)의 남편이다. 공손경성은 황태자 유거(劉據)와 죽은 곽거병 등과 사촌지간이었다. 그런 이유도 있었기 때문에 경성은 무슨 짓을 해도 자신만은 아무런 문제가 없다고 자부하고 있었다.

아버지인 공손하는 매우 소심한 사람이었다. 10여 년 전에 승상에 임명되었을 때는 '살려 달라'며 울었다는 이야기가 있다. 한나라의 승상은 책임을 지고 주살당하는 경우가 많았기 때문이다.

두영(竇嬰), 이채(李蔡), 엄청적(嚴靑翟), 조주(趙周) 등 지금까지 아홉 명의 승상 중 네 명이나 되는 사람들이 처형을 당하거나 자살을 하거나 옥사했다. 죽을 확률이 높았기 때문에 공손하는 두려워했다. 그 이전까지 그는 구경 중 한 사람으로 마정(馬政)을 담당하는 태복(太僕)이었다. 천자의 수레를 끄는 말이나 마구간, 혹은 군마 조달 등에 힘을 쓰기만 한다면 목숨에는 별 지장이 없었다. 승상이 되면 어떤 일로 목이 날아갈지 알 수 없는 일이었다. 무릎을 꿇고 엉엉 울자 무제가 인수를 거기에 두고 나갔기에 승상의 자리를 받아들이지 않을 수 없게 되었다. 그런 사람이었기에 무엇보다도 신중에 신중을 기해서 11년 동안이나 별 탈 없이 그 자리에 붙어 있을 수 있었다.

태복에는 아들인 공손경성이 취임했는데, 앞에서도 이야기했듯이 그는 됨됨이가 좋지 못한 아들이었다. 공손하는 돌다리도 두드려 보고 건넌다는 마음가짐으로 위험한 승상의 직을 10년 이상이나 계속해 왔지만, 직무상의 일 때문이 아니라 아들 때문에 파멸을 맞게 되었다.

태복 경성은 북군(北軍)의 비용 1천900만 전(錢)을 착복했다. 말 구입에 쓸 돈이었는지도 모른다. 어쨌든 공금횡령으로 수감되었다.

승상 공손하는 안절부절못했다. 오로지 아들을 구하고 싶다는 마음뿐이었다. 만약 눈에 띄는 공을 세운다면 그 공으로 인해 아들이 석방될 가능성도 있었다. 무장이 아닌 그는 처남인 위청이나 조카인 곽거병처럼 흉노와 싸워서 커다란 전과를 올릴 수도 없었다. 여러 가지로 조사를 해 보니 암흑가의 두목 주안세를 오랫동안 체포하지 못했다는 사실을 알게 되었다. 승상이었기 때문에 이것이 공안상의 커다란 문제이며 만약 체포할 수 있다면 커다란 공적이 될 것이라는 사실을 알고 있었다.

공손하는 온힘을 기울여 주안세를 조사했고, 마침내 이 대협을 체포했다. 주안세는 자신이 잡히게 된 경위를 듣고는 코웃음을 치고 말했다.

> 승상의 화는 황실에 미칠 것이다. 남산(南山)의 대나무는 내 말을 받아들이기에 부족할 것이며, 야곡(斜谷)의 나무는 내 형틀을 만들기에도 부족할 것이다.

종남산(終南山)의 대나무와 야곡의 나무는 그 수가 많기로 유명하다. 그렇게 많은 종남산의 대나무도 내가 알고 있는 일을 이야기한 결과, 죄를 쓰게 될 사람의 숫자보다는 적으며, 야곡의 나무를 전부 사용한다 할지라도 나 때문에 잡히게 될 사람들의 형틀을 만들기에는 모자란다고 으름장을 놓았다.

근거가 없는 으름장이 아니었다. 그가 한 말에는 분명한 증거가 있었다. 진짜로 무고를 행한 사람들도 있었을 것이며, 나무 인형을 묻거나 거짓으로 증거를 만듦으로 해서 죄를 뒤집어씌운 사람도 있었을 것이다.

어마어마한 일이 일어났다. 주안세는 옥중에서 상서하여 경성이 무제의 딸인 양석공주(陽石公主)와 사통하고 있으며, 감천궁으로 행행(行幸)하는 도로에 인형을 묻어 황제를 저주했다는 사실 등을 고발했다.

조사해 보니 꾸며낸 말은 아닌 것 같았다. 땅을 파 보니 인형이 나왔다. 이렇게 해서 신중하기 짝이 없던 공손하도 그 아들과 함께 투옥당해 옥중에서 죽었다. 그리고 그의 일족 모두가 목숨을 잃고 말았다.

주안세의 고발로 무제의 딸인 제읍공주(諸邑公主)와 양석공주도 무고를 행한 죄로 주살당하고 말았다. 이 두 공주 모두 위 황후가 낳은 딸이었다. 위청의 아들인 위항(衛伉)도 역시 무고에 연좌되어 목숨을 잃었다. 위청은 평양공주(무제의 누나)의 남편이 되었지만, 위항은 평양공주가 낳은 아들은 아니었다.

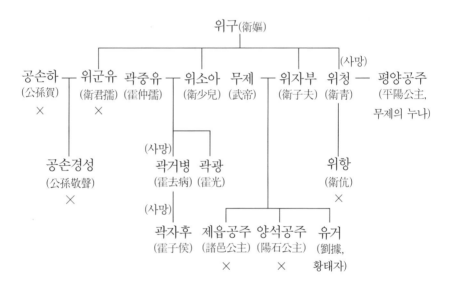

위의 위 일족 표 가운데서 ×표가 있는 것은 주안세의 고발로 인해 죽임을 당한 사람들이다.

표를 통해서 위 황후 주변의 사람들이 많이 줄었다는 사실을 알 수 있다.

딸을 두 명 잃었으며, 큰언니 일가는 전멸, 그리고 대장군 위청이 남긴 아들인 조카 위항도 목숨을 잃었다.

황태자는 과연 무사했을까? 유거는 위 황후가 낳은 유일한 아들이었지만 무제에게는 그 외에도 아들이 있었다. 왕 부인이 낳은 유굉(劉閎)은 제왕(齊王)이 되었으며, 이희(李姬)의 두 아들인 단(旦)과 서(胥)는 각각 연왕(燕王)과 광릉왕(廣陵王)이 되었다. 그리고 무제가 그토록 사랑했던 이 부인이 남기고 간 박(髆)은 창읍왕(昌邑王)이 되었다. 조첩여(趙倢伃)가 불릉(弗陵)이라는 황자를 낳은 것은 주안세에 의한 무고의 대옥(大獄)이 있었던 정화(征和) 3년(기원전 91)보다 3년 전의 일이었다.

무제가 황태자 거에 대해서 약간 불만을 품고 있다는 사실은 황실에 가까운 사람이면 누구나가 알고 있었다. 자신과 닮지 않았다는 이유에서였다. 그렇다고 해서 황태자의 됨됨이가 좋지 않았던 것은 아니었다. 기질적으로 아버지인 무제와 맞지 않은 점이 있었던 모양이다.

주안세에 의한 무고의 대옥은 제1차 무고의 난이라고 불러야 할 것이다. 사건의 발단은 정화 원년이었으며, 공손하의 일족 및 여러 사람이 목숨을 잃은 것은 이듬해인 2년의 일이었다. 같은 해에 제2차 무고의 난이 일어 그 화가 마침내 황태자에게까지 미치게 되었다.

제2차 무고의 난의 주역은 강충(江充)이라는 인물이었다.

강충은 조(趙)의 한단 사람으로 가무에 능한 아름다운 여동생이 있었는데, 그녀는 조왕(趙王)의 총애를 받고 있었다. 조왕은 무제의 이복형인 유팽조(劉彭祖)로 근엄하고 정무에 열정적인 인물이었다. 이런 조왕 팽조의 씨 다른 동생(어머니는 가부인)이 바로 120명의 자녀를 낳았다는 중산왕 유승(劉勝)이었다. 같은 어머니에서 어떻게 이렇게 극단적으로 성격이 다른 자식이 나올 수 있는지 놀랄 정도로 성격이 다른 형제였다. 중산왕은 형인 조왕을 '왕 주제에 말단 관리 같은 행동을 한다'며 비방했고, 조왕은 동생인 중산왕을 '음락(淫樂)에만 빠져서 번병(藩屏)으로서의 책임을 다하지 않는다'고 비난했다고 한다.

조왕 팽조는 엄격한 사람이었다. 태자인 단(袒)은 그렇게 엄격하지만은 않았다. 강충은 선천적으로 타고난 '밀고자(密告者)'였다. 동생에게서 들은 태자에 관한 일을 부지런히 조왕에게 일러바쳤다. 화가 난 태자는 그를 잡아들이려 했지만, 그는 탈출하여 장안으로 갔다. 조왕의 태자는 그 대신 강충의 가족을 잡아다 죽여 버렸다. 아마도 태자에게는 숨기고 싶은 약점이 있었던 것이리라.

강충은 장안에서 조의 태자를 조정에 고소했다. 소행이 좋다고는 할 수 없는 인물이었기에 조사를 해 보면 태자에게도 흠이 될 만한 일이 있었던 듯하다. 무제는 조의 태자를 잡아다 투옥했고, 정위(廷尉)의 심리에 따라 죽을죄라는 판결이 내려졌다.

조왕 팽조는 고집이 센 사람으로, 조의 용사들을 선발하여 직접 흉노를 토벌하러 나가 죽을힘을 다해 싸울 테니 아들의 죄를 용서해 달라고 상서를 올렸다. 흉노 토벌은 허락받지 못했지만, 태자는 죽음을 면했으며 태자를 폐하라는 처분으로 매듭이 지어졌다.

무제에게 있어서 강충은 지금까지 본 적이 없는 종류의 인간이었다. 처음 접견했을 때 강충은 기이한 복장을 하여 무제에게 잊을 수 없는 인상을 심어 주었다. 게다가 제후왕도 두려워하지 않고 고발한 용기를 높이 사서 무제는 강충을 기용하기로 했다.

자신이 왜 기용됐는지를 강충은 잘 알고 있었다. 신분이 높은 사람도 두려워하지 않고 거침없이 단속했다. 관도공주와 황태자라도 강충은 두려워하지 않고 잘못을 적발했다. 천자밖에 지날 수 없는 치도(馳道, 황제가 거동하는 길)를 황태자의 사자가 말을 타고 달린 것을 적발한 적도 있었다. 황태자가 사람을 보내서 강충에게 사과를 하고 일을 공식적으로 다루지 말아 달라고 청했지만, 강충은 받아들이지 않고 이 일을 고발했다. 무제는 권위를 두려워하지 않는 강충의 엄정함에 만족하고 있었다.

아마도 강충은 병적인 이상 성격의 소유자였을 것이다. 사건이 없는 곳에서도 사건을 만들어 내지 않으면 직성이 풀리지 않는 인물이었다.

그럴 때 주안세에 의한 무고의 대옥사가 일어났다. 강충이 뒤이어서 제2차 무고의 대옥을 일으켰다. 그 목적은 황태자에 있었다.

치도 사건으로 강충은 황태자로부터 미움을 샀다. 무제는 벌써 66세였고, 황태자는 38세의 장년이었다. 무제 시대가 그렇게 오래 계속되지는 않을 것이었다. 무제가 세상을 떠나면 황태자가 즉위하여 틀림없이 강충에게 보복을 할 것이다.

강충은 주안세가 썼던 방법에서 힌트를 얻어 은밀하게 준비를 했다. 나무 인형을 곳곳에 파묻었다. 강충의 손길은 궁중에까지도 미쳐 황후의 궁전, 황태자가 거처하고 있는 부근에까지 그것을 묻었다. 늙은 무제는 의심이 많아졌으며 또 미신에 대한 믿음도 강해졌다. 흉노 출신의 무당 단하(檀何)라는 자가,

궁중에도 '고(蠱, 살)의 기운'이 있습니다. 이것을 제거하지 않으면 큰일이 일어날 것입니다.

라고 고했다. 물론 강충이 뒤에서 획책했다.

단번에 황태자를 겨냥한다는 것은 너무나도 작위적이었기 때문에 강충은 이른바 '대중운동'과 같은 형태에서부터 출발했다. A가 B를 저주하

고 있다, C가 D를 저주하고 있다는 식으로 민간에서부터 관계(官界)에 이르기까지 여기서도 무고, 저기서도 무고라는 상태를 만들어 버렸다. 고문에 이은 고문으로 죄 없는 사람들이 처형당했다. 그 숫자가 수만에 이르렀다고 한다. 그것은 황태자를 겨냥하기 위한 위장전술이었다. 참으로 강충은 피에 굶주린 괴물이라고 하지 않을 수 없다. 이와 같은 사전공작을 펼친 뒤에 궁중에도 '고의 기운'이 있다는 말을 올리게 했다. 후궁 여성들의 거처, 황후, 태자의 궁전을 파헤치자 나무 인형이 속속 모습을 드러냈다. 황태자의 궁전에서 나온 인형의 숫자가 가장 많았다.

황태자는 마침내 마음을 정했다. 지금까지 강충이 해 온 방법으로 봐서 비상수단을 쓰지 않으면 죄를 모면할 수가 없었다. 쿠데타밖에 없었다.

황태자의 가신이 사자라고 속여 강충을 체포해, 황태자 앞으로 끌고 갔다.

조려(趙虜, 조나라 놈), 전에는 네 녀석의 국왕 부자를 어지럽히더니
그것도 모자라서, 이번에는 우리 부자까지 어지럽힐 생각이냐?

황태자는 이렇게 호통을 치고는 자신이 보는 앞에서 강충의 목을 치게 했다. 이것이 수만 명의 죄 없는 사람들의 목숨을 앗아간 희대의 요물의 최후였다. 무고의 난을 꾸미는 데 협력한 자는 궁중에도 '고의 기운'이 있다고 일러바친 흉노의 무당 단하였는데, 그도 연행하여 상림원(上林苑)에서 불태워 죽였다.

부자 갈등이 빚은 쿠데타

그 무렵, 무제는 감천궁에 있었다.

감천궁은 진나라의 시황제가 함양의 북서쪽에 있는 감천산에 지은 이 궁을 무제가 확장한 것이었다. 태산에서 봉선을 올린 그 이듬해(기원전 109)에 무제는 이 감천궁에 거대한 통천대(通天臺)를 세웠다. 그 이름대로 하늘에 통하려 했던 것이리라. 『삼보황도(三輔黃道)』에 따르면, 땅에서 시작해서 백여 장(丈), 그 아래로 구름과 비가 보였으며, 위에는 승로반(承露盤)이 있고 구름 위의 이슬을 받았다고 한다. 구름 위의 이슬은 아마도 신선의 약으로 무제가 복용했을 것이다. 한나라 시절의 장(丈)은 2.2미터 정도였는데, 당시의 기술로 200미터가 넘는 건물을 만들 수 있었는지는 의문이다. 『자치통감』의 주에 인용된 『한구의(漢舊儀)』에는,

대의 높이 50장, 장안에서 200리, 멀리 장안성이 보였다.

라고 기록되어 있는데 이쪽이 믿을 만하다. 『삼보황도』에는 땅에서 시작해서라고 묘사되어 있지, 높이라고는 언급되어 있지 않다. 감천산의 높은 곳에 세워졌고, 산 아래쪽 지면에서부터의 높이라는 의미일 것이다. 그러나 본체만 하더라도 100미터가 넘는 거대한 건물이다.

위수(渭水)를 사이에 두고 장안성에서 약 80킬로미터 떨어져 있다. 무제는 장안에서 일어난 변을 이 감로궁에서 듣고 지체 없이 명령을 내렸다.

소달구지를 노(櫓, 바리케이트)로 삼아라. 단병(短兵, 검(劍))을 가까

> 이 해 백성을 많이 살상하지 말라. 성문을 굳게 닫아 반역한 자를 나
> 가지 못하게 하라.

옥사한 공손하를 대신하여 승상이 된 유굴리(劉屈氂)는 기겁을 해서 승상의 인수를 잃어 버리고 말았다. 그에 비해서 나이는 들었지만 무제는 역시 무제였다. 진압을 엄명하면서도 전투의 확대를 막기 위한 조치를 취했다. 자신감에 넘쳐 있었다.

황태자는 모든 관리에게,

> 황제는 감천에서 와병 중이다. 아마도 변고가 있어 간신이 반란을
> 일으키려고 한다.

고 알렸다. 병사를 움직이는 명목으로, 무제가 감천궁에서 병상에 누워 있는데, 어떤 변고가 있어서 간신이 반란을 일으키려 하는 듯하다는 이유를 댔다. 그런데 무제가 장안성 서쪽의 건장궁(建章宮)에 모습을 드러냈다. 이 사실로 황태자가 알린 '황제가 와병 중이다'라는 말은 부정되고 말았다.

황태자의 쿠데타는 실패로 돌아갔다.

무제에게는 카리스마가 있었다. '태자가 반란을 일으켰다'는 말이 전해지자, 더는 누구도 황태자의 편을 들려 하지 않았다. 황태자는 장안의 죄인을 석방하고 북군의 출동을 재촉했다. 북군의 문 앞까지 가서 호북군(護北軍)의 사자 임안(任安)을 불러내 절(節, 부절)을 주고 병사를 내라고 명령했다.

임안은 절을 받기는 했지만 안으로 들어가서는 문을 걸어 잠갔다. 황태자는 하는 수 없이 시민을 억지로 동원하여 장락궁 서문 부근에서 승상의 군대와 전투를 치르기를 무려 5일, 수만 명이 목숨을 잃었다고 전한다.

무제가 건재하다는 사실이 알려졌으니, 황태자가 병사를 소집한 이유의 근거가 무너지고 말았다. 탈주자들이 잇따르면서 이미 패색이 짙었다. 무제는 수도 부근의 군대를 동원했으므로 병력은 점차로 늘어 가고 있었다.

황태자는 장락궁 남쪽에 있는 두문(杜門, 일명 복앙성문(覆盎城門))으로 탈출했다. 사직(司直, 봉록 2천 석의 관리)인 전인(田仁)의 방비가 허술했다고 여겨진다. 또는 일부러 모르는 체한 것일지도 모른다. 부자간의 다툼이니 적당히 넘어가야겠다고 판단했을지도 모른다.

승상은 화를 내며 전인을 베려 했다. 승상은 무제의 곁에 있었기에 그의 단호한 태도를 잘 알고 있었다. 그런데 어사대부인 포승지(暴勝之, 한 책에는 경승지(景勝之))가 이를 말렸다. 사직은 봉록 2천 석의 관리이니 우선은 처분을 신청해야만 한다는 것이 그 이유였다. 포승지도 마음속으로 부자의 불화로 인한 다툼은 모반과는 성격이 다르다고 생각했던 것이리라. 어사대부의 말을 들은 승상은 전인을 석방했다.

이 사실을 안 무제는 불같이 화를 냈다. 모반을 일으킨 사람을 놓친 관리를 승상이 베는 것은 당연한 일인데 어사대부는 어째서 그것을 말렸느냐며 엄격하게 책문토록 했다. 어사대부 포승지는 황공해서 자살했다.

종정(宗正, 궁 안의 일을 처리하는 기관의 장관)인 유장(劉長)과 집금오(執金吾, 경찰총장)인 유감(劉敢)이 황명을 받들고 황후가 있는 곳으로 가서 황후의 새수(璽綬)를 회수했다. 황후의 징표였던 새수를 회수당했으니, 위 황후는 그 즉시 폐위된 셈이다. 위 황후는 그 자리에서 스스로 목숨을 끊었다. 가수 위자부가 궁전에 들어온 것은 48년 전의 일이었다. 나이는 무제와 거의 비슷하게 60대 중반이었을 것이다.

황태자 유거는 동쪽으로 도망쳐 호현(湖縣)의 천구리(泉鳩里)에 숨어 있었다. 의협심이 강한 신발장수가 황태자를 숨겨 주고 식사 등 뒷바라지를 해 주었지만, 워낙 가난했기에 호화로운 생활에 익숙해져 있던 황태자는 견딜 수가 없었다. 호현에는 황태자가 아는 사람 중에 부자가 있었기에 은밀하게 연락을 취했다가 그만 황태자가 숨어 있는 집이 발각되었다.

관리들이 그곳을 포위했다. 더 이상 도망칠 수 없을 것이라 판단한 황태자는 목을 매고 죽었다. 장부창(張富昌)이라는 병졸이 문을 박차고 들어가, 신안현(新安縣)의 속리(屬吏)인 이수(李壽)와 함께 황태자를 끌어 내리고는 아마도 최후의 일격을 가한 듯하다. 신발장수인 주인은 씩씩하게 싸우다 죽었으며, 황태자의 두 아들도 이때 목숨을 잃었다.

강보에 싸여 있던 황태자의 손자만은 목숨을 건졌지만, 옥에 갇혀 여자 죄수의 젖을 빨며 컸다고 한다. 성장하여 종정(宗正)의 적(황족의 적)을 받기는 했지만, 여전히 민간에서 생활을 계속했다. 아명(兒名)은 병이(病已), 성장한 후에 순(詢)이라 불리던 인물이다.

요즘 사람들의 생각으로는 38세에 죽은 황태자에게 손자가 있었다는 사실이 이상하게 여겨질 테지만, 황태자는 15세 때 사량제(史良娣)와 결혼했으니 손자가 있다 해도 이상할 것은 없다.

사마천의 변명

황태자는 7월 임오(壬午)일에 강충을 죽이고 쿠데타를 일으켰으며, 8월 신해(辛亥)일에 호현에서 죽었다. 29일 만이다.

무제는 신상필벌의 원칙을 지켰다. 그것이 황제 된 자로서의 자세여야 한다는 점을 지난 50년 동안의 재위를 통해서 잘 알고 있었다. 벌은 두 문에서 황태자를 놓친 전인에게만 내려진 것이 아니었다. 북군의 문 앞에서 황태자로부터 부절을 받았던 임안까지도 전인과 함께 요참형에 처해졌다. 임안은 부절을 받기는 했지만 군대를 움직이지는 않았다.

　　　두 마음이 있다.

는 의심을 받은 것이다. 일단 부절을 받아 두고 형세를 살펴서 유리한 쪽에 붙으려 했다는 혐의였다. 의심스러운 자를 처벌한 것이다. 그와 동시에 의심스러운 자에게 상을 주기도 했다. 이를 '의상(疑賞)'이라고 하는데 상을 주기에 합당한 것인지 의심스러운 공적을 말한다. 신안의 관리인 이수와 병졸인 장부창이 황태자에게 칼을 휘두른 것이 공적에 해당하는 것인지 아닌지 의심스러운 부분이 있었지만, 두 사람 모두 열후가 되었다.

임안이 수감되어 참형에 처해진다는 사실을 안 친구 사마천은 언젠가 임안으로부터 받은 편지에 답장을 보내지 않았다는 사실을 떠올렸다.

사마천은 출옥 후 중서령(봉록 1천 석의 관)으로서 무제의 측근에 있었다. 임안의 편지는 '자네는 황제의 신임을 얻고 있으니 모름지기 현(賢)을 추천하고 사(士)를 권해야 하지 않겠는가?'라며 따지는 투의 내용이었다. 그러나 사마천은 궁형을 받은 자는 이미 평범한 사람이 아니기 때문에 황제에게 현사(賢士)를 추천한다는 것은 주제넘는 일이라고 생각하고 있었다. 그럴 만한 자격이 없음을 말하고, 그래도 자신이 부끄럽게 살아가고 있는 것은 역사를 논재하는 일이 아직 끝나지 않았기 때문이라고 변명하고 싶었다. 글로 쓰기조차 울적한 내용이었기에 하루하루 미루고만 있었는데, 상대방이 사형 선고를 받아 버렸다. 지금 당장 쓰지 않으면 평생 한이 될 것이라고 사마천은 생각했다. 그리고 자기 마음속의 신음 소리는 죽음을 맞이한 사람이 아니면 알 수 없을 것이라 생각하고, 이번 기회에 그것을 밝히기로 결심했다. 그것이 유명한 〈임안에게 보내는 글〉인데, 그 일부는 앞에서 인용했다. 심신에 상처를 가진 자만이 그 상처를 어루만지는 행위로서 저술할 수 있다는 신념에 대한 글이었다.

> ……소경(少卿, 임안의 자)이 뜻하지 않은 죄를 안은 지 달포가 지나고, 계절은 겨울(한나라에서는 처형의 기한을 12월로 삼았다)로 다가가고 있네. 나 역시 상(上, 무제)을 따라서 옹(雍)에 오를 날(오치(五畤) 친교를 수행하는 것)이 머지않았네. 갑자기 꺼리던 일(임안의 죽음)이 일어난다면, 나는 이제 내 목숨이 다할 때까지 나의 분하고 답답한 심정을 자네에게 이야기할 기회가 없을 것이며, 이제 멀리 떠나 가는 자의 혼백의 사사로운 원한도 끝내 사라지지 않을 까 봐 염려하네.

편지 속에 위와 같은 내용이 있다.

임안은 틀림없이 8월에 체포되었을 것이다. 수감된 지 이미 몇 개월이 지나 있었을 것이다. 형이 집행될 12월이 점점 다가오고 있었다. 사마천도 3년에 한 번 있는 정월의 친교를 수행할 날이 그리 멀지 않았다. 자네가 죽으면 나는 평생 내 분만을 이야기하여 자네의 이해를 구할 기회가 더는 없을 것이며, 죽어서 떠나는 자네의 혼백도 답장을 받지 못했다는 원한을 언제까지고 품게 될 것이다. 그래서 이렇게 편지를 쓴다……

〈임안에게 보내는 글〉은 대충 읽고 흘려 버려서는 안 되는 글이다.

이처럼 수많은 사람들을 휘말리게 한 사건은 매듭이 지어졌지만, 그 후 황태자에게는 죄가 없었다고 상서를 올리는 사람들이 끊이질 않았다. 호관현(壺關縣)의 삼로(三老, 마을의 교화를 담당한 관리)로 영호무(令狐茂)라고 하는 신분이 낮은 자에서부터 고침랑(高寢郞, 고조묘의 숙위관)인 전천추(田千秋)라고 하는 신분이 상당히 높은 사람까지 있었다. 무제는 전천추를 불러들였다. 대장부인데다가 그의 말에는 정리(情理)가 있었고, "예전에 꿈에 한 백두옹(白頭翁)이 나타나 신에게 말하라고 명령했습니다.……"라는 말이 무제의 마음을 움직였던 모양이다. 고조묘 숙위관의 꿈에 나타난 것은 틀림없이 증조부인 고조일 것이라고 생각했다.

무고의 난에는 그 밖에도 죄 없는 사람들이 여럿 관련되었음이 알려졌다. 강충이 조작한 것이라는 사실도 점차로 밝혀졌다. 황태자는 그 간악한 강충을 죽이는 것이 목적이었지 아버지에게 반역할 의사는 없었다는 사실도 판명되었다. 무제는 이 일로 깊이 반성을 했다. 그는 황태자가 죽은 호현에 사자궁(思子宮, 아들을 생각하는 궁전)을 짓고 '귀래망사지대(歸來望思之臺)'라는 이름을 붙였다.

역사를 살펴보면 부자간의 다툼은 종종 있었다. 그 대부분은 측근들이 부자의 관계를 악화시켰기 때문이다. 특히 아버지의 재위가 길어 고령이 되고, 황태자는 이미 장년이 된 경우는 상황이 가장 미묘했다. 권세와 이익을 추구하는 사람들에게는 여러 가지 의도가 있다. 늙은 황제의 측근들 사이에는 당파와 파벌이 생기게 마련이다. 거기에 속하지 못한 사람은 좀처럼 껴들 수가 없다. 야심에 불타오르는 사람들은 다음 정권에 파고들려고 황태자의 주변에 모이게 마련이다. 기존의 황제당은 '저 녀석들은 뭐야'라며 황태자 주변으로 모여든 출세에 눈이 어두운 사람들을 미워하게 되며, 황태자당은 '두고 보라고, 새로운 시대가 올 테니'라며 구파에 반발한다.

무고의 난 때는 여기에 강충이라는 이상성격자가 껴들어 일이 더욱 복잡해졌다. 강충의 뜻에 영합하기 위해서 예를 들자면 소문(蘇文)이라는 환관이 분주하게 움직였다. 환관은 황제 곁에서 일상생활의 시중을 들기 때문에 무엇인가를 주입시키기에는 좋은 입장에 있었다. '태자가 후궁의 여성과 시시덕거리고 있었습니다'라는 등의 고자질을 했다. 소문의 쓸데없는 고자질로 무제는 자신도 모르게 황태자를 멀리하게 된 면이 있었다.

황태자가 무죄였다는 사실이 밝혀지자, 무제는 강충 일가를 전부 죽이고 환관 소문을 위수에 걸린 다리 위에서 불태워 죽였다. 호현에서 황태자에게 칼을 휘둘러 '의상(疑賞)'이지만 열후가 된 자들은 그것을 물론 박탈당하고 일가 몰살이라는 형을 받았다.

황태자의 무죄를 용감하게 상서한 전천추는 대홍려(大鴻臚, 외무부장관)로 승진되었으며 다시 승상에 기용되었다. 그는 무제에서 소제(昭帝) 시절에 걸쳐서 승상에 머문 햇수가 12년에 이르렀고, 나이가 들어서는 수레를 타고 궁궐에 들어가도록 허락되었기에 사람들은 그를 거승상(車丞相)이라고 불렀다. 『한서』에는 거천추(車千秋)라고 그의 전기가 수록되어 있다.

무고로 죽은 유굴리

황태자의 무죄가 확정된 것은 정화 3년(기원전 90년) 후반이었다고 생각된다. 그해의 전반기에 무고의 난의 여파와도 같은 사건이 있었다. 무고의 효험을 여전히 믿고 있었던 것이다.

이때 무고에 의한 죄로 주살당한 인물은 놀랍게도 승상 유굴리(劉屈氂)였다. 이 사람은 무제의 이복형인 중산왕 유승의 아들이었다. 유승에 대해서는 지금까지 몇 번이고 이야기한 적이 있다. 향락주의자로 120명의 자녀가 있었다고 하는데 유굴리가 그중 한 명이었다. 무제의 조카가 된다.

유굴리의 아들은 이사장군 이광리의 딸을 아내로 맞아들였다.

그해 3월에 오원과 주천으로 침공하여 한나라의 도위를 죽인 흉노를 토벌하기 위해서 이광리가 7만의 군대를 이끌고 원정길에 올랐다. 그 외에도 상구성(商丘成)이 2만을 이끌고 서하에서 출격하였으며, 마통(馬通)이 4만 기를 데리고 주천으로 향했다.

승상 유굴리는 사돈의 출정을 배웅하기 위해 위교(渭橋) 부근까지 나가 송별잔치를 열었다. 그때 이광리는 승상에게 "어서 창읍왕을 태자로 삼도록 승상께서 주상에게 청하십시오. 만약 창읍왕이 황제가 된다면 더 이상 걱정할 것은 아무것도 없을 테니까요"라고 속삭였다.

창읍왕 유박(劉髆)은 이광리의 동생인 죽은 이 부인이 남겨 놓은 아들이었다.

황태자 유거가 죽은 뒤, 무제는 아직 후계자를 발표하지 않았다. 나이로 따지자면 연왕인 유단이 가장 위였지만, 무제의 성에 차지 않았던 듯하다. 연왕과 같은 어머니에게서 나온 광릉왕 유서(劉胥)도 마찬가지였다.

무제는 왕 부인이 낳은 제왕(齊王) 유굉(劉閎)을 가장 사랑했지만 세상 일은 뜻대로 되지 않는 법으로 세상을 일찍 떠나 버리고 말았다.

태시(太始) 3년(기원전 94), 후궁인 조첩여가 황자(皇子) 불릉(弗陵)을 낳았다. 당시 무제는 62세였다. 불릉은 어머니의 뱃속에 14개월 동안 있었다고 한다. 태고의 성인인 요(堯)가 14개월 만에 태어났다는 말이 있었기에 무제는 그에 따라서 이 황자가 태어난 궁전의 문을 '요모문(堯母門)'이라고 개명케 했다. 이 아이는 무제를 닮아서 유아 때부터 골격이 튼튼했다고 한다.

조첩여는 하간(河間) 출신의 여성이었다. 선천적으로 두 손 모두 주먹을 쥔 채 펴지를 못했는데, 무제가 만지자 펴졌다는 기괴한 이야기가 전해진다. 이에 궁중 사람들은 그녀를 권(拳) 부인이라고 불렀다.

제왕 굉은 죽었지만, 단, 서, 불릉 등의 세 황자가 창읍왕 박의 경쟁자로 남아 있었다.

창읍왕이 제위에 오르면 이광리와 유굴리는 외척으로서 그 지위가 안전해질 터였다. 소망을 이루기 위해서는 무고를 행하지 않을 수 없다, 승상의 부인은 어리석게도 그렇게 생각했다. 아무래도 이 무고는 실제로 행해졌다고 생각된다. 대란을 불러일으킨 무고의 대부분이 누명이었다는 사실이 거의 밝혀진 시기였기에 아주 명확한 증거가 있지 않는 한 고발할 수는 없었다. 고발한 사람은 내자령(內者令) 곽양(郭穰)이라는 인물이었다. 내자령은 봉록 600석의 관리로 후궁의 의상이나 장막을 관리했다. 후궁에 있는 여자들의 수다를 쉽게 들을 수 있는 자리였다.

조사해 본 결과, 사실로 판명되어 승상은 주차(廚車, 식사를 나르는 수레)에 실려 동시(東市)에서 요참형에 처해졌으며, 처자도 목숨을 빼앗기고 화양가(華陽街)에 효수되었다.

무제의 열 번째 승상인 공손하가 주살되어 승상 경험이 있는 자 중에서 처형당한 자가 다섯 명이었는데, 열한 번째 승상이었던 유굴리가 처형됨으로 해서 결국 확률이 50퍼센트를 넘어섰다.

이광리는 출정 중이었지만 그의 처자가 수감되었다. 처자를 구하기 위해서는 커다란 공을 세울 수밖에 없다는 생각에 조바심이 나서 흉노의 땅 깊숙이까지 치고 들어가 무리한 작전을 거듭하다 친히 5만 기를 이끌고 나온 선우의 군에게 패하여 결국에는 흉노에게 항복하고 말았다. 말할 나위도 없이 장안에 수감되어 있던 처자는 물론 일족 모두가 목숨을 잃고 말았다.

어두운 이야기들뿐이다. 어두운 이야기는 그래도 계속된다.

흉노의 포로가 된 이광리는 선우의 딸을 아내로 맞아 최고의 대우를 받았다. 그보다 앞서 흉노에 투항하여 흉노의 정령왕(丁靈王)으로 있던 위률(衛律)이 이를 시기하여 술책을 써서 이광리를 죽여 버렸다. 선우의 어머니가 병에 걸려 무당이 조상의 영을 찾아갔더니 선대 선우의 영이 '출정 전의 제사에서 너희는 언제나 한나라의 이사장군을 잡아다 바치겠다고 말했다. 지금 이사를 얻었으면서도 어찌해서 바치지 않느냐'며 화를 냈다는 신탁이었다. 흉노 사회에서 무당의 신탁(神託)은 절대적인 것이었다고 한다. 이광리는 목숨을 잃고 제물로 바쳐졌다. 사실 이는 위률이 무당에게 시킨 말이었다. 귀를 씻어 내고 싶어지는 이야기다.

제국을 계승한 여덟 살 황제

후원(後元) 2년(기원전 87), 무제는 오작궁(五柞宮)에서 숨을 거두었다.

권 부인이 낳은 불릉이 즉위했다. 그가 바로 소제(昭帝)인데, 즉위 당시 아직 여덟 살에 불과했다. 무제가 세상을 떠나기 직전에 불릉이 황태자가 되었다. 무고의 난 이후 무제는 황태자를 세우지 않았다.

뒷일을 부탁받은 것은 봉거도위 곽광, 부마도위(駙馬都尉) 김일제(金日磾), 태복 상관걸 세 사람이었다. 곽광은 무제가 신뢰했던 곽거병의 동생이다. 그리고 김일제는 사실 흉노 휴도왕의 아들이었다. 원수(元狩) 2년(기원전 121)에 흉노의 혼야왕과 휴도왕은 함께 한나라에 항복하려 했는데, 휴도왕이 도중에서 망설이자 혼야왕이 그를 죽이고 그 무리를 규합하여 곽거병에게 항복했다. 김일제는 그 당시 규합당한 무리들 속에 있었다. 관노로 있었는데 무제의 눈에 들어 측근이 되었다. 상관걸은 우림기문랑(羽林期門郎, 근위의장병)으로 무제를 섬겼는데, 괴력을 인정받아 무제에게 사랑을 받은 인물이었다.

세 사람 모두 무제가 개인적으로 신임하던 사람들로 행정부에 있던 사람들이 아니었다. 후사를 부탁할 때 어째서 승상인 전천추(田千秋)를 부르지 않았을까? 무제가 죽은 오작궁은 장안에서 서쪽으로 약 80킬로미터 정도 떨어진 주질현(盩厔縣)에 있었다. 장안에서 그다지 멀지는 않지만 여행을 나갔다가 세상을 떠났다. 행정부의 간부들은 아마 장안에서 집무를 보고 있었을 것이다.

봉거도위는 황제의 거마(車馬)를 관리하는 자리였으며, 부마도위는 황제의 부마(副馬)를 관리하는 자리였다. 이 두 사람은 짝이 되어 어디를 가든 황제 곁에 바짝 붙어 있었다.

그에 비하자면 승상이나 어사대부와 황제와의 관계는 서먹서먹하다는 느낌이 든다. 무제 전반기에 신임을 얻었던 위청이나 곽거병도 대장군과 표기장군이었지만 결국에는 승상이 되지 못했다.

승상부와 어사대부 등을 '외조(外朝)'라고 부르며, 천자를 측근에서 모시는 사람들을 '내조(內朝)'라고 부른다.

무제의 유촉(遺囑)을 받았다는 이유로 곽광은 대사마(大司馬), 곧 대장군이 되었으며, 김일제는 거기장군이 되었고 상관걸은 좌장군이 되었다. 이는 외조의 삼공에 해당한다. 게다가 병권까지 잡고 있다.

그리고 이때 수속도위(搜粟都尉)인 상홍양(桑弘羊)이 유촉에 의해서 어사대부, 즉 부총리로 승진했다. 수속이란 '조를 찾는다'는 뜻이다. 조란 쌀, 곡물을 의미하는 것이니 경제 관료와 같다. 이광리 장군의 대완 원정 때는 상관걸이 수속도위로 종군했었다.

상홍양은 무제 초기부터 경제 관료로 한 제국의 살림을 책임져 온 인물이었다. 상인의 아들로 태어났다. 상인을 천히 여겼던 한나라에서 상인의 아들이 궁정에 들어갔다는 것은 이례적인 일이었다.

71세로 세상을 떠난 무제는 만년에 건강이 그다지 좋지 않았다. 병이 잦은 것은 누군가의 저주 때문이 아닐까 생각했고, 그랬기 때문에 무고의 요술에 대한 조사를 엄격하게 한 것이리라. 또한 자신이 죽은 뒤의 일에 대해서도 생각할 시간을 충분히 가지고 있었다. 특히 황태자가 죽은 뒤 4년 동안에는 틀림없이 그런 생각들만을 했을 것이다.

여덟 살인 불릉을 후계자로 삼은 것은 딸린 식구가 적으니 강력한 '내조'를 붙여 준다면 틀림없이 무제 체제를 유지할 수 있다고 생각했기 때문이다. 어른이 된 후계자, 예를 들어서 연왕인 유단 등은 연의 작은 궁정에 이미 자신의 신하들을 거느리고 있었다. 황제가 되면 틀림없이 그 무리들을 데리고 장안으로 들어와 무제 체제를 무너뜨리려 할 것이다.

물론 어린 불릉에게는 아직 신하가 없었다. 무제 체제를 물려받을 수밖에 없을 터였다. 게다가 불릉의 어머니인 권 부인은 하간의 비천한 계층 출신인데다 이미 이 세상 사람이 아니었다. 황제의 모계 세력이 궁정으로 들어올 염려가 없었다.

『사기』를 보충하여 기록한 저소손(褚少孫)은 어린 황제에게 어머니의 힘이 미치지 못하도록 하기 위해서 무제가 권 부인에게 죽음을 내렸다고 기록했다. 『한서』에 그녀는 꾸지람을 듣고 우사(憂死)했다고 되어 있는데, 뭔가 석연치 않은 느낌이 드는 기술이다.

무제가 죽기 6개월쯤 전에 연왕 유단이 사자를 장안으로 보내 상서하여 숙위(宿衛)로 들어가고 싶다고 청했다. 나이가 가장 많은 아들인 자신이 당연히 황태자가 되어야 할 테고, 황태자라면 장안의 궁전에서 살아야 한다고 생각했다. 무제는 화를 내며 그 사자를 베었다. 이는 연왕을 황태자로 세울 마음이 없다는 사실을 행동으로 보여 줬다고 할 수 있다.

소년 불릉의 자질도 살펴본 뒤에 내린 결정이겠지만, 최선의 선택이었다는 생각이 든다. 됨됨이가 좋아 보이는 소년에게 오래도록 자신을 헌신적으로 섬겨 온, 겉과 속이 다르지 않고 근엄하고 신뢰할 수 있는 사람 몇을 붙여 준다면 안심을 할 수 있다.

무제는 자신이 죽은 뒤 한 제국이 직면할 가장 큰 과제는 경제 위기를 어떻게 극복하느냐에 달려 있다는 사실을 알고 있었다. 그랬기 때문에 오랫동안 남들 눈에 띄지 않는 자리에서 힘써 온, 경제에 해박한 상홍양을 표면에 세워야겠다고 생각했다.

　승상 전천추는 장식과도 같은 존재로 있어 주면 그것으로 족했다. 그는 무위무책(無爲無策)하여 마치 문제, 경제 시절의 대신과 같았다. 그의 유일한 공적은 황태자의 무죄를 황제에게 고해 바친 것뿐이었다.

여운의 시대

황위를 둘러싼 권력 투쟁

무제라는 거인을 잃었으니 제아무리 신중하게 그가 후사를 생각한 포석을 했다 할지라도 동요가 없을 수 없었다.

여덟 살에 즉위한 소제는 아버지가 짐작한 대로 영명하기는 했지만 스물한 살이라는 젊은 나이로 세상을 떠나고 말았다. 소제 재위 10여 년 동안은 궁정 내의 권력투쟁의 시대였다고 해도 좋을 것이다. 그러나 그것은 단지 컵 속의 폭풍에만 그치지 않고 국민의 생활에도 상당한 영향을 끼쳤다.

고조 유방이 제위에 오른 뒤부터 무제가 즉위하기까지의 60년 동안은 무제 시대를 위한 준비 기간이었다고 할 수 있다. 그리고 무제가 죽은 뒤 전한이 멸망하기까지의 90년 동안은 무제의 여운 시대라고 할 수 있다.

무제 사망 직후에는 말할 나위도 없이 여운이 짙게 드리워 있었다. 궁정 내의 권력투쟁은 여러 방면에서 일었는데 그것이 복잡하게 얽혀 있었다.

우선 주요한 것들을 들어 보기로 하겠다.

1. 황위 계승에 관계된 투쟁.
2. 내조 내부의 주도권 다툼.
3. 내조와 외조의 불화.

황위 계승에 관계된 투쟁은 일단 어린 불릉이 즉위함으로 해서 형식적으로는 정리가 된 듯했지만, 연왕 유단이 불만을 품고 있었다. 무제가 죽은 상황과 유촉을 받은 경위 등이 밀실 안에서 어떻게 이뤄졌는지 분명하지가 않았다. 적어도 연왕은 그렇게 생각했다.

소제 불릉이 어머니의 뱃속에서 14개월이나 있었다는 얘기도 연왕의 의심을 더욱 깊게 했다. 14개월 있었다고 하지 않으면 계산이 맞지 않기 때문에 그렇게 한 것일 뿐, 사실은 무제의 아들이 아니라 유촉을 받았다고 칭하는 곽광의 아들이 아닐까 하는 의혹이 있었다. 연왕은 이와 같은 이유들로 군사를 일으키려 했다. 불릉의 즉위에 불만을 품고 있는 각지의 황족들과 연락을 취하여 일거에 난을 일으킬 셈이었다.

중산왕으로는 이미 유승(劉勝)의 증손자가 위에 있었다. 그 일족인 유장(劉長)이 연왕의 반란에 가담했다. 무고의 난 때, 황후의 새수를 회수하러 간 사자가 바로 이 유장이었다. 제왕(齊王)의 손자인 유택(劉澤)도 결탁했다. 연왕 단이 즉위하면, 그들은 공신이 되어 권세를 마음껏 휘두를 수 있게 된다.

그들은 사냥을 한다는 명목으로 병사를 모아 그날에 대비를 했다. 소문은 이미 각지에 퍼져 있었다. 어린 황제는 무제의 아들이 아니다, 천하는 마땅히 이를 쳐야 한다고. 이는 민심을 동요시키기 위한 작전이었는데, 그 효과는 있었는지 몰라도 비밀에 부쳐야 할 거병을 누설하는 원인이 되기도 했다.

청주자사(靑州刺史)인 준불의(雋不疑)가 이를 알고 유택을 체포했다. 자사란 군수 등 지방 관리들의 치적을 시찰하거나, 조사하여 황제에게 보고하는 관리를 말한다. 전국을 12개 주로 나누어 자사를 두었는데, 봉록 600석의 관리에 지나지 않았다. 그러나 봉록 2천 석의 군수를 사열할 정도였으니 권한은 매우 막강했다. 한나라 말기에는 봉록이 2천 석으로 승격되었는데『삼국지』에 등장하는 영웅호걸 중에 자사가 적잖이 포함되어 있었음은 잘 알려진 사실이다.

규찰관(糾察官)이기 때문에 근엄한 사람이 등용되었다. 준불의도 황족 유택을 용서하지 않고 붙잡았다.

원흉이 연왕이라는 사실이 밝혀졌지만 지친(至親, 황제의 형)이기 때문에 특별히 불문에 부치기로 했으며, 유택 등은 모두 주살당해 권력을 빼앗기 위한 연왕의 투쟁은 실패로 돌아가고 말았다.

연왕이 처분 받지 않았던 배경은 같은 어머니에게서 난 그의 누나인 개장공주(蓋長公主)가 궁정에서 어린 황제의 보육을 맡아 강력한 발언권을 행사했던 탓인지도 모른다.

창읍왕 박(髆)은 무제가 죽기 직전에 세상을 떠났기 때문에 당시 무제의 아들은 소제를 포함하여 겨우 세 명뿐이었다. 그럼에도 불구하고 황위가 정해진 뒤에도 계승 투쟁이 있었다. 경제에게는 14명이나 되는 아들이 있었지만, 무제가 즉위한 뒤에 권력을 빼앗기 위한 투쟁이 일어난 것 같은 흔적은 없었다.

무제가 16세로 즉위했을 때, 할머니인 두 태후가 궁정에서 버티고 있었기 때문일 것이다. 경제는 여러 여성들에게서 14명의 아들을 보았지만, 그것은 전부 두 태후의 피를 물려받은 손자들이었다. 그녀가 눈을 뜨고 있는 동안에는 소동이 일어날 수 없었다. 중국에서 할머니의 힘은, 특히 가정 내에 있어서는 절대적인 것이라 해도 좋을 정도로 강했다. 황실이라 할지라도 결국은 유 씨의 가정에 지나지 않았다.

그런데 소제의 궁정에는 할머니가 없었다. 설령 권 부인이 살아 있었다 할지라도 이복형인 연왕이나 광릉왕에게까지는 힘이 미치지 않았다. 그것은 모두에게 피를 나누어 준 할머니만이 할 수 있는 일이었다. 소제의 보육을 맡았던 개장공주가 연왕과 같은 어머니에게서 나왔기에 연왕은 목숨을 건질 수 있었지만, 그것은 결국 화근을 남긴 결과가 되고 말았다.

이 사건을 처리한 청주자사 준불의는 그 공을 인정받아 경조윤(京兆尹, 도지사)에 발탁되었다.

이는 시원(始元) 원년(기원전 86)의 일이었는데, 그로부터 4년 뒤인 시원 5년(기원전 82)에 황색 소달구지를 탄 사내가 미앙궁 북문에 나타나 자신을 원래 태자였던 유거라고 했다. 이 때문에 장안성 안에 소동이 벌어졌다. 수만 명의 구경꾼들이 밀려들었다. 승상, 어사대부 등 죽은 황태자를 알고 있는 사람들도 누구 하나 입을 열려 하지 않았다. 그만큼 꼭 닮았던 것이다.

호현에서 죽은 것은 가짜 유거이며 진짜는 살아 있다는 소문이 항간에 퍼져 있었을 것이다.

승상을 비롯한 신하들이 두려워한 이유는 황태자에게 칼을 휘두른 자가 일단 열후가 되었다가 주살되었기 때문이다. 물론 가짜라고 생각되기는 하지만 혹시 진짜라면 어떻게 되는 것인가? 아니, 진짜라고 인정받게 되면 어떻게 되는 것인가? 모든 사람들이 망설이고 있었다. 그러던 차에 뒤늦게야 도착한 준불의가 조금도 망설이지 않고 그 남자를 투옥시켰다.

예전의 황태자는 선제(先帝)에게 죄를 저질렀으니, 죽지 않고 도망

쳤다가 이제야 나타났다 할지라도 역시 죄인임에는 변함이 없다.

라고 판단했다. 조사를 한 결과, 그 사내는 전 황태자의 신하로부터 황태자와 똑같이 생겼다는 말을 듣고 한바탕 연기를 해 봐야겠다는 심산을 갖게 된 하양(夏陽) 출신의 방(方) 모라는 사실이 밝혀져 요참형에 처해졌다. 황태자가 무죄라는 사실은 이미 몇 년이나 전에 판명되어 있었는데 소제가 즉위한 지 5년이나 지나서야 나타났다는 점 자체가 이상한 일이니, 상식적으로 생각해도 사기라는 사실을 알 수 있다. 그럼에도 신하들이 두려워했던 것은 불안정한 정국을 의식했기 때문이었다.

준불의는 '엄격하지만 잔혹하지는 않다'고 일컬어졌던 훌륭한 사람이었다. 곽광이 그의 사람됨에 반해서 딸을 아내로 주려 했지만 준불의가 고사했다고 한다. 병에 걸렸기 때문에 곧 관직에서 물러나 자기 집에서 세상을 떠났는데, 한나라를 위해서는 아까운 인재였다.

정책 과오를 시인한 윤대조서

다음으로 내조(內朝) 안에서의 주도권 다툼에 대해서 이야기해 보기로 하겠다.

내조의 중심은 무제의 유촉을 받은 곽광, 김일제, 상관걸 등 세 사람

이었다. 그런데 소제가 즉위한 지 1년 반쯤 지나서, 그러니까 연왕 사건이 준불의의 신속한 조치에 의해서 처리된 직후에 김일제가 세상을 떠나고 말았다. 14세 때 흉노의 항복한 무리들의 일원으로 한나라에 왔고 이후 35년 동안 한나라를 위해서 일했으니 49세였을 것이다.

무제의 의도는 일찌감치 빗나갔다. 그는 세 사람을 조합하여 내조를 운영토록 해서 무제 체제의 유지를 염두에 두었다. 그러나 세 사람이 아니라 곽광과 상관걸 두 사람이 되어 버렸다.

두 사람에 의한 절묘한 운영이라는 것도 생각해 볼 수 있다. 그러나 만약 두 사람이 대립했을 경우에는 그 사이에 서서 조절을 맡을 사람이 없으면 대립이 풀릴 기회가 적기 때문에 골이 더욱 깊어질 가능성이 더 높다. 대립은 대결이 되어 손을 쓸 수 없는 상태가 되어 버릴 우려도 있다.

김일제는 자신이 외국인이라는 사실을 언제나 의식하고 있었기 때문에 무슨 일에나 소극적인 사람이었다. 그런 인격이 후에 곽광과 상관걸 사이에서 윤활유 역할을 하여 국가 운영에 좋은 영향을 줄 것이라고 무제는 아마도 기대했을 것이다.

과연 곽광과 상관걸 사이에 암운이 감돌기 시작했다. 처음에는 그다지 겉으로 드러나지 않았지만 점차로 눈에 띄게 되었다. 이에 대해서는 나중에 이야기하기로 하겠다.

세 번째는 내조와 외조의 불화이다.

내조의 주요한 일은 황제와 황실을 지키는 것이다.

외조의 주요한 일은 국가의 운영이다.

결국 같은 일이라고 본다면 그렇게 볼 수도 있겠지만, 생각하는 방식에 약간의 차이가 있었던 듯하다.

무제가 유촉으로 특히 상홍양을 어사대부로 승진시킨 것은 재정재건을 의식하고 있었기 때문인 것 같다는 사실은 앞에서도 이야기했다.

문제와 경제 시절에는 썩어 나갈 정도로 관고(官庫)에 돈과 식량이 있었다. 조세는 저절로 들어왔으며 아무것도 하지 않는 것을 근본으로 삼고 있던 정부였기 때문에 특별히 커다란 지출도 없었다. 관고에 재물이 넘쳐 나는 것도 당연했다.

무제는 2대에 걸쳐서 축적한 것을 바탕으로 자신의 적극 정책을 추진했다. 그것을 물 쓰듯이 썼다고 해도 좋을 것이다.

예를 들어서 재위 9년째에 있었던 마읍의 전투에서는 한나라 군 30만이 매복을 했지만 일은 결국 헛수고로 돌아가고 말았다. 그 30만 원정군에게 들어간 비용도 어마어마했을 것이다. 이 작전을 계획한 왕회가 왕 태후의 중재에도 불구하고 무제에 의해서 참형을 받은 것은 전비에 대한 책임 문제도 있었다.

대장군 위청과 표기장군 곽거병에 의한 여러 번의 원정은 전과를 올리는 경우가 많았다고는 하지만, 말할 나위도 없이 막대한 전비를 탕진했다.

무제 후기에는 남월과 조선 평정, 대완 원정 그리고 다시 흉노와의 싸움이 있었다. 그와 동시에 태산에서의 봉선을 비롯하여 무제는 종종 멀리까지 여행을 감행했다. 게다가 이 무렵 무제는 신선을 동경하게 되어 신선이 좋아하는 거대한 건조물을 여기저기에 세웠다. 앞에서 감천궁의 통천대에 대해서 이야기했지만, 그것은 극히 일부분에 지나지 않았다. 백량대(柏梁臺)에는 스무 장(丈)이나 되는 선인상(仙人像)이 세워졌으며, 비렴계관(飛廉桂館)과 익여수관(益延壽館) 등 봉선 이후에 만들어진 건물은 전부 놀랄 정도로 거대했다. 백량대가 소실되자 그것보다도 더 커다란 건장궁(建章宮)이 만들어졌다.

거기에 필요한 비용은 상상을 초월했을 것이다. 말할 나위도 없이 문제와 경제 두 대에 걸쳐서 축적한 것은 벌써부터 모두 바닥이 났으리라.

경비를 절약한다는 생각은 무제의 성격에 맞지 않았다.

흉노의 혼야왕이 항복했을 때 무제는 2만 승의 수레로 맞아들이게 했다. 네 필의 말이 끄는 수레가 1승이니 2만 승을 준비한다는 것은 엄청난 물량 투입이었을 것이다. 항복한 수만의 흉노 병사들에게 상여를 주지 않으면 안 되었고, 출정했던 한나라의 장병들에게도 상을 내려야 했다. 그해(기원전 121)에 한나라는 대략 백여거만전(百餘鉅萬錢)의 비용을 지출했다고 『한서』 「식화지(食貨志)」에 기록되어 있다. '거만'이란 안사고(顔師古)의 주석에 따르면, '만만(萬萬)' 즉 억이라는 단위라고 한다.

당시의 화폐가치가 현대의 우리에게는 잘 와 닿지 않지만, 사서의 문맥으로 살펴보자면 이는 상상을 초월하는 금액인 듯하다.

유공자나 항복해 온 자에게 포상하는 것을 아까워해서는 안 된다는 것이 무제의 생각이었다. 독재자의 신념에는 반대를 할 수가 없다. 관계 관료들은 그 비용을 짜내기에 고심하지 않을 수 없었다.

외조에서는 세입을 늘리는 재능을 가진 자가 두각을 드러내게 되었다. 죄인과 거의 동의어였던 상인의 아들인 상홍양이 외조에서 중추적인 지위를 차지할 수 있었던 것도 바로 그 때문이었다.

가장 빠른 수익 증가법은 세금을 늘리는 일이었다. 그것은 예나 지금이나 같다.

그 외에도 염철 전매(鹽鐵專賣)와 균수법(均輸法), 평준법(平準法) 등이 있었다.

염철 전매는 원수 4년(기원전 119)부터 시작되었다. 그전에도 염업이나 제철업자에게 세금을 거두어들이기는 했지만, 그것은 황실의 수입이었다. 그 세금을 근본적으로 개혁하여 국가 수입으로 만들려 한 것이다.

이때는 동곽함양(東郭咸陽, 성이 동곽, 이름이 함양)과 공근(孔僅)이 책임자가 되었으며, 상홍양이 그들을 보좌했다. 위계의 상하는 그렇게 되어 있었지만, 실제로는 상홍양이 모든 일을 관장하고 있었는지도 모른다.

제철업은 관영(官營)이 되었다. 제염은 민간 업자가 맡았는데, 소금은 전부 관에서 사들이고 개인적인 판매를 금지했다.

소금이 없으면 인간은 살아갈 수가 없다. 없어서는 안 될 생활필수품이었다. 관에서 판매하는 소금이 제아무리 비싸도 살 수밖에 없었다.

농민에게 있어서는 철도 필수품이었다. 철제 농기구가 없으면 경작을 할 수가 없었다. 국민의 대부분이 농민이었기 때문에 생활하는 데 있어서 중요도로 따지자면 소금과 철은 쌍벽을 이룬다 해도 좋을 정도였다.

균수법이란 정부가 물자를 구입할 때 품질을 점검할 수가 없으며, 또한 운송비가 많이 들기 때문에 각지에 균수관을 두어 물자의 구입, 수송에 종사하게 하는 제도이다. 이는 원래 상인과 운송업자가 해야 할 일인데, 그것을 정부가 직접 하겠다는 것이니 정부 스스로가 상업을 하겠다는 것과 같았다. 이전까지는 상인이 수입으로 삼고 있던 중간마진을 정부가 대신 취하여 국고 수입을 늘렸다.

평준법은 물가를 안정시키는 방법이다. 값이 쌀 때 대량으로 물건을 구입하여 그 상품의 가격이 더욱 떨어지는 것을 막고, 값이 너무 많이 오르면 그것을 방출하여 가격을 끌어 내리는 것이다. 물가 안정을 위해서라는 그럴듯한 구실이 있기는 했지만, 싸게 사서 비싸게 파는 것이니 틀림없는 상행위였다. 균수법과 평준법은 염철 전매보다 약간 뒤에 시행되었는데, 이때는 이미 상홍양이 경제 정책의 주역이었다.

천한(天漢) 3년(기원전 98)에는 염철뿐만 아니라 각고제(榷酤制)가 실시되어 술도 전매품이 되었다.

물론 이들 일련의 경제 정책 덕분에 국가의 재정은 풍성해졌다. 그러나 무제의 낭비에도 한도가 없었다. 값이 올라도 살 수밖에 없는 소금과 철의 가격을 올리는 것이 가장 손쉬운 방법이었을 것이다.

백성은 피폐했다. 거듭되는 외국 정벌 때문에 일을 해야 할 사람들이 차출되어 전쟁터로 갔다. 커다란 건조물 조영을 위한 인부로도 징용되었다. 농민뿐만 아니라 상인과 운송업자도 일을 잃었다.

정부는 독점 기업이 되었고 그 폐해는 여기저기서 나타났다. 당연히 사회 불안이 조성되었다. 각지에 도둑이 창궐했다.

무제도 말년에는 억지스러운 부국강병책을 강행하지 않았다. 그의 눈에도 백성들의 피폐한 모습이 비춰졌을 것이다. 죽기 2년 전에 유명한 '윤대조서(輪臺詔書)'가 내려졌다.

상홍양이 승상, 어사와 연명으로 서역 윤대의 동쪽에 개전(漑田) 5천 경(頃)이 있으니 둔전병을 두어 개간하고 망루를 늘어놓아 위세를 보이고 우호국인 오손을 돕고 싶다고 상서했지만, 무제는 그것을 하지 못하게 했다. 그 조서 속에는 지금까지의 강경한 정책을 후회하는 내용이 기술되어 있었다. 기가 셌던 무제가,

　　짐이 불명(不明)하여……

라고 말했다는 것은 보통 일이 아니다.

승상 전천추를 부민후(富民侯)에 봉했는데, 그 부민은 지명이 아닌 듯

하다. 백성을 휴식케 하고 백성을 부유하게 하라는 소망을 담은 미명(美名)이었다고 전해진다.

염철을 담보로 벌인 기득권 싸움

외조의 주요한 일은 부국강병책을 추진하는 것이었다. 내조는 무제 말년의 뜻에 따라서 가능한 한 무리를 하지 않고 백성을 쉬게 하려 했던 것 같다. 물론 말처럼 흑백이 분명한 것은 아니었지만 대체적으로 보자면 그런 경향이 있었다.

소제 시원 6년(기원전 81)에 이른바 염철회의라는 것이 열렸다. 이제까지의 경제정책을 재검토하는 자리였다. 이해에 각지의 군국(郡國)에 현량(賢良)과 문학의 사(士)를 추천토록 하여 정책 토론을 벌이게 했다.

염철의 전매 등 지금까지의 정책을 폐지해야 한다는 것이 각지의 현량과 문학의 사들의 의견이었다. 그것은 유교사상에 바탕을 둔 반대론이었다. 국가가 장사를 한다는 것은 있을 수 없는 일이며, 한나라 초기의 농본사상으로 돌아가야 한다고 생각한 것이다. 농업이 근본이고 상공업은 부수적인 것이니, 이것이 뒤바뀌어서는 안 된다는 주장으로 물론 이해가 가기는 하지만 현실과는 너무 멀리 떨어져 있었다.

이 회의 때의 모습은 환관(桓寬)이 편찬한 『염철론(鹽鐵論)』에 대화 형식으로 자세히 기록되어 있다. 이상론 대 현실론의 대결과도 같은 분위기였는데, 회의가 끝난 후에 이상론적 시책을 조금은 채용한 듯하지만, 정책의 대대적인 전환은 이뤄지지 않았다.

염철회의에 참석하여 염철의 전매책 등을 폐지해야 한다고 주장한 쪽은 지방의 현량과 문학의 사들이었는데, 그들은 지방의 호족이었다. 호족이 지방에서 세력을 얻을 수 있었던 것은 재력을 배경으로 했기 때문이다. 재력의 근원은 산업에 있는데 그들은 그것의 적지 않은 부분을 정부에게 빼앗겼다. 소금, 철, 술, 수송과 거기에 관련된 산업은 원래 지방 호족들의 수중에 있었다. 유교사상이라는 법의(法衣) 사이로 권익탈환이라는 갑옷이 언뜻언뜻 엿보인다.

염철회의를 연 것은 대장군 곽광의 사주에 의한 것일 수도 있다는 생각이 든다.

곽광이 정권의 모든 것을 손안에 넣기 위해서는 외조, 즉 행정부의 힘을 약화시킬 필요가 있었다. 행정부가 강력한 것은 그곳이 한 제국의 살림을 담당하는 곳이기 때문이었다. 그곳의 강력함은 염철 등 상홍양이 실시한 경제책에서 나왔다. 그것을 바로 폐지하면 국가의 기초 자체가 흔들릴지도 모르지만, 반대 의견을 주장함으로 해서 외조를 어느 정도 동요시킬 수는 있었다. 그를 위해서 실지 회복을 꿈꾸고 있는 지방의 호족들과 손을 잡은 것이라 추리하는 것도 결코 부자연스럽지는 않다.

곽광이라는 인물은 무제가 가장 총애하고 신임하던 곽거병의 동생으로 10세 때부터 무제를 섬겼다. 그에게 궁정 이외의 세상은 없었다. 『한서』에 그는 무학무술(無學無術)이었다고 기록되어 있다. 그는 외조, 즉 행정부의 일을 단지 기술이라며 경멸하고 있었는지도 모른다. 무술(無術)이라는 말을 들어도 그는 그것을 자랑으로 여겼을 것이다. 책상에 앉아서 죽간이나 목간에 글을 쓰는 속리(屬吏)의 일에 필요한 '학문'은 자신처럼 선택받아 내조에 있는 사람에게는 필요 없다고 믿고 있었다.

내조의 뜻을 외조는 그저 사무적으로 집행한다. 바로 그것이 곽광의 머릿속에 있던 국가의 올바른 모습이었다. 곽광은 지갑을 쥐고 있다는 이유로 거드름을 피우는 외조가 마음에 들지 않았다. 염철회의는 외조의 실력자인 상홍양에게 일격을 가하기 위한 시도였다.

곽광은 근직(謹直)한 사람처럼 보였지만, 그것은 오랫동안 황제 곁에 있던 궁정사람이었기 때문이다. 무제를 오랫동안 섬겨 왔기 때문에 권력을 어떻게 행사해야 하는지를 곽광은 잘 알고 있었다.

'이런 때 나라면 이렇게 할 것이다……'

여러 가지 순간에 그는 이렇게 생각했을 것이다. 그것은 마음으로 생각하는 것만 가지고는 할 수 없는 일이었다. 그런데 어린 황제가 즉위하자 그것이 가능한 일이 되었다.

그렇게 하기 위해서는 전권을 장악하지 않으면 안 되었다. 우선은 자신이 몸을 담고 있는 내조에서 권력을 나누어 가지고 있는 자를 타도해야 했다. 타도해야 할 상대는 말할 나위도 없이 비할 자가 없을 정도의 괴력을 가진 것으로 유명한 상관걸이었다. 게다가 이 상관걸은 예전부터 곽광과는 인척(姻戚)이었다.

곽광의 딸이 상관걸의 아들인 상관안(上官安)에게 시집을 갔다. 이 부부 사이에서는 여자아이가 태어났다. 곽광과 상관걸 두 사람의 손녀였다.

상관안은 자신의 딸을 후궁으로 삼고 싶어 했다. 이에 장인인 곽광과 상의를 했다. 곽광은 궁정에서 발언력이 가장 강한 인물이었다. 곽광과 자신의 아버지인 상관걸이 모두 동의한다면 딸의 황후 책립을 실현할 수 있었다. 그런데 곽광은 머리를 옆으로 흔들었다. '아직 그럴 나이가 아니다.' 그것도 맞는 말이었다. 상관안의 딸은 당시 일곱 살 정도였다.

이때 상관안은 장인 이상으로 궁정에서 강한 발언력을 가진 사람이 있다는 사실을 깨달았다. 즉위했을 때부터 어린 황제의 보육을 담당한 개장공주였다. 이 황제의 누나는 개후(蓋侯)인 왕충(王充)의 아내인데 자기 생각대로 살고 있었다. 한나라의 공주 중에는 관도공주도 그렇고 평양공주도 그렇고 분방한 여성들이 많았다. 개장공주의 남편인 왕충은 무제의 어머니인 왕 태후의 오빠 왕신의 아들이었다. 왕신은 술을 좋아하고 야심이 없는 인물이었는데, 아들인 왕충도 아버지를 닮아서 사람이 좋았기 때문에 아내가 바람을 피운다는 사실도 몰랐다.

개장공주의 정부는 정외인(丁外人)이라는 하간(河間) 출신 사내인데 상관안과 친하게 지내는 사이였다. 상관안은 이 정외인이라는 사람의 연줄을 통해서 개장공주에게 말을 하게 하여 시원 4년(기원전 83) 봄에 드디어 여덟 살짜리 딸을 소제의 황후로 삼는 데 성공했다. 당시 소제는 12세였다.

상관 가(家)가 제 세상을 만난 것처럼 보였지만, 그것은 너무나도 무른 생각이었다고 말하지 않을 수 없다. 이 일이 상관가를 파멸로 모는 계기기 되었다.

상관안의 딸을 황후로 삼음으로 해서 개장공주와 상관 가는 이미 가까운 사이가 되었다. 개장공주는 연왕 단(旦)과 한 어머니에게서 태어난 누나였다. 연왕 단은 황제의 자리를 빼앗으려다 한 번 실패를 했지만, 아직도 제위에 오르겠다는 꿈을 버리지 않고 있었다. 개장공주도 그 일에 대한 원조를 아끼지 않았다.

개장공주의 정부인 정외인을 열후로 만들기 위해 상관걸 부자가 운동을 벌였지만 곽광이 그것을 묵살해 버렸다. 공 없는 자는 후에 봉할 수 없다는 것이 고조의 유훈이었다. 공주의 정부라 불리는 것은 '공'에 해당하지 않는다고 곽광은 판단했다. 이런 일들 때문에 곽광과 상관걸 부자는 점점 격렬하게 대립했다.

승자의 입장에서 기록한 역사에는 상관걸 부자가 연왕과 손을 잡고 곽광을 제거한 뒤 소제를 폐하고 연왕 단을 위에 앉히려는 계획을 세웠지만, 그것이 들통 나서 일망타진했다고 되어 있다. 그러나 곽광이 정적을 쓰러뜨리고 연왕의 야망을 꺾기 위해서 기선을 제압했을 가능성도 있다. 상관 일가는 황후이자 곽광의 외손녀이기도 한 어린 여자 한 사람만을 남겨 놓고 전부 주살당하고 말았다.

연왕 단은 천자의 새서(璽書)를 받고 원통하게 자살을 했으며, 후에 부인 등 연왕을 따라서 죽은 자도 20여 명이나 되었다.

이 사건 때문에 어사대부인 상홍양도 주살당했다. 상홍양은 외조의 대표자로서 내조의 대표자인 곽광과 대립하고 있었다. 염철회의는 상홍양에 대한 곽광의 첫 번째 공격이었으며, 두 번째 공격은 상서(尙書, 천자에 대한 상주권(上奏權)을 가진 자)의 직권으로 심복 양창(楊敞)을 대사농(大司農)으로 임명한 일이었다. 대사농은 지금의 재무부 장관에 해당하는 요직으로 상홍양이 부수상인 어사대부가 된 후에도 그것을 겸임하고 있었다. 그런데 곽광이 그 자리에 전임을 둔 것이었다. 정책적으로도 상홍양과 곽광은 의견이 맞지 않았다. 그랬기 때문에 상홍양이 반 곽광 진영인 상관 부자에게 접근했는지도 모른다. 아니면 곽광이 그 일을 계기로 구실을 만들어서 나이 든 정적을 말살했을 가능성도 있다.

이 사건의 결과로 인해서 외조는 곽광이 기대한 대로 명목뿐인 사무실로 전락했다.

창읍왕을 폐위시킨 곽광

상관 가를 숙청하고 외조를 약화시킨 곽광은 드디어 한나라의 국정 전권을 손에 넣었다.

원봉(元鳳) 원년(기원전 80)의 일이었다. 지절(地節) 2년(기원전 68)에 세상을 떠날 때까지 곽광은 한나라의 독재자로서 그 권력을 휘둘렀다.

그동안에 소제가 스물한 살이라는 젊은 나이에 죽는 뜻밖의 일이 일어났다. 소제에게는 아직 아들이 없었기 때문에 후계자를 세운다면 가장 가까운 관계에 있는 형제가 될 것이었다. 그 형제, 즉 무제의 아들은 오직 한 사람 광릉왕인 유서(劉胥)밖에 없었다. 그러나 이 광릉왕은 무제가 살아 있을 때 가장 미움을 받았던 아들이었다. 맹수를 맨손으로 때려 죽일 정도의 힘을 가지고 있었지만, 성격이 거칠었기 때문에 어떤 폭군이 될지 알 수 없는 일이었다. 거기다 광릉왕과 같은 어머니에게서 태어난 형인 연왕 단과 누나인 개장공주가 모반을 일으킨 죄로 처형을 당했다.

광릉왕의 입장에서 보자면 자신의 친형과 친누나를 죽인 자는 곽광이라고 생각했을 것이다. 그와 같은 인물의 즉위를 곽광이 허락할 리가 없었다. 당시 곽광은 자신의 의지로 황제를 선택할 수 있을 정도의 입장에 있었다.

이광리의 여동생인 이 부인이 낳은 유박은 아버지 무제가 죽기 직전에 세상을 떠났지만, 그의 아들인 유하(劉賀)가 창읍왕의 자리에 올라 있었다. 이 창읍왕을 장안으로 불러들여서 제위에 앉혔다.

그런데 기묘하게도 창읍왕은 바로 제위를 박탈당하고 말았다.

우선은 『한서』에 기록되어 있는 내용을 그대로 소개하기로 하겠다.

장안으로 온 창읍왕은 마치 폭군처럼 행동을 했다. 길을 가다 닥치는 대로 여자를 빼앗고, 소제의 관이 앞 궁전에 있는데도 북을 치기도 하고 노래를 부르기도 했으며, 근신과 술을 마시고 호랑이를 싸우게 하고 소제의 궁인과 음란한 행동을 했다.

곽광은 승상인 양창, 거기장군인 장안세(張安世) 등과 의논하여 대사농인 전연년(田延年)의 계책에 따라서 창읍왕을 폐했다. 고조의 묘에 친배(親拜)가 끝나지 않으면 즉위 대전은 끝나지 않는데, 창읍왕은 그때까지 아직 식을 치르지 않았다. 그동안은 소제의 황태자라는 신분이었다. 따라서 소제의 미망인인 상관 씨(곽광의 외손녀)가 황태후 자격으로 자기 아들을 폐위시킬 수 있다는 논리였다.

17세인 황태후는 창읍왕을 불러다 무도함을 이유로 폐위하겠다고 말했다. 창읍왕 혼자서 미앙궁에 들어갔으며 창읍왕의 신하 200명은 문 밖에서 들어가는 것을 제지당했다. 거기장군이 병사를 이끌고 가서 그들을 체포하여 투옥시켰다. 게다가 그들이 자신들의 나라에 있을 때 왕의 죄과를 조정에 보고하지 않아 한의 조정에서 그 사실을 몰랐기 때문에 이와 같은 일이 일어났다는 문책을 받았으며, 나아가 왕을 올바로 보도(補導)하지 못해 커다란 악에 빠지게 했다는 죄로 모두가 목숨을 잃고 말았다.

단지 중위(中尉)인 왕길(王吉)과 낭중령(郎中令) 공수(龔遂) 두 사람만은 때때로 창읍왕을 간(諫)했다는 이유로 처형을 면했다. 또한 창읍왕의 스승인 왕식(王式)도 시 305편을 조석으로 왕에게 가르쳤는데, 그것은 간언을 한 것과 같다는 이유로 죽음을 모면했다.

200명이 넘는 창읍왕의 신하들이 처형당할 때,

마땅히 끊어야 할 것을 끊지 못했다. 오히려 이런 난을 받는구나!

라고 외친 자가 있었다는 사실이 『한서』의 「곽광전」에 실려 있다.

마땅히 끊어야 한다는 것은 곽광을 죽여야 한다는 말이며, 그렇게 하지 않았기 때문에 반대로 죽게 되었다는 의미이다.

아무래도 이 사건은 창읍왕의 곽광에 대한 쿠데타 계획이 있었는데, 곽광이 그것을 알고 선수를 친 것 같다는 생각이 든다.

어째서 200명을 전부 죽여야만 했을까? 그것은 틀림없이 쿠데타를 위해 자기 나라에서 뽑아 온 요원들이었기 때문일 것이다.

곽광이 있는 한은 제위에 올라도 창읍왕 유하는 실권을 쥘 수가 없었다. 황제로서 실권을 쥐어 명실상부한 한나라의 주인이 되기 위해서는 곽광을 죽일 수밖에 없었을 것이다.

이 사건에서 승리를 거둔 곽광 측이 기술한 사서는 창읍왕의 악행을 집요할 정도로 줄줄이 늘어놓았다. 그것이 정말로 사실이었는지, 너무나도 폭군다운 폭군의 모습이었다는 점이 무엇보다도 마음에 걸린다.

나라에 있을 때 신하들이 왕의 무도함을 숨겼기 때문에 한나라의 조정에서는 그 사실을 알지 못했다는 것도 참으로 속이 뻔히 들여다보이는 말이다. 한나라는 제도적으로 제후왕에 대한 감시가 엄격했으며 조정에서 상(相)이 파견되어 있었다. 틀림없이 왕의 소행에 대한 자세한 보고가 있었을 것이다.

어째서 쿠데타에 실패했을까? 틀림없이 밀고한 사람이 있었기 때문이라고 추측된다. 200여 명이나 되는 창읍왕의 신하들이 목숨을 잃었음에도 목숨을 건진 사람이 셋 있었다. 때때로 간언을 한 양신(良臣)이기 때문이라고 했지만, 그 사실을 누가 증명할 수 있었겠는가? 의심하면 의심할수록 이 사건은 의문만이 더욱 깊어질 뿐이다.

외척의 시대

무제의 증손자 유병이

유하는 소행이 불량하다는 이유로 제위뿐만 아니라 창읍왕의 지위까지 박탈당했다.

그렇다면 한나라 황제의 자리는 누가 이으면 좋단 말인가?

의외의 인물이 후보로 등장했다. 호현의 천구리에서 억울한 죽음을 맞아야 했던 황태자 유거에게는 손자가 한 명 있었는데, 옥중에서 여자 죄수의 젖을 먹으며 자랐고 성장해서는 민간에서 살아가게 됐다는 이야기는 앞에서 했다. 종정(宗正, 황족의 족보를 맡아본 관청)에도 황족으로서의 적(籍)이 있었고, 민간에서도 평판이 꽤 좋았던 모양이다. 유협을 즐겼다고 하니 세정에도 밝았을 것이다. 황태자 유거가 죽은 해에 태어났으니 나이도 이미 열여덟 살이 되었다. 액정(掖庭)의 속리(屬吏)인 허광한(許廣漢)의 딸을 아내로 맞아서 이미 자식을 하나 두고 있었다.

우장군인 장안세의 동생 액정령(掖庭令) 장하(張賀)가 이 황태자의 손자인 유병이(劉病已)의 교육을 맡았다고 한다. 액정령은 봉록 600석의 관리인데 후궁의 하녀들을 관리하고 감독하는 역할을 맡고 있었다. 유병이를 기른 것은 여자 죄수나 신분이 낮은 궁정의 여성이었으므로, 그는 유년 시절 그와 같은 여성들 속에서 둘러싸여 자랐으며, 그곳의 책임자 관리로부터 학문을 배웠다.

미묘한 신분으로 황실에서도 완전히 방치할 수만은 없었기 때문에 일단 교육을 시켰던 것이리라. 장인인 허광한은 액정령 장하의 부하였다. 이처럼 유병이 주변에는 특별히 유력한 사람이 없었다.

곽광의 입장에서 보자면 이처럼 배경 관계가 깔끔한 인물이 황제로서는 가장 이상적이라 여겨졌다.

약한 자를 동정하는 마음에서였는지 죽은 유거는 가짜가 등장할 정도로 민간에서 인기가 좋았다. 인기라기보다는 동정이라고 해야 할지도 모른다. 그런 사람의 손자였으니 할아버지에 대한 국민들의 동정도 등에 업고 있었을 것이다. 각지의 제후왕 중에서 맹수를 맨손으로 때려잡는 폭군 광릉왕을 제외한다면, 황통과 가장 가까운 사람은 무제 형제의 자손들이었다. 무제의 피를 이어받았으면서도 문제가 없는 인물은 오로지 유병이 한 사람뿐이었다고 해도 좋았다.

유병이는 민간에서 살던 관직이 없는 사람이었다. 그런 사람이 갑자기 황제가 된다는 것은 지나친 비약이었기 때문에 일단은 양무후(陽武侯)로 봉한 뒤에 즉위했다.

이 사람이 바로 명군으로 이름이 높은 선제(宣帝)다. 18세에 즉위하여 43세로 죽을 때까지 25년 동안 제위에 있었다. 그 25년 동안은 틀림없이 무제의 여운의 시대이기는 했지만, 한나라에게 있어서는 좋은 시절이었다. 그것은 한나라의 숙적이었던 흉노가 분열하여 결국에는 흉노의 선우가 한나라의 조정에 들어오는, 이전까지는 생각할 수도 없었던 일이 일어났기 때문이다. 선제는 몇 번인가 군대를 움직이기는 했지만 무제 시절만큼은 아니었다.

문제와 경제의 시대가 무제의 비약에 대비한 휴식과 축적의 시대였다면, 소제와 선제의 시대는 무제 55년간의 '대웅략(大雄略)' 뒤의 휴식과 정리의 시대였다고 할 수 있다.

무대 위에는 두 명의 명배우가 올라 있었다.

한 사람은 말할 것도 없이 대장군 곽광이었다. 그는 새로 즉위한 선제에게,

계수귀정(稽首歸政)

했다. 길게 머리를 땅에 대고 공손하게 정권을 황제에게 돌려주겠다고 간청했다. 자신에게는 야심도 이심(異心)도 없다는 사실을 그것으로 보여주려 했다.

선제는 이것을 받아들이지 않았다.

모든 일은 죄다 먼저 광(光, 곽광)에게 아뢴[관백(關白)] 후에 주어

(奏御)한다.

고 결정했다. 무슨 일이든 황제에게 알리기 전에 곽광에게 전달해야만 했다. 황제의 전정(專政)을 포기한 것처럼 보이지만, 모든 책임을 곽광에게 떠넘겼다고 볼 수도 있다. 일본의 역사에 종종 등장하는 관직명인 '관백'은 여기서 인용한 『한서』의 「곽광전」의 글에서 유래한 것이다.

정권을 돌려받는다 해도 장안의 상관리(尚冠里)에서 이제 막 올라온 선제에게는 자신의 신하가 없었다. 어쩔 수 없이 곽광의 무리들에게 의지

할 수밖에 없었다.

선제도 명배우였다. 민간에 있을 때 아내로 삼았던 허(許) 씨를 황후로 세웠다. 곽광에게 딸이 있었는데, 그녀를 황후로 세우려는 움직임을 눈치 채고 그들보다 앞서 선수를 쳤을 것이다.

본시(本始) 3년(기원전 71), 허 황후는 임신 중이었는데, 여의(女醫)인 순우연(淳于衍)이 바친 환약을 먹고 목숨을 잃었다. 곽광의 아내인 현(顯)이 여의에게 황후를 독살시켰다고 알려져 있다.

드디어 곽광의 막내딸인 성군(成君)이 황후로 세워졌다. 곽광의 손녀딸이 황태후이고, 딸이 황후라는 복잡한 관계가 형성되었다. 곽 황후 책립은 허 황후가 세상을 떠난 지 1년 뒤의 일이었다.

지절 2년(기원전 68)에 곽광이 병으로 세상을 떠났다. 선제가 친히 병상을 문안했고, 이에 대장군은 감격하여 상서하길, 자신의 국읍(國邑) 중 3천 석을 나누어 형(곽거병)의 손자인 곽산(霍山)을 열후로 삼아 형의 제사를 계속하게 하고 싶다고 간청했다. 곽산은 곧 낙평후(樂平侯)에 봉해졌다.

곽광의 장례식은 황제와 황후도 친히 참석하여 성대하게 치러졌다. 곽광의 아들인 곽우(霍禹)는 우장군이 되었다. 낙평후에 봉해진 곽산은 상서(尚書)에 임명되었다. 앞에서도 이야기했듯이 상서는 상소를 올리는 역할로 그것을 올릴지 말지가 상서의 뜻에 따라서 결정되었기 때문에 그 권한은 매우 컸다. 곽광이 전권을 쥘 수 있었던 배경은 대장군인 동시에 상서의 자리에 있었기 때문이었다.

곽광의 아들이 우장군이 되어 아버지의 봉읍을 계승하고, 곽광이 죽음의 침상에서 황제에게 탄원한 곽거병의 손자 곽산이 열후가 되고 상서에 임명되었으니, 이는 마치 공평한 조치처럼 보였다. 그러나 곽광이 혼자 독차지하고 있던 실권이 분산되는 일이기도 했다.

즉위 후 벌써 6년이 지난 상태였다. 선제는 이미 친정을 위한 준비를 갖추어 놓았다. 곽 일족의 보좌 없이도 제국을 운영할 자신이 있었다.

이듬해인 지절 3년에 선제는 세상을 떠난 허 황후가 낳은 석(奭)을 황태자로 세웠다.

곽광의 미망인인 현은 화를 참지 못해 피를 토했으며, 딸인 황후에게 황태자 독살을 권했다고 한다. 그러나 황태자의 식사에는 미리 맛을 보는 사람이 붙어 있었기 때문에 실행에 옮기지 못했다. 선제는 허 황후의 죽음이 아마도 독살이 아닐까 짐작하고 있었다. 곽 씨 일족에 대해서는 경계를 게을리 하지 않았다. 특히 석을 황태자로 세웠다는 것은 곽 씨에 대한 도전이나 같았다.

이어서 두 번째 도전이 시도되었다. 신하 중에서 상소할 것이 있는 자는 상서를 거치지 않고도 직접 입궐해서 말할 수 있도록 했다. 이로 인해서 절대적인 권한을 가지고 있던 상서가 무력화되었다. 이는 곽 씨에게 불리한 상소를 묵살할 기회가 없어졌음을 의미했다.

세 번째 도전으로 거기장군과 우장군의 둔병을 폐지했다.

오래도록 백성을 피로하게 하는 것은 천하를 쉽게 하는 방법이 되지 못한다.

라며 백성들의 휴식을 이유로 들었다. 우장군은 곽우, 거기장군은 장안세였다. 이 두 사람은 지휘권을 행사할 수 있는 군대를 잃었지만, 장안세는 바로 위장군에 임명되었다. 곽우에게는 아버지와 마찬가지로 대사마라는 관직이 부여되었지만, 인수도 없었고 지휘할 군대도 가지고 있지 않았다. 이름만 주고 알맹이는 빼앗는 얄미울 정도로 능숙한 조치였다.

다음으로 군대를 지휘하고 있는 곽 씨의 친척들을 전근시켜 군대에서 떠나게 했다. 촉군(蜀郡)이나 무이군(武夷郡) 등과 같은 변경지방의 군수로 쫓겨 가는 자도 적지 않았다. 그리고 그들이 지휘하고 있던 군대는 허 황후의 일족, 또는 사 씨(史氏, 선제의 할머니의 친정) 가의 젊은이가 사령관이 되어 인솔하게 되었다.

궁지에 몰리게 된 곽 일족은 쿠데타로 정세를 뒤집으려 했다. 이는 사서에 기술되어 있는 대로의 내용이다. 그러나 모반을 계획했다는 구실로 선제가 곽 일족을 단번에 숙청한 것이 진실일지도 모른다.

황태후의 이름으로 승상과 허 황후의 아버지를 연회에 불러들여 그 자리에서 벤 뒤, 선제를 폐하고 곽우를 황제로 세울 계획을 가지고 있었다고 한다. 그것이 발각되어 선제가 곽 씨 일족을 주살했다는 것이다. 군대의 지휘권을 잃은 그들이 쿠데타를 계획하는 등의 일은 매우 어려운 일이라고 생각된다.

곽 씨 일족은 주살당했으며, 곽광의 미망인인 현 부인마저도 살해되어 시장에 버려졌다. 허 황후의 죽음에 대한 진상을 알고 있던 선제의 보복이었다.

『자치통감』을 쓴 사마광은 곽 씨 일족의 죄는 틀림없이 죽음에 해당하지만, 곽광의 충훈(忠勳)은 한나라에서도 기려야 할 만한 것인데, 그 제사를 끊어 버렸으니 선제는 은정(恩情)이 부족한 사람이라고 평했다.

통치는 패도와 왕도의 절충이다

선제는 곽 씨 일족을 주멸해 버렸지만, 사실 그는 곽광으로부터 가장 커다란 은혜를 받은 사람이었다. 민간에 있던 그가 뒷골목에서 궁전으로 들어갈 수 있었던 것은 후계 황제의 선발에 가장 강력한 발언력을 가지고 있던 곽광 덕분이었다.

곽광은 그 이전에 외조를 단순한 사무기관으로 만들어 버렸다. 국정은 내조에 의해서 이뤄졌고, 외조는 조금도 관여할 수 없게 되었다. 내조의 생각대로 정치를 할 수 있었다. 그것은 곽광의 독재권이 확립되었다는 것이나 같았다. 그런 성과를 물려받은 것이 선제였다.

그러나 외조를 무력화한 것은 한나라에게는 커다란 화근이 되었다. 외조는 행정부이기 때문에 관료조직 비슷한 것이 존재한다. 일은 조직으로서 처리할 수가 있었지만, 그들은 대부분 아무런 권한도 가지고 있지 않았기 때문에 무기력한 것이 되고 말았다.

내조의 정점은 황제다. 황제의 신임을 얻고 있는 이른바 총신이 측근으로서 정치를 했다. 그것은 대부분 외척이었다. 황후의 가족, 황태후의 가족 그리고 환관이 내조를 구성했다.

내조는 조직이 아니라 인간으로서 움직인다. 외조는 조직에 의해서 계승될 수 있지만 내조는 황위 교체에 의해서 때때로 단절된다.

멀리로는 여(呂) 씨 일족, 가까이는 곽 씨 일족처럼 권세를 잃으면 비참한 결과를 맞게 될지도 모른다. 따라서 권세의 좌에 있는 동안에 무리를 해서라도 일족, 일당의 안녕을 꾀하려 한다. 후계자 문제도 당연히 복잡해지기 마련이었다.

외척 가운데서 강력한 인물이 나타나면 그가 황제마저도 능가하게 된다. 한나라는 그 때문에 무너지게 됐다. 한나라를 빼앗은 것은 외척인 왕망(王莽)이었다.

왕망의 찬탈을 이야기하기에 앞서 선제의 치적을 이야기하기로 하겠다. 민간에서 자란 그는 백성들의 고통을 알고 있었다. 백성을 구제하는 이른바 휼민(恤民)은 아마도 이상이었겠지만, 그는 현실을 아는 사람이었다.

선제의 황태자이자 후에 원제(元帝)가 되는 유석은 유교에 지나치게 경도된 사람이었다. 그리고 황제인 아버지에게 거듭 유가에 의한 국가 운영을 주장했지만 그에 대해서 선제는,

패도(霸道)와 왕도(王道)를 섞지 않으면 안 된다.

고 대답했다.

선제의 정치는 그랬다. 소제에 이은 선제 시절은 앞에서도 이야기했듯이 무제 55년간을 끼고 문제와 경제의 시대와 마찬가지로 휴식의 시대였다. 무제 말기에 유민이 되었던 사람들도 다시 농민이 되었다. '무위로 화한다'는 무리를 하지 않는 정치가 생산력을 회복시켰고 그것을 높였다.

그러나 이상적인 세상이 왕도만으로 실현될 수 있다고 생각할 정도로 선제는 무른 사람이 아니었다. 민간에 있어 봤기 때문에 구제할 길이 없는 악당이나 도둑이나 변질자도 있다는 사실을 알고 있었다. 유협을 좋아하여 각지를 돌아다녔기 때문에 그는 많은 것들을 보고 들었다. 일반 서민들이 가장 바라는 것이 치안의 유지라는 사실을 자신의 체험을 통해서 알고 있었다.

선제 시절의 형벌에는 엄격한 면이 있었다. 유교에 심취한 황태자가 아버지에 대해서 불만을 품은 것은 법가 계열의 관리들을 다수 등용해서

형벌이 지나치게 엄격해졌기 때문이었다. 황태자는 유가를 임용(任用)할 것을 권했다.

> 속유(俗儒)는 시의(時宜)에 통달하지 못했다.

선제는 이렇게 대답했다. 속유는 교조주의로 순간순간의 사태에 임기응변으로 대응할 수 없기 때문에 안 된다는 것이다. 그리고 유교에 지나치게 빠져 있는 자식에 대해서 한탄을 하며,

> 우리 집안을 어지럽히는 자는 태자가 아닐까.

라고 말했다고 전해진다.

백성의 휴식을 위해서 군사행동은 가능한 한 피해야 했지만 반드시 필요할 때면 선제는 단호하게 출병했다.

지절 3년(기원전 67), 차사국(車師國)이 등을 돌렸을 때가 그랬다. 차사국은 지금의 신강 위구르 자치구인 우루무치와 투루판에 걸쳐 있던 나라였다. 교하성(交河城)이 차사국의 국도였다. 한나라에 복종하고 있었지만 흉노와 통혼(通婚)하고 흉노에게 한나라와 오손이 왕래하는 길을 차단하라고 권했다.

황족 여성을 보내서 우호관계를 유지하고 있는 오손을 모르는 척할 수는 없었다. 시랑(侍郎)인 정길(鄭吉)과 교위(校尉)인 사마희(司馬憙)가 오아시스 각국의 병력 1만여 명을 이끌고 차사국을 공격하여 항복을 받아냈다.

신작(神爵) 원년(기원전 61), 일흔 살이 넘은 노장 조충국(趙忠國)이 강(羌, 티베트) 계열의 선령(先零)을 공격했다. 강의 세력이 흉노와 손을 잡아 버리면 한나라의 중앙부에서 서역으로 가는 길이 막혀 버리고 만다. 이것도 방치할 수 없는 일이었으니 어쩔 수 없는 전쟁이었다. 참수 7천600명, 투항한 자가 3만여 명이라는 전과를 올리고 노장은 개선했다.

그 이듬해에 흉노의 허려권거선우(虛閭權渠單于)가 세상을 떠났다. 후계자 자리를 놓고 분쟁이 일어 한때는 다섯 명의 수장이 각각 선우를 칭할 정도였기 때문에 이때 흉노의 활력이 눈에 띄게 쇠약해졌다.

감로(甘露) 3년(기원전 51), 흉노의 호한야선우(呼韓邪單于)가 입조했다. 흉노의 선우가 장안으로 와서 한나라의 황제에게 신하를 칭했으니 이는 획기적인 사건이었다. 호한야선우는 한나라와의 관계를 잘 유지하지 않으면 흉노 내부를 다스릴 수 없는 상태였다.

왕조 창건 이래 끊임없이 한나라 위에 걸려 있던 흉노의 압력이 드디어 제거되었다. 그 결과 서역이 완전히 한나라의 세력권 안으로 들어왔다. 서역도호(西域都護)가 설치되어 실크로드의 교역로를 안전하게 왕래할 수 있었기에 교역이 활발해졌음은 말할 나위도 없다.

황룡(黃龍) 원년(기원전 49), 선제는 미앙궁에서 숨을 거뒀다. 27세의 태자 석이 제위에 올라 원제가 되었다. 선제의 황후인 왕 씨를 황태후로 높였다. 원제의 어머니인 허 황후는 앞에서 이야기했듯이 곽 씨에 의해서 독살당했다. 선제는 그 후에 곽광의 딸을 황후로 삼았는데, 곽 씨를 주멸할 때 곽 황후도 폐했다. 그 뒤에 선제는 미래의 일을 생각해서 후궁 안에서 자식을 낳지 않았으며, 성격이 얌전한 여성을 골라서 황후로 삼았다. 그것이 왕 씨였다.

왕 씨가 황태후가 되었지만, 그 위에는 아직 태황태후가 있었다. 곽광과 상관걸 두 사람의 손녀딸인 상관 씨였다. 소제의 황후였으나 자식을 낳지 못했다. 그녀의 아버지와 어머니 쪽의 집안인 상관 가와 곽 가는 모두 멸망하고 말았다. 상관 가가 주살당했을 때, 소제의 상관 황후는 겨우 11세에 지나지 않았다. 그녀는 상관 가를 멸망시킨 곽 가의 피도 물려받았기 때문인지 황후의 지위를 유지할 수 있었다.

선제가 민간에서 궁전으로 들어왔을 때, 그는 상관 황후의 황태자라는 신분을 얻은 다음 즉위했다. 한나라의 황통(皇統)이라는 면에서 보자면 그녀는 선제의 어머니가 되는 셈이었다. 이 어머니는 황태자인 선제보다 한 살 정도 어렸다. 선제가 곽가를 주멸했을 때도 황태후인 상관 씨는 안전했다. 곽 가의 피를 받았다고는 하지만, 그녀는 선제 즉위의 근거가 된 황태후였기 때문이다.

상관 씨는 피비린내 나는 자기 집안의 분쟁을 몇 번이고 보며 살아왔다. 원제의 태황태후, 즉 황통으로 따지자면 증조할머니가 되는 상관 씨는 당시 아직 42세였다. 어떤 마음으로 원제의 즉위 대전에 참석했을까?

멸망을 재촉한 말기의 황제들

유교를 좋아했던 원제는 병약했다. 그러나 몸집만은 컸던 모양이다.

유교는 무제 시절부터 국교화되어 있었지만, 그것이 실제로 뿌리를 내린 것은 원제가 황위에 있던 16년 동안이라고 해야 옳을 것이다.

아버지 선제가 한탄했던 것처럼 원제는 지나치게 이상주의를 추구했다. 말할 나위도 없이 유가 출신의 인물들이 다수 등용되었다. 유(儒)의 이념에 의한 정치가 시행되었다.

궁정의 비용이 삭감되었는데 이는 경비 절약을 위해서가 아니라, 고대 성왕의 궁정은 이렇게 사치스럽지 않았을 터이니 거기에 가깝게 가야 한다는 발상이었다.

염철 전매제 등도 유교의 정신에 어긋나는 것이었기에 폐지해 버렸다.

군국에 두었던 황제의 종묘도 폐지되었다. 이는 조상을 제사할 수 있는 것은 적출의 자손밖에 없다는 유교의 원리에 어긋난다고 여겼기 때문이다.

유의 농본주의에 바탕 하여 상인을 이롭게 하는 화폐경제를 그만두고 물물교환 경제로 되돌아가야 한다는 논의도 있었다. 그러나 그렇게 하면 국민 경제가 파탄에 이를 것이 뻔했기 때문에 이것만은 실행에 옮기지 못했다. 앞에서 이야기한 염철 전매제 폐지도 몇 년 뒤에 다시 부활했다. 그것을 폐지한 결과 국가 재정이 흔들린다는 사실을 알게 되었기 때문이다.

옛 예법에는 천자 칠묘(七廟)라고 되어 있는데도, 당시에는 구묘(九廟)가 있었다. 옛 예법에 맞추기 위해서 어느 묘를 폐지해야 좋은가 하는 문제가 원제 시절 가장 중요한 문제가 되어 밤낮으로 논의가 벌어졌을 정도였다.

원제는 이상을 목표로 삼았지만, 현실 세계는 해마다 흉작이 들어 기근이 계속됐다. 원제의 조서 속에는 백성들이 기근에 고통받고 있다는 내용이 자주 등장한다. 원제는 그것을 유감스럽게 생각했지만, 대의(大義)를 이야기했을 뿐 적절한 조치는 취하지 않았다.

상(上, 원제)은 문의(文義, 유교의 교조)에 견제를 받아 우유부단해,

선제의 업이 쇠했다. 그러나 관홍(寬弘)하여, 하(백성의 뜻)를 위해 힘
썼으며, 공검(恭儉)하고, 호령(號令)은 온아(溫雅)하여, 옛 풍채와 용기
가 있었다.

『한서』는 위와 같이 원제를 평했다.

원제는 경녕(竟寧) 원년(기원전 33) 5월에 세상을 떠났다. 이해 정월에
흉노 호한야선우의 두 번째 입조가 있었다. 원호를 '경녕'이라고 한 것은
아마도 변경이 안녕하다는 뜻에서 따왔을 것이다. 이 개원의 칙서 속에,

  선우에게 대조액정(待詔掖庭, 궁녀)인 왕장(王檣)을 주어 아내로 삼
  게 했다.

는 내용이 있다. 왕장은 자가 소군(昭君)이다. 흉노 왕의 아내가 된 왕소군
에 대한 이야기는 후에 여러 가지로 윤색되었다. 화공에게 뇌물을 주지
않아 추하게 그려졌기 때문에 흉노 왕에게 하사되었다는 것은 물론 속설
에 지나지 않는다. 개원까지 하면서 기뻐했으니 호한야선우는 최고의 빈
객이었다. 추녀를 주는 실례를 범했으리라고는 생각되지 않는다.

그 뒤부터 한나라에서 흉노로 파견되는 사절에 왕소군 일족의 사람을
반드시 포함시켜 그녀를 위문케 했다고 한다. 그녀는 가장 중요한 우호국
으로 파견된 대사였다. 아름다웠을 뿐만 아니라 틀림없이 명석한 두뇌를
가지고 있었을 것이다.

원제의 황후도 왕 씨였다. 사서에는 원후(元后)라고 기록되어 있다. 이
원후의 친정인 왕 가가 외척으로서 커다란 권세를 갖게 되었다. 한 왕조

를 찬탈한 왕망도 이 원후의 집안에서 나온 사람이었다.

원후의 이름은 정군(政君)이었다. 원제가 죽자 원후가 낳은 아들인 유오(劉驁)가 즉위했는데, 이가 바로 성제(成帝)다. 23세에 즉위하여 재위는 26년에 이르렀다. 성제는 명군의 자질을 가지고 있었다고 하나, 도중에 여색에 빠져서 조(趙) 씨 자매를 총애했기 때문에 평판은 그다지 좋지 못하다.

> 세상은 승평(承平)을 만나 상하 화목했다. 그러나 주색에 빠져 조씨는 안을 어지럽히고, 외가(외척)는 조정을 제멋대로 했다.

『한서』는 성제에 대해서 이와 같이 비판했다.

원후의 조카인 왕망이 성제 말년에 대사마(大司馬)가 되었다. 숙부인 왕근(王根)이 사직하고 나자 뒤를 이어서 그 대임을 맡게 된 것이다. 왕망은 아버지가 일찍 죽어 열후가 되지 못했기 때문에 젊은 시절을 불우하게 보냈다. 사촌들은 모두 자신의 아버지들이 열후였기 때문에 세력이 대단했지만 그만이 집안도 유복하지 못했다. 고모인 원후가 그를 가엾이 여겨 특히 잘 돌봐 주었다.

성제 이후에 애제(哀帝), 평제(平帝)로 이어졌지만, 모두 나약했기 때문에 단명하고 말았다. 애제는 20세에 즉위하여 26세에 세상을 떠났다. 이 사람에게는 풍격도 용기도 없었다. 하필이면 동성애 상대인 동현(董賢)이라는 청년을 대사마라는 국가 최고 직에 임명했다. 당시 동현은 겨우 22세였다.

한나라는 퇴폐해 있었다.

평제는 9세에 즉위하여 14세에 세상을 떠났다.

당연히 외척의 힘이 더욱 강해졌다. 외척 왕 가의 권세를 한 몸에 모은 것은 일족 중에서도 가장 불행한 출발을 했던 왕망이었다.

그러나 애제 시절에는 애제의 생모인 정(丁) 씨의 할머니 부(傅) 태후가 건재해 있었기 때문에 외척으로서의 왕 가의 권세는 일시적으로 약화되었다. 주색에 빠졌던 성제에게는 후사가 없었기 때문에 원제의 측실인 부 씨가 낳은 정도왕(定陶王) 유강(劉康)의 아들 유흔(劉欣)이 즉위하여 애제가 된 것이다. 그러나 애제가 일찍 죽었기 때문에 왕 가의 불우한 시절은 겨우 6년 정도밖에 되지 않았다.

애제가 죽자 원후는 왕망을 불러들여 대책을 숙의한 끝에 당시 아홉 살이었던 중산왕(中山王)을 맞아들여 즉위를 시켰다. 이 어린 황제를 대신해서 원후가 조정에 나갔다. 그리고 왕망이 섭정을 했다.

중산왕, 즉 평제에게는 위(衛) 씨라는 생모가 있었는데, 왕망이 그녀를 중산국에 머물게 하고 장안으로는 들어오지 못하게 했다. 왕망의 장남인 왕우(王宇)는 그것을 간하려다 오히려 아버지로부터 자살하라는 명령을 받았다. 왕망은 그전에도 차남인 왕획(王獲)을 자살토록 했다. 왕획이 노예를 죽였기 때문인데 왕망은 이러한 일들을 자신의 이미지 향상에 이용한 듯하다.

성인 왕망.

이러한 명성은 그가 황제로 가는 길을 열어 주었다. 왕망은 그것을 의식하고 있었다. 애제 시절, 왕망은 실각 중이었는데 어느 날 일식이 일더니 왕망의 무죄를 하늘이 밝힌 것이라고 말하는 자가 있어, 왕망은 부활의 기회를 잡게 되었다. 아마도 왕망이 여론을 조작했을 것이다. 그와 같은 일을 꾸미는 데 그는 매우 능했다.

황지국(黃支國)에서 코뿔소라는 진귀한 짐승을 헌상한 것은 평제 원시(元始) 2년의 일이었다. 평제 원시 원년이 바로 서기 원년에 해당된다. 황지국은 일남(日南)의 남쪽에 있었다고 하니 베트남 남부에 해당한다. 중국에는 옛날부터 성천자가 출현하는 전조로 진기한 짐승이 나타난다는 전설이 있었다. 『춘추』가 기린을 잡았다는 기술에서 끝난 것은 성천자의 출현을 기대했기 때문이라고 한다.

수도에서 3만 리나 떨어진 먼 나라에서 이와 같은 짐승을 바쳤다는 것은 상서로운 조짐이라고 여겨졌다. 사실은 왕망이 황지국의 왕에게 많은 선물을 주고 진귀한 짐승을 바치게 한 것이다. 같은 해에 황룡이 강에서 놀았다는 이야기가 전해졌다. 틀림없이 왕망이 그런 이야기를 퍼뜨렸을 것이다.

왕망이 장남을 자살토록 한 것은 그 이듬해의 일이었는데, 동시에 평제의 생모인 위 씨까지도 음모를 꾸몄다는 이유로 주살해 버렸다. 그해에 황제가 왕망의 딸을 황후로 맞아들이기 위한 납채(納采) 의식이 있었고, 그 이듬해에 그녀를 황후로 세웠다.

평제가 원시 5년에 14세의 나이로 급사한 것은 왕망이 독살했기 때문이다. 평제가 자신의 생모를 죽인 왕망에게 원한을 품고 있다는 사실을 알게 되었기 때문이다.

왕망은 안한공(安漢公)이라는 칭호를 받았는데, 한나라가 시작된 이래 생전에 공이라는 칭호가 사용된 경우는 없었다. 거기에 '재형(宰衡)'이라는 칭호도 더해졌다. 주나라 성왕을 보좌했던 주공을 태재(太宰)라고 부르고, 은나라 탕왕을 보좌했던 이윤을 아형(阿衡)이라고 불렀는데, 그 두 사람의 이름을 합성한 것이다.

머지않아 그는 스스로를 가황제(假皇帝)라 칭하고, 사람들에게는 섭황제(攝皇帝)라 부르게 했다.

평제의 후계자로는 선제 계열의 황족 중에서도 나이가 가장 어린 자영(子嬰)이 선택되었다. 두 살짜리 젖먹이였다. 연호는 거섭(居攝)으로 삼았다.

이렇게 된 이상 왕망은 이미 황제가 된 것이나 다름없었다. 나머지는 시간문제에 지나지 않았다.

거섭 3년(8), 왕망이 드디어 천자의 자리에 올랐다. 천명이 내렸다는 증거가 여기저기서 보고되어 올라왔지만, 이것은 물론 왕망이 자신의 특기를 살려서 조작해 낸 것이다.

그해 12월 1일을 시건국(始建國) 원년 정월 1일로 삼고 국호를 '신(新)'이라 했다.

한나라는 이로써 멸망했다.

왕망의 길

여론조작에 능한 성천자

시건국(始建國) 원년에서부터 시작된 왕망의 새로운 왕조 '신'은 왕망의 죽음으로 인해 멸망할 때까지 겨우 15년밖에 계속되지 않았다. 그것은 끊임없는 혼란과 동란의 15년이었다.

왕망이 그 국호를 '신'이라고 한 것은 그가 열후가 된 것이 신야후(新野侯)였기 때문이다. 한중(漢中)의 왕이 된 유방이 국호를 한이라고 한 것과 같다. 중국 역대 왕조의 국호는 그 후에도 그처럼 해서 붙여졌다. 위(魏)·진(晋)·수(隋)·당(唐)·송(宋) 모두가 그렇다. 가명(嘉名)을 국호로 삼은 것은 원(元)에서부터 시작되었다. 만리장성 밖의 몽골족은 건국할 때까지 어디에도 봉해진 적이 없었다. 처음 봉해진 봉국의 이름을 붙이려 해도 그럴 수가 없었다.

신야현은 하남성에 있다. 신야의 신(新)인데, 왕망의 정책은 모든 것을 일신시키는 것을 목표로 삼았다. 이 국호는 이 정권에 참으로 잘 어울린다는 생각이 든다. 그러나 왕망이 생각했던 것은 우리가 의식하고 있는 것과 같은 혁신이 아니었다. 새롭기는커녕 그는 옛 주나라 시절로 복귀할 것을 앞장서서 주장했다.

관직명도 옛날의 것으로 되돌렸다. 『주관(周官)』에 따르면, 주나라 시절에는 삼공(三公), 구경(九卿), 이십칠대부(二十七大夫), 팔십일원사(八十一元士)가 있었다고 하는데, 신나라의 관제도 거기에 맞췄다.

관명(官名)도 고대의 것을 썼을 뿐만 아니라 지명까지도 고쳤다. 그 개명도 자주 했기 때문에 혼란이 매우 심했다. 왕망은 개명을 즐겨 했는데, 그것은 일종의 형식주의라고 해야 할 것이다.

한나라와 흉노의 관계가 좋았을 때, 한나라는 흉노의 수장에게 왕위를 주었다. 그런데 왕망은 만이(蠻夷)가 왕을 칭하는 것은 불손한 일이라며 한나라에서 준 인수를 회수하고 후(侯)로 강등시켰다. 한나라가 흉노에게 준 인문은 '흉노선우새(匈奴單于璽)'였지만, 왕망이 준 것은 '신흉노선우장(新匈奴單于章)'이었다. 신이라는 글자가 들어 있다는 것은 완전히 속국으로 취급하겠다는 뜻이었다. '새(璽)'는 왕이 쓰는 것인데, 그것을 '장(章)'으로 고쳤다는 것도 강등을 의미했다. 이러한 일들 때문에 신 왕조의 외교는 곳곳에서 문제를 일으켰다.

왕망은 글자를 가지고 장난치는 것을 좋아해서 흉노선우를 '항노복우(降奴服于)'라 하기도 하고 '공노선우(恭奴善于)'라고 부르기도 했다.

성천자로서 왕도를 펼친다고 해서 고대의 정전법(井田法)을 실시할 계획을 세우기도 했지만, 비현실적이라는 사실을 알고는 실행에 옮기지 못했다.

물론 농본주의였기 때문에 상인을 가벼이 여겼으며 염철 등의 전매법이 더욱 강화되었다. 화폐도 새로운 것을 주조했지만, 그 제도가 복잡했기 때문에 백성들은 원래 쓰던 오수전(五銖錢)을 몰래 사용했다. 왕망은 그것을 엄벌로 금지하려 했다.

왕망의 복고적 신정책은 전부 백성을 혼란시키고 외교를 정체 상태에 빠뜨렸으므로, 사회불안을 가중시키는 결과를 낳았다.

왕망이 국책 헌법으로 삼은 것이『주관』이라는 점은 앞에서도 이야기했다. 그런데 이『주관』그 자체도 왕망이 창작했을지도 모른다는 학설이 유력하다. 고대에서부터 그와 같은 저작이 전해진 것이 아니라 왕망이 꾸며 냈다고 보는 것이다. 그에게는 전과가 있었다. 상서로운 조짐 등도 그가 만들어 내었다. 왕망의 덕을 칭송하는 자가 48만여 명에 이르렀다는 것 역시 그가 만들어 낸 일임은 말할 나위도 없다. 따라서 태고의 성천자가 시행한 제도를 기록했다는『주관』도 그가 그렇게 말했을 뿐 의심스러운 것이다.

1891년에 강유위(康有爲, 1858~1927)가 저술한『신학위경고(新學僞經考)』라는 책은 신나라 시절, 즉 왕망의 시절에 고문경(古文經)이 많이 위작되었음을 고증한 책이다. 강유위의 설에 따르면, 위작을 한 사람은 유흠(劉歆)이라고 한다.

한나라를 찬탈할 때, 왕망은 어린 황제의 조그만 손을 잡고 눈물을 흘리며 '예전에 주공은 섭정의 지위에 있었으면서도 결국에는 성왕에게 정권을 되돌려드릴 수 있었지만, 저는 황천(皇天)의 위명(威命)에 쫓겨서 뜻대로 할 수가 없다'고 오래도록 한탄했다고 전해지고 있다.

왕망의 고모인 원후는 나이가 많았지만, 자기 집안 출신인 왕 씨가 유씨의 천하를 빼앗는 일에 끝까지 저항했으며 조카인 왕망을 꾸짖었다고 한다. 자신이 원제의 황후가 되었기 때문에 왕 씨의 외척으로서의 권세가 강해져 결국에는 찬탈을 하게 된 것이다. 80세를 넘긴 이 나이 든 여성의 심정은 과연 어떠했을까? 그녀는 한가(漢家)의 여성으로 살다 세상을 떠났다.

왕망을 꺾고 후한을 연 유수

왕망 자신은 성천자의 길을 걸었다고 생각할지도 모르겠으나 그의 정치는 백성들을 크게 괴롭혔다. 그 이전부터 사회불안은 조성되어 있었다. 갑작스러운 복고적 개혁은 안 그래도 불안한 사회를 크게 흔들어 놓았다.

왕망의 찬탈이 아무런 저항도 없이 이뤄진 것은 아니었다. 안중후(安衆侯)인 유숭(劉崇), 엄향후(嚴鄕侯)인 유신(劉信), 동군태수(東郡太守) 적의(翟義) 등이 군사를 일으켰다. 그러나 왕망이 파견한 군대에 의해 진압되었다. 유신과 적의 등은 한때 10만여 명의 군중(軍衆)을 거느렸다고 한다.

왕망에 반대하는 무리들의 군사행동이 의외로 적었던 것은 왕망이 정보전달의 요소(要所)를 쥐고 있었기 때문일지도 모른다. 그는 원체 정보조작의 천재였다. 게다가 왕망의 찬탈은 군사를 일으켜 이뤄진 것이 아니었다. 대사마에서 안한공, 재형, 가황제로 한 걸음씩 계단을 밟아 올라간 것이었다. 그리고 언제부터인가 왕망은 옥좌에 앉아 있었다.

각지에서 왕망에 반대하는 군이 궐기한 것은 왕망의 실정 때문이었다.

일반 민중들 사이에서는 누가 황제가 되든 상관없다, 우리의 생활을 편하게만 해 준다면 그 사람에게 복종하겠다는 생각이 강했을 것이다. 그만큼 생활에 어려움을 겪고 있었다. 그런 때에 왕망의 특기인 선전이

효력을 발휘했다.

성천자가 나타났다!

상서로운 조짐의 조작을 비롯해서 여러 가지 공작이 있었기 때문에 민중들 사이에서는 한 줄기 기대감이 생겨났을지도 모른다.

정권이 교체될 때는 조용히 지켜봤지만 자신들이 품었던 기대가 배반 당했다는 사실을 분명히 알게 되었기에 사람들이 궐기했다.

왕망 정권에 대한 반란은 결코 하나로 규합된 것이 아니었다. 여러 계층의 사람들이 각자의 생각을 가슴에 품은 채 일어났다.

농민 반란군이 있었다. 번숭(樊崇)을 지도자로 하는 적미군(赤眉軍)이 가장 유명했다. 그들은 산동에서 일어났다. 피아(彼我)를 구별하기 위해 붉은 흙과 같은 것으로 눈썹을 붉게 물들였기 때문에 적미의 무리라고 불렸다.

호북성 당양(當陽)에서 가까운 녹림산(綠林山)으로 도망친 유민들은 왕광(王匡)과 왕봉(王鳳)의 지도를 받았다. 생활고를 견디지 못하고 도망친 사람들이 늘어 녹림군은 군세가 5만까지 늘어났다. 모반을 위해 일어나 신시(新市)의 병이라고 칭하게 되었지만, 그들이 기지로 삼았던 녹림이라는 지명이 도둑떼를 의미할 정도로 지명도가 높아졌다.

이와 같은 농민 반란군, 또는 유민집단 외에도 호족에 의한 무장집단이 있었다.

한나라가 건국된 지도 이미 200년이 지나 있었다. 각지에 제후왕으로 봉해졌던 사람들과 열후왕으로 봉해졌던 사람들의 자손이 결코 적지는 않았다. 그들은 각지에서 호족이 되어 커다란 영향력을 행사했다. 이들 호족에게 있어서도 왕망의 정책은 좋지 않았다.

무제 이후 번성한 유가의 학문에 따라서 군신(君臣)의 의를 주장하며 왕망의 찬탈을 대역무도라고 비난하는 사람들도 있었다. 그들은 이론적인 지도자가 되어 호족의 무리에 속하게 되었다.

　한나라 왕실과 연고가 있는 호족 무장집단의 지도자로는 유수(劉秀)와 유현(劉玄)이 있었다. 이 두 사람 모두 용릉후(舂陵侯)의 유 씨 일족이었다. 그 시조는 장사왕 유발(劉發)이었다.

　그 외에 지방군벌화한 세력으로는 농서(隴西, 감숙)의 외효(隗囂)와 촉의 공손술(公孫述) 등이 있었다.

　여러 가지 세력이 왕망에 반대하는 운동을 펼치기 위해 일어나 연합하기도 하고, 서로 공격하기도 하면서 혼전이 계속되었다.

　이와 같은 반란군의 공격을 받아 장안이 포위되었고 왕망은 결국 살해당하고 말았다. 성천자로서 천하에 군림하겠다던 꿈은 15년 만에 깨져버리고 말았다. 그 15년이라는 기간도 혼란과 전란 이외에 아무것도 아니었다는 사실은 앞에서 이야기한 대로다.

　결과적으로 말해서 마지막 승리자는 호족 집단의 지도자였던 유수였다. 그가 바로 후한 왕조의 창시자가 되는 광무제(光武帝)다.

　한나라 왕실의 일원이라고는 하지만, 한의 황통과는 매우 멀어진 일족이었다. 그의 시조인 장사왕 유발에 대해서는 앞에서 이야기했다. 이성(異姓)의 나라였던 장사국은 오예(吳芮)의 자손이 끊기면서 일단 국(國)에서 제외되었다. 그런데 그 직후에 자식이 많았던 경제가 각지에 황자들을 왕으로 세웠을 때 유발이 장사를 할당받았다.

　경제의 아들이니 무제와는 형제다. 무제를 제외한 열세 명이 각지의 제후왕이 되었는데, 그중에서도 장사는 가장 가난한 나라였다. 가장 사랑받지 못했던 여성이 낳은 유발이 장사왕이 된 것이다. 그의 어머니인 당희(唐姬)는 원래 정희(程姬)의 시녀였다. 정희는 노왕(魯王) 여(餘), 강도왕(江都王) 비(非), 교서왕(膠西王) 단(端) 등을 낳았는데 경제의 총애도 깊었다. 어느 날 밤 경제가 왔으나 정희는 마침 월경 중이었기 때문에 시녀인 당희를 대신 내놓았다. 그렇게 해서 태어난 것이 장사왕 발이었다.

그런 장사왕 계통에서 일단 멸망했던 한나라를 부흥시킨 유수가 나타났다.

혼란 속에서 새로운 시대가 태어난 것이다. 여러 가지 요소가 후한이라는 시대를 만들었다.

아들 잃은 여모의 복수

왕망 반대 운동에 불을 붙인 것은 여모(呂母)라는 여성이었다. 그녀가 불을 붙이지 않았다 할지라도 언젠가는 전국적으로 불이 붙으리라는 것은 분명한 사실이었다. 그러나 그 불을 붙인 것이 농민반란군적인 성격을 가진 사람도 아니었으며 호족 집단적인 성격을 가진 사람도 아니었다는 사실이 역사의 재미일지도 모른다.

여모라는 것은 여 씨 성을 가진 어머니라는 정도의 뜻이다.

왕망이 천봉(天鳳)이라고 이름 붙인 원호의 4년(17)은 시건국(始建國) 원년에서 아직 8년 정도밖에 지나지 않은 때였다. 신나라 왕조가 이제 막 시작된 무렵이었다. 한나라의 유방은 천하를 잡은 뒤에도 대부분 진나라의 제도를 답습하고, 예를 들어서 완전 군현제처럼 분명하게 알 수 있는 좋지 않은 부분만을 정정했다. 그러나 왕망은 하나에서부터 열까지 모두를 새롭게 바꾸지 않으면 직성이 풀리지 않는 성격이었기 때문에 건국 당초에는 상상을 초월할 만큼 분주했을 것이다. 그런데 그것의 대부분이 형식에 관계가 있었으니 한심하단 생각마저 들 정도다.

전한 말기의 행정구획은 13주, 83군, 1천576현이었다고 한다. 왕망은 그것을 9주, 125군, 2천203현으로 개정했다. 주를 아홉 개로 한 것은 「우공(禹貢)」이 천하를 9개 주로 나눈 것에 근거를 두고 있을 뿐이다. 「우공」이란 『서경(書經)』 중의 한 편(篇)으로 하나라의 우가 치수에 성공하고 국토를 정리했을 때의 기록이라고 한다. 중국에서 가장 오래된 지리서로 알려지고 있다. 그러나 우공도(禹貢圖)는 판도가 훨씬 넓어진 전한 시대에 비하자면 그 일부분에 지나지 않았다. 누가 봐도 현실에는 맞지 않았지만, 그것이 고대의 것이라는 이유만으로 복고를 근본 국책으로 삼았던 신나라에서 채용했다.

그런 일들로 바쁠 때 산동반도의 낭야(琅邪)에서 여모가 수천의 도당(徒黨)을 모아 해곡현(海曲縣)의 현재(賢宰)를 죽이고, 해변으로 가서 반란 활동을 시작했다. 전한에서는 현의 장관을 현령이라고 불렀지만, 개명을 좋아하는 왕망이 그것을 그대로 둘 리가 없었다. 현령을 현재로 고쳤다. 여모가 무리를 모은 것은 혁명 의식을 가지고 있었기 때문이 아니었다. 왕망의 정치에 반대한다는 생각도 그다지 가지고 있지 않았다. 그것은 개인적인 원한에 의한 것이었다.

여모의 아들은 현의 관리로 있었다. 어떤 잘못을 저질렀던 것인지 현재가 그를 죽여 버렸다. 여모는 분해서 견딜 수가 없었다. 아들의 원수를 갚겠다고 결심했다.

그녀의 아들이 현재에게 살해당한 것은 틀림없이 몇 년 전의 일이었을 것이다. 신중하게 준비를 한 뒤, 천봉 4년에 복수를 결행했다. 그녀의 집은 유복했던 듯하다. 술을 만드는 집안이었다고 하니, 그 지방에서는 부자 계층에 속했을 것이다. 술은 염철과 함께 정부의 전매품이었지만, 소제 시절에 술만은 전매에서 제외되었다.

소작인에게서 거두어들인 연공미(年貢米, 소작료)가 남으면 주조를 시작하는 것이 일반적이었으니, 여모의 집도 어느 정도 규모가 있는 지주였을 것이라 여겨진다.

그녀는 집에 있는 재산 모두를 아들의 복수를 위해 쏟아부었다. 젊은 사람들이 술을 사러 와도 술값을 받지 않았다. 그런 식으로 해서 혈기왕성한 청년들의 환심을 샀다. 시절이 시절이었던 만큼 일정한 직업이 없는 젊은이들이 많았다. 모으려고 마음만 먹으면 얼마든지 모을 수 있었다. 먹을 것만 주면 따라올 악소년(惡少年)들은 어디에나 있었다. 악(惡)은 간악하다는 뜻이 아니라 일정한 직업이 없다는 말이다. 소년이란 젊은이를 말하는 것으로 이광리의 대완 원정에도 수많은 악소년들이 종군했다는 사실은 앞에서 이야기했다. 밥을 먹을 수 있을 뿐만 아니라 술도 마실 수 있었으니 순식간에 사람들이 모여들었다. 여모가 모은 것은 수백 명에 지나지 않았지만, 모여든 악소년이 또 다른 친구를 불러들였기 때문에 그 수는 수천에 달했다.

한편 여모는 가진 돈을 아끼지 않고 무기를 사들여 결국에는 재산을 전부 써 버렸다. 그러나 그녀는 소망을 이루었다. 일당이 해곡현을 습격하여 현재를 잡아다 그 목을 베어 버렸다. 여모는 그 목을 자기 자식의 무덤 앞에 바쳤다.

소망을 이루기는 했지만 이제 와서 그 무리들을 해산할 수는 없었다.

사적인 보복을 위해 모은 집단이 버젓한 반란 집단으로 바뀌었다. 이것이 적미군의 탄생이다.

　이렇게 해서 탄생한 적미군이 창시자 여모의 뜻과는 관계없이 역사를 크게 바꾸게 된 것이다.

지도

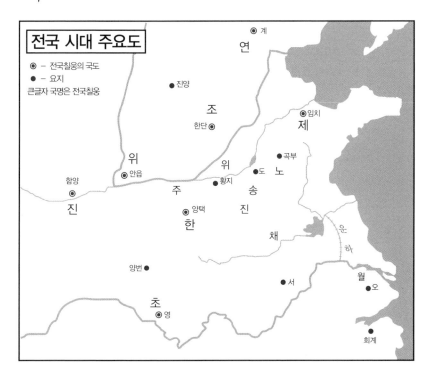

전국 시대 주요도

◉ － 전국칠웅의 국도
● － 요지
큰글자 국명은 전국칠웅

연

계

진양

조

한단

임치

제

위

위

곡부

안읍

도

노

함양

황지

송

진

주

진

양택

한

채

운하

양번

서

월

오

초

영

회계

진의 전국 통일 관계도

◉ 국도 [ ]는 멸망한 해
● 요지 ( )안은 오늘날 지명

흉노

임호
누번

진양(태원)●
(유차)●

평양● 상당군●
장평●
안읍 [기원전 256]
음밀● 민지● 주
옹● 낙양◉
함양◉ 화산 함곡관 ▲숭
장안 남전 상● 이궐
(서안) 무관
진령산맥
대파산맥 어상 석● 완(남양)
황극
상용● 등●
양양
재동 방릉●
촉
무●
도강언 삼협 서릉●
아미산▲ 한관● 영●
파 청강
(중경)
멱라●
검중●

형산▲

영구 ●
● 대
▲ 항산

연 [기원전 222]
◎ 계(북경)

● (보정)

(평산) ●   중산 [기원전 296~5]

(석가장) ●

제 [기원전 221]

한단   박릉 ●   (제남) ● ◎ 임치   ● 즉묵
◎ [기원전 209] ● 아
조 ● 위   ▲ 태산
[기원전 228] 업 ● 설릉 [기원전 249] (태안)

● 복양   양관
마릉 ● ● 견 노 ◎ 곡부   ● 거
[기원전 375] 추 ▲
중구 ● 계릉 역산 ▲   ● 임기
정 ◎ 위 [기원전 225]   ● 난릉
◎ 대량 ● 몽
● 정
◎ 양택 상구 ● 송 [기원전 286]
한 [기원전 230]
● 호현
● 진성
상채 ●
(여남) ● ● 평여
수춘 ◎
초
[기원전 223]

오 ●
신강(상해) ●
춘신강(황포강) ●

월
[기원전 334]

지도 577

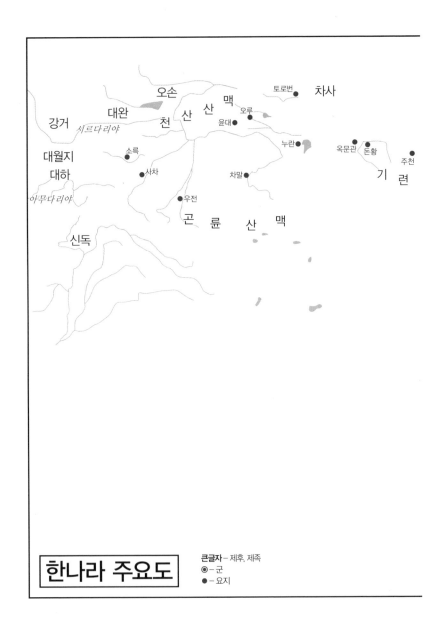

한나라 주요도

큰글자 — 제후, 제족
◎ — 군
● — 요지

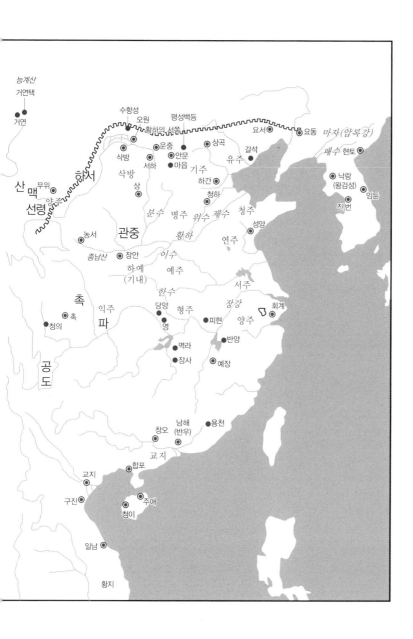

능계산
거연택
● ●
거연

수항성
오원 평성백등
● 황하의 서쪽
삭방 운중 ● 상곡 요서 ● ● 요동 마자(압록강)
● ● ● 안문 갈석 패수 현토
서하 마읍 유주 ● ●
삭방 ● ● ● 기주 ●
상 하간 ● 낙랑
● 청하 (왕검성)
무위 ● 분수 병주 위수 제수 청주 진번
선령 양주 ● 황하 연주 성양 임둔
산맥 하서
농서 관중 이수 장안
종남산 ● 하예
● (기내) 예주
촉 익주 한수 서주
촉 ● 파 당양 형주 장강 회계
청의 ● 영 피현 양주
멱라 반양
장사 ● 예장
공도

창오 남해
(반우) 용천

교지
교지 합포
구진 ● 주애
첨이

일남 ●

황지

지도 579

연표

서기_기원전	왕조 연호	사항
447	주 정왕(定王) 22년	초, 채(蔡)를 멸함.
445	주 정왕 24년	초, 기(杞)를 멸함.
441	주 정왕 28년	주의 정왕 죽고, 거질(去疾), 애왕(哀王) 즉위. 동생 숙(叔), 애왕을 죽이고 사왕(思王) 자립. 동생 외(嵬), 사왕을 죽이고 고왕(考王) 자립.
431	주 고왕(考王) 10년	초, 거(莒)를 멸함.
430	주 고왕 11년	의거(義渠), 진(秦)을 치고 위수 남쪽으로 진출.
426	주 고왕 15년	고왕 죽음. 태자 오(午), 위열왕(威烈王) 즉위. 서주의 혜공(惠公)이 소자반(少子班)을 공(鞏)에 봉하고, 이를 동주(東周)라 칭함.
423	주 위열왕(威烈王) 3년	진(晋), 정(鄭)을 치고 유공(幽公)을 죽임.
413	주 위열왕 13년	진(秦), 진(晋)과 싸워 패함. 제(齊), 진(晋)을 쳐서 양호(陽狐)를 포위.
409	주 위열왕 17년	진(秦), 처음으로 백관에게 대검령(帶劍令)을 내림. 위(魏), 진(秦)을 치고 임진(臨晋)·원리(元里)에 성을 쌓음.
403	주 위열왕 23년	한(韓)·위(魏)·조(趙)가 제후가 됨.『자치통감』편년 기술을 이해부터 시작.
400	주 안왕(安王) 2년	정(鄭), 한(韓)의 양택(陽翟)을 포위. 조(趙)·위(魏)·한(韓), 초를 쳐서 상구(桑丘)에 이름.
397	주 안왕 5년	섭정(聶政), 한(韓)의 재상 협루(俠累)를 죽임.
396	주 안왕 6년	위(魏)의 문후(文侯) 죽고, 아들 격(擊), 무후(武侯) 즉위.
387	주 안왕 15년	진(秦), 촉의 남정(南鄭)을 공략. 진(秦)의 혜공, 한(韓)의 열후, 조(趙)의 무후 죽음.
386	주 안왕 16년	제(齊)의 전화(田和)를 제후로 봉함.
382	주 안왕 20년	제(齊)·위(魏), 위(衛)를 도와 조(趙)를 치고, 강평(剛平)을 공략.
379	주 안왕 23년	제(齊)의 강공(康公) 죽고, 전씨(田氏), 제를 합병.
378	주 안왕 24년	위(魏)·조(趙)·한(韓), 제(齊)를 쳐서 영구(靈丘)에 이름.
377	주 안왕 25년	촉, 초를 침.

375	주 열왕(烈王) 원년	한(韓), 정(鄭)을 멸하고 양택으로 도읍을 옮김.
372	주 열왕 4년	맹자(孟子) 태어남.
369	주 열왕 7년	조(趙)·한(韓), 위(魏)를 포위.
361	주 현왕(顯王) 8년	진(秦), 상앙(商鞅)을 등용.
359	주 현왕 10년	진(秦), 상앙을 좌서장(左庶長)에 임명하고 제1차 개혁을 단행.
356	주 현왕 13년	노공후(魯共侯)·위성후(衛成侯)·한소후(韓昭侯), 위(魏) 혜왕(惠王)을 조견.
352	주 현왕 17년	제후, 위(魏)의 양릉(襄陵)을 포위.
351	주 현왕 18년	신불해(申不害), 한(韓)의 재상이 됨.
350	주 현왕 19년	진(秦), 함양(咸陽)으로 도읍을 옮김. 상앙, 제2차 개혁을 단행.
338	주 현왕 31년	진(秦)의 효공 죽고, 상앙을 죽임.
337	주 현왕 32년	초·한(韓)·조(趙)·촉, 진(秦)에 사절을 파견. 한(韓)의 신불해 죽음.
334	주 현왕 35년	위(魏)·제(齊), 서주(徐州)에서 만나 왕을 칭함.
329	주 현왕 40년	진(秦), 위(魏)의 분음(汾陰)·피씨(皮氏)를 빼앗고, 초(焦)를 포위하여 항복받음.
328	주 현왕 41년	진(秦), 처음으로 상국(相國)을 두고, 장의(張儀)를 재상으로 삼음.
325	주 현왕 44년	진(秦), 처음으로 왕을 칭함.
323	주 현왕 46년	진(秦)의 장의, 제·초와 회맹. 연·한(韓), 왕을 칭함.
318	주 신정왕(愼靚王) 3년	위(魏)·한(韓)·조(趙)·초·연의 5국 연합, 진(秦)을 공격했으나 패배.
316	주 신정왕 5년	진(秦), 촉을 멸함.
313	주 난왕(赧王) 2년	장의, 초의 재상이 되고, 제와 단교(斷交).
312	주 난왕 3년	초의 회왕(懷王), 진(秦)을 공격했으나 대패.
311	주 난왕 4년	장의, 각국에 유세.
309	주 난왕 6년	장의, 위(魏)에서 죽음.
307	주 난왕 8년	진(秦), 한(韓)의 의양(宜陽)을 빼앗고, 강을 건너 무수(武遂)를 빼앗아, 성을 쌓음. 진(秦) 무왕(武王) 죽고, 직

		(稷), 소왕(昭王) 즉위.
302	주 난왕 13년	위(魏)의 양왕(襄王)·한(韓)의 태자 영(嬰), 진(秦)에 입조. 초의 태자, 진(秦)에서 도망쳐 돌아옴.
301	주 난왕 14년	진(秦), 제·위·한과 함께 초를 중구(重丘)에서 공격하여 무찌름.
300	주 난왕 15년	진(秦), 초를 대파.
299	주 난왕 16년	진(秦)의 소왕(昭王), 맹상군(孟嘗君)을 승상으로 삼음. 진(秦), 초를 쳐서 8개 성을 점령, 초의 회왕, 진(秦)에 들어감.
298	주 난왕 17년	맹상군, 제로 도망쳐 돌아감. 한(韓)·위(魏)·제의 3국, 진(秦)을 함곡관에서 공격.
297	주 난왕 18년	초의 회왕, 탈출에 실패.
296	주 난왕 19년	초의 회왕, 진(秦)에서 죽음. 위(魏)의 양왕, 한(韓)의 양왕 죽음.
295	주 난왕 20년	조(趙)의 공자 성(成)·이태(李兌), 주부(主父, 무령왕)를 포위, 주부 굶어 죽음.
293	주 난왕 22년	진(秦)의 장군 백기(白起), 한(韓)·위(魏) 연합군을 이궐(伊闕)에서 무찌름.
288	주 난왕 27년	진(秦)의 소왕, 서제(西帝)라 칭하고, 제왕(齊王)을 동제(東帝)라 칭함.
285	주 난왕 30년	진(秦)의 장군 몽무(蒙武), 제의 아홉 성을 빼앗음. 진(秦)의 소왕, 초왕을 만나 화친을 맺음.
284	주 난왕 31년	연·진(秦)·한(韓)·위(魏)·조(趙)의 5개국의 군이 제를 치고, 수도 임치로 공격해 들어감.
280	주 난왕 35년	진(秦), 초와 조(趙)를 공격.
279	주 난왕 36년	연의 악의(樂毅), 조(趙)로 도망침. 제의 전단(田單), 잃었던 땅을 회복. 진(秦), 초의 서릉(西陵)을 빼앗음.
278	주 난왕 37년	진(秦), 초의 국도 영(郢)을 점령.
277	주 난왕 38년	진(秦), 초의 무(巫)와 검중(黔中)을 점령. 굴원, 멱라에 투신.
276	주 난왕 39년	초, 진(秦)의 장강 유역 15개 읍을 수복.

275	주 난왕 40년	조(趙)의 염파(廉頗), 위(魏)의 방자(房子)·안양(安陽)을 빼앗음.
273	주 난왕 42년	조(趙)·위(魏), 한(韓)의 화양(華陽)을 공격. 진(秦), 한(韓)을 구원하여 대승.
272	주 난왕 43년	초, 태자를 인질로 보내 진(秦)과 화친을 맺음. 진(秦)·위(魏)·초 3국, 연을 침. 연의 혜왕(惠王) 죽음.
263	주 난왕 52년	초의 경양왕(頃襄王) 죽고, 태자, 고열왕 즉위. 춘신군, 초의 재상이 됨.
262	주 난왕 53년	진(秦), 한(韓)의 10개 성을 빼앗음.
260	주 난왕 55년	진의 백기 장군, 장평(長平)에서 조를 대파.
259	주 난왕 56년	진시황 태어남. 진(秦), 한(韓)·조(趙)와 강화.
257	주 난왕 58년	진(秦)의 백기 자살. 위(魏), 진을 한단에서 무찌름.
256	주 난왕 59년	초, 노(魯)를 멸함. 진(秦), 주 왕실을 멸함.
251	진(秦) 소양왕(昭襄王) 56년	진(秦)의 소왕 죽음. 조(趙)의 평원군(平原君) 죽음.
250	진 효문왕(孝文王) 원년	진(秦)의 안국군, 효문왕(孝文王) 즉위, 이틀 후에 죽고, 자초가 이어 장양왕(莊襄王)이 됨.
249	진 장양왕(莊襄王) 자초(子楚) 원년	진(秦), 여불위(呂不韋)를 상국으로 삼음. 한(韓)을 공격하여, 삼천군(三川郡)을 둠. 초, 노를 멸함.
247	진 장양왕 3년	위(魏)의 신릉군, 5개국의 병사를 이끌고 진(秦) 군을 무찌름. 진의 장양왕 죽음. 태자 정(政), 시황제(始皇帝) 즉위.
242	진왕(秦王) 정(政) 5년	진(秦), 위의 20개 성을 빼앗고 동군(東郡)을 둠.
238	진왕 정 9년	진의 장신후(長信侯) 노애(嫪毐) 사건을 시황제가 처리. 초의 고열왕 죽음. 춘신군을 죽임.
237	진왕 정 10년	진, 여불위를 파면.
236	진왕 정 11년	진, 조의 9개 성을 빼앗음.
235	진왕 정 12년	여불위 자살.
233	진왕 정 14년	한(韓), 한비(韓非)를 진으로 파견. 한비 자살. 진, 조(趙)의 평양(平陽)을 점령.
230	진왕 정 17년	진, 한을 멸하고, 영천군(潁川郡)을 둠.

228	진왕 정 19년	진, 조를 멸함. 조의 공자 가(嘉), 자립하여 대왕(代王)이 됨.
227	진왕 정 20년	연의 태자 단(丹), 형가(荊軻)를 자객으로 진에 보냈으나 실패. 진, 역수(易水) 서쪽에서 연·대(代) 연합군을 무찌름.
225	진왕 정 22년	진의 장군 왕분(王賁), 위를 침. 위 멸망.
224	진왕 정 23년	진의 장군 왕전(王翦)과 몽무(蒙武), 초를 쳐서 대승. 초의 장군 항연(項燕) 자살.
223	진왕 정 24년	초 멸망.
222	진왕 정 25년	진, 요동에서 연왕을 포로로 잡고 연을 멸함. 대를 공격하여 대왕을 포로로 잡음.
221	진 시황제(始皇帝) 26년	진, 제를 멸하고, 전국을 통일하여, 스스로 황제를 칭함.
220	진 시황제 27년	북방을 순행.
219	진 시황제 28년	동방을 순행, 태산(泰山)에서 봉선(封禪). 선약을 구하기 위해 서복(徐福)을 동해로 파견.
218	진 시황제 29년	동방을 순행. 장량(張良), 박랑사(博浪沙)에서 시황제를 습격.
215	진 시황제 32년	세 번째 동방을 순행.
214	진 시황제 33년	남월(南越)을 빼앗고 3개 군을 둠. 몽염(蒙恬), 흉노를 쳐서 오르도스 이남을 제압. 만리장성의 증축을 시작.
213	진 시황제 34년	이사(李斯)의 건의로 분서령(焚書令)을 단행.
212	진 시황제 35년	아방궁 등을 조영. 방사·유생을 생매장함(갱유[坑儒]). 큰아들 부소(扶蘇)를 몽염 군 감독으로 파견.
210	진 시황제 37년	네 번째 동방 순행 중에 사구(沙丘)에서 죽음. 이사·조고(趙高), 호해(胡亥)를 2세 황제로 삼음. 부소와 몽염을 죽임.
209	진 이세황제(二世皇帝) 호해(胡亥) 원년	조고, 낭중령이 됨. 동방을 순행. 여러 공자(公子)와 공왕(公王)을 죽임. 진승(陳勝)·오광(吳廣), 유방, 항량(項梁)·항우 등 군대를 일으킴.
208	진 이세 2년	진승 군 붕괴. 항량은 초의 심(心)을 회왕(懷王)으로 옹

		립. 이사 처형됨. 항량, 정도(定陶)에서 패해 죽음.
207	진 이세 3년	진의 장함(章邯), 항우에게 항복. 조고는 2세 황제를 자살케 함. 2세 황제의 형의 아들 자영(子嬰), 진왕(秦王)이 되어 조고를 죽임.
206	한왕(漢王) 유방(劉邦) 원년	자영, 유방에게 항복하여 진나라 멸망. 항우·유방, 홍문(鴻門)에서 만남. 항우, 자영을 죽임. 항우, 회왕을 의제(義帝)로 삼고, 자립하여 서초(西楚)의 패왕(覇王)을 칭하고, 유방을 한왕(漢王)으로 삼음.
205	한왕 유방 2년	항우, 의제를 죽임. 한·초의 항쟁 시작.
203	한왕 유방 4년	초·한, 천하를 양분하고, 각각 하나씩 가질 것을 맹약.
202	한 고조(高祖) 유방 5년	항우, 오강(烏江)에서 패하여 죽음. 한왕 유방, 황제를 칭함.
200	한 고조 7년	고조, 친정에 나섰으나 흉노의 묵돌선우(冒頓單于)에게 평성(平城) 백등산(白登山)에서 7일 동안 포위됨. 수도를 장안으로 옮김.
195	한 고조 12년	고조 죽고, 태자 영(盈), 혜제(惠帝) 즉위. 여 태후(呂太后)의 전제 시작.
194	한 효혜황제(孝惠皇帝) 유영(劉盈) 원년	여 태후, 조왕 여혜(如惠)를 독살하고, 그 어머니인 척부인(戚夫人)을 처형.
193	한 혜제(惠帝) 2년	장사(長沙)의 승상 이창(利倉)이 대후(軑侯)가 됨.
188	한 혜제 7년	혜제 죽고, 여 태후, 소제(少帝) 공(恭)을 세움.
187	고황후(高皇后) 여치칭제(呂雉稱制) 원년	'삼족죄(三族罪)'와 '방언령(放言令)' 폐지.
184	고후(高后) 4년	여 태후, 소제 공(少帝恭)을 죽이고, 항산왕(恒山王) 유의(劉義)를 황제로 삼고, 홍(弘)이라고 개명(소제 홍).
183	고후 5년	남월왕(南越王) 조타(趙佗), 장사의 몇 개 현을 침략.
180	고후 8년	여 태후 죽음. 진평(陳平)·주발(周勃) 등이 여 씨(呂氏) 일족을 죽이고, 대왕(代王) 유항(劉恒)을 문제(文帝)로 옹립.
178	한 문제(文帝) 2년	승상 진평 죽고, 주발이 대신함. 이해에 전조(田租)의 반을 면해 줌.

174	한 문제 6년	묵돌선우 죽고, 아들 노상선우(老上單于) 즉위.
161	한 문제 후(後) 3년	노상선우 죽고, 아들 군신선우(軍臣單于) 즉위.
157	한 문제 후 7년	문제 죽음. 유조(遺詔)하여 복상을 3일로 함.
156	한 효경황제(孝景皇帝) 유계(劉啓) 원년	전조(田租)로 세(稅) 30분의 1을 부과.
154	한 경제(景帝) 3년	오초칠국(吳楚七國)의 난 일어남.
145	한 경제 중(中) 5년	사마천(司馬遷) 태어남(일설에는 135년).
141	한 경제 후(後) 3년	경제 죽고, 태자 철(徹), 무제(武帝) 즉위.
140	한 세종효무황제(世宗孝武皇帝) 유철(劉徹) 건원(建元) 원년	현량방정(賢良方正)하고 직언극간(直言極諫)의 선비를 추천토록 하고, 동중서(董仲舒)를 강도국(江都國)의 재상으로 삼음.
139	한 건원 2년	장건(張騫)을 서역에 파견.
138	한 건원 3년	대월지(大月氏), 중앙 아시아에 건국.
136	한 건원 5년	오경박사(五經博士)를 두고, 유교의 국교화를 꾀함.
133	한 원광(元光) 2년	오치제사(五時祭祀)를 시행. 마읍(馬邑)에서 전투.
130	한 원광 5년	무고(巫蠱) 사건으로 진(陳) 황후 실각.
129	한 원광 6년	위청(衛靑), 상곡(上谷)에서 출격하여 흉노를 격퇴.
128	한 원삭(元朔) 원년	위청, 흉노를 쳐서 오르도스 방면을 회복.
126	한 원삭 3년	흉노의 군신선우 죽고, 동생 이치사선우(伊稚斜單于)가 즉위. 장건 서역에서 돌아옴.
124	한 원삭 5년	공손홍(公孫弘), 재상이 됨. 위청, 흉노의 우현왕(右賢王)에 대승, 대장군에 임명됨.
123	한 원삭 6년	위청, 흉노를 침. 곽거병(霍去病)을 구군후(寇軍侯)에, 장건을 박망후(博望侯)에 봉함.
122	한 원수(元狩) 원년	장건, 전국(滇國)·서남이(西南夷)와의 교류를 꾀함.
119	한 원수 4년	위청 제7차, 곽거병 제6차 흉노 원정. 피폐(皮幣)·삼수전(三銖錢)을 제작, 염철을 전매. 이광(李廣) 자살.
115	한 원정(元鼎) 2년	상홍양(桑弘羊), 대농승(大農丞)이 되어 균수법(均輸法)을 시행. 주천(酒泉)·무위(武威) 2개 군을 설치.
113	한 원정 4년	영제(嬰齊)의 아들 흥(興), 남월왕(南越王)이 됨. 화폐 주조권을 나라가 독점.

111	한 원정 6년	남월을 평정하고 9개 군을 설치, 서남이를 평정하고 5개 군을 설치. 무위·주천을 나누어 장액(張掖)·돈황(敦煌) 2개 군을 설치.
110	한 원봉(元封) 원년	북방을 순행하여 선우대(單于臺)에 오르고, 삭방(朔方)에 이름. 태산에서 봉선. 평준법(平準法)을 시행.
109	한 원봉 2년	수륙으로 위씨 조선(衛氏朝鮮)을 공격.
108	한 원봉 3년	누란(樓蘭)·차사(車師) 무찌름. 위씨 조선 멸망.
104	한 태초(太初) 원년	이광리(李廣利), 대완(大宛)으로 원정하여 패배. 태초력(太初曆)으로 개정, 정월을 해의 첫 번째 달로 삼고, 태초 2년부터 실시.
102	한 태초 3년	이광리, 대완을 쳐서 승리, 한혈마(汗血馬)를 얻음.
99	한 천한(天漢) 2년	이광리, 주천에서 천산(天山)으로 출격하여 흉노와 싸우고, 이릉(李陵), 흉노에 잡혀 항복. 사마천, 이릉을 변호.
98	한 천한 3년	이릉 일족을 죽임. 사마천, 궁형(宮刑)에 처해짐.
96	한 태시(太始) 원년	공손오(公孫敖), 아내의 무고에 연좌되어 요참형에 처해짐. 사마천, 출옥 후 중서령(中書令)이 됨.
91	한 정화(征和) 2년	제1차 무고의 난으로 공손하(公孫賀) 일족 죽음. 제2차 무고의 난으로 황후 위 씨(衛氏)·황태자 유거(劉據) 자살.
87	한 후원(後元) 2년	불릉(弗陵)을 태자로 책립. 무제 죽음. 불릉, 소제(昭帝) 즉위, 곽광(霍光)·김일제(金日磾)·상관걸(上官桀)이 보좌.
81	한 시원(始元) 6년	염철(鹽鐵) 등의 각종 정책에 관한 토의를 개최(후에 『염철론』이 됨). 흉노와 화친하고, 소무(蘇武)가 돌아옴.
80	한 원봉(元鳳) 원년	연왕 단(旦)이 모반하고, 상관걸·상홍양 등이 연좌되어 죽음(곽광 시대 시작).
77	한 원봉 4년	곽광, 부개자(傅介子)에게 누란왕을 유살(誘殺)토록 하고, 누란을 선선(鄯善)으로 고침.
74	한 원평(元平) 원년	소제 죽고, 창읍왕 하(賀) 즉위. 음란 때문에 폐하고, 병이(病已), 선제(宣帝) 즉위.

73	한 효선황제(孝宣皇帝) 유순(劉詢) 본시(本始) 원년	곽광, 정권을 돌려주려 했으나 받아들여지지 않음.
68	한 지절(地節) 2년	곽광 죽고, 친정(親政) 시작.
67	한 지절 3년	정길(鄭吉)·사마희(司馬憙), 차사(車師)를 항복시킴.
66	한 지절 4년	곽 씨가 반란을 일으켜, 일족 죽음.
60	한 신작(神爵) 2년	흉노의 일축왕(日逐王), 한나라에 항복.
57	한 오봉(五鳳) 원년	흉노가 다섯 선우로 분립됨.
54	한 오봉 4년	흉노의 호한야선우(呼韓邪單于), 신하를 칭함. 흉노, 남북으로 양분됨.
51	한 감로(甘露) 3년	흉노의 호한야선우, 입조.
49	한 황룡(黃龍) 원년	선왕(宣王) 죽고, 태자 석(奭), 원제(元帝) 즉위.
47	한 초원(初元) 2년	환관 석현(石顯), 중서령이 되어 실권을 장악.
44	한 초원 5년	염철관(鹽鐵官)·상평창(常平倉)을 폐함.
33	한 경녕(竟寧) 원년	원제 죽고, 태자 오(鶩), 성제(成帝) 즉위. 왕봉을 대사마 대장군으로 삼음. 호한야선우, 다시 입조.
32	한 효성황제(孝成皇帝) 유오(劉鶩) 건시(建始) 원년	왕 씨(王氏)가 실권을 잡고, 석현은 파면되어 죽음.
27	한 하평(河平) 2년	왕봉(王鳳)의 이복동생 다섯 명을 열후에 봉함.
22	한 양삭(陽朔) 3년	대장군 왕봉 죽고, 왕망(王莽), 황문랑(黃門郎)이 됨.
16	한 영시(永始) 원년	왕망을 신도후(新都侯)에 봉함.
8	한 수화(綏和) 원년	왕망, 대사마(大司馬)가 됨.
7	한 수화 2년	성제 죽고, 태자 흔(欣), 애제(哀帝) 즉위. 왕망이 파면되고, 왕 씨는 세력을 잃음. 사단(師丹), 대사마가 됨.
6	한 효애황제(孝哀皇帝) 유흔(劉欣) 건평(建平) 원년	사단을 파면, 부희(傅喜)를 대사마로 삼음.
1	한 원수(元壽) 2년	애제 죽고, 중산왕 기자(箕子), 평제(平帝) 즉위. 왕망, 대사마가 되어 정무를 장악.
1기원후	한 효평황제(孝平皇帝)	왕망, 대부(大傅)가 되어, 안한공(安漢公)이라 부름.

	유연(劉衍) 원시(元始) 원년	
3	한 원시 3년	왕망, 예제(禮制)·학제(學制) 개혁에 착수.
4	한 원시 4년	왕망, 재형(宰衡)이라는 칭호를 더함.
5	한 원시 5년	왕망, 평제를 독살하고, 스스로 가황제로 즉위.
6	왕망(王莽) 거섭(居攝) 원년	유자(孺子) 영(嬰)을 황태자로 삼음.
8	왕망 거섭 3년 초시(初始) 원년	왕망, 연호를 초시라 고침. 스스로 황제가 되어, 국호를 신(新)이라 부름.
9	신(新) 황제(皇帝) 왕망 시건국(始建國) 원년	유자(孺子) 영(嬰)을 폐하고, 관제·전제(田制)·폐제(幣制)를 고침. 왕망, 내외의 한의 인수(印綬)를 회수하고, 신 왕조의 인수를 하사함.
10	신 시건국 2년	육관(六筦)·오균(五均)제를 시행하고, 폐제를 다시 개혁.
13	신 시건국 5년	언기(焉耆)가 반란을 일으켜, 서역도호 단흠(但欽)을 죽임.
14	신 천봉(天鳳) 원년	북변(北邊)에 대기근. 폐제 세 번째 개혁.
16	신 천봉 3년	왕망, 서역으로 토벌군을 파견, 언기에게 패배.
17	신 천봉 4년	여모(呂母)의 난, 신시(新市)에서 녹림(綠林)의 군대 일어남.
18	신 천봉 5년	양웅(揚雄) 자살. 적미(赤眉)의 난 일어남.
22	신 지황(地皇) 3년	평림·녹림의 군대가 손잡음. 적미의 무리가 입관(入關). 유수(劉秀, 광무제(光武帝), 완(宛)에서 군대를 일으킴.
23	신 지황 4년, 한 갱시황제 (更始皇帝, 회양왕(淮陽王)) 유현(劉玄) 원년	유현(劉玄), 갱시제(更始帝)가 되어 갱시(更始)라 건원(建元). 유수, 곤양(昆陽)에서 신나라 군을 무찌름. 외효(隗囂)·공손술(公孫述), 군대를 일으킴. 왕망, 장안에서 패하여 죽고, 신 멸망.
24	한 갱시 2년	장안으로 도읍을 옮김. 유수, 한단(邯鄲)을 점령하고, 소왕(蕭王)에 봉해짐.

진순신 이야기 중국사 2

펴낸날	초판 1쇄 2011년 7월 29일
	초판 5쇄 2020년 9월 10일

지은이	진순신
옮긴이	박현석
펴낸이	심만수
펴낸곳	(주)살림출판사
출판등록	1989년 11월 1일 제9-210호

주소	경기도 파주시 광인사길 30
전화	031-955-1350　　팩스　031-624-1356
홈페이지	http://www.sallimbooks.com
이메일	book@sallimbooks.com

ISBN	978-89-522-1610-6	04910
	978-89-522-1616-8	(세트)